제3개정판

알기 쉬운 정치경제학

제3개정판

알기 쉬운 정치경제학

초판 1쇄 발행 2001년 6월 30일
초판 6쇄 발행 2004년 3월 20일
제1개정판 1쇄 발행 2005년 6월 15일
제1개정판 3쇄 발행 2007년 1월 10일
제2개정판 1쇄 발행 2008년 3월 15일
제2개정판 3쇄 발행 2009년 3월 10일
제3개정판 1쇄 발행 2011년 3월 10일
제3개정판 7쇄 발행 2024년 8월 10일

지은이 김수행

펴낸곳 서울대학교출판문화원
주소 08826 서울 관악구 관악로 1
도서주문 02-889-4424, 02-880-7995
홈페이지 www.snupress.com
페이스북 @snupress1947
인스타그램 @snupress
이메일 snubook@snu.ac.kr
출판등록 제15-3호

ISBN 978-89-521-3915-3 93320

제3개정판

알기 쉬운
정치경제학

김수행 지음

서울대학교출판문화원

An Introduction to Marxian Political Economy

Soo-Haeng Kim

Seoul National University Press

제3개정판을 내면서

원래는 책 전체의 내용을 새롭게 구성하려고 생각했는데, 시간에 쫓겨 그렇게 하지 못했다. 이번의 개정은 2008년 9월 폭발한 미국의 금융공황과 그것에 뒤따른 세계대공황을 좀 더 구체적으로 서술하는 것, 그리고 한국의 경제상황과 경제통계를 최신의 것으로 고치는 작업이 주된 것이 되어 버렸으니, 좀 아쉽다.

지금의 세계와 한국은 현재의 사회경제체제로는 주민들의 삶을 보장할 수 없다는 사실을 분명히 폭로하고 있다. 실업자와 빈민이 거대한 규모로 증가했음에도 불구하고, 세계의 어느 정부도 실업자와 빈민을 구제하는 정책은 채택하지 않고, 오히려 한 줌도 안 되는 국제 금융자본가의 이익을 위해 긴축내핍정책을 실시함으로써, 모든 국민들의 큰 저항에 부닥치고 있기 때문이다. 이런 국민적 저항은 중동의 여러 나라에서와 마찬가지로 선진국에서도 큰 변화를 야기할 가능성이 매우 크다.

특히 이명박 정부는 '총체적인 위기'의 늪에 빠져 있다. 경제 · 정치 · 부정부패 · 남북관계 등에서 정부가 허우적거릴수록 더욱 깊게 위기의 늪에 빠지고 있다. 주식과 부동산의 거품을 만들어 경제를 활성화시키려고 했지만, 거품이 터져 주식과 부동산의 소유자나 이들에게 자금을 대준 금융기업들은 큰 손해를 보았다. 다수의 건설회사와 저축은행 등이 파산한 이유가 여기에 있다. 그런데 지금도 주식과 부동산의 거품을 만들어 세계 대공황을 극복하려는 미친 짓을 하고 있다. 전셋집이 사라지고 전셋값이 천정부지로 폭등하는 상황에서 "전셋집을 얻으려는 사람에게 더욱 큰돈을 대출하겠다"는 정부의 조치는 전셋값을 올리려는 집주인을 위한 것일 따름이다. 그리고 땅값이 3.3제곱미터(1평)에 100만원 하던 것이 1000만원으로 폭등했다고 무엇이 달라질까? 지주와 땅 투기꾼은 돈을 벌 수 있지만, 이렇게 하여 번 돈의 전부는 '남의 주머니를 턴' 것이지 '새롭게 창조한 가치'는 아니다. 한국 사회의 부가 서민으로부터 부자에게로 이전되는 것뿐이고 이 사회의 부가 증가하는 것이 아니므로, 경제가 회복될 수 없다.

또한 기업들이 노동자들을 대규모로 해고하고 정규직을 비정규직으로 대체하려는 것에 대항하여, 노동조합이 '정당한' 노동쟁의를 하면, 정부는 전투경찰을 투입하여 노동자들을 무자비하게 탄압하고 구속한다. 늘 입버릇처럼 '기업하기 좋은 나라'를 외치면서 정부가 완전히 자본가계급의 앞잡이라는 것을 스스로 과시하고 있다. 이 과정에서 김대중·노무현 대통령 시절에 확보했다고 믿고 있던 민주주의적 권리들이 하나씩 사라지고 있다. 국민들의 생활수준이 점점 더 떨어지고 있기 때문에, 국민들의 불만과 저항은 점점 더 강화되지 않을 수 없으므로, 국민들의 민주주의적 권리가 훼손될 가능성이 점점 더 커지고 있다.

"가난한 인사보다 부유한 인사가 공직을 맡으면 부정부패는 사라진다"는 이야기는 유언비어이고 "고기를 많이 먹은 인사가 고기를 더 좋아한다"는 이야기가 진짜인 것이 증명되고 있다. 청문회에 나온 공직 후보자들이 대체로 부동산 투기꾼이나 권력 이용 축재자라는 사실을 상기하면, 지금 문제로 되고 있는 부정부패 사건은 빙산의 일각일 가능성이 크다. 왜냐하면 4대강 사업이나 온갖 다른 이권사업에는 밑도 끝도 없는 혈세가

들어가고 있기 때문이다. 다음 정권에서는 분명히 이명박 정부의 부정부패가 한동안 사회를 분개하게 만들 것이다.

남북관계는 점점 더 대결국면으로 바뀌면서 남북한 모두가 군사비에 아까운 돈을 더 많이 들이게 되었다. 왜냐하면 한반도를 둘러싸고 미국-일본-남한 진영과 소련-중국-북한 진영이 대결하는 양상으로 확대되고 있기 때문이다. 한국은 가장 큰 수출시장인 중국과 어떤 관계를 맺어야 할까? "전쟁을 불사한다"고 외치는 이명박 정부는 국내적·국외적으로 비난받지 않을 수 없다. 누가 전쟁에서 자기 아들·딸을 죽이고 싶겠는가? 지금 대부분의 부모들은 "병역의무를 없애고 직업군인제를 설립해야 한다"고 속으로 생각할 것이다. 병역의무라는 굴레 때문에 귀한 아이를 군대에 보내는데, "내 아이가 엄청난 노예생활을 하는 것도 억울한데 걸핏하면 폭행을 당하고 자살해야 하며 이제는 북한의 포탄에 맞아 죽는 것"을 어느 부모가 좋아할 것인가? 자기 아이를 군대에 보내지 않으려고 온갖 수단을 동원하는 것을 보면, 한국에서도 국민개병제를 버리고 직업군인제를 선택해야 할 것이고, 그렇게 해야만 "돈이 아까워서라도 군인들을 소중하게 다루려고" 생각하게 될 것이다.

세계경제와 한국경제가 대공황에서 회복하기 위해서는, '모든' 국가가 실업자에게 일자리를 주고 빈민에게 의식주를 보장함으로써 각국의 '국내시장'을 확대하는 것이 가장 중요하다. 이렇게 해야만 각국 사이에서 벌어지고 있는 무역전쟁·환율전쟁·침략전쟁이 끝날 수 있다. 루스벨트의 뉴딜이 아직도 총명하다고 칭송되는 이유는, 미국에서 역사상 처음으로 사회보장제도를 확립하고 대규모 공공사업을 실시하고 노동조합의 권리를 확대함으로써, 학교·병원·주택·도로·댐 건설 등에서 새로운 일자리를 창출하고, 실업자·농민·빈민의 생활을 보호하며, 대규모의 해고를 막아 임금수준을 유지하여, 국내시장을 확대했기 때문이다. 지금의 세계대공황을 탈출하는 방법으로도 이것은 온건하지만 매우 중요한 방법임에 틀림없다. 그러나 좀 더 진보적인 방법은 정부가 구제금융을 제공한 금융부문과 상공업부문의 대기업을 다시 금융귀족과 독과점자본가의 사적 이윤 추구에 맡길 것이 아니라, 그 대기업들이 국민들의 필요와 욕구를 충족시키는 방향에서 공공의 이익에 기여하도록 모든 국민의 감독을 받는 공익사업체로 전환시키는 것이 필요할 것이다. 특히 지금 금융자본가들이 국가채무를 감축하라고 요구하면서 국민대중의 생활수준을 극도로 인하시키는 상황에서는, 은행들을 사회적으로 소유하여 거기에서 나오는 이익을 모든 국민을 위해 사용하는 것이 좀 더 나은 사회를 만드는 방법일 것이다.

우리가 지금의 '자본주의' 사회를 개선·변혁하려고 한다면, 먼저 자본주의 사회가 어떤 사회인가를 알아야 할 것이고, 다음으로 '한국'의 자본주의는 왜 '깡패 자본주의'인가를 알아야 할 것인데, 이 책은 이 점에서 독자들에게 크게 기여할 수 있다고 믿는다.

이 책의 개정에 크게 기여한 정상준 박사에게 감사를 표한다.

2011년 2월 20일
군포시 산본동에서
김 수 행

제2개정판을 내면서

내가 2008년 2월 말로 정년퇴임을 하기 때문에, 이미 발간된 책들을 좀 더 체계적으로 완성해야 하겠다는 생각을 가지게 되었다. 그런데 출판부에서 이제 책이 모두 팔려 새로 찍어야 한다고 말하기에 제2개정판을 내기로 결심하게 된 것이다.

이 책은 이전 책과는 몇 가지 점에서 다르다. 첫째는 주제 하나하나를 간단명료하게 설명하기 위해 이전 책의 상당한 부분을 삭제했다. 그리고 부록에 있던 '시험문제 모음'도 없앴다. 둘째는 노무현 정부에서 일어난 주요한 사항들을 포함했다. '좌파 신자유주의'가 무엇을 의미하는가, 한미 자유무역협정의 핵심은 무엇인가, 성장과 분배는 이율배반적인가, 외국자본은 어떻게 규제해야 하는가 등을 다루었다. 셋째는 이명박 정부 아래에서는 정치적·경제적 상황이 더욱 악화될 가능성이 있을 것이라고 전망하면서 '새로운 사회'에 관한 논의를 좀 더 확대했다. 2007년 12월의 대통령 선거에서 이명박 후보가 이길 수 있었던 '합리적' 근거를 나는 도저히 찾을 수 없기 때문에, 다수의 국민들은 곧 이명박 정부에 실망하면서 도전하게 될 것이고 권위주의적 이명박 정부는 대중과 갈등하고 다투게 될 것이라고 전망한다. 이리하여 결국 보수기득권 세력은 우리 사회를 지도하는 데 전혀 적합하지 않다는 역사적 판단이 이 정부 아래에서 내려질 수도 있을 것이 아닌가 기대해 본다. 넷째로 정년퇴임을 기념하는 의미에서 참고문헌에 내가 최근까지 쓴 모든 글의 목록을 올려놓았다. 독자들은 스스로 자기가 공부하고 싶은 것들이 무엇인가를 이 목록을 읽으면서 곰곰이 생각하기를 부탁한다.

나는 서울대학교라는 상당히 은혜로운 분위기에서 교육과 연구를 수행할 수 있었으며 많은 수의 제자들을 길러내었다. 정년 이후에는 매우 다른 분위기에서 마르크스경제학을 가르치는 일, 글쓰기, 번역 등에 전념하기를 바라고 있다.

이번의 개정작업에 새로운 경제상황과 통계를 준비해 준 나의 마지막 조교 정상준 군에게 감사를 표한다.

2008년 2월 29일

산본동 을지아파트에서

김 수 행

제1개정판을 내면서

이 책은 현실 경제를 마르크스주의적으로 해석하는 것을 목적으로 삼고 있는데, 초판(2001년)에 실린 현실 경제의 묘사나 통계가 이제 좀 낡았다는 느낌을 주었다. 따라서 초판에 있던 현실 경제에 관한 부분들을 새롭게 고쳤다. 그리고 다음과 같은 항목들을 강조하였다.

첫째, 한국 사회가 자본가와 노동자, 부자와 빈민, 대기업과 중소기업, 도시와 농촌, 정규직 노동자와 비정규직 노동자 사이의 격차를 점점 더 확대하고 있다는 점이다. 이것은 1997년 12월의 외환위기 이후 계속되는 불황을 자본주의적으로 극복하는 과정에서 일어나는 것이지만, 이런 방법으로 경제를 활성화시키고 실업과 빈부 격차를 해소할 수는 없을 것이다. 이 점을 6-3, 15-4, 17-5, 21-7-2에서 강조했다.

둘째, 2001년 9.11사태 이후 미국의 제국주의적 대외침략이 강화되고 있다는 점이다. 이 사실은 미국 경제와 세계 경제의 진행과정에 새로운 중요한 요소를 추가하기 때문에 15-4, 19-8에서 다루었다.

셋째, 재벌의 독점적 위치가 더욱 강화되고 있는 과정에서 외국자본이 재벌 총수의 경영권에 도전하는 사태가 벌어지고 있다는 점이다. 이것은 재벌 개혁을 촉진해야 할 문제와 외국자본을 규제해야 할 문제를 동시에 제기하기 때문에, 16-5, 21-4, 21-7-3에서 새로 다루었다.

넷째, 이 책의 초판이 발간된 이후 『『자본론』의 현대적 해석』(초판, 2002년; 제1개정판, 2004년), 『현대마르크스경제학의 쟁점들』(공편저, 2002년), 『제3의 길과 신자유주의: 영국·독일·프랑스를 중심으로』(공저, 2003년), 『한국에서 마르크스주의경제학의 도입과 전개과정』(2004년) 등이 출판되었으므로, 위의 책에서 전개한 새로운 관점을 좀 더 적극적으로 이 책에 반영할 필요가 있었다. 이제 연구자들과 학생들은 『알기 쉬운 정치경제학』→『『자본론』의 현대적 해석』→『현대마르크스경제학의 쟁점들』→『제3의 길과 신자유주의』→『한국에서 마르크스주의경제학의 도입과 전개과정』을 읽으면 어느 정도 이론과 현실을 올바르게 파악할 수 있으리라 생각한다.

이 책에 들어갈 새로운 통계를 작성해 준 서울대 경제학부 박사과정의 김공회 군에게 감사를 표한다.

2005년 5월 18일
산본동 을지아파트에서
김 수 행

머리말

서울대의 학부생에게 '마르크스경제학'과 '현대마르크스경제학'이라는 강의과목을 가르친 지도 이제 10년은 된 것 같다. 전자의 과목에서는 『자본론』 1, 2, 3권을 모두 강의하다가 힘이 벅차 1권만을 강의하고 있고, 후자의 과목에서는 마르크스 이후의 마르크스주의자의 저서를 연대순으로 섭렵하고 있다.

『자본론』 강의를 듣는 학생들 중에는 경제학을 처음 공부하는 학생들이 많기 때문에 이들에게는 『자본론』을 강의하기 전에 정치경제학의 기본 원리를 가르쳐야 할 필요성이 있었다. 그런데 1988년에 한길사에서 발간한 『정치경제학원론』은 『자본론』 세 권 전체를 요약 설명한 것이므로, 내가 쉽게 설명한다고 노력했지만 그 내용이 결코 쉽지가 않다는 평을 받았다. 또한 그 책에는 한국이나 세계의 경제현실에 관한 이야기가 없기 때문에, 사회를 개혁하려는 진지한 학생들에게 구체적인 토론자료를 줄 수 없었다.

『알기 쉬운 정치경제학』은 자본주의 경제가 무엇인가를 각종 이야기를 동원하면서 쉽게 썼다. 특히 최근의 시장찬미론을 비판하기 위해 시장이 작동할 수 없는 상황이 너무나 많다는 것을 구체적으로 지적했다. 그리고 정치경제학의 기본 원리를 설명하면서 구체적인 예는 한국경제로부터 많이 가져왔다.

이 책의 초고를 2001년 초에 완성한 뒤 여러 사람들로부터 귀중한 조언을 받았다. 이 책을 읽으면 한국경제와 세계경제를 '올바르게' 볼 수 있는 안목이 생기는가, 원론 수준의 내용을 모두 포괄하고 있는가, 책 읽기가 어려운가 쉬운가, 책의 내용을 달리 편성해야 할 필요는 없는가, 각 장의 내용이 앞뒤가 맞는가, 삭제해야 할 부분은 없는가, 책의 내용과 서술이 마르크스주의에 적합한가, 오자와 탈자는 없는가 등등의 측면에서 좋은 제안을 많이 받았다.

나의 조교인 장시복, 정혁, 오종석 군에게 감사를 드린다. 그리고 충남대학교의 류동민 교수, 한밭대학교의 조복현 교수와 경상대학교의 정성진 교수는 초고 전체를 하나하나 꼼꼼하게 읽고 온갖 주문을 했다. 특히 정성진 교수는 책에 있는 '새로운 사회'를 분명히 '사회주의'나 '공산주의'로 대체할 것을 요구했는데, 나는 그 요구를 받아들이지 않았다. 왜냐하면 '사회주의'나 '공산주의'라는 용어가 현재의 독자들에게 너무 나쁜 선입견을 가지게 하기 때문이다. 그밖에도 여러 가지 훌륭한 제안이 있었는데, 내가 나대로 다시 생각해 고칠 것은 고치고 그냥 둘 것은 그냥 두었다. 류동민, 조복현 그리고 정성진 교수께 이 자리를 빌려 진심으로 감사의 뜻을 표한다.

나의 지금 생각으로는 이 책 이후에 『자본론 해설』을 저술하고, 그 다음으로 『현대마르크스경제학』을 쓰려고 한다. 이미 몇 년 동안의 강의록이 있으므로 곧 출간할 수 있으리라 믿는다. 이렇게 되면 『알기 쉬운 정치경제학』→『자본론 해설』→『현대마르크스경제학』의 순서로 강의하고 연구하면 될 것이다.

구조조정과 대량해고를 겪으면서 자본주의 경제체제의 폭력성·잔인성·낭비성·불평등성을 알아차린 사람들은 누구나 이 체제의 변혁에 동참해 '새로운 사회'를 건설하는 데 매진해야 할 것이다. 지금 이 시간이야말로 정치경제학의 정당성을 피부로 느낄 수 있을 것이다. 모두들 열심히 연구하고 토론해 새로운 길을 찾읍시다.

2001년 5월 18일
관악산 기슭에서
김 수 행

차례

제4편 자본주의적 발전과 자유경쟁의 제한

제5편 21세기 자본주의의 역사적 경향

표와 그림 차례

1 시장이란 무엇인가?

1-1. 시장이냐 정부냐?

요새처럼 시장예찬론이 난무하기는 자본주의의 역사상 처음인 것 같다. 흔히들 애덤 스미스(A. Smith)의 시대[1]에 시장예찬론이 크게 대두했을 거라고 생각하지만, 그렇지 않다. 스미스는 그 당시 절대왕정의 중상주의적 개입을 비판하면서 개인의 이기심에 맡기면 공공의 이익도 증가한다는 점을 주장하다가 성공을 거두지 못하고 세상을 떠난 사람이다. 그 뒤 19세기 초부터 산업혁명이 일어나면서 온갖 비인간적인 상황이 벌어졌는데, 어느 누구도 정부가 노동시간이나 노동환경을 규제하는 것과 아동이나 부녀자의 장시간 노동을 법적으로 금지하는 것에 대해 정면으로 반대할 만큼 비도덕적이지 못했다. 그리고 후발 자본주의국인 독일과 미국, 일본이 선진대열에 들어설 수 있었던 것도 정부의 각종 보호정책과 지원정책 때문이었다.[2]

1 『국부론』은 1776년에 발간되었고, 같은 해 7월 4일에 미국이 영국에 대해 독립을 선언했으며, 1789년에는 프랑스 혁명이 일어났다.

제1차 세계대전(1914-18년)은 전적으로 정부의 통제 아래 수행된 것이었고, 제1차 세계대전 뒤 세계경제의 헤게모니가 영국에서 미국으로 옮겨가면서, 영국은 섬유 · 석탄 · 철강 등 주요 산업에서 국제경쟁력을 잃어 실업 해소와 산업 재편(구조조정)이 큰 정치적 과제로 등장했을 때, 케인스(J.M. Keynes)가 자유방임의 종말을 외친 것이다. 그 당시의 주류경제학인 신고전파 경제학은 정부가 개입하지 않고 시장에 맡겨 두면 경제적 문제들이 자동적으로 해결된다고 주장한 것에 대해 케인스가 정면으로 반박한 것이다. 그 뒤 곧 1929년에 세계대공황이 발생했고, 미국의 뉴딜과 독일의 파시즘에 의해 일국 경제가 어느 정도 회복하다가 다시 제2차 세계대전(1939-45년)이 일어난 것이다.

제2차 세계대전 이후 1970년대 초까지는 혼합경제체제(mixed economy)라고 부를 정도로 정부의 개입이 광범했다. 재정금융정책 · 환율정책 · 자본이동 규제 · 사회복지정책 등의 정부 개입에 의해 경제적 · 사회적 안정과 성장을 이룩했던 것이다. 따라서 1945-70년의 장기 호황을 시장의 덕택이라고 주장하는 것은 사실과 전혀 다르다. 그 뒤 1973년의 석유가격 폭등을 계기로 자본주의의 누적된 모순들이 폭발해 세계경제가 장기간의 불황에 빠지게 되었고, 이 불황을 타개하는 과정에서 비로소 시장예찬론이 신자유주의(neo-liberalism) 또는 신보수주의(neo-conservatism)라는 형태로 거세게 대두한 것이다.

내가 이 책에서 강조하고 싶은 것은 시장만이 자본주의의 모든 문제를 해결할 수 있다는 환상을 버려야 한다는 것이다. 물론 자본주의에서는 사유재산과 분업에 의해 생산자와 소비자가 각각 원자화되어 있기 때문에, 이들이 상호 관련을 맺어야만 사회의 신진대사가 가능하다. 다시 말해 빵

2 Chang, Ha-Joon(2002), *Kicking away the Ladder*(형성백 옮김. 『사다리 걷어차기』. 부키. 2004)

생산자는 빵을 소비자에게 팔아야만 계속 빵을 생산할 수 있고, 빵 소비자는 빵을 구매해야만 생명을 유지할 수 있는 것이다. 따라서 시장에서의 교환은 필수불가결하다. 그러나 개개인의 결정이 사회 전체의 안정적 성장을 보증하는 것은 결코 아니다. 다시 말해 개개인의 이익을 공공의 이익으로 되게 하는 '보이지 않는 손'(invisible hand)[3]은 없다. 투기꾼은 자기의 이익을 위해 주식을 사고 팔지만, 주식가격은 매일매일 격변해 희비쌍곡선을 그리면서 경제 전체를 매우 불안정하게 할 수 있다. 따라서 주식시장에 정부가 개입하듯이 경제 전체에 대해서도 정부가 개입할 수밖에 없다. 또한 기업이나 개인이 자기에게 이익이 된다고 각종 폐기물을 함부로 배출해 환경을 오염하는 것을 막을 수 있는 유일한 기구는 공권력인 정부뿐이다. 더욱이 자본가와 노동자가 단체협상에서 타협하지 못해 파업이나 직장폐쇄가 국민생활을 위태롭게 할 때, 중재할 수 있는 주체도 정부뿐이다.

그러면 왜 우리나라에서 지금 시장찬미론이 이처럼 크게 대두하고 있는가? 다시 말해 민간주도의 경제, 규제 완화, 외환관리의 철폐(예: 해외송금의 자유화, 해외 차관의 자유화, 외국인 국내 투자의 자유화), 공기업의 민영화, 금리 현실화, 물가 현실화 등이 매우 자명한 진리인 것처럼 주창되고 있는 이유는 무엇인가? 몇 가지 이유를 들어 보자.

첫째는 군사정권 시대[4]에 대한 혐오감 때문이다. 군사정권은 정권의 유지와 부정축재를 위해 특히 경제에 대폭 개입함으로써 부정·부패·비효

3 애덤 스미스가 『국부론』(상)(김수행 역, 2007ㅅ: 552)에서 딱 한 번 비유적으로 쓴 말이다.

4 1961년 5월 16일 박정희 장군 등이 군사쿠데타를 일으켜 장면 정부(1960년 4월 19일의 학생혁명 뒤에 성립한 정부)를 무너뜨렸고, 박정희는 1979년 10월 26일 김재규(현재의 국가정보원의 전신인 중앙정보부의 부장)의 총에 맞아 죽을 때까지 일인 독재를 실시했으며, 그 뒤 전두환과 노태우가 군사독재체제를 계속 유지하다가 1992년 12월 김영삼이 대통령에 당선되면서 '문민정부'가 시작되었다.

율을 낳았기 때문이다. 사실상 정부의 규제 가운데는 규제 담당자의 치부에는 도움을 주지만 경제운영에는 전혀 불필요한 것들이 있다. 이것에 대한 비판이 정부 개입을 축소하라는 요구로 나타났다. 물론 정부는 규제개혁위원회를 설치해 상당한 수의 불필요한 규제를 철폐했다.

둘째는 재벌들이 과거의 잘못은 모두 정부 탓이라고 주장하면서, 시장에 맡겨 두면(다시 말해 재벌들에게 맡겨 두면) 경제가 훨씬 더 효율적이고 공평하게 운영될 수 있다고 주장하기 때문이다. 한국 사회에서 재벌은 경제적으로 강력할 뿐 아니라, 신문이나 방송이나 대중잡지에서도 강력하고 스포츠나 문화시설이나 대중오락시설에서도 막강한 지위를 차지하기 때문에, 재벌이 내세우는 주장은 쉽게 모든 사람에게 진리인 것처럼 들린다.

셋째로 우루과이 라운드의 타결(1994), 세계무역기구(WTO)의 설립(1995), 경제협력개발기구(OECD) 가입(1996) 등으로 말미암아 국제경쟁력의 강화가 초미의 긴급한 과제로 등장함에 따라, 정부는 일반 민중을 희생시키더라도 기업의 수익성을 보장해야 한다고 생각하기 때문이다. 예컨대 위생·환경·안전에 관한 규제를 완화하는 것이 그렇고, 물가의 현실화도 그렇다. 공기업(예: 도로·철도·지하철)은 공공의 성격 때문에(경영이 방만하지 않더라도) 손실을 보는 것이 국민 전체를 위해 유리할 수 있는데, 공기업을 민영화하면 국민들은 더 높은 가격을 지불해야 할 것이다.

넷째는 1997년 12월 이래 한국경제를 '신탁통치'한 국제통화기금(IMF)은 정부의 개입을 줄여 국내외 자본가(또는 기업가)의 이익을 증진시키는 것이 경제를 발전시키는 길이라고 믿고 있기 때문이다. 물론 1980년대 이래 유럽과 미국 모두에서 '신자유주의'가 대세를 이루고 있기 때문에, 한국의 '사대주의적' 지식인들이 신자유주의를 숭배하는 것은 당연하지만, IMF가 한국경제의 운영방향을 결정하기 시작하면서 완전히 분위기는 시장예찬론으로 경도했다.

그런데 경제를 운영하는 데 시장에 의존할 것인가 정부에 의존할 것인가라고 문제를 제기하는 것은 전혀 옳지 않다. 왜냐하면 경제운영은 시장과 정부 모두에 의존하지 않을 수 없기 때문이다. 실제로 국민들이 주장하는 것을 들어 보아도 그대로 나타난다. 어떤 때는 정부가 개입하지 말고 그냥 내버려 두라고 주장하다가 또 어떤 때는 정부가 개입하지 않는다고 불평한다.

시장에 맡기는 것이 옳은가 하는 물음에 답하기 위해서는 시장이 무엇인지를 알아야 하고, 시장이 어떻게 움직이는가를 알아야 하며, 시장이 모든 경제문제를 대다수의 국민에게 이익을 주는 방향으로 해결할 수 있는가를 살펴야 하고, 시장이 정부의 개입 없이 자기 스스로 유지될 수 있는가를 알아보아야 한다.

시장에 가면 '상품'이 있고 상품에는 '가격'이 붙어 있고 '화폐'가 있어야 상품을 살 수 있다. 상품·가격·화폐는 시장을 구성하는 기본 요소다. 또한 시장에 상품을 공급하는 생산자(즉 기업)가 있어야 하고 시장에서 상품을 구매하는 소비자가 있어야 한다. 그런데 소비자인 노동자는 기업에서 일해 일정한 소득을 얻어야 상품을 구매할 수 있을 것이다. 따라서 시장을 구성하는 요소 중 하나는 분명히 기업이다. 또한 시장에서 만나는 생산자와 소비자가 서로 상대방을 사기꾼이라고 욕하면서 다툴 때, 누가 이 싸움을 해결해 주어야 시장이 제대로 움직일 것이 아닌가? 다시 말해 어떤 것이 '사기'인가, 그리고 사기꾼에게는 어떤 벌을 내릴 것인가를 규정하는 '권력'이 필요하며, 또한 사기꾼에게 그 벌을 실제로 집행하는 '권력'이 필요하다. 이 권력은 대체로 국가의 형태를 띠고 나타나며, 이때 국가는 행정부·입법부·사법부를 포괄하는데, 이 책에서는 정부를 국가와 동일한 의미로 사용한다. 따라서 시장이냐 정부냐를 양자택일이라고 생각하는 것은 잘못이다. 왜냐하면 시장은 정부 없이 성립할 수 없기 때문이다. 따라서 먼저 제1편에서 시장을 구성하는 요소로서 상품·화폐·가격·기업 그리고 권력을 다룬다.

1-2. 자본주의 경제는 시장 이외의 중요한 특징을 가진다

시장에 등장하는 상품은 어떻게 만들어졌든 아무런 상관이 없다. 예컨대 노예주가 노예를 부려 만든 것이든, 농민이 자기 밭에서 생산한 것이든, 공동체가 집단적으로 노동해 생산한 것이든, 자본가가 임금노동자를 고용해 생산한 것이든, 그 생산물이 시장에 나오면 상품으로서 아무런 차이가 없다. 흔히들 말하는 경제체제(economic system)는 재화와 서비스를 어떤 방식으로 누구를 위해 누가 생산하는가에 따라 구분할 수 있을 것이다.

자본주의 경제체제가 지니고 있는 독특한 성격을 몇 가지 살펴보자.

첫째로 공장이나 회사에서 자본가[5]는 임금노동자를 고용해 일을 시키는 지위에 있기 때문에, 자본가계급이 노동자계급을 지배한다고 말할 수 있다. 특히 임금노동자는 자기의 노동력(즉 일하는 데 필요한 정신적·육체적 힘)을 자본가에게 임금을 받고 팔지 않으면 먹고 살 수 없기 때문에, 자연히 자본가보다는 세력이 약하다. 다시 말해 자본주의 경제체제에서는 처음부터 자본가계급과 노동자계급이라는 불평등한 두 개의 거대한 계급(즉 인구집단)이 있다. 물론 경기가 좋은 기간에는 자본가는 노동자에게 임금의 인상이나 노동조건의 개선을 허락한다. 왜냐하면 노동자가 파업하면 자본가는 더 큰 손해를 보기 때문이다. 그러나 불경기에서는 자본가는 노동자를 해고하고 임시직이나 파견노동자를 고용하며 임금을 대폭 삭감한다. 노동자들이 자기의 이익을 옹호하기 위해 결성한 노동조합은 실업

5 공장이나 회사의 구성원은 그것을 소유한 사람(자본가 또는 기업가)과 소유하지 못한 사람(노동자)으로 가장 쉽게 구분할 수 있다. 주식회사의 소유주는 주주이고 경영자는 주주의 뜻에 따라 회사를 경영하기 때문에, 이 책에서는 특별히 구별하지 않는 경우에는 주주와 경영자를 모두 자본가 또는 기업가로 간주한다.

자가 많은 상황에서는 제대로 힘을 발휘하지 못한다. 결국 자본주의 경제에서는 자본가계급이 노동자계급을 지배하기 때문에, 자본가와 노동자 사이에는 갈등과 투쟁이 일어나게 마련이다.

자본주의 사회에서는 자본가계급이 경제적으로 노동자계급을 지배하고 있을 뿐 아니라, 정치적으로 사상적으로도 지배하고 있다. 학교·신문·잡지·텔레비전·방송 등이 노동자들의 생각보다는 부유층의 생각이 더욱 '올바르다'고 국민을 세뇌하고 있다. 자유로운 민주적인 선거에서도 돈이 너무 많이 들기 때문에, 또는 전통적으로 잘 사는 사람들의 사고방식이 국민의 생각을 지배하기 때문에, 노동자를 위하려는 입후보자는 당선되기가 매우 어렵다. 예컨대 울산이나 창원의 유권자는 대다수가 노동자이지만 노동자 출신의 후보가 국회의원 선거에서 당선되기 어렵다. 또한 사상적으로도 국민 대다수는 노동자의 파업을 이해하거나 동정하지 않고 자본가와 마찬가지로 비난하는 경우가 많다. 실제로 국민 대다수는 자본가보다는 노동자를 가족·친척·친구로 가지는 경우가 훨씬 많은데도 불구하고 힘없는 노동자를 멸시하고 부유층의 사상을 본받고 있는 것이다.

둘째로 자본주의 경제에서는 이윤 추구가 경제활동을 지배한다. 공장을 운영하는 산업자본가든, 유휴화폐(idle money)를 대부하거나 주식에 투자하는 화폐자본가(또는 금융자본가)든, 상업활동에 종사하는 상업자본가(또는 상인)든, 모두 이윤을 얻기 위해 노력한다. 이윤을 얻기 위해 투자한 화폐나 실물(예: 기계)을 자본(capital)이라고 부른다. 이 자본을 소유한 사람이 자본가며, 자본가는 끊임없이 이윤을 얻으려고 노력한다. 10억 원을 투자해 12억 원을 얻으면, 12억 원을 다시 투자해 15억 원을 얻으려고 하기 때문에, 자본가의 이윤 추구 욕심은 끝이 없다. 이처럼 이윤 추구가 경제활동의 목적인 자본주의 경제에서는 자본가가 노동자를 시켜 재화와 서비스를 생산하게 하고 그것을 시장에 팔아 처음의 투자자본을 회수하고 이윤을 얻게 된다. 다시 말해 이윤을 추구하는 경제에서는 생산물이 상품이 되어 시장에서 매매되게 마련이다. 따라서 자본주의 사회는 자급자족적인 봉건사회와도 다르고, 주민의 욕망이나 필요를 충족시키는 것을 경제활동의 목적으로 삼는 사회주의나 공산주의 등 '새로운 사회'와도 다르다.

결국 자본주의 경제는 기본적으로 자본가계급이 노동자계급을 고용해 상품을 생산하고 이 상품을 시장에 팔아 이윤을 얻는 경제라고 말할 수 있다. 시장에서 상품을 매매하는 것과 달리, 상품을 생산하는 공장에서는 자본가는 어떻게 해서든 적은 임금으로 노동자에게 일을 더 시켜 더 큰 이윤을 얻으려고 노력하기 때문에, 자본가와 노동자 사이에 이익의 대립이 생기게 된다. 이런 노자대립(또는 노사대립)은 자본주의 경제에 원래부터 존재하는 것이므로, 시장에 맡겨 둔다고 자연히 사라지거나 해결되지는 않는다. 결국 정부의 공권력을 배경으로 자본가와 노동자는 단체협약을 맺어 노자관계(또는 노사관계)를 상호투쟁의 관계로부터 상호공존의 관계로 전환시키려고 노력하게 된다. 이 책에서는 자본주의 경제의 발달과정에서 시장이 스스로 해결할 수 없는 여러 가지 문제점이 등장하는 것을 보일 것이며, 이런 문제점을 해결하는 방안을 강구할 것이다.

1-3. 시장과 자본주의는 계속 성장하면서 변한다

경제학에서는 긴 인류 역사를 몇 개의 경제체제로 구분하고 또 각 경제체제를 몇 개의 단계로 구분하는 방법이 개발되어 있다. 이것은 지질학에서 땅의 역사를 지질 연대로 구분하는 것과 비슷하다. 지질 연대의 가장 큰 시간 구분은 대(代, era)인데, 이 대는 지배적인 고생물(즉 화석의 형태)에 의해 구분하며, 삼엽충으로 대표되는 고생대, 공룡이 번성했던 중생대, 그리고 포유류가 출현했던 신생대가 그것이다. 대는 다시 기(紀, period)로 세분되고, 기는 필요에 따라 다시 세(世, epoch)로, 세는 다시 절(節, age)로 세분된다.

인류의 경제적 역사는 대체로 그림 1-1처럼 원시공산사회 → 노예사회 → 봉건사회 → 자본주의 사회 → '새로운 사회'로 구분하며, 예컨대 봉건사회는 다시 부역(노동 공납) 단계 → 생산물 공납 단계 → 화폐 공납 단계로 구분하고 있다. 물론 세계의 모든 나라가 위와 같은 순서를 차례차례 밟아 발전한 것은 결코 아니다. 한국에서는 봉건사회가 없었고 일본에서는 있었다는 주장도 있다. 그렇지만 서유럽의 나라들은 대체로 위와 같은 발전 단계를 거친 것으로 보인다. 그런데 1990년대 초 소비에트 사회주의 공화국 연방(소련)과 동유럽의 공산주의국(또는 사회주의국)이 자본주의 체제로 전환하기 시작함에 따라, 이제 세계 전체는 쿠바나 북한 등 몇 나라, 그리고 깊숙한 곳의 미개사회를 빼고는 모두 자본주의 경제체제를 가

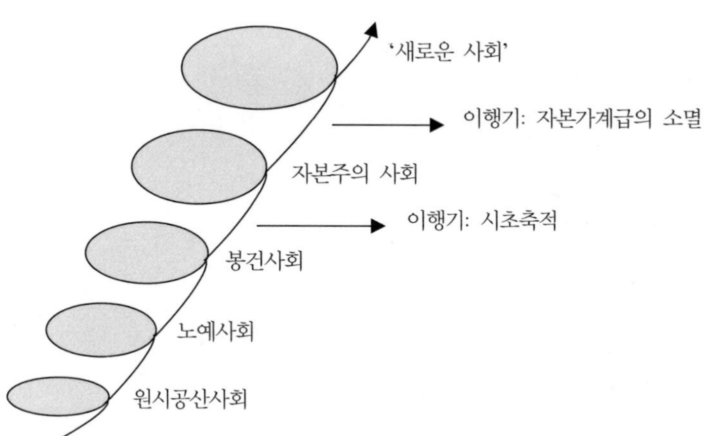

그림 1-1. 인류의 경제적 역사

지게 되었다. 인류의 긴 역사에 비추어 볼 때, 자본주의는 멸망하고 '새로운 사회'가 나타날 것은 필연적이지만, 그 사회가 어떤 사회일지는 아무도 모른다.[6] 따라서 이 책의 대상은 당연히 자본주의 경제체제다.

자본주의 경제체제는 여러 가지 각도에서 단계를 구분할 수 있을 것이다. 첫째로 자본가들끼리 서로 경쟁하는 형태가 어떻게 변했는가에 따라, 경쟁자본주의 → 독점자본주의 → 국가독점자본주의 → 글로벌(global) 자본주의로 구분할 수 있다. 자본가들이 경쟁하는 과정에서 재벌과 같은 독점체가 생겨 경제를 지배하다가(독점자본주의), 독점체 혼자서는 경제위기나 노자대립을 감당할 수 없어 국가가 독점체와 함께 경제를 지배하는 단계(국가독점자본주의)로 전환하고, 그 뒤 초국적자본(transnational capital)이 세계를 지배하는 단계(글로벌 자본주의)가 나타난다는 것이다. 둘째로 노동자계급이 자본가계급의 지배에서 '해방'되기 위해 어떻게 노력하는가에 따라, 개별 자본가와 개별 노동자 사이의 대립과 타협 → 개별 자본가와 기업별 노동조합 사이의 대립과 타협 → 산업별 자본가단체와 산업별 노동조합 사이의 대립과 타협 → 노동조합의 경제투쟁의 확대(임금투쟁에서 경영권 투쟁으로)와 노동자 정당의 정치투쟁 → 노동조합의 공장 장악과 노동자 정당의 집권이라는 단계를 생각할 수도 있을 것이다. 셋째로 자본가가 노동자로부터 착취하는 잉여노동이 어떤 형태를 지배적으로 취하는가에 따라, 개별 자본가의 이윤 → 금융자본가의 이자와 배당 → 국가의 조세 → 공동체를 위한 기금(새로운 사회)이라는 단계를 생각할 수도 있을 것이다.

이 책에서는 자본주의를 단계 구분하는 방법을 논의하지 않으면서, 자본주의 경제가 성장하고 발전하는 과정에서 생기는 여러 가지 문제점을 지적할 것이다. 예를 들면 경제위기는 무엇 때문에 발생하는가, 세계대공

6 김수행 · 신정완 편(2007)을 참조하라.

황은 무엇인가, 독점은 무엇이며 시장과 경제에 어떤 영향을 미치는가, 국가의 경제적 역할은 무엇인가 등을 고찰할 것이다. 그리고 자본주의의 발전에 따라 시장이 어떻게 발전하는가를 살펴볼 것이다. 예를 들면, 노동력을 사고파는 노동시장에서는 수요와 공급이 어떻게 변동할 것인가, 화폐시장 또는 자금시장이 왜 생기는가, 또 주식이나 증권을 거래하는 자본시장은 어떻게 성립하는가, 해외시장은 어떻게 발전하고 있는가 등을 알아볼 것이다.

1-4. 자본의 세계화와 제국주의 및 디지털 혁명은 21세기의 중요한 경향이다

현재 우리는 '세계화'(globalization) 또는 '지구화'라는 용어를 매우 많이 듣고 있는데, 대체로 다음과 같은 의미로 사용하는 것처럼 보인다. 자본가나 기업가가 자기의 자본을 세계 어디에라도 자유롭게 이동할 수 있다는 것, 그리하여 세계 어디에서나 영업을 자유롭게 할 수 있다는 것, 따라서 정부(여기에서는 '국가'와 동일한 의미를 가진다)는 자본을 자기 나라에 붙들어 두기 위해 자본가에게 온갖 혜택을 주지 않으면 안 되게 되었다는 것이다. 이리하여 국민국가(또는 민족국가)의 힘이 약하게 되었고, 경제단위로서 국민경제는 의미를 잃고, 자본이 지배하는 세계시장만이 인류의 운명을 좌우하게 되었다는 것이다. 쉽게 풀어 이야기하면 다음과 같다. 초국적(transnational) 금융자본이나 초국적 산업자본이 세계 각국을 이동하고 있기 때문에, 미국 정부나 영국 정부나 일본 정부는 초국적자본을 국내에 유치하기 위해 온갖 혜택을 제공한다는 것, 그리고 초국적자본들이 세계경제를 자기들의 이익에 맞게 요리한다는 것이다.

물론 초국적 금융자본은 어떤 정부의 금융정책을 실패하게 할 수 있다. 예컨대 정부가 저금리정책으로 산업투자를 활성화하려고 하지만, 금융자본이 저금리를 싫어해 다른 나라로 이동한다면, 그 나라의 금리는 결국 상승할 수밖에 없고 따라서 산업투자는 늘어나지 않는다. 또한 초국적 산업자본도 정부의 고임금정책을 실패하게 할 수 있다. 예컨대 한국의 임금 수준이 중국보다 높다면, 한국의 산업자본가는 중국에 투자해 더욱 큰 이윤을 얻으려 할 것이고, 따라서 한국의 산업자본이 중국으로 이동함으로써 결국 한국에서는 실업자가 크게 발생해 한국의 임금 수준은 중국의 수준으로 하향 평준화할 것이다.

그렇다고 초국적 금융자본이나 산업자본이 스스로 세계시장이나 세계경제를 안정적으로 성장시킬 수 있을까? 초국적자본들 사이의 무한경쟁은 국내에서와 마찬가지로 세계경제에서도 혼란과 무질서를 가져오게 마련이다. 따라서 국제통화기금(IMF)이나 세계무역기구(WTO)와 같은 국제기구가 국제적인 경기 규칙(게임 룰)을 만들 필요가 있는데, 국제기구는 국내의 정부기구와 비슷한 역할을 하기 때문에 '국제적 국가기구'라고도 부른다.

어쨌든 현재 자본은 국경을 넘어 활동영역을 크게 확장했다. 이 과정에서 유럽연합(EU)이나 북미자유무역협정(NAFTA) 등 지역공동체(통합의 수준은 서로 다르지만)가 생겼으며, 이런 지역공동체는 앞으로 더욱 증대하고 그 범위도 확장될 것이다. 그러나 여기에서 주목해야 할 것은 지역공동체는 초국적자본이 '스스로 자기의 힘으로' 설립한 것이 아니라, 국민국가가 초국적자본의 이익을 위해 설립한 것이라는 점이다. 따라서 초국적자본의 힘이 국민국가의 힘을 능가해, 초국적자본이 국민국가를 자기의 이익에 봉사하도록 굴복시키고 있다는 식으로 이야기해서는 안 된다. 이 책에서는 21세기에 더욱 진전하게 될 자본의 세계화나 지구화와 관련된 문제들을 다룰 것이다.

더욱이 미국의 부시 정권은 2001년 9.11사태 이후 아프가니스탄과 이라크를 침략하면서 세계를 군사력으로 지배·통치하려는 의도를 분명히 보여 주고 있는데, 이런 군국주의적 제국주의를 미국 경제의 동향 및 세계화의 진전과 더불어 어떻게 이해해야 하는가가 초미의 긴급한 과제로 등장했다. 특히 부시 정권은 북한의 핵 개발과 관련해 북한을 공격할 수도 있다는 점을 밝히고 있기 때문에 더욱 그러하다.

또한 정보혁명이나 디지털 혁명은 어떤 내용을 가지고 있으며, 앞으로 국민경제와 세계경제에 어떤 영향을 미칠 것인가도 이 책에서 다룰 것이다.

제1편

시장을 구성하는 요소

2 상품

2-1. 재화와 서비스가 상품으로 등장해 시장이 발생한다

우리가 말하는 상품은 돈을 주어야만 얻을 수 있는 재화와 서비스를 가리킨다. 우리나라 농민들은 가을에 거두어들인 쌀을 일부는 자가소비용으로 남겨 두고, 나머지를 정부나 시장에 판다. 자가소비용 쌀은 상품이 아니고 정부나 시장에 판 쌀은 상품이다. 그리고 어머니가 자기 아들이나 동네 꼬마들의 머리를 무료로 깎아 주는 경우에는 머리를 깎아 주는 서비스는 상품이 아니지만, 돈을 받고 꼬마들의 머리를 깎아 주면 그 서비스는 상품이 된다.

역사적으로 보면, 자본주의 사회에 와서 비로소 재화와 서비스 대부분이 상품으로 등장했고, 자본주의가 발달해 주부도 직업을 가짐에 따라, 가정주부가 행하던 주요 서비스들도 상품으로 등장하게 되었다. 예컨대 빨래하는 서비스는 세탁소가 직업적으로 맡게 되었고, 아이를 돌보는 서비스는 육아원이나 유치원이 맡고 있으며, 음식을 마련하는 서비스는 식당이 맡게 되었다.

그런데 상품은 구매자의 욕망이나 필요를 충족시키는 성질이 있어야 한다. 이런 사회적 유용성을 가지지 않으면 상품은 시장에서 팔리지 않을 것이고, 따라서 그 상품은 시장에서 사라진다. 그러나 이 이야기는 어떤 상품에 대한 수요가 먼저 나타나고, 그 뒤에 그 상품이 생산된다는 것을 가리키지는 않는다. 예컨대 텔레비전이나 비디오가 상품으로 처음 등장한 것은, 사람들이 그것을 원했기 때문이 아니다. 사람들은 텔레비전이나 비디오가 무엇인지 보지도 듣지도 못한 사이에 기업가들이 그것을 먼저 생산해 소비자에게 선전하고 광고하면서 사라고 권했던 것이다. 다시 말해 새로운 상품이 등장하는 것은 기업가가 이윤을 얻기 위해 그것을 처음으로 만들어 시장에 내놓는 것이고, 그 뒤 그 상품이 잘 팔려 성공할 수 있는 것은 소비자의 수요에 달린 것이다. 따라서 '소비자가 주권을 가진다'든가 '소비자가 왕이다'라는 말은 소비자가 어떤 새로운 상품을 생산하라고 지시하는 것을 의미하지는 않는다. 거대한 선전광고를 보면 알 수 있듯이, 오히려 생산자가 자기의 예측과 계산에 따라 새로운 상품을 연구개발해 소비자에게 '강요'하고 있다고 말할 수 있을 것이다. 또한 구매자의 욕망이나 필요는 고정되어 있는 것이 아니라 사회가 발전할수록 다양해지고 고급이 되기 때문에, 새로운 상품은 끊임없이 등장하게 마련이다.

상품은 크게 공산품 · 농수산물 · 서비스로 나누고, 공산품은 중화학공업제품(화공품, 철강 및 금속제품, 기계류 및 정밀기기, 전기전자제품, 승용차 등)과 경공업제품(섬유류 · 직물 · 타이어 튜브 · 종이류 등)으로 나누며, 또한 공산품과 농수산물은 원자재 · 자본재 · 소비재로 구분한다. 원자재는 원유 · 경공업원료 · 화공품 · 철강재 등이고, 자본재는 기계류와 정밀기기, 전기전자기기(반도체 · 정보통신기기 등) 등이며, 소비재는 곡물 · 내구소비재 · 비내구소비재 등이다. 그런데 이 책에서는 원자재와 자본재를 합해 '생산재'(producer's goods)라고 부르고, 상품을 생산재 · 소비재 · 서비스로 구분할 것이다.

2-2. 다양한 상품시장

상품의 종류가 많아지고 고급상품이 등장함에 따라 시장은 확대한다. 그러나 역사적으로 볼 때, 시장을 놀랄 만큼 확대시킨 것은 임금노동자의 탄생이었다. 주로 농촌에서 농사를 지어 자급자족하던 농민들이 도시에 몰려들어 자기의 노동력을 팔아 살아야 했기 때문에, 이런 임금노동자가 필요로 하는 재화와 서비스가 대규모로 상품으로 등장하게 된 것이다. 스스로 생산했던 식량이 이제는 상품으로 등장해 시장에서 구매해야만 했고, 스스로 길쌈했던 옷도 이제는 시장에서 상품으로 구매해야 했으며, 스스로 만들던 온갖 가재도구도 이제는 시장에서 상품으로 사야 했던 것이다.

여기에서 잠깐 자본주의 사회를 특징짓는 임금노동자(wage-labourer)를 고찰하자. 임금노동자는 노예와는 다르다. 왜냐하면 자기 몸 전체를 상품으로 파는 것이 아니라, 자기의 노동력(labour-power, 일할 수 있는 정신적·육체적 힘)을 일정한 계약기간 동안 자본가에게 팔기 때문이고, 또한 임금노동자는 인격적으로 자유롭고 자본가와 평등하기 때문이다. 다만 자기의 노동력을 팔아 임금을 얻지 못하면 먹고 살 수 없다는 점에서 '임금노예'라고 부를 수는 있다. 어쨌든 임금노동자의 탄생으로 노동력이 상품으로 등장해 노동시장을 형성하게 되었다. 처음 재화와 서비스가 상품으로 등장하고, 이제 노동력이 상품으로 등장함으로써, 자본주의는 확립된다.

노동시장에서 노동력의 수요자는 기업가이고 공급자는 임금노동자이며, 이 시장에서 노동력의 가격(즉 임금)이 결정된다. 기업가가 '노동력을 상품으로 구매한다'는 것은 결국 기업가가 '노동자를 고용해 일정한 기간

일 시킨다'는 것을 의미하기 때문에, 보통의 상품을 구매해 사용하는 것과는 사뭇 다르다. 보통의 상품은 구매하면 완전히 자기의 것으로 되어 그 상품을 어떻게 처리하든 구매자의 마음에 달렸지만, 노동력을 구매하면 노동력의 소유주는 여전히 노동자이고 구매자는 노동력의 사용자로서만 나타난다. 따라서 노동력의 구매자인 기업가가 노동력을 사용하는 과정에서 노동력의 소유주인 노동자와 다툴 수 있다. 왜냐하면 노동력의 사용자인 기업가가 노동력을 너무 오랫동안 또는 너무 심하게 사용할 때, 노동력의 소유주인 노동자가 불평할 수 있기 때문이다.

노동시장 이외에도 화폐시장이나 자본시장도 있으며 토지시장도 있고 정보시장도 있다. 자본주의는 모든 것을 상품화시켜 그 상품의 생산과 매매를 통해 이윤을 획득하려고 한다. 화폐를 상품으로 매매하는 곳이 화폐시장인데, 여기에서는 구매는 차입이고 판매는 대부라고 부른다. 화폐의 구매자(또는 차입자)는 주로 기업가이고, 화폐의 판매자(또는 대부자)는 유휴화폐를 가진 사람들(또는 이들로부터 예금을 받은 금융기관)이다. 화폐가 상품으로 차입하거나 대부하게 되는 것은 화폐를 투자하면 이윤을 얻기 때문인데, 이 화폐의 '사용료'가 바로 이자다. 화폐라는 상품의 '가격'은 화폐금액 그것이기 때문에, 이자는 화폐의 사용료라고 말해야 한다. 이자율이 높으면, 화폐에 대한 수요는 줄어들고 화폐의 공급은 증가할 것이다.

또한 자본시장은 증권시장이라고도 하는데, 이곳에서는 수익을 낳는 증권이 상품으로 매매된다. 예컨대 삼성전자의 주식은 삼성전자의 이윤을 배당받을 수 있는 수익증권이기 때문에 매매되는 것이다. 역사적으로 볼 때, 주식이 상품으로 등장한 것은 자본주의의 발전에 큰 역할을 했다. 예컨대 거대한 철강산업을 시작하려고 투자하는 경우, 개인의 자금력으로는 도저히 불가능하기 때문에, 주식을 발행해 각계 각층의 유휴화폐소유자에게 팔아 자본을 조달한 것이다. 더욱이 주식을 증권시장에서 팔아 언제든지 자기가 투자한 금액을 회수할 수 있기 때문에, 유휴화폐소유자는 가벼운 마음으로 주식을 구매하게 되는 것이다. 주식의 발행시장과 매매시장이 발달함에 따라 자본의 회임기간(gestation period, 투자한 뒤 상품을 생산하기까지 걸리는 시간)이 긴 대규모 사업들(예: 철도 · 항만 · 철강 · 조선 · 석탄산업 등)이 발달할 수 있었다.

2-3. '새로운 사회'에서는 상품이 사라질 수 있다

자본주의 경제에서는 재화와 서비스 대부분이 상품이기 때문에, 상품의 교환을 통해 경제가 재생산되고(또는 신진대사하고) 있는 셈이다. 각각의 기업은 기계나 원료를 시장에서 상품으로 구매해야 하고 또한 노동력을 상품으로 구매해야 하며, 생산된 재화를 다시 시장에서 상품으로 팔아 원래의 투자금액을 회수하고 이윤을 얻어야 한다. 임금노동자는 노동력을 기업가에게 팔아 임금을 받고, 그 임금으로 시장에서 자기와 가족에게 필요한 재화와 서비스를 구매해 생활하면서, 다시 노동력을 생산해 기업가에게 파는 것이다.

그러나 예컨대 철강공장의 주인이 철광광산과 석탄광산을 인수한 경우, 이전에는 철광석과 석탄을 상품으로 구매해야 했지만, 이제는 내부거래를 통해 철광석과 석탄을 조달하기 때문에, 철광석과 석탄은 상품이 아니라 공장 안의 작업장을 거쳐 가는 부품 비슷하게 된다. 마찬가지로, 만약 사회 전체가 그 나라 전체의 공장 · 토지 · 인적 자원을 소유한다면, 여기에서 생산되는 재화와 서비스도 상품이 아니다. 그 사회의 계획 당국이 그 사회의 모든 인적 · 물적 자원을 계획적으로 이용해 주민 전체의 욕망이나 필요를 충족시키기 때문에, 생산되는 재화와 서비스가 상품으로 시장에 유통할 필요가 없다. 예컨대 계획에 따라, 생산재는 전년의 소모분을 보충하거나 공장의 확대에 사용하고, 학교·병원·도로·체육관 등 사회기반시설의 건설에 사용하며, 소비재는 '배급'을 통해 주민들의 물질적·정신적 생활을 위해 소비될 것이다. 시장이 없고 재화와 서비스가 상품의 형태를 띠지 않는다고 경제가 돌아가지 않는 것은 아니다. 이 경우 관료의 부정·부패가 생기지 않겠는가 하는 우려가 있지만, 민주주의적 참여가 활발한 사회에서는 부정·부패의 문제가 크게 나타나지 않을 것이다.

사실상 유럽의 선진자본주의국에서는 복지제도를 확충하는 과정에서 정부가 학교와 병원을 거의 대부분 공공기관으로 전환시켜 거의 무료로 운영하고 있다. 이 경우 학교와 병원이 제공하는 서비스(즉 교육과 의료의 서비스)는 상품이 아니게 된다. 다음 세대를 정신적으로, 육체적으로 건강하게 키워야 할 의무가 있는 교육과, 국민들의 생명과 보건을 담당할 의료를 이윤 추구에 혈안이 되어 있는 자본가에게 맡길 수가 없었기 때문이다.

3 화폐와 가격

3-1. 상품화폐의 등장

물물교환의 역사적 발전과정에서 교환에 참가한 매매자들이 어떤 상품 하나를 화폐로 간주해 사용했을 가능성이 크다. 역사적으로 볼 때, 화폐로 역할한 것은 소금 · 조개껍질 · 가죽 · 옷감 · 가축 · 고래의 이빨 · 쌀 등이었다. 어떤 상품이 화폐로 되면 교환은 매우 쉽게 이루어질 수 있었다. 예컨대 5개의 상품(A, B, C, D, E)이 시장에 나타난 경우, 이 상품들이 교환되기 위해서는 10개의 교환비율($_5C_2$)을 알아야 한다. 즉, A : B, A : C, A : D, A : E, B : C, B : D, B : E, C : D, C : E, D : E를 알아야 상품들을 사고 팔 수 있다. 그런데 이 5개의 상품 중 E가 가볍고, 적은 양이라도 높은 값을 가지며, 지니고 다니기에 편리하고, 부패하지 않으며, 분할할 수 있는 성질을 가진 상품이라서 화폐로 선택된다면, A : E, B : E, C : E, D : E만 알면 모든 교환은 가능하게 된다. 왜냐하면 이 경우 A, B, C, D 사이의 교환비율은 자연히 알게 되기 때문이다.

$$\left.\begin{array}{ll} a\text{만큼의} & A \\ b\text{만큼의} & B \\ c\text{만큼의} & C \\ d\text{만큼의} & D \end{array}\right\} = e\text{만큼의}\ E \qquad \text{(공식 3-1)}$$

위의 공식은 "(상품)화폐 E를 e만큼 주면 일정한 양의 A, B, C, D 상품을 주겠다"고 A, B, C, D 상품의 소유자가 시장에서 외치는 것과 같기 때문에, (상품)화폐 E의 소유자는 언제나 다른 상품을 구매할 수 있는 것이다. 이처럼 (상품)화폐 E는 다른 모든 상품을 언제나 구매할 수 있는 특권을 가지게 되므로, 흔히들 '일반적 등가(물)'(general equivalent)라고 부른다. 역사적으로 금과 은이 (상품)화폐로서 오랫동안 역할했기 때문에, 금과 은에 대한 소유욕이 그처럼 컸던 것이다. 지금 한국은행권에 대한 소유욕이 매우 큰 것은 그것이 종잇조각이 아니라 화폐이기 때문이다.

3-2. 화폐의 발달

금(또는 은) 덩어리 또는 금화(은화)가 화폐로서 유통하고 있던 동안에도 금과 직접적으로 교환할 수 있는 지폐도 유통하고 있었다. 다시 말해 이 지폐를 은행에 제시하면 은행은 금을 내어 주게 되어 있었다. 금을 지니고 다니는 것의 불편을 없애 주기 위한 것이었는데, 이 지폐는 일종의 금 보관증과 같은 것이었으며, 은행 대부분이 이런 지폐(즉 은행권)를 발행하고 있었다. 이런 지폐를 태환지폐(convertible paper money) 또는 태환은행권이라고 부른다. 19세기의 영국에서 거액의 거래에는 태환지폐가 사용되었고, 소액 거래에는 금화가 사용되었다.

그런데 자기 은행의 금 보유량 이상으로 태환은행권을 발행한 결과, 태환은행권의 소유자가 발행은행에 금을 요구했을 때 은행이 금을 내어 줄 수 없게 되면, 그 은행은 도산하게 된다.[1] 그 은행이 발행한 태환은행권은 종잇조각이 되어 버리며, 경제 전체에 큰 혼란을 야기하게 된다. 이 때문에 정부는 은행 중 가장 튼튼한 은행을 '중앙은행'으로 삼아 태환은행권의 발행을 독점시키게 되며, 중앙은행은 자기가 보유하는 금량을 기준으로 중앙은행권을 발행했다. 그러나 중앙은행도 금 보유량과 중앙은행권 발행액을 항상 일치시킬 수 없었다. 왜냐하면 중앙은행이 정부은행의 성격을 띠게 됨에 따라 정부는 전쟁이나 불황 등 긴급한 사태에서는 중앙은행권의 추가 발행을 요구하지 않을 수 없었기 때문이다. 이리하여 정부는 중앙은행권을 금으로 바꿔 주지 않는다는 '금 태환 중지'(moratorium)의 명령을 이따금 내리곤 했다. 다시 말해 금과 교환할 수 없는 '불환 중앙은행권'(또는 불환지폐)이 때때로 유통한 것인데, 이렇게 될 수 있었던 것은 이 불환 중앙은행권이 그 나라의 정부가 인정하는 유일한 법화(legal tender)였기 때문이다.

제1차 세계대전 중에 모든 선진국이 금본위제(gold standard system, 금화나 태환지폐를 화폐의 기본으로 삼는 제도)를 포기했다가 전쟁의 종결과 더불어 다시 부활하기도 했지만, 1930년대의 세계적 대공황에서 모든 선진국은 불환지폐(불환 중앙은행권)를 화폐의 기본으로 삼아 금 보유량

1 은행은 예금자가 금 100그램을 예금하면 금의 보관증으로 은행권 100원을 발행해 예금자에게 준다. 그런데 은행이 은행권 소지자들은 대체로 매일 오직 10원(은행권 발행액의 10%)만큼의 금을 청구하며 또한 예금자들은 대체로 매일 100그램의 금을 예금한다는 것을 발견한다면, 은행은 매일 1,000원의 은행권을 발행하더라도 태환에는 전혀 문제가 없다고 생각할 수 있다. 이렇게 10일이 경과한다면 은행권 발행액은 10,000원 되고 금 보유량은 1,000그램에 지나지 않게 될 것이다. 이것이 이른바 신용창조이고 이것을 통해 은행은 상당한 이자 수입을 올리지만 은행권 소지자들이 한꺼번에 금을 달라고 모여든다면(bank run) 은행은 도산하게 된다.

과는 무관하게 화폐량을 조절하게 되었다. 이것을 관리통화제도(managed currency system)라고 부르는데, 지금까지 계속되고 있다.

물론 국제통화제도에서 금이 화폐의 지위를 잃게 된 것은 일국의 불환지폐제도 확립보다는 나중의 일이었다. 1971년 8월 15일 미국이 외국 정부(와 외국의 중앙은행)에게 달러를 금으로 교환해 주지 않는다고 선언할 때까지는, 금이 미국의 달러와 함께 세계화폐로 역할하고 있었다. 그러나 그 뒤 금은 세계화폐로 역할하지 않게 되고, 세계 강대국의 화폐(예: 미국의 달러, 영국의 파운드 스털링, 일본의 엔, 독일의 마르크, 프랑스의 프랑)가 국제통화로서 기능하고 있다.

우리나라에서는 서기 1000년까지는 대체로 쌀 등 곡식이나 베 등 옷감이 화폐로 역할했고, 그 이후에는 은이나 구리로 만든 주화가 나타났으며, 조선 말기에 대원군이 경복궁 재건을 위해 당백전이라는 동전을 발행한 바 있다. 1911년부터 제국주의 일본 정부가 조선은행법을 공포하면서 지폐가 광범하게 사용되었고, 한국은행권은 1950년부터 발행되었다.

참조 3-A

화폐의 역사

중세 이래 금화와 은화가 동시에 유통하고 있었다. 그러나 "악화가 양화를 몰아낸다"는 그레셤(T. Gresham)의 법칙에 따라, 19세기 초에는 대부분의 유럽 나라에서 사실상 은본위제가 지배하고 있었다. 이 과정을 가상적인 예를 들어 설명하면 다음과 같다. 정부가 금화 1개(금 1/10온스를 함유)를 은화 10개(은화 1개는 은 1/10온스 함유)와 동일한 가치를 가진다고(또는 금 1온스=은 10온스라고) 법적으로 규정하고 있었는데, 은이 점차로 더욱 쉽게 생산됨으로써 귀금속시장에서는 금덩어리 1/10온스는 은덩어리 2온스와 교환할 수 있었다. 이에 따라 금화 1개의 소유자는 금화를 녹여 금덩어리로 만들고, 이 금덩어리로 귀금속시장에서 은덩어리를 구입해 은화 20개를 주조하게 된 것이다. 이제 금화는 모두 금덩어리로 전환되고 은화만 유통하게 되었으므로, 금은 복본위제(bimetallic standard system, 금과 은 두 개 모두가 본위화폐다)가 은본위제로 된 것이다. 그러나 영국은 18세기에 금화와 은화의 법적인 교환비율을 1:20에 가깝게 고정했으므로, 금본위제를 유지할 수 있었다.

그런데 1840년대와 1850년대에 캘리포니아와 호주에서 대규모의 금이 발견되어 금의 은에 대한 상대가치가 저하했고, 그리고 영국이 국제금융시장에서 압도적인 지위를 차지하고 있었기 때문에, 각국은 은본위제로부터 금본위제로 전환했다. 독일은 1871-73년에, 라틴통화동맹(프랑스·이탈리아·벨기에·스위스)은 1873-74년에, 스칸디나비아동맹(덴마크·노르웨이·스웨덴)과 네덜란드는 1875-76년에 금본위제를 채택했다. 은본위제는 주로 극동(특히 중국)에만 남아 있었다.

18세기 말과 19세기 초에는 태환지폐 또는 태환은행권도 널리 사용되었는데, 태환이 정지되는 경우도 있었고, 불환지폐도 유통되었다. 18세기 초 프랑스 정부는 불환지폐를 대규모로 발행했고, 1789-96년에는 프랑스 혁명정부가 '아시냐'(assignat)라는 불환지폐를 발행했으며, 갓 독립한 미국은 국채를 발행해 불환지폐로 사용했다. 영국은 나폴레옹전쟁(1797-1816) 동안 잉글랜드은행 은행권의 태환을 정지했고, 미국은 남북전쟁(1861-65) 동안 북부의 지폐 '그린백'(greenback)에 대한 태환을 정지했으며 1879년 태환을 재개했다.

금화·은화·태환지폐가 사실상 자본주의를 오랫동안 지배했다. 제1차 세계대전 이후 몇 년 동안 각국이 불환지폐제도를 채택하긴 했으나, 영국이 1925년, 프랑스가 1928년에 금본위제로 복귀했으며, 1929년까지는 대부분의 나라가 자국통화를 금과 연결시켰다. 그러나 각국 정부는 자국의 통화량이 금의 유출입에 의해 결정되는 것, 그리고 이에 따라 국내산업과 고용의 문제에 탄력적으로 대처하지 못하는 것에 불만을 느껴, 순수한 금본위제를 유지하지는 않았다.

1929년 10월에 폭발한 세계대공황은 이런 '관리되는 금본위제'를 중단시켰고, 영국은 1931년, 미국은 1933년에 금본위제를 완전히 이탈했다. 다시 말해 국내에서는 태환제도가 사라졌다. 그러나 제2차 세계대전 이후 1971년까지는 국제적으로는 미국 달러의 태환제도(외국 정부가 35달러를 미국 정부에 제시하면 금 1온스를 받을 수 있었다)가 유지되었고, 미국 달러가 세계화폐로서 역할했다. 미국 정부는 1971년 8월 15일 달러의 태환을 일방적으로 폐지했으며, 이에 따라 국제적으로도 태환제도는 완전히 사라졌다.

3-3. 화폐의 기능

3-3-1. 상품의 가치를 측정하고 표시한다

금이 화폐로 역할하는 시대에는 각국 정부는 일정한 무게의 금을 화폐

단위로 정했다. 예컨대 미국 정부는 금 1/35온스를 1달러라 불렀고, 모든 상품은 몇 달러라는 가격표를 달고 있었다. 만약 양복 한 벌이 3달러라면, 양복 한 벌과 금 3/35온스는 같은 가치를 가진다는 것을 의미한다. 다시 말해 양복 한 벌과 금 3/35온스는 비교 가능한 동질적인 그 무엇(즉 가치)을 동일한 크기만큼 가지고 있다는 것이다. 상품의 가치(value)를 화폐(즉 금)의 양으로 표현한 것, 또는 상품의 가치를 화폐 단위로 표현한 것(즉 양복 한 벌=3달러)을 상품의 가격(price)이라고 부른다. 따라서 어떤 상품이 y달러라는 가격을 가진다면, 그 상품의 가치를 금 1/35온스의 가치로 나눌 때 y라는 값이 나와야 하는 것이다. 이런 의미에서 화폐는 상품의 가치를 측정하는 기능(또는 가치 척도의 기능)을 가진다고 말한다.

그런데 상품 가치의 실체(substance)는 무엇인가? 3-4-1에서 상세히 다루기로 하고, 여기서는 결론을 미리 빌려와 가치의 실체는 '인간의 노동'이라고 말하자. 양복 한 벌을 만드는 데 들어가는 인간의 노동량이 금 3/35온스를 만드는 데 들어가는 인간의 노동량과 같기 때문에, 양복 한 벌이 3달러가 되는 것이다. 이 경우 화폐가 금이나 은과 같은 노동생산물이 아니라면 가치를 가질 수 없고, 따라서 상품들의 가치를 측량할 수 없다.

그렇지만, 현실에서는 노동생산물이 아닌 불환지폐가 화폐로 사용되고 있으며, 상품의 가치를 불환지폐의 금액으로 표시하고 있다. 그렇다면, 불환지폐는 어떤 가치를 대표하고 있다고 보아야 하는가?

소주 4병
책 1권 = 한국은행권 10,000원 (공식 3-2)
쇠고기 200그램

위의 공식에서 소주 4병, 책 1권, 쇠고기 200그램은 자기의 가치를 10,000원으로 표현한 것이며, 이것을 거꾸로 하여 10,000원=소주 4병,

책 1권 또는 쇠고기 200그램이라고 쓰면, 10,000원짜리 한국은행권의 가치(value)를 노동생산물로 나타내는 것이다. 결국 불환지폐는 노동생산물이 아니기 때문에 자기 자신의 가치를 가지지 않지만, 자기의 구매력을 통해 노동생산물의 가치를 반영하거나 대표한다고 말할 수 있다. 불환지폐는 이런 구매력을 가지므로 상품들의 가치를 측량하는 기능을 가지게 된다.

3-3-2. 상품의 유통을 매개한다

화폐경제에서는 물물교환은 존재하지 않으며, 상품(1)과 상품(2)의 교환에서는 상품(1)을 팔아 화폐를 얻고 이 화폐로 상품(2)를 구매하게 된다. 상품(1) → 화폐 → 상품(2).

따라서 화폐경제에서는 판매와 구매가 분리된다. 물물교환[즉 상품(1)—상품(2)]에서는 판매하면서 구매하기 때문에 판매와 구매는 항상 일치한다. 그러나 화폐경제에서는 자기의 상품을 판매해 화폐를 얻은 사람은 자기가 원하는 상품을 나중에 다른 장소에서 구매할 수도 있다. 예컨대 상품(1) → 화폐는 이루어졌지만 화폐 → 상품(2)은 상당한 시간 뒤에 이루어진다면, 상품(2)를 판매해야 하는 사람은 그동안 상품이 팔리지 않아 큰 고통을 겪을 수 있다.

상품들을 유통시키기 위해 어느 정도의 화폐량이 필요할까? 예를 들어, 어느 1주일 동안 A가 B에게 100원짜리 구두를 팔고 그 돈으로 C로부터 쌀을 100원어치 사며, C는 이 돈으로 D로부터 쇠고기를 100원어치 산다면, 이 1주일 동안 유통한 상품들(구두 · 쌀 · 쇠고기)의 총가격은 300원이고, 화폐의 회전수(또는 유통속도)가 3회(B → A → C → D)이며, 따라서 100원의 화폐량으로 300원어치의 상품들을 유통시킬 수 있었다. 이것을 공식으로 표현하면 다음과 같다.

$$\text{상품의 유통에 필요한 화폐량}(M) = \frac{\text{유통하는 상품들의 총가격}(PT)}{\text{화폐의 유통속도}(V)} \qquad \text{(공식 3-3)}$$

(P: 개별 상품의 가격; T: 거래량)

이 공식(즉 $MV=PT$)은 사실상 항등식이다. 왜냐하면 일정한 기간에 어떤 총액의 상품들이 팔렸다면 당연히 그만큼의 화폐를 지불했을 것이기 때문이다. 이 공식이 가리키는 것은, 더 많은 상품이 시장에 등장하거나 상품들의 가격이 상승하는 경우, 화폐량이 증가하든가 화폐의 유통속도가 증가하든가, 아니면 두 가지가 모두 변동하게 된다는 것이다. 그런데 이 공식을 변경해 $P=(MV)/T$라고 쓰고, 화폐량(M)이 증가하면 물가(P)가 오른다는 화폐수량설이 크게 유행하고 있다. 그러나 화폐량이 증가하면 물가가 오르기보다도 생산이 확대되는 경우도 있고, 화폐발행액이 증가하더라도 모든 화폐가 시장에 등장하지 않고 차입금을 갚기 위해 은행으로 되돌아가기 때문에, 화폐량 증가가 그대로 물가를 상승시킨다고 말할 수는 없다.

3-3-3. 지불수단

생산자들 사이에서나 생산자와 소비자 사이에서 외상거래가 자주 일어난다. 상품은 팔았지만 대금은 나중에 받는 거래가 외상거래(또는 신용거래)인데, 이 경우 상품을 판 사람은 채권자가 되고 상품을 산 사람은 채무자가 된다. 채무자는 특정의 날짜(즉 채무의 만기일)에 화폐로 채무를 갚아야 이 외상거래는 사라진다. 화폐가 채무를 지불하는 수단으로 기능한 것이다.

흔히들 외상거래에서는 채무자가 채권자 앞으로 약속어음이나 수표를 발행해 어느 날짜에 일정한 금액을 지불하겠다는 약속을 한다. 이 약속어음이나 수표는 채무자나 채권자의 신용상태에 따라 만기일까지는 일종의 화폐로 생산자들 사이에 유통하게 된다. 따라서 우리는 약속어음이나 수표를 신용화폐(credit money)라고 부른다. 이 신용화폐는 만기일에 '진정한' 화폐에 의해 결제되지 않으면 아무런 가치가 없는 종잇조각이 되어 버린다.

현재에도 신용화폐는 널리 사용된다. 예컨대 각각의 은행이 발행하는 자기앞 수표도 신용화폐다. 왜냐하면 자기앞 수표를 발행한 은행이 도산하면 그 수표를 한국은행권으로 바꿀 수 없기 때문이다. 그리고 사업자가 자기의 당좌예금을 근거로 발행하는 당좌수표도 신용화폐다. 언제 당좌수표가 부도날지 모르기 때문이다.

화폐가 지불수단으로 기능하기 때문에, 화폐 사용이 크게 절약된다. 예컨대 의류수출업자가 의류생산업자에게 발행한 10억 원짜리 수표를 의류생산업자는 직물생산업자에게 주면서 직물을 구매하고, 직물생산업자는 이 수표를 방적업자에게 주면서 면사를 구매하기 때문이다. 결국 이 수표는 의류수출업자 → 의류생산업자 → 직물생산업자 → 방적업자로 유통했다. 그런데 만약 이 수표를 최종적으로 소유한 방적업자가 수표발행자인 의류수출업자에게 만기일에 대금 결제를 요구했을 때, 의류수출업자가 그 대금을 갚지 못했다면, 의류수출업자는 도산하며 방적업자는 현금 부족에 시달리게 되고 기업가들 사이의 신용거래는 크게 줄어든다. 이에 따라 모든 기업가들이 현금을 준비하느라고 야단이고, 현금이 부족하다는 아우성이 들리며 이자율은 급등한다. 은행은 대출을 꺼려하고 오히려 이미 나간 대출을 회수하려 하기 때문에, 시중의 자금 사정은 더욱 악화한다. 많은 기업체들이 현금 부족으로 도산하게 된다.

이런 현금 부족 또는 신용경색을 경기변동(경기 회복 → 호황 → 위기 → 공황 → 불황 → 경기 회복을 되풀이한다)에 따라 설명해 보자. 불황으로부터 경기가 회복하기 시작하면, 기업가들 사이에 신용거래가 증가하기 시작하고 은행의 대출도 증가하기 시작한다. 호황에서는 상품의 판매가 순조롭고 자금의 회수가 순조롭기 때문에, 기업가들 사이에 신용거래가 매우 크게 확대해 은행의 대출 증가보다는 신용거래의 확대에 의해 기업이 팽창하고 경제가 성장하게 된다. 따라서 기업팽창이나 경제성장 속도에 비해 이자율의 상승은 미미하다. 다시 말해 신용거래의 네트워크가 크게 확장해 화폐 사용이 대폭 축소된 것이다. 그러나 호황이 계속되리라는 기대 속에서 설비를 확장한 기업들은 호황의 말기에 이르러 상품들이 예상대로 팔리지 않게 되자 어음과 수표, 그리고 은행대출을 만기일에 결제하지 못하는 상황이 벌어진다. 경제위기가 시작된 것이다. 기업들이 현금 부족으로 도산하기 시작하자, 어음과 수표 등 신용화폐는 전혀 유통할 수 없게 되고 은행도 대출을 중단하고 대출을 회수하기 시작한다. 이자율이 최고수준에 이른다. 이것이 이른바 신용경색 또는 신용공황(credit crisis)이다. 이제 기업이나 은행 모두가 '현금'을 확보하려고 필사의 노력을 경주하게 된다. 이것이 화폐공황(monetary crisis)이다. 그리고 도산하는 기업이 증가해 은행의 부실대출이 증가하자, 예금자들은 은행이 도산할까 우려해 은행에서 예금을 찾기 시작함으로써 은행은 도산하기 시작하는데, 이것이 은행공황(bank crisis)이다. 신용공황, 화폐공황 그리고 은행공황 모두를 합쳐 금융공황(financial crisis)이라고 부른다.

화폐가 지불수단으로 기능하기 때문에, '진정한' 화폐와는 다른 신용화폐가 발생하는데, 신용화폐는 화폐 사용을 절약할 뿐 아니라 금융공황을 야기하기도 한다.

3-3-4. 부의 저장 수단

화폐는 '일반적 등가'로 어떤 상품이라도 구매할 수 있는 능력을 가지고 있기 때문에, 사회의 부를 대표한다. 따라서 옛날부터 화폐를 소유하려는 욕심, 즉 황금욕은 무한하다. 부자가 되기 위해서는 화폐를 축적해야 한다. 이런 의미에서 화폐는 가치를 '저장'하는 수단이 된다. 그러나 화폐를 축적하는 것은 가치를 '증식'시키는 방법은 아니다. 100원을 120원으로 증식시키기 위해서는 화폐를 생산업이나 유통업이나 금융업에 투자해야만 한다.

화폐소유자는 화폐를 자기가 원하는 만큼만 지출하고 나머지를 저장 또는 보유한다. 예컨대 자기 주머니(또는 금고)에 넣어 두든지, 은행에 예금(요구불 예금과 저축성 예금)하든지, 양도성 예금증서(CD)를 산다. 따라서 '시중에 유통하고 있는 화폐량'(즉 통화량)은 한국은행이 발행한 화폐량과는 차이가 난다. 현재 사용하고 있는 여러 가지의 통화량 개념은 다음과 같다.

화폐발행액 = 민간화폐보유액(현금통화) + 은행보유현금
M_1 = 현금통화 + 요구불 예금 + 수시 입출금식 예금
M_2 = M_1 + 만기 2년 이하 저축성 예금, 실적 배당형 상품, 금융채
Lf = M_2 + 만기 2년 이상 저축성 예금 및 금융채 등 (공식 3-4)

흔히들 한국은행이 화폐를 너무 많이 발행하기 때문에 상품의 가격이 일반적으로 오르는 인플레이션(inflation)이 일어난다고 주장한다. 그러나 한국은행권의 소유자가 화폐를 상품의 구매에 지출하지 않고 나중에 사용하기 위해 예컨대 사과상자에 넣어 둔다면, 아무리 화폐를 발행해도 상품에 대한 구매력은 증가하지 않는다. 특히 기업이나 은행이 도산에 직면하게 되는 화폐공황기에는 모두가 현금을 퇴장하려고 하기 때문에, 화폐 부족은 더욱 심각해지며, 이자율은 끝없이 상승한다. 1998년 1월에 시중 이자율은 거의 50%에 달했는데, 그 이유는 IMF가 긴축정책을 강요함으로써 한국은행이 기업과 은행의 도산을 저지하기 위한 자금을 전혀 지원할 수 없었기 때문이다.

3-3-5. 세계화폐로 기능한다

각 국민경제 사이에 물적·인적 교류가 활발해짐에 따라 세계적으로 통용되는 화폐가 필요하게 되었다. 옛날에는 금·은과 같은 귀금속이 세계화폐로 훌륭히 기능했다. 왜냐하면 모든 나라의 사람들이 금·은을 귀중한 것으로 여겼기 때문이다. 그러나 금·은의 생산량은 국제 간에 거래되는 상품량이나 자금량의 증가에 비례해 증가할 수 없었고, 금과 은은 생산비와 운송비가 너무나 컸기 때문에, 금과 은은 더는 세계화폐로 적합하지 않게 되었다. 그런데 세계무역을 주도하는 나라의 화폐가 세계에 널리 유통됨에 따라, 그 나라의 화폐가 세계화폐로 기능하기 시작한 것이다. 19세기에는 영국의 파운드 스털링이, 그리고 1945년 이후에는 미국의 달러가 세계화폐로 기능했는데, 일국 화폐의 국제적 신뢰도를 높이기 위해 금과 태환되었다. 그러나 1971년 8월 15일 이래 달러는 금과 태환되지 않으며, 지금 세계화폐로 기능하고 있는 일본의 엔, 독일의 마르크, 프랑스의 프랑도 불환지폐에 불과하다.

따라서 각국 정부가 서로 긴밀하게 협력해 각국 통화의 가치를 유지하지 않는 한, 불환지폐가 세계화폐로 역할하는 데 큰 한계가 있다. 따라서 IMF가 주요국 화폐의 환율 변동에 개입하며, 주요국 정상회담(예: G3, G7)에서 환율 문제를 논의하고 있다. 1945-71년까지 각국 통화는 달러와 일정한 고정환율을 유지했는데, 그 이후에는 각국 통화 사이의 환율은 외환시장의 사정에 따라 변동하게 되었다.

3-4. 가격

3-4-1. 상품가치의 실체는 추상적 인간노동이다

반도체공장에서는 노동자가 기계를 이용해 원료를 반도체로 전환시킨다. 자본가가 일정한 자본을 투자해 기계와 원료를 구매하고 노동자를 고용해 반도체를 만드는데, 반도체의 가치가 투자한 금액보다 커야만 자본가는 이윤을 얻게 되고 반도체산업을 계속할 것이다.

그렇다면 반도체의 가치는 어떻게 형성되는가? 기계는 낡아 없어지고 원료는 반도체로 자기의 모습을 바꾼다. 기계와 원료는 자기의 가치를 그대로 반도체에 '이전'시킬 뿐이다. 왜냐하면 원료와 기계는 이미 다른 곳에서 생산되어 일정한 가치를 가지고 반도체공장에 왔기 때문이다. 그러나 노동자의 경우는 다르다. 노동자는 하루의 임금(일당)을 받아 생활하면서 반도체를 생산하기 위해 새롭게 노동한다. 즉 노동자는 새롭게 노동함으로써 새로운 가치를 '창조'하며, 이 새로운 가치를 반도체에 추가하는 것이다. 따라서 자본가가 노동자에게 지불한 임금이, 노동자가 하루 동안 노동해 창조한 가치보다 적어야만 자본가는 이윤을 얻게 되는 것이다. 만약 노동자가 1시간의 노동에서 0.5원의 가치를 창조하며,[2] 자본가는 그에게 일당으로 3원을 주면서 12시간 노동시킨다면, 노동자는 12시간의 노동에서 6원의 가치를 창조하기 때문에 자본가는 3원을 이윤(또는 잉여가치)으로 얻게 된다. 즉 임금으로 지불한 3원이 6원으로 증식한 것이다. 이것

2 예컨대 사회에서 1년 동안 생산된 부가가치(=임금+이윤) 총액을 노동자들의 총노동시간으로 나누면 이런 숫자가 나온다. 이것을 '노동시간의 화폐적 표현'(monetary expression of labour-time)이라고 부른다.

표 3-1. 가치이전과 가치창조

	원 료: 20원------------가치이전---------20원		
투자자금 27원	기 계: 4원------------가치이전--------- 4원		반도체 30원
	노동력: 3원------------가치창조--------- 6원		

을 간단히 나타내면 표 3-1과 같다.

최초의 투자자금 27원이 30원으로 증식되었으며, 잉여가치 3원이 창조된 것이다. 다시 말해 상품의 가치는 생산수단(기계와 원료)의 가치이전과 노동력에 의한 가치창조를 통해 형성되는데, 이 가치창조가 노동자가 받는 임금을 초과할 때 '가치증식'(valorization)이 된다.

여기에서 노동자는 '노동'을 통해 생산수단의 가치를 새로운 생산물에 '이전'할 뿐 아니라, 새로운 가치를 '창조'해 새로운 생산물에 부가한다. 따라서 새로운 가치를 창조한다는 측면에서 '노동'이 상품 가치의 '실체'라고 말해야 할 것이다.

그러나 상품가치의 실체인 노동은 사적 노동이 아니라 사회적 노동(social labour)이며, 구체적 노동이 아니라 추상적 노동(abstract labour)이다. 첫째로 사회적 노동은 무엇을 가리키는가? 몇 개의 양복 공장이 양복을 만들어 시장에 공급하고 있는데, 각각의 공장은 기계설비와 노동자의 생산성과 노동강도가 달라 생산원가가 다르지만, 시장에서는 동일한 양복은 오직 하나의 가격을 가질 뿐이다(일물일가의 법칙). 이것을 우리는 다음과 같이 표현한다. 각각의 공장에서 행하는 사적 노동은 각 공장이 만드는 양복의 개별가치(individual value)를 규정하지만, 시장에서는 양복 공장 전체에서 양복 한 벌을 만드는 데 '사회적으로 필요한 노동'(즉 사회적 노동)이 양복의 시장가치(market value)를 결정한다. 다시 말해 사회적으로 필요한 노동은 사회적 평균의 노동생산성과 노동강도 및 숙련도를 가진 노동자가 양복 한 벌을 만드는 데 드는 물적 비용과 현재의 노동량(=임금+이윤)을 합한 것이다. 둘째로 추상적 노동은 무엇을 가리키는가? 양복과 쌀이 교환되는 경우, 양복을 만드는 구체적 노동(재봉사의 노동)이 쌀을 생산하는 구체적 노동(농부의 노동)과 질적으로 다르기 때문에 노동량을 서로 비교할 수가 없다. 그렇지만 사실상 양복과 쌀이 일정한 비율로 교환되고 있기 때문에, 양복과 쌀에는 동질적이고 비교가능한 노동이 투하되어 있다고 보아야 한다. 다시 말해 구체적 노동에서 그 구체적 성격을 제거한 추상적 노동(또는 노동 그 자체)이 동질적이고 비교가능하기 때문에, 결국 상품가치의 실체는 추상적 노동이 된다.[3]

따라서 상품의 가치량은 그 상품을 생산하는 데 사회적으로 필요한 추상적 인간노동량이며, 새로운 기술이 도입되면 상품 한 단위의 생산에 드는 노동량이 감소하기 때문에 상품의 단위가치는 저하하게 마련이다.

3-4-2. 시장가격

가. 경쟁은 시장가격을 저하시키는 경향이 있다

상품의 시장가격(market price)은 수요와 공급의 변동에 따라 끊임없이 등락한다. 그러나 만약 수요와 공급이 일치해 시장가격이 변동하지 않는 경우에는 그 시장가격은 무엇에 의해 결정될 것인가? 상품의 '가치'가 그것을 결정할 것이다. 다시 말해 그 상품을 생산하는 산업에서 평균적인 노동생산성과 노동강도 및 숙련도를 가진 노동자가 상품 한 단위를 생산하

3 자본주의의 발전에 따라 이질적인 노동이 점점 더 동질화되고 복잡한 노동이 점점 더 단순화되는 경향이 있다. 왜냐하면 개별 노동자들이 교육·훈련·모방을 통해 점점 더 동질화되기 때문이며, 기계화·자동화가 숙련과 기능의 중요성을 약화시키기 때문이다. 따라서 사회 전체의 '총노동'을 하나의 크기로 간주하며, 이 총노동이 총생산물을 생산한다고 파악함으로써 각종의 생산물이 동일한 인간노동의 생산물이라고 개념화하게 된 것이다. 『『자본론』의 현대적 해석』, 42-48쪽을 참조하라.

표 3-2. 개별가치=시장가치

	물적 비용	가치창조(=임금+이윤)	합계
12개	72원	72원(=60+12)	144원
1개	6원	6원	12원

표 3-3. 개별가치<시장가치

	물적 비용	가치창조(=임금+이윤)	합계
24개	144원	72원(=60+12)	216원
1개	6원	3원	9원

는 데 투입하는 물적 비용과 현재의 노동량(=임금+이윤)을 합한 상품의 가치 수준으로 시장가격은 궁극적으로 수렴하게 된다.

그런데 시장가격은 또한 생산자들의 끊임없는 경쟁에 의해 저하하는 경향이 있다. 각 생산자는 자기가 생산하는 상품의 개별가치를 시장가치보다 싸게 생산함으로써 그 차이를 초과이윤(또는 특별잉여가치)의 형태로 얻으려고 하기 때문이다. 2개의 라면공장을 예로 들어 라면가격의 저하과정을 설명하자.

- 현재의 상황: 갑과 을 두 라면공장은 동일한 기계와 원료를 동일한 노동조직 아래에서 사용해 12시간의 노동일(노동자는 1노동시간에 5원의 임금을 받으면서 6원의 가치를 창조한다고 가정하자)에 12개의 라면을 생산하고 있으며, 생산물의 가치구성은 표 3-2와 같다.

  갑과 을 두 공장은 라면 1개를 12원에 판매하며, 12원이 라면 1개의 사회적 가치 또는 시장가치다.
- 제1단계: 갑 공장이 재빨리 노동조직을 개편해 노동생산성을 향상시킴으로써 하루에 24개의 라면을 만들게 되었다고 하자. 그러면 갑 공장 라면의 가치구성은 표 3-3과 같이 된다.

표 3-4. 개별가치=시장가치

	물적 비용	가치창조(=임금+이윤)	합계
24개	144원	72원(=45+27)	216원
1개	6원	3원	9원

갑 공장 라면의 개별가치는 1개에 9원이 되어 현재의 시장가치 12원보다 낮다. 이 경우, i) 만약 라면에 대한 사회적 수요가 36개로 증가한다면, 갑 공장은 1개를 시장가치 12원에 팔아 1개당 3원의 초과이윤(=시장가치−개별가치)을 얻을 것이다. ii) 만약 갑 공장이 24개의 라면을 모두 팔기 위해, 현재의 시장가치 12원보다는 낮지만 9원보다는 높은 10원에 판다면, 과도적으로 갑 라면은 10원에 팔리고 을 라면은 12원에 팔리는 상황이 벌어질 것이다. 갑 공장은 이 경우 1개당 1원의 초과이윤을 얻게 된다.

■ 최종단계: 위의 i)이나 ii)의 상황은 오래 계속되지 않는다. i)의 경우에는 갑이 초과이윤을 축적해 을을 시장에서 몰아내려고 하든지, 을이 경쟁에서 지지 않으려고 갑과 동일한 노동조직을 채택해 노동생산성을 향상시키려 할 것이기 때문이며, ii)의 경우에는 소비자들이 모두 갑 라면을 사려고 할 것이기 때문이다. 궁극적으로, 을이 갑과 동일한 노동조직을 채택했다고 가정하면, 라면 1개의 시장가치는 9원으로 저하할 것이고, 초과이윤은 사라질 것이다. 두 라면공장 각각의 하루의 생산량과 가치구성은 표 3-4와 같게 될 것이다.

왜 이윤이 최초의 12원에서 27원으로 증가했는가? 그 이유는 지금 노동자는 12시간 노동에 60원이 아니라 45원의 임금을 얻을 뿐이기 때문이다. 원래 임금은 노동자가 정상적으로 생활해 그 다음날에도 정상적으로 노동할 수 있게 하는 생활수단을 공급할 수 있어야 하는데, 위의 예에서는 노동자가 하루에 라면 5개로 생활한다고 가정했다. 그런데 최초에는 라면 1개에 12원이었으므로 임금 60원으로 라면 5개를 살 수 있었고, 지금은 라면 1개에 9원이므로 임금이 45원이라도 라면 5개를 살 수 있어 정상적으로 생활하는 데 아무런 지장이 없기 때문이다. 초과이윤을 얻기 위해 개별자본가가 상품가격의 인하를 도모하는 과정에서, 개별자본가가 의식하지 못하는 사이에 사회 전체적으로 이윤이 증가하게 되는 것이다. 이것에 관해서는 제4장에서 자세히 논의할 것이다.

나. '이윤을 포함하지 않는' 완전경쟁가격

완전경쟁(perfect competition) 또는 순수경쟁은 공급자와 수요자가 다수이어서 어느 누구도 가격에 영향을 미치지 못하고 시장에서 결정되는 가격을 그대로 받아들이는 상황을 가리킨다. 그리고 주류경제학은 기본적으로 완전경쟁을 가정하고 있다. 그런데 주류경제학은 이런 완전경쟁시장에서는 이윤이 0이라고 주장한다. 자본가의 목적이 이윤을 얻는 것이라면, 이윤을 낳지 않는 완전경쟁시장은 아무런 의미가 없을 것이 아닌가?

그러나 주류경제학의 주장을 자세히 관찰하면, 이윤이 0이라는 상황은 위의 두 라면공장의 예 중 '현재의 상황'과 '최종단계'를 가리키고 있음을 알 수 있다. 다시 말해 거기에서도 당연히 '평균이윤'은 존재하며 오직 초과이윤이 없을 뿐이다. 주류경제학에 따르면, 자본이 평균이윤을 얻는 것은 매우 당연하기 때문에, 평균이윤은 이윤이 아니라 기회비용으로 간주하며, 초과이윤만을 이윤으로 간주하고 있는 것이다.

다. 불완전경쟁가격

시장에 다수의 공급자와 수요자가 있지 않으면 경쟁이 제한된다. 수요자는 다수이지만, 공급자가 몇 기업 안 되는 상태를 과점(oligopoly)이라고 부르고, 공급자가 두 기업인 상태를 복점(duopoly), 그리고 공급자가 한 기업인 경우를 독점(monopoly)이라고 부른다. 그리고 광고나 선전을 통해 경쟁함으로써 제품을 차별화하는 경우를 독점적 경쟁이라고 부른다.

그런데 특정 업종에 진입하는 것을 법적으로 금지하지 않는 경우에는, 독점은 사실상 유지되기 어렵다. 우리나라에서는 담배 제조를 국가기관인 한국담배인삼공사가 독점하고 있지만, 담배 제조를 민영화하면 미국에서처럼 여러 기업이 담배를 제조하게 될 것이다. 물론 자동차산업처럼 최초의 투자자금이 거대한 경우에는 새로운 기업이 자동차산업에 진입하기가 매우 어렵지만, 우리나라에서 보는 바와 같이 새로운 기업이 들어올 가능성은 항상 있다. 자동차산업의 변천도를 살펴보면, 새한자동차 → 신진자동차 → 현대 · 대우 · 기아자동차 → 현대 · 대우 · 기아 · 쌍용 → 현대 · 대우 · 기아 · 삼성 · 쌍용→현대기아 · 지엠대우 · 르노삼성 · 쌍용으로 전개된 것이다.

다수의 기업이 경쟁하다가 약한 기업들이 도산하면서 강한 기업이 시장의 점점 더 큰 몫을 차지하면 경쟁이 불완전경쟁으로 전환된다. 그러나 이런 자연적인 과정보다는 인위적인 기업결합이 불완전경쟁을 더욱 빨리 그리고 심하게 추진한다. 동일한 업종의 기업들이 서로 출혈경쟁을 피하기 위해 카르텔을 형성해 생산량 · 상품가격 · 판매조건 등에 담합하여 수익성을 증가시키는 경우도 있다. 또한 강한 기업이 약한 기업의 주식을 사들여 약한 기업을 인수 · 합병하는 경우도 있으며, 자동차공장 · 강철공장 · 금속공장의 대주주들이 합의해 하나의 대기업으로 통합하는 경우도 있다.

불완전경쟁에서는, 비록 소수이긴 하지만 경쟁상대기업(현재에 있거나 앞으로 나타날 가능성이 있는 기업)의 대응을 고려하면서 기업이 가격을 임의로 결정하게 된다. 따라서 불완전경쟁가격은 상품의 '생산가격'(= 물적 비용 + 인적 비용 + 평균이윤)을 기준으로 변동하지 않는다. 특히 독점가격은 이윤을 최대 규모로 증가시키는 수준에서 결정된다. 판매수입(=판매가격 × 판매량)에서 생산비(=물적 비용+인적 비용)를 뺀 것이 이윤이므로, 독점기업은 판매가격을 높임에 따라 판매량이 얼마나 감소할까를 고려해 판매가격을 결정하는 것이다.

라. 가격 변화를 통해 자원이 합리적으로 분배된다

시장에서 상품에 대한 수요가 공급을 초과하면 상품의 가격이 오른다. 그러면 상품의 공급자는 그 전보다 큰 이윤을 얻기 때문에 공급을 증가시킬 것이므로 가격은 오르다가 다시 내려간다. 물론 생산자가 기존의 생산설비로 쉽게 공급을 증가시킬 수 있는 경우도 있고, 생산시설을 확대해야 공급을 증가시킬 수 있어 공급 증대에 시간이 걸릴 수도 있다. 또한 상품의 가격이 오르면, 수요자는 대체로 그 상품을 구매하기를 꺼려해 수요가 줄어들기 때문에 가격은 제자리로 돌아오는 경향이 있다. 이처럼 상품의 가격이 변동함으로써 수요와 공급이 변동하고 수요와 공급이 다시 일치하게 된다. 다시 말해 시장에서 결정되는 상품의 가격이 수요와 공급을 균형시키며 생산자와 소비자를 모두 만족시키게 된다. 따라서 시장에 맡겨두면 경제문제는 자연히 해결된다는 주장이 나오는 것이다.

만약 휘발유 1리터의 가격이 1,200원일 때, 휘발유에 대한 수요와 공급이 제대로 균형을 이루었는데, 정부가 휘발유의 소비를 억제하기 위해 석유세를 인상함으로써 가격을 인위적으로 1,300원으로 인상한다면, 휘발유 소비자는 소비를 줄일 수밖에 없으므로 불만이 증대하며, 휘발유 공급업자는 휘발유를 이전처럼 많이 팔기 위해 경품을 제공함으로써 소비자가 휘발유 1리터를 사실상 1,200원에 구매하도록 노력할 것이다. 시장에 내버려 두면 좋을 것을 정부가 개입함으로써, 정부는 감독하는 데 비용이 들고, 휘발유 공급업자는 경품 등 휘발유 판매 이외의 것에 신경을 쓰게 되며, 소비자는 불만이 쌓이게 된다. 시장에서 가격이 자유롭게 변동하도록 내버려 두면 자본주의 경제는 큰 혼란 없이 균형을 유지하게 된다는

주장이 여기에서 나온다.[4]

소련에서는 2,400만 가지의 재화와 서비스의 가격을 다음과 같이 정했다. 중요한 50만 가지의 가격은 중앙계획당국에서 정하고, 나머지의 대부분은 지방계획당국에서 정했다. 물론 생산자와 소비자 사이의 협정에 의해 가격을 정하는 것이나 시장에서 수요와 공급에 의해 가격이 결정되는 것도 있었지만, 극소수에 불과했다. 또한 한 번 결정한 가격은 7-10년 동안 재검토되지 않아 거의 변하지 않았다. 다시 말해 소련에서는 계획당국이 무엇을 생산하고 무엇을 소비할 것인가를 정했으며, 가격이 생산과 소비를 지시하는 신호(signal)로 역할하지 못했다. 따라서 다음과 같은 문제점이 생겼다.

첫째로 계획당국은 소비자가 지금 당장 무엇을 원하는지를 알 수 없기 때문에, 어떤 재화는 팔리지 않아 남아돌고 어떤 재화는 모자라 소비자가 줄을 며칠씩 서야만 했다. 자원이 그만큼 낭비된 것이다. 시장에서 수요와 공급에 따라 가격이 자유롭게 변동한다면, 그리고 그 가격을 보고 계획당국이 생산을 조절한다면, 소비자의 욕구나 필요를 제대로 충족시킬 수 있었을 것이다.

둘째로 계획당국은 국민들의 후생을 위해 식료품 값을 매우 싸게 정했다. 1990년 7월 모스크바에 들렀을 때, 아리랑 식당에서 저녁 식사로 불고기 · 국밥 · 우동 · 보드카 한 잔 · 주스 한 병을 먹었는데, 17루블(그 당시 우리 돈으로 800원)에 불과했고, 호텔의 점심 부페는 3루블(140원)에 불과했다. 이렇게 싸기 때문에 식료품을 낭비하는 경우가 많이 생겼다. 또한 7-10년 동안 가격을 조정하지 않기 때문에, 소비자는 자본주의 사회에서처럼 이 상점 저 상점 찾아다닐 필요가 없고 속을 염려도 없어 탐색비

4 물론 가격 변동이 모든 경제문제를 해결할 수는 없다는 것과, 시장이 완전경쟁시장이 아니라면 시장에 맡기는 것은 문제가 많다는 것은, 뒤에 곧 그 구체적인 예가 나온다.

용(search cost)도 들지 않는다. 그러나 7-10년 사이에 어떤 재화를 만드는 원료는 부족하게 되고 다른 재화를 만드는 원료는 풍부하게 되었는데도 같은 가격을 매긴다면, 부족한 원료나 풍부한 원료를 합리적으로 사용하는 방법은 아닐 것이다.

이처럼 가격은 중요한 역할을 한다. 그러나 가격 변동에 의해 자본주의의 모든 문제가 해결되는 것은 아니다. 몇 개의 예를 들어 보자.

i) 임금은 노동력의 가격인데, 임금이 올라간다고 노동인구의 공급이 갑자기 증가할 수가 없다. 물론 지금까지 직장을 구하지 않던 가정주부 등이 직장을 찾으려 하면 노동인구의 공급은 어느 정도 증가할 것이다. 그러나 이 규모는 크지 않을 것이다. 따라서 호황이 계속되면 노동인구에 대한 수요가 공급을 초과해 임금수준이 크게 상승하게 되며, 반면에 경기가 침체하면 해고가 발생하면서 임금수준이 크게 하락하게 된다. 임금상승 → 노동인구의 공급증가 → 임금저하 → 노동인구의 공급감소 → 임금상승이라는 자동조절 메커니즘이 성립하지 않는다.

ii) 개별 자본가가 모두 장래를 낙관해 생산을 확대하는 경우, 시장은 상품으로 범람해 상품가격은 폭락할 것이다. 다수의 자본가가 파산하고 실업자가 격증한다. 다시 경제가 회복할 때까지는 긴 시간이 걸린다. 상품의 공급 > 수요 → 가격하락 → 공급축소와 수요증가 → 가격상승이라는 메커니즘이 제대로 작동하지 않기 때문에 1970년대 중반부터 2007년까지 장기불황이 계속되고 있다.

iii) 기업가가 채용하지 않으면 노동인구는 실업자가 된다. 임금수준을 최저생활비보다 낮게 하더라도 기업이 노동자를 원하지 않으면 실업자가 줄지 않는데, 이 경우 사회적 혼란은 어떻게 감당할 것인가? 또한 경제를 시장에 맡겨 두면 돈 있는 사람, 능력 있는 사람, 권력 있는 사람은 잘 살 수 있지만, 그렇지 못한 사람은 빈곤에서 헤어나지 못한다. 빈부 격차의 확대에서 오는 사회적 갈등, 범죄 등을 어떻게 해결할 것인가?

마. 시장의 실패?

주류경제학에서도 시장이 자원을 효율적으로 사용하게 한다든가, 개인과 사회의 후생을 극대화한다는 명제가 타당하지 않는 경우가 있다는 것을 '예외적으로' 인정하고 있다. 다시 말해 시장도 가끔 '실패'한다는 것이다. 예컨대 시장에 맡기면 모든 것이 다 잘 될 것이라는 자유방임의 신념은, 시장이 완전경쟁시장이라는 가정 위에서만 성립할 수 있는 것인데, 현실의 시장은 완전경쟁시장이 아닐 수 있다는 것이다.

먼저 완전경쟁시장이 성립하는 조건을 나열해 보자. 첫째로 판매자와 구매자가 많아, 각각은 가격에 아무런 영향을 미치지 못해야 한다. 둘째로 각각의 시장에서 거래되는 상품들은 동질적이어서 회사의 상표나 신뢰도에 따라 판매량에 차이가 나지 않아야 한다. 셋째로 판매자나 구매자가 시장에 진입하는 것과 시장으로부터 이탈하는 것이 완전히 자유로워야 한다. 넷째로 시장에 참가하는 모든 경제주체가 상품과 상대방에 대해 완전한 정보를 갖고 있어야 한다.

첫째의 조건이 충족되지 않는 극단적인 경우는 판매자가 한 사람뿐인 완전독점이다. 독점자는 자기의 이윤을 극대화할 수 있는 수준에서 가격과 수량을 결정하기 때문에 구매자는 큰 손실을 입게 된다. 사회 전체의 후생이 극대화되지 않음은 물론이다. 그리고 판매자가 몇몇인 과점의 경우에도 가격은 완전경쟁시장의 경우보다 높고 수량은 완전경쟁시장보다 적기 때문에 사회 전체의 후생은 극대화하지 않는다.

둘째의 조건은 현실적으로 전혀 충족되지 않는데, 왜냐하면 기업들이 광고와 선전으로 자기의 상품은 다른 회사의 상품과 전혀 다르다는 이미지를 심어 주기 때문이다. 광고비와 선전비가 엄청나게 들면서 상품의 성능이나 질은 전혀 향상되지 않은 경우도 있다. 광고와 선전을 통해 나이키라는 상표가 운동화 가격을 결정하며 독점이윤을 낳고 있다.

셋째의 조건도 충족되기 힘들다. 어떤 산업이 거대한 공장이나 기계설비를 필요로 하는 경우, 그 산업에 진입하기는 사실상 어렵고, 그 산업으로부터 이탈하기도 어렵다. 자동차산업·석유화학산업·조선산업·정보통신산업 등에서는 거대한 고정자본을 투자해야 하기 때문에, 소수의 기업만이 이런 업종에 참가할 수 있다. 따라서 아무리 이 산업들의 경기가 좋더라도 좀처럼 진입할 수가 없다. 만약 새로운 기업이 진입하려고 한다면, 기존의 기업들이 담합해 제품의 가격을 대폭 인하함으로써 새로운 기업의 진입 시도를 꺾어 버릴 수도 있다. 또한 아무리 이 산업들의 경기가 나쁘더라도 이탈하기가 쉽지 않다. 제품의 가격이 고정비용은 제외하고 유동비용만이라도 메워 준다면, 기업은 영업을 계속하려고 하기 때문이다. 따라서 이런 산업에서는 정상적인 이윤율을 얻지 못하는 과잉설비가 거대한 규모로 있으며, 이것이 1975년 이래의 세계적인 장기불황의 중요한 원인의 하나다.

만약 넷째의 조건이 충족되지 않으면 어떻게 될까? 예컨대 중고차 시장을 살펴보자. 중고차 시장에 차를 내놓는 사람은 자기의 차에 대해 잘 알고 있지만, 중고차를 사려는 사람은 그 차가 좋은 차인지 문제가 많은 차인지를 모른다. 판매자는 완전한 정보를 가지고 있지만, 구매자는 불완전한 정보를 가지고 있으므로, '정보의 비대칭성'(asymmetry of information)이 있다고 말한다. 이 경우 판매자는 자기가 알고 있는 차의 성능에 맞는 최저가격 이하로는 차를 팔지 않으려고 하고, 구매자는 정확한 정보를 가지고 있지 않으므로 중고차의 평균적인 성능에 해당하는 가격을 지불하려고 할 것이다. 이 결과 평균적인 성능보다 좋은 차는 중고차 시장에 나오지 않으며, 평균 이하의 중고차만 시장에 나올 것이고, 결국에는 중고차 시장이 사라질 수도 있다. 판매자와 구매자가 완전한 정보를 가지지 못한다면, 시장 자체가 성립하지 않을 수도 있고, 따라서 자원의 효율적인 이용이나 분배는 이루어지지 않는다.

다음으로 화폐시장에서는 이자율이 자금의 효율적인 분배를 보장한다고 주장한다. 그러나 은행은 자금을 수요하는 기업들에 대해 완전한 정보를 가지고 있지 않으므로 이자율의 조정을 통해 자금을 효율적으로 분배할 수 없다. 예컨대 은행이 기업들의 평균적인 위험을 고려해 이자율을 제시하면, 건실한 기업은 이자율이 너무 비싸다고 빌리려 하지 않을 것이고, 도산의 위험이 높은 기업들은 아무리 이자율이 높더라도 먼저 자금을 빌리려고 할 것이기 때문이다.

4 기업

4-1. 기업의 목표

자본주의 사회에서 시장에 상품을 공급하는 주체는 기업이다. 노동자를 고용해 제품을 생산하고 그 제품을 팔아 이윤을 얻는 기업이다. 우리나라의 농민처럼 자기의 땅에서 자기가 소유한 농기구나 소를 사용해 농사를 지어 농산물을 시장에 파는 단순상품생산자(또는 소상품생산자)는 오히려 예외적인 존재다. 다시 말해 자기 자신의 노동이나 가족의 노동으로 생산하는 것이 아니라 임금노동자의 노동으로 생산하는 것이 자본주의적 생산의 주류다.

먼저 생산업자(또는 산업자본가)를 고찰하자. 기업가는 화폐(*M*)를 가지고 시장에 나가 상품(*C*)인 생산재 또는 생산수단(*MP*: 원자재와 자본재, 또는 원료와 기계)과 노동력(*LP*)을 구입하고, 노동자로 하여금 기계로 원료를 가공해 상품을 생산하게 하고, 그 상품(처음 투자한 금액보다 가치가 크기 때문에 *C*′로 표시)을 시장에 팔아 원래의 투자금액(*M*)과 이윤(*m*)을 얻는 것이다. 이것을 간단히 표시하면 그림 4-1과 같다

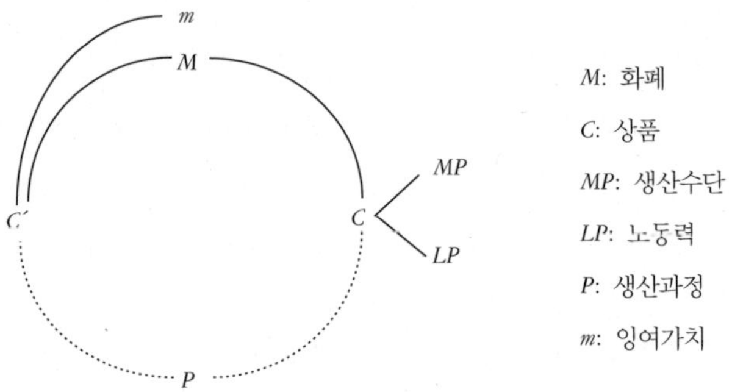

그림 4-1. 자본의 순환

예컨대 돈 100억 원을 가진 생산업자가 기계와 원료에 90억 원을 투자하고 노동력의 구입에 10억 원을 투자해 상품을 생산하고, 그 상품을 팔아 100억 원 이상의 돈을 얻는 것이다.

다음으로 상인(또는 상업자본가)을 고찰하자. 상인은 자기의 돈으로 상품을 구매한 뒤, 그 상품을 다시 팔아 구매가격과 판매가격 사이의 차이를 상업이윤으로 얻는다. 즉 $M—C—M'$ $(=M+m)$. 물론 상인은 상점과 컴퓨터를 가지며 노동자(점원)를 고용하지만, 기본적인 사업은 위와 같다.

끝으로 고리대업자 또는 대부자본가를 고찰하자. 그는 돈을 필요로 하는 사람에게 돈을 일정한 기간 빌려 주고 이자를 얻음으로써 자기의 돈을 증식시킨다. 즉 M---M' . 차입자가 그 돈을 어디에 쓰는가에 대해서는 대부자는 아무런 관심도 없기 때문에 ---로 표시한다. 그런데 M---M' 의 가치증식방식은 배당을 받아 자기의 자본을 증식시키는 주식투자자에게도 해당한다. 만약 주식투자자가 주식을 매매함으로써 매매차익을 투기이득으로 얻는 것에 몰두한다면, 그는 상인과 같다. 대부자본가, 주식투자자, 증권투자자 등을 금융자본가라고 부른다. 금융자본가의 대표적인 예는 은행과 기타의 금융기관이다.

기업은 생산업에 종사하든 상업이나 금융업에 종사하든 이윤 획득을 목표로 삼고 있다. 이윤을 획득하려고 노력하는 과정에서 기업은 주민들의 여러 가지 욕망을 충족시키며, 사회가 신진대사를 제대로 하게 한다. 만약 기업이 이윤을 얻을 수 없다고 판단해 생산활동이나 상업활동이나 금융활동을 중단한다면, 한 나라의 경제는 큰 혼란에 빠질 것이다.

4-2. 이윤의 원천

4-2-1. 이윤은 매매과정(즉 시장)에서는 창조되지 않는다

산업자본의 순환도식인 $M—C\ (MP,\ \ LP)\text{---}P\text{---}C'—M'\ (=M+m)$에서 과연 이윤 m이 어디에서 창조되는가? ---은 교환이 중단된 것을 가리킨다. 먼저 화폐로 생산수단과 노동력을 구매하는 과정($M—C$)이나 새로 생산한 상품을 판매하는 과정($C'—M'$)에서는 등가교환(equal exchange)이 일어난다고 가정하자. 실제로는 등가교환이 일어나지 않아 판매자나 구매자 중 어느 한 쪽이 이득을 얻는 수가 있지만, 판매자와 구매자 모두를 고려하면 이득은 사라진다. 예를 들어 보자.

첫째로 갑이 을로부터 100원짜리 상품을 구입해 병에게 120원에 판다면, 갑은 20원의 이윤을 얻는다. 그러나 병은 20원의 손해를 보기 때문에, 사회 전체적으로는 이윤이 발생하지 않는다. 또한 갑이 병에게 상품의 가치보다 높게 판매할 수 있다면, 갑에게 상품을 판매하는 다른 사람도 마찬가지로 상품의 가치보다 높게 판매할 수 있다고 가정해야 할 것이므로, 갑 자신도 이런 방식으로는 이윤을 얻을 수 없게 된다.

둘째로 갑은 40원의 가치가 있는 구두를 을에게 팔고 그 대신 을이 가진

50원의 면포를 얻었다고 하면, 갑은 분명히 40원을 50원으로 증식시켰지만, 사회 전체적으로는 아무런 변동이 없다. 이 사회에는 여전히 40원의 구두와 50원의 면포가 있고, 다만 총가치의 분배가 달라졌을 뿐이다. 이제 갑이 50원의 가치를 가지고 을이 40원의 가치를 가지고 있는 것이다.

셋째로 선진국이 후진국을 부등가교환(unequal exchange)에 의해 수탈함으로써 후진국의 발전이 지연된다는 주장이 있다. 선진국의 제조업자는 '공급독점'에 의해 공산품을 후진국에 가치보다 높게 판매하고, 선진국의 상인은 '수요독점'에 의해 후진국의 농산물과 광산물을 가치보다 낮게 구매한다면, 후진국의 이윤(또는 부)이 선진국으로 이전할 수밖에 없다. 이것을 가리켜 후진국의 교역조건(terms of trade)이 악화한다고 말한다. 그러나 이것은 세계적인 차원에서 이윤이 어떻게 분배되는가에 관한 설명은 되지만, 세계 전체에서 이윤이 어떻게 발생하는가에 관한 설명은 아니다.

4-2-2. 노동력의 착취가 이윤의 원천이다

상품의 가치가 어떻게 형성되는가를 논의하는 과정(3-4-1)에서, 생산수단(기계와 원료)은 자기의 가치를 그대로 새로운 상품에 '이전'하며, 노동자는 노동함으로써 새로운 가치를 '창조'해 상품에 부가한다는 것을 보았다. 이 경우 노동자가 자기가 받는 임금보다 큰 가치를 창조한다면 이윤이 발생한다는 것도 알았다. 이것을 좀 더 자세히 살펴보자.

가. 노동력의 가치

노동력도 다른 모든 상품과 마찬가지로 가치를 가지는데, 노동력의 가치는 노동력의 (재)생산에 드는 사회적 노동량과 같다. 다시 말해 노동자의 육체적・정신적 능력을 창조해 유지하는 데 필요한 각종 재화와 서비스의 가치 합계가 노동력의 가치다. 그러나 노동자의 필요생활수단은 다음과 같은 항목을 포함해야 한다.

첫째로 노동자가 가장이어서 가족을 부양해야 하는 경우, 가족의 생활수단도 가장의 노동력의 가치에 포함되어야 한다. 왜냐하면 가족이 헐벗어 제대로 생활할 수 없다면 노동자도 제대로 노동할 수 없기 때문이다. 둘째로 노동자가 교육과 훈련을 받았을 경우, 이 교육비와 훈련비도 노동력의 가치를 구성한다. 셋째로 경제발전 수준과 노동운동 수준에 걸맞은 노동자의 '사회적 욕구'가 어느 정도 노동력의 가치에 들어간다.

우리나라에서도 노동조합과 노동부는 매년 노동자 가족의 '표준생계비'를 발표하고 있는데, 이 금액은 생리적으로 필요한 최저금액이 아니라 주어진 사회상황에서 생활하는 데 필요한 최저금액(즉 음식비 · 주거비 · 의복비 · 교육비 · 훈련비 · 문화비 · 교통비 등)을 가리킨다. 이런 의미에서 표준생계비는 노동력의 가치(즉 임금)를 규정하는 중요한 항목이다.

민주노총은 2009년 11월 물가를 기준으로 4인 가구(가구주 40세, 배우자 35세, 여아 8세의 초등학생, 남아 6세의 유치원생)의 2010년 표준생계비(한 달 동안)를 다음과 같이 발표했다(http://www.nodong.org).

식료품비 98만 1,926원, 주거비 95만 5,764원, 광열 · 수도비 13만 6,222원, 가구 · 가사집기비 28만 2,038원, 피복비 20만 3,720원, 교육비 44만원, 교통통신비 59만 7,922원, 보건위생비 22만 9,461원, 교양오락비 45만 4,333원, 조세공과금 72만 5,309원. 생계비 합계 500만 6,695원.

그런데 민주노총 조합원의 평균임금은 이 표준생계비를 훨씬 밑도는 것으로 나타났다. 민주노총 조합원의 평균 부양가족 수(본인 포함) 3.9명의 표준생계비는 482만 5,934원이지만, 실제로 받는 평균 임금총액은 그 76.5%에 불과한 368만 9,939원으로 113만 5,995원이 모자랐다.

성인노동자가 정상적인 가정생활을 하면서 노동력을 유지하고 발휘할 수 있도록 하는 임금수준(즉 노동력의 가치)은 나라마다 다를 수 있다. 더운 나라에서는 의복비나 주거비가 적게 들 것이고, 경제가 발전한 나라에서는 자동차나 냉장고 등이 노동자의 기본적인 생활 용품이 될 것이며, 노동운동이 강력한 나라에서는 노동자들의 평균적인 욕망 수준이 높아 정상적인 생활비가 많이 들 것이기 때문이다. 따라서 하루의 임금수준을 단순히 국제적으로 비교해 노동자들의 실질 생활을 판단할 수는 없다. 더욱이 유럽선진국에서는 학교와 병원이 무료이고 공공임대주택이 싼값으로 제공되며 실업수당과 노후연금을 받기 때문에,[1] 노동자들은 기업으로부터 적은 임금을 받더라도 높은 생활수준을 유지할 수 있다. 따라서 기업가로부터 받는 '직접적인' 임금을 국제적으로 비교해 노동자들의 생활 상태를 판단하는 것도 잘못이다.

우리는 기업가가 노동시장에서 노동력을 구매하고, 노동력의 가치대로 노동자에게 임금을 준다고 가정한다. 물론 실제로는 임금이 낮아 노동자가 생활하기 어려운 경우도 많다. 그러나 여기에서 임금을 노동력의 가치와 같다고 가정하는 것은 다음과 같은 이유 때문이다. 첫째로 이윤의 원천을 설명하기 위해서는 등가교환을 전제해야 하기 때문이다. 둘째로 기업가는 임금을 노동력의 가치보다 낮게 지불함으로써 이윤을 얻을 수 있을 것이지만, 이런 방법은 오랫동안 사용할 수 없다. 왜냐하면 노동자가 이런 수준의 임금을 장기간 받는다면, 그는 정신과 육체가 쇠약해져서 제대로 노동할 수 없게 될 것이기 때문이다. 자본주의의 장기적인 역사에서는 노동자의 실질임금이 상승하면서도 기업가의 이윤도 증가했다. 셋째로 임금이 노동자의 정상적인 생활을 유지하는 데 필요한 수준이라고 가정하는 것은 노동조합의 임금투쟁이 지닌 의미를 재평가할 수 있게 한다. 왜냐하면 임금을 생활급 수준으로 높게 인상하더라도 이윤은 그대로 발생하며 노동자는 자본의 지배로부터 벗어날 수 없다는 것을 증명하게 될 것이

1 이런 사회보장 혜택을 노동자에게 지급되는 '사회적 임금'(social wage)이라고도 부른다.

기 때문이다. 물론 '당면과제'로서 임금 인상은 중요한 의미를 가질 수 있지만, 이 당면과제는 노동자를 해방시키는 '최종목표'와 항상 연관을 가져야만 새로운 세상을 열 수 있는 것이다.

나. 노동력의 사용

노동자가 기계를 사용해 원료를 반도체로 가공하는 노동과정에서 반도체의 가치는 어떻게 형성되는가를 우리는 이미 보았다(3-4-1). 원료의 가치와 기계의 가치는 그대로 반도체의 가치로 이전되며, 노동자는 노동을 통해 새로운 가치를 반도체에 부가한다. 따라서 기업가가 노동자에게 임금으로 지불하는 노동력의 가치에 비해 노동자가 생산과정에서 노동을 통해 창조하는 가치가 더욱 크다면, 기업가는 그 차이를 이윤(또는 잉여가치)으로 얻게 된다. 상품의 가치는 노동량(또는 노동시간)으로 측량하기 때문에, 노동자가 하루에 창조하는 이윤은 하루의 노동시간(즉 노동일)에서 노동력의 가치를 빼면 된다.

이윤(또는 잉여가치) = 노동일 − 노동력의 가치. (공식 4-1)

기업가는 노동자에게 노동력의 하루의 가치를 지불하고 노동력을 하루 동안 사용할 권리를 얻은 것이다. 따라서 기업가는 다음과 같이 주장할 수 있다. "나는 정당한 대가를 주고 노동력을 하루 동안 사용할 권리를 얻었으므로, 노동력을 24시간 사용할지 12시간 사용할지는 전혀 나의 마음에 달렸다. 이것은 마치 내가 자동차 대여회사로부터 3원을 주고 하루 동안 차를 빌린 경우 차를 24시간 사용하든 12시간 사용하든 나의 마음대로인 것과 마찬가지다." 그러나 노동자는 다음과 같이 반박한다. "내가 받은 임금 3원은 내가 6시간 노동하면 창조할 수 있는 금액과 같으므로, 6시간 이상으로 노동시간을 연장할 때는 나에게 추가적인 임금을 지불해야 한다." 이처럼 기업가는 구매자의 권리를 주장하고 노동자는 판매자의 권리를 주장하는

데, 두 사람 모두가 '옳은' 주장이기 때문에 힘이 센 쪽이 이기게 된다. 그리하여 표준노동일(법으로 정한 하루의 노동시간)은 자본가계급과 노동자계급 사이의 투쟁에 의해 결정되게 마련인데, 노동자계급은 무산계급으로서 일하지 않으면 먹고 살 수 없는 '임금노예'이기 때문에 자본가계급보다 힘이 약해 임금에 해당하는 노동시간보다 긴 노동을 하지 않을 수 없다.

그러므로 노동일은 노동자가 자기의 임금에 해당하는 가치를 창조하는 '필요노동'시간과, 자본가의 이윤에 해당하는 가치를 창조하는 '잉여노동' 시간으로 나누어지며, 잉여노동시간을 필요노동시간으로 나눈 것을 '착취율'(또는 잉여가치율)이라고 부른다. 자본가(또는 기업가)가 노동자를 '착취한다'는 말은 노동자가 자본가를 위해 무료로 잉여노동시간만큼 일하는 것을 가리킨다. 그런데 자본주의 이후의 새로운 사회에서도 노동자는 자기가 받는 보수보다 더 큰 노동을 하지 않으면 안 된다. 왜냐하면 사회의 비노동인구(미성년자 · 노약자 등)를 먹여 살려야 하고, 사회의 생산기반이나 문화시설 등을 확장하기 위해서는 잉여노동이 불가피하기 때문이다. 그러나 이 경우에는 '착취당한다'고 말하지 않는다. 사회의 인적 · 물적 자원 모두를 사회 구성원 모두가 공동으로 소유하고 계획에 의해 사용하며, 생산물을 모두 사회 전체를 위해 분배하기 때문이다.

4-3. 이윤을 증대시키는 방법

4-3-1. 노동시간의 연장

이윤=노동일−노동력의 가치. 자본가는 일정한 임금을 주고 노동일을 연장시킬수록 더욱 큰 이윤을 얻을 수 있기 때문에, 노동일을 크게 연장시키려고 노력한다. 그러나 여기에는 수많은 문제가 있다. 첫째로 노동자가 정상적인 휴식을 취하지 못해 그 다음날 일을 제대로 할 수 없다. 따라서 노동자를 외부로부터 끊임없이 대량으로 공급받지 못하는 경우에는 노동자의 건강을 고려하는 것이 장기적으로 이윤 획득에 유리하다. 둘째로 노동일이 일정한 시간을 넘어서면 노동력의 회복과 유지에 매우 큰 비용이 들기 때문에, 노동자의 건강을 유지하기 위해서는 임금수준을 대폭 인상해야 하는 부담이 있다. 셋째로 노동자들이 단결해 노동일의 연장에 반대하고, 정부로 하여금 표준노동일을 법적으로 규정하게 강요한다. 기업가들은 어느 누구든 앞장서서 자기 공장의 노동일을 축소시키려 하지 않는다. 자기가 먼저 노동일을 단축하면 경쟁에서 질 것이기 때문이다. 따라서 법률이 모든 기업들에게 동시에 표준노동일을 지키라고 강제해야만 비로소 노동일의 단축이 달성되는 것이다.

물론 자본주의 초기에는 노동일의 연장이 이윤을 증가시키는 가장 중요한 방법이었다. 그렇지만 1970년대 이래 세계적인 장기불황에서 자본가들은 수익성을 향상시키기 위해 월평균노동시간을 증가시키는 경우가 많았다. 특히 새로운 기계설비를 도입한 경우에는 오히려 노동일을 연장했다. 왜냐하면 '더욱 새로운' 기계가 나타나면 지금의 '새로운' 기계는 폐기할 수밖에 없으므로 지금의 기계의 가치를 빨리 회수해야 했기 때문이고, 경쟁자들이 새로운 기계를 도입할 때까지 '초과이윤'을 더욱 많이 얻어야 했기 때문이다.

4-3-2. 노동생산성의 향상

이제 노동일을 표준노동일(예컨대 하루 10시간의 노동)보다 길게 연장하는 것이 불가능하게 되었다면, 자본은 어떻게 이윤을 증가시킬 수 있을까? 이윤=노동일−노동력의 가치이므로, 노동력의 가치를 감소시켜야 한다. 그런데 노동력의 가치는 노동자의 생활수단들의 가치를 합계한 것이므로, 노동자의 의식주 생활과 문화생활에 필요한 각종의 재화와 서비스의 가치를 저하시키면 노동력의 가치가 감소한다.

설명을 간단히 하기 위해, 노동자가 하루에 소비해야 하는 생활수단의 크기를 라면 개수로 환산하면 100개라고 가정하자. 이 100개의 라면의 가치가 물적 비용과 인적 비용 및 이윤을 합해 노동시간으로 6시간이라면, 노동력의 가치=필요노동시간=6시간이다. 그런데 이 사회적 노동 6시간을 4시간으로 감소한다면, 노동력의 가치=필요노동시간=4시간이 될 것이고, 잉여노동시간은 2시간만큼 증가하게 되어 이윤이 증가할 것이다.

100개의 라면을 만드는 데 드는 사회적 노동을 어떻게 감소시킬 수 있는가? 라면을 생산하기 위해서는, 라면공장의 노동자가 라면기계로 라면원료를 가공해야 하기 때문에, 라면의 가치는 기계의 가치(=감가상각비)와 원료의 가치 및 노동자의 노동(현재의 노동=필요노동+잉여노동)으로 구성될 것이다. 따라서 라면의 가치를 감소시키기 위해서는, 첫째로 라면공장의 노동과정이 더욱 합리적으로 개선되거나 새로운 기계가 도입되어, 라면 1개의 생산에 드는 물적 비용과 현재의 노동이 감소하면 라면의 가치는 저하한다. 다시 말해 라면공장의 노동생산성이 상승하면 라면의 가치는 저하한다. 둘째로 라면생산에 필요한 기계나 원료를 생산하는 부문에서 노동생산성이 상승하면, 기계나 원료의 가치가 저하하기 때문에, 라면의 가치 저하에 기여한다.

노동력의 가치(=필요노동)를 감소시켜 이윤(=잉여노동)을 증대시키는 방법은, 노동자의 생활수단을 직접적으로 생산하는 부문들과, 이 부문들에 기계나 원료를 공급하는 관련부문들에서 노동생산성이 향상되어 노동자의 생활수단의 가치를 저하시키는 방법뿐이다. 이 경우 주목해야 할 사실은 노동력의 가치(또는 임금)가 저하하더라도 노동자의 실질 생활수준은 여전히 라면 100개로 변동하지 않는다는 점이다. 다시 말해 노동자의 실질 생활수준을 저하시키지 않으면서도, 기업가는 노동생산성의 향상을 통해 노동일 중 필요노동시간을 단축하고 잉여노동시간을 증대시켜 이윤을 더욱 증가시키는 것이다. 물론 노동자들은 노동생산성의 향상으로 생활수단이 값싸게 되더라도 화폐임금액을 삭감하는 것에 반대할 것이므로, 노동자의 실질 생활수준은 상승하는 경향이 있다.

4-3-3. 협업

노동생산성을 향상시키는 방법으로 생각할 수 있는 것은 협업과 분업 및 기계화다. 협업(cooperation)은 하나의 동일한 노동과정 또는 상호연관된 노동과정에 많은 노동자가 계획적으로 함께 협력해서 일하는 것을 가리킨다. 현재의 모든 공장에서 노동자들은 협업을 한다.

작업방식에 변동이 없더라도 많은 노동자가 함께 모여 일한다는 사실 하나만으로도 노동생산성이 상승하고 상품의 단위당 가치가 저하한다. 그 이유는 다음과 같다. 첫째로 건물이나 기계·설비 등 고정자본 요소들을 더 많은 노동자가 공동으로 사용하면, '고정자본의 감가상각액÷생산량'의 비율이 크게 감소해 하나하나의 상품에 들어가는 고정자본의 감가상각액이 감소함으로써 상품의 단위당 가치가 저하하기 때문이다. 또한 노동자 2명씩을 수용하는 10개의 작업장을 짓는 것보다 20명을 수용하는 작업장 하나를 짓는 것이 훨씬 싸기 때문이다. 우리가 기억해야 할 것은, 상품의 가치 = 고정자본의 감가상각액 + 원료비+임금+이윤이다. 둘째로 협업은 새로운 생산력(즉 집단노동의 힘)을 창조한다. 예를 들면 100킬로그램의 돌을 한 사람은 운반할 수 없지만, 몇 사람이 함께 들면 손쉽게 운반할 수 있다. 집단노동의 힘은 개별 노동자들의 힘을 단순히 합계한 것을 능가한다. 셋째로 노동자들이 함께 모이면 경쟁심이나 혈기가 생겨 개별 노동자의 작업능률이 증대한다. 넷째로 노동자들이 함께 모이면, 상이한 작업을 각각의 노동자에게 분배함으로써 전체 작업을 동시에 진행시킬 수 있기 때문에, 전체 작업을 완수하는 데 필요한 노동시간이 단축된다.

이처럼 협업에 의해 노동생산성이 상승하는 것은 집단적 노동 또는 사회적 노동의 생산력 때문이다. 그러나 이 생산력은 기업가가 노동자들을 한 곳에 모으기 때문에 비로소 생기는 것이므로, 기업가는 이 생산력을 무료로 취득하게 된다. 다시 말해 협업에 의해 발휘되는 집단적 노동의 생산력은 자본의 생산력으로 나타난다.

4-3-4. 분업

하나의 재화나 서비스를 생산하는 작업이 여러 가지 부분작업으로 분해되어 각각의 노동자가 하나의 부분작업을 전담하는 것을 분업(division of labour)이라고 부른다. 현재의 대공장에서는 자동차조립공장에서 보는 바와 같이 노동자들이 분업하면서 협업하고 있다. 각각의 부분작업은 각 노동자가 자기의 도구를 사용하는 숙련・기교・민첩성・정확성에 의존하는데, 하나의 부분작업을 일생 동안 수행하는 사이에 숙련・기교・민첩성・정확성이 크게 향상된다. 또한 분업하더라도 개별 작업들이 상호의존적이기 때문에, 노동의 연속성・일률성・규칙성・질서가 유지되어야 하며, 이 과정에서 노동의 강도가 강화된다.

그런데 분업은 노동자의 일체의 생산적인 능력과 소질을 억압하면서 하나의 기능만을 촉진함으로써 노동자를 기형적인 불구자로 만드는 경향이 있다. 매일 단순한 작업을 반복하면 노동자는 지루해지며 일에 흥미를 느끼지 못하게 되고, 지적 기능은 쇠퇴한다. 포드주의적 생산방법이 가장 대표적인 분업형태인데, 이것은 컨베이어 벨트에 각각의 노동자가 일정한 자리를 차지해 매일 단순한 작업을 반복하는 단일품종 대량생산방법이다. 이 방법은 1960년대의 '자본주의 황금기'에는 노동자들의 무단결근 때문에 타격을 받았고, 1980년대에는 세계시장의 축소와 소비자의 욕구 다양화에 따라 다품종 소량생산이 필요해져서 쇠퇴하게 되었다. 이리하여 노동자에게 여러 가지 기능을 수행하게 해 작업의 내용을 풍부하게 하며 지적 능력을 향상시킬 수 있도록 하는 팀(team)제가 도입되었다. 5-6명의 노동자가 한 팀이 되어 팀이 해야 할 작업을 서로 돌아가며 하는 것인데, 어떤 노동자가 결근하더라도 다른 노동자가 그 일을 담당하고 기계의 고장을 팀에서 수리하여 품질의 개선이나 노동과정의 개선을 위한 여러 가지 제안을 하게 된다. 이런 노동자의 다능공화는 분명히 노동강도를 강화하는 측면이 있지만, 다른 한편으로는 노동자의 능력을 개발하는 측면도 있다.[2]

분업은 공장 내부의 분업뿐 아니라 사회적 분업도 있다. 사회적 분업은 각 산업 사이의 분업이나 한 산업 안에서 각 기업 사이의 분업을 가리키는데, 여기에서는 개별 자본가들 사이의 경쟁에 의해 무정부성이 지배하며 과잉생산이나 과소생산에 의한 낭비가 심각하다. 물론 공장 안의 분업에서는 균형이 사전적인 계획에 의해 확립되므로 낭비가 없다. 자본가계급은 공장 안의 분업은 노동생산성을 향상시키는 노동조직이라고 찬양하면서도, 사회적 분업을 계획에 의해 조정하고 통제하려는 시도에 대해서는 자본가의 재산권이나 자율적 독창성을 침해하는 것이라고 맹렬히 비난한다. 사실상 후진국의 개발과정에서는 정부가 '산업정책'(industrial policy)을 실시해 산업의 우선순위에 의해 투자자금을 차별적으로 분배함으로써 경제발전에 큰 성과를 올린 경우가 많다.

여러 나라에 걸쳐 사업을 수행하는 다국적기업은 공장 안 분업을 국제적인 차원에서 실시하고 있다. 고급제품과 저급제품을 상이한 나라에서 생산하고, 생산공정 중 지식집약적인 부분과 단순한 조립부분을 상이한

2 일본에서는 다능공(多能工)의 과로사(過勞死)가 큰 사회적 문제로 등장했다.

나라에 배치하며, 세계 전체의 사업 총괄은 자기 출신국의 본사에서 담당한다. 이리하여 미국 수출입무역의 거의 40%는 다국적기업의 내부 거래인데(18-4를 참조하라), 다국적기업은 내부 거래에서 이전가격(transfer price)을 조작함으로써 법인세가 높은 나라에서는 이윤이 될수록 적게 나도록 회계해 탈세한다.

4-3-5. 기계화, 자동화, 그리고 정보화

기계는 자연의 힘을 만들어 내어 인간의 힘에 의존하지 않으며, 자연과학을 의식적으로 응용함으로써 노동자의 경험적 숙련을 중요하지 않게 한다. 기계가 등장하기 이전에는 노동자의 숙련이 생산과정에서 필수적인 요소였으므로, 기업가는 숙련노동자의 대항이나 불복종 그리고 규율 부족을 참아야만 했다. 그러나 기계는 수십 년 동안의 숙련을 무용지물로 만들고[3] 노동자를 기계의 부속물로 전락시킴으로써 기업가가 숙련노동자를 실질적으로 종속시킬 수 있었다. 기계를 사용하는 대공장은 생산과정의 지적 요소를 소수의 기술직·전문직 노동자에게 맡기고 노동자 대부분은 단순 반복적인 작업에 종사하게 한다.

그런데 과학의 발달에 따라 새로운 기계가 끊임없이 등장하기 때문에, 생산의 기술적 토대는 끊임없이 변혁되고, 새로운 생산부문이 끊임없이 출현하고 있다. 노동자는 한편으로는 다양한 종류의 노동에 익숙해져서 전면적으로 발달한 개인이 될 수 있는 기회를 맞이하지만, 다른 한편으로는 항상 해고의 위협에 시달리고 한 번 실업하면 장기간 재취업이 불가능하게 되어 버린다. 특히 자동화와 정보화가 크게 진행되고 있는 지금, 기업은 높은 학력을 가진 소수의 기술직·전문직이 필요하므로, 자본의 가

3 이것을 deskilling이라고 말한다.

치증식욕에 필요한 노동자의 수보다 많은 '상대적 과잉인구'(즉 실업자)가 모든 나라에서 매우 큰 문제로 등장하고 있으며, 사회 전체적으로는 실업자·비정규직·취업준비 등으로 노동인력이 한없이 낭비되고 있다.

기계의 등장이 노동자계급에 미친 직접적인 영향에 대해 마르크스는 다음과 같이 말했다. "기계 그 자체는 노동시간을 단축시키지만 자본주의적으로 사용되면 노동시간을 연장시키며, 기계 그 자체는 노동을 경감시키지만 자본주의적으로 사용되면 노동강도를 높이며, 기계 그 자체는 자연력에 대한 인간의 승리이지만 자본주의적으로 사용되면 인간을 자연력의 노예로 만들며, 기계 그 자체는 생산자의 부를 증대시키지만 자본주의적으로 사용되면 생산자를 빈민으로 만든다"(『자본론』 I(하) 2001: 592-593).

4-3-6. 노동강도의 강화

기업가는 이윤을 증대시키는 방법으로 노동시간을 연장하거나 노동생산성을 향상시킨다. 그러나 노동자에게 동일한 노동일에 노동력을 더 많이 지출하게 함으로써, 즉 노동강도를 강화함으로써 이윤을 증가시키는 방법도 있다. 예를 들면 8시간 노동일에서 휴식시간이나 식사시간을 단축하거나, 기계의 운행속도를 증가시키거나, 노동자 한 사람이 돌보는 기계의 수를 증가시키거나, 운전기사로 하여금 60km/h 대신 100km/h로 운전시키거나, 시간급 대신 성과급을 도입하는 것 등이다.

이처럼 노동강도를 강화시키면 기업가는 어떻게 이윤을 증가시킬 수 있을까? 두 가지 경우로 나누어 살펴보자.

가. 특정의 기업가 갑이 자기 공장의 노동자들의 노동강도를 사회 평균보다 더 강화한 경우

이 경우 갑의 노동자들은 사회 평균보다 '강화된' 노동을 하기 때문에, 갑의 노동자의 1시간 노동은 사회적 평균노동보다 높게 평가받는다. 사회적 평균노동자는 1시간당 100단위의 노동력을 지출하지만 갑의 노동자는 1시간당 200단위의 노동력을 지출한다면, 갑의 노동자 1시간의 노동은 사회적 평균노동자 2시간의 노동과 동등하며, 이것은 예컨대 사회적 평균노동자가 8시간 노동일에 100개의 상품을 생산한다면 갑의 노동자는 대체로 200개를 생산하는 것을 의미한다. 그러나 상품의 단위당 가치 중 '현재의 노동' 부분은 노동력 지출량을 생산량으로 나눈 것과 같기 때문에, 갑의 노동자가 생산한 상품의 단위당 가치는 사회 평균과 동일하다.

만약 사회적 평균노동자가 하루 8시간의 노동 중 4시간의 잉여노동을 한다면, 사회적 평균 잉여가치율(=잉여노동/필요노동)은 100%다. 갑의 노동자가 하루에 8시간 노동하더라도 사실상 16시간 노동하는 것과 동일하므로, 갑의 노동자의 잉여가치율(또는 착취율)이 사회 평균과 같다면, 잉여노동은 8시간이 되어 갑은 사회평균보다 두 배나 큰 이윤을 얻게 되는 것이다. 그러나 이런 결론은 갑이 노동자에게 사회적 평균노동자보다 두 배나 많은 임금을 준다는 것을 전제로 한 것이다. 즉 갑의 노동자는 사회적 평균보다 두 배나 강한 노동을 하므로 두 배나 많은 임금을 받아야 노동력의 가치와 일치하게 되며, 이때 필요노동이 8시간이 되고 잉여노동이 8시간 된다. 그러나 현실에서는 갑은 두 배까지는 주지 않을 것이므로 갑이 얻는 잉여노동은 8시간이 넘게 되고 사회적 평균보다 두 배를 초과하는 이윤을 얻게 된다.

나. 모든 기업이 동일하게 노동강도를 강화한 경우

노동강도가 모든 산업부문에서 동시에 그리고 같은 정도로 높아지면, 이 높아진 새로운 강도가 사회적 표준강도가 되기 때문에, 노동자가 8시간 노동일에 창조하는 가치는 이전과 마찬가지다. 물론 하루에 생산되는 생산량은 증가하기 때문에, 상품 단위당 가치는 저하한다. 따라서 노동강도의 강화는 노동생산성의 상승과 마찬가지로 노동자의 생활수단의 가치를 저하시킨다. 그렇다면 노동강도의 강화가 노동력의 가치를 저하시켜 필요노동의 단축과 잉여노동의 증가를 가져올 것인가?

만약 노동강도의 강화에 따라 노동력의 지출이 증가하기 때문에, 이 지출에 '비례'해 생활수단의 소비량도 증가한다면, 노동력의 가치(=생활수단의 단위가치×생활수단의 양)에는 아무런 변동이 없고, 따라서 필요노동의 단축과 이윤의 증대가 일어나지 않는다. 물론 현실에서는 기업가는 노동강도의 강화와 노동력 지출의 증가에 비례해 임금을 인상시키지 않기 때문에, 기업가는 '모든 기업이 동일하게 노동강도를 강화한 경우'에도 이윤을 증가시키게 된다.

만약 노동강도의 강화 → 노동력 지출의 증가 → 생활수단의 가치 저하와 생활수단 필요량의 증가 → 노동력의 가치 불변 → 필요노동과 잉여노동의 불변으로 연결된다면, 사회 전체적으로 노동강도가 강화된 것의 이익이 무엇인가?

여기에서 일단 노동생산성의 상승과 노동강도의 강화가 일어나는 논리적 순서를 살펴보자. 만약 기업가가 지금 60km/h로 8시간 운전하고 있는 기사에게 100km/h로 8시간 운전하라고 요구하면, 기사와 자동차는 노동강도의 강화로 견디지 못할 것이다. 이런 상황에서 새로운 성능 좋은 자동차가 도입되거나 새로운 도로가 건설되면, 100km/h로 운전하는 것이 전혀 어렵지 않을 것이다. 노동생산성이 향상되고 노동강도는 약화한다. 또다시 기업가는 130km/h로 운전할 것을 강요할 것이고, 기사와 자동차는 노동강도의 강화를 견디지 못하게 될 것이며, 드디어 더욱 성능 좋은 차가 등장할 것이다. 따라서 '기존의 생산방법에서 노동강도의 강화 → 새로운 혁신의 도입으로 노동생산성이 향상하고 노동강도가 약화한다 → 또다시 노동강도의 강화'라는 순서를 밟으면서 기업가는 노동자의 잉여노동을 증가시키려 한다.

노동강도를 강화하면, 기계와 설비의 사용기간(또는 내용연수)이 단축되어 기계와 설비의 가치를 더 빨리 회수할 수 있을 뿐 아니라, 상품의 가격에 포함되어 있는 원료+임금+이윤의 회수도 더 빨라진다. 다시 말해 자본의 회전시간이 단축되며, 이것은 자본의 연간이윤율을 높인다. 예를 들어 기업가가 1,000원의 임금을 투자해 이윤 1,000원과 함께 임금 1,000원을 회수하는 데 걸리는 시간이 노동강도의 강화로 4개월에서 2개월로 단축된다면, 이 기업가는 이제 2개월마다 임금 1,000원을 회수해 다시 투자함으로써 1,000원의 이윤을 얻게 되므로, 1,000원을 임금으로 투자해 1년 동안 6,000원의 이윤을 얻게 되는 것이다. 이전에는 1,000원의 임금을 투자해 1년 동안 3,000원의 이윤을 얻었을 뿐이므로, 이 기업의 연간이윤율(=연간이윤액/총투자금액)은 크게 상승한다. 왜냐하면 노동일 중 잉여노동과 필요노동의 비율(즉 '실질 잉여가치율')은 변하지 않았지만, '연간 잉여가치율'(즉 연간이윤액/임금투자액)은 300%에서 600%로 상승했기 때문이다(13-1을 참조하라).

4-3-7. 노동의 유연화

1980년대를 통해 선진국에서는 노동의 유연성(flexibility)을 상승시켜 자본의 수익성을 회복하려는 방안이 추진되었고, 한국에서는 1996년 이래 노동의 유연성 전략을 추구하기 시작했다. 노동의 유연성은 노동시장의 유연성과 노동과정의 유연성으로 구분할 수 있다.

'노동시장의 유연성'은 고용량·노동시간·임금을 경제상황(또는 시장수요)의 변동에 따라 조정하거나, 노동자를 정규직으로 고용하기보다는 파견이나 임시직 등 비정규직으로 고용하는 것을 가리킨다. 이리하여 단체교섭에 의해 확보되던 고용과 임금의 안정성을 기업가가 노동자로부터 빼앗아 버린다.

노동시장에 대한 규제를 완화해 정리해고 절차를 간단하게 하고, 상용 정규고용을 줄이는 대신 해고가 쉬운 단기계약노동·임시직·시간제·일일고용 등 비정규적 고용 형태를 확대했다. 또한 정규노동자로 구성된 대기업에서 매일매일의 노동시간을 기업가가 자유롭게 조정하는 '변형근로제', 다양한 형태의 교대근무제 등이 도입되었다. 그리고 외주나 하청이 성행하고, 공장 안에 또 다른 작은 공장을 만들어 하청을 주는 '소사장제', 용역회사로부터 파견노동자를 고용하는 것이 광범하게 채택되었다.[4]

임금문제에서는 단체교섭에 의해 결정되던 임금구조를 폐지하고 개인 또는 그룹의 능력과 성과에 따라 임금을 결정하는 제도로 전환하려고 했다. 임금을 평균 소득 상승에 연계시키는 소득연동제나, 물가 인상에 연계시키는 물가연동제가 폐지 또는 축소되었고, 최저임금제나 사회보장적 간접임금도 공격을 받았으며, 능력주의적 연봉제도를 도입해 임금의 경쟁원리를 강화했다.

'노동과정의 유연성'은 다품종 소량 수요에 맞게 생산방식을 유연화하고 노동자의 기능을 유연하게 하는 것을 목표로 했다. 노동자를 한 직무에서 다른 직무로 옮기는 직무순환을 통해 다능공으로 육성하거나, 노동자를 몇 명씩 묶어 팀 작업을 시켰다.

노동의 유연성 전략은 각국의 전통·경제상황·노사관계에 따라, 그리고 위기의 원인에 따라 상이하게 추진되었다. 이하에서는 미국, 스웨덴 그리고 일본에서 특징적으로 추진된 노동의 유연성 전략을 살펴보기로 한다.

〈미국의 신테일러주의〉

1980년대를 휘몰아쳤던 레이거노믹스(Reaganomics)로 대표되는 신보수주의적 불황극복전략은 단체교섭·물가연동제 임금·고용보장·사회보장

4 한국의 비정규직 노동자에 관해서는 17-4 한국의 노사관계를 참조하라.

제도 등 포드주의적 타협의 산물을 경기침체의 원흉으로 몰아 파괴했다(18-2를 참조하라). 그런데 미국의 기업은 노동과정의 유연성을 추구하기보다는 노동시장의 유연성을 추구했다. 미국은 상품수출이 국내총생산에서 차지하는 비중이 매우 낮으며 대규모의 내수시장을 가지고 있다. 이런 시장조건에 맞추어 포드주의적 대량생산방식이 거의 모든 부문을 지배하고 있었기 때문에, 비인간적인 컨베이어 벨트식 작업방식을 혁신할 유인이 매우 낮았다. 또한 노사관계에서는 적대적 성격이 상대적으로 강하고, 생산현장에서는 테일러주의적 작업원리가 지배적이어서 노동자들은 대부분 매우 세분된 직무 분류에 따라 한정된 직무만을 수행하는 단능공이며 노동자의 배치전환도 거의 일어나지 않았다. 따라서 IT혁명에 의한 노동과정의 재편은 노동자의 기능을 유연화하는 전략보다는 노동자를 생산과정에서 몰아내는 무인자동화 전략을 추구했다.

다른 한편 노동시장의 유연성을 상승시키기 위해, 해고의 자유가 확대되고, 노동시간이 변형되며, 임시직과 시간제 노동의 사용이 확대되고, 실업보험이 삭감되었다. 임금분야에서는 최저임금의 인하, 물가연동제의 철폐, 임금교섭의 분권화, 간접임금에 해당하는 사회복지지출의 삭감 등이 나타났다.

이처럼 미국에서 노동시장의 유연성과 노동과정의 경직성이 결합한 신테일러주의가 뿌리내린 이유는 무엇인가? 그 이유 중 하나는 미국의 노동조합이 추구해 온 '실리적 조합주의'(business unionism) 때문이었다. 실리적 조합주의는 노동조합이 기업의 의사결정에 참여하거나 생산과정을 민주적으로 통제하는 것보다는 임금과 관련된 분배투쟁에 치중한 것을 가리킨다. 경제가 호황이어서 노동인력이 부족했던 자본주의의 황금기에는 이런 분배투쟁이 상당한 실리를 얻어 낼 수 있었지만, 1970년대 중반 이래의 장기불황에서는 더 이상 실리적 조합주의가 힘을 발휘할 수 없었다.

〈스웨덴의 볼보주의〉

스웨덴은 사회민주주의와 복지국가의 전통이 깊어 노동시장의 유연성을 추구하기가 매우 어려워 노동과정의 유연성을 주로 추구했다. 볼보자동차회사의 칼마(Kalmar) 공장에서는 기계에 의해 속도가 결정되는 컨베이어 벨트를 폐지하고 개별적으로 통제할 수 있는 자동운반차를 이용함으로써, 기계의 리듬에 노동자가 종속하지 않도록 하는 획기적인 기술혁신을 단행했다. 또한 생산설비에 인간공학적 설계를 도입하고 반자율적인 작업 팀을 조직해 직무순환을 실시함으로써 생산공정을 쾌적하게 만들었다. 그리고 임금체계도 개별적 직무급 위에 팀 단위의 성과급을 제공해 팀 단위의 연대책임성을 강화하도록 했다. 그 뒤 노조가 작업조직의 설계에 참여해 설립한 우데발라(Uddevalla) 공장에서는 작업 팀에게 최대의 자율권을 주고 모든 노동자에게 조립에 관한 모든 지식을 습득하게 하는 '장인적' 조립생산을 지향했다. 하나의 긴 생산라인 대신에 복수의 병렬적인 작업팀들이 조립과정을 담당함으로써, 라인의 이동에 따르는 소음을 없앴고, 일선 감독자를 없애고 의사결정을 분권화했으며, 동일한 작업이 반복되는 주기를 크게 늘리고 작업과정을 최대한 인체에 편안하게 만들었다. 이리하여 노동만족도가 향상되어 이직률이 크게 떨어졌고, 생산성과 품질이 크게 향상되었다.

볼보는 자동차 판매 감소로 생산을 감축해야 하는 상황에서 칼마 공장과 우데발라 공장을 폐쇄했다. 그 이유는, 첫째로 이 두 공장이 생산성은 높지만 차체생산과 도장작업을 하지 않고 최종조립만 하는 소공장이기 때문이었고, 둘째로 대공장의 강력한 노조가 소공장의 폐쇄를 촉구했기 때문이다. 그러나 '쾌적한 공장'에 대한 소망은 중단되지 않아 영국자동차회사(Tom Walkinshaw Racing)와 볼보가 합작한 아우토노바(AutoNova) 공장에서 부활했다.

〈일본의 도요타주의〉

일본기업은 이른바 '종신고용제'와 '연공임금제'에도 불구하고 어떻게 고용과 임금의 유연성을 달성해 국제경쟁력을 향상시켰을까? 그런데 실증연구가 밝힌 바에 따르면, 고용의 유연성은 유럽보다 훨씬 높고, 임금의 유연성은 미국보다 훨씬 높은 것으로 나타났다. 어떻게 이렇게 되었을까?

종신고용의 관행을 가진 대기업의 경우에는 대체로 정상적인 생산에 필요한 노동자 수보다 적은 정규노동자를 고용하고 있었다. 따라서 정규노동자는 항상 시간외 노동을 하게 마련이고, 일시적인 경기 호황에서는 임시노동자와 파견노동자에 크게 의존했다. 불황이 오면 임시노동자와 파견노동자는 계약이 만료되고, 정규노동자는 시간외 노동을 하지 않으며, 나아가서 정규노동자를 계열기업으로 전출시키기 때문에, 경기변동에 따른 고용 변화는 매우 쉽다.

중소기업에서는 종신고용이 대기업처럼 확산되어 있지 않아 직접적인 해고에 의존하는 비율이 높다. 그런데 일본의 산업 전체에서 중소기업이 회사 수나 고용량에서 압도적인 비중을 차지하고 있기 때문에, 대기업의 종신고용제에도 불구하고 산업 전체에서는 고용의 유연성이 계속 유지된 것이다.

더욱이 기업의 이윤을 우선시하는 기업별 노조는, 대기업과 중소기업의 이중구조 아래에서 노동자들 사이의 차별을 당연시하며, 비정규노동자의 고용에 협조적이고 정규노동자의 전출도 묵인하고 있다. 1970년대 중반 이래 대기업은 정규노동자를 대규모로 계열기업으로 전출시키고 조기퇴직시키며 임시직·파견직·시간제 노동을 광범하게 이용하고 있는데, 이것은 종신고용제의 붕괴라고 볼 수 있다.

근속기간에 따라 임금이 올라가는 연공임금제는 1970년대 중반 이후 크게 해체되었다. 연령이나 근속이 아니라 직무수행능력에 따라 임금을 지급하는 직능급제가 확산되어 임금의 유연성이 증대되었다. 더욱이 경제 전체로 보면, 임시직 · 파견직 · 시간제 노동, 중소기업의 노동자들이 매우 많기 때문에, 경기변동에 따른 임금수준의 변화는 미국보다 더 높게 나타난다.

도요타 생산방식은 특히 노동과정의 유연성을 향상시키는 방식이다. 적기생산(Just-In-Time)은 '필요한 제품을, 필요한 때에, 필요한 만큼만' 생산함으로써 급격한 시장변화에 신속하게 대응하는 '다품종 주문형 소량생산 방식'이다. 전통적인 포드주의적 일관조립라인은 앞 공정에서 만들어 낸 부품을 다음 공정으로 밀어내는 방식이었는데, 적기생산은 뒷공정이 지금 당장 필요로 하는 만큼의 부품을 앞 공정으로부터 끌어오는 방식이다. 따라서 적기생산에서는 당장에 필요하지 않는 재고를 없애고, 판매되는 속도에 맞춰 제품을 만들어 낼 수 있게 되었다. 이리하여 노동생산성이 크게 향상되었다.

또한 도요타 생산방식에서는 기계고장이나 불량품 발생시에 현장노동자가 직접 라인을 세우고 문제점을 스스로 조사하고 해결하게 한다. 그러나 라인이 정지하면, 그것이 누구의 책임인지 분명하게 드러나게 되고, 라인이 정지한 시간만큼 동료노동자의 잔업시간도 늘어나게 되므로, 노동자는 가능하면 라인을 세우지 않도록 온 신경을 쓰게 된다. 이것은 사실상 노동자의 자율성을 증대시키기보다는 노동강도를 강화하는 수단이다.

이런 도요타 생산방식은 교육훈련과 직무순환, 소집단활동 등을 통해 육성된 다능공이 뒷받침되었으므로 성공했다. 그런데 직무순환이 가능하고 다능공화가 성공한 것은, 개별직무 자체를 매우 단순화시켜 표준작업표를 만들고 이를 엄격히 준수하게 했기 때문이다. 따라서 다능공화는 엄격한 의미에서 숙련의 상승이 아니라 단순화한 직무를 몇 개 담당하는 것에 지나지 않는다. 다시 말해 다능공화는 불황기의 감량경영에 대응하기 위해 더 적은 노동인력에게 몇 개의 직무를 수행하게 함으로써 노동인력의 감소를 노동강도의 강화로 보상하는 방법이었다.

도요타주의는 높은 노동생산성과 상대적으로 낮은 임금수준에 의해 국제경쟁에서 우월성을 증명했다. 그러나 그 뒷면에는 노동자 사이의 치열한 경쟁, 노동자계급의 분열, 사회복지제도의 낙후성, 장시간 노동과 노동강도의 강화에 의한 과로사가 도사리고 있다.

4-4. 기업 형태

한 사람이나 한 가족이 자기의 돈으로 기업을 세워 임금노동자를 고용해 사업을 계속하는 형태가 개인기업이다. 매년 이윤을 개인적 소비에 사용하지 않고 기업에 재투자하면, 기업은 규모가 커지고 새로운 기술도 도입해 성장하게 된다. 때때로 은행으로부터 자금을 차입하긴 하지만, 기업은 여전히 한 개인이나 한 가족의 소유다. 그러나 이처럼 이윤의 재투자를 통해 자본을 축적함으로써 기업이 철도사업이나 자동차사업 등 거대 사업을 건설하려고 했다면 너무나 긴 세월이 걸렸을 것이다. 거대 사업이 필요하게 되자 그 사업을 설립하는 방법도 달라졌다.

4-4-1. 주식회사

각 개인의 자본으로서는 도저히 엄두도 못내는 거대 사업은 사회의 각계각층의 자본을 동원해 설립하는 것이다. 거대 사업의 창업자들이 주식을 발행해 여러 사람으로부터 자금을 끌어 모아 기업을 설립한다. 또한 주식은 주식시장에서 팔 수 있기 때문에, 주식소유자는 자금을 오랫동안 사업에 묶어 두지 않아도 된다는 이점이 있다. 개인기업이 오래 사용할 수 있는 값비싼 기계를 구입한다면, 개인기업가는 큰돈을 기계에 묶어 두는 셈이고, 그 돈을 회수하는 방법은 기계를 매년 감가상각해 상품 값에 포함시키고 그 상품을 팔아 조금씩 회수하는 것이다. 그러나 주식회사의 경우 주식을 구입한 주주는 언제나 주식시장에서 자기의 소유 주식을 팔아 자금을 곧 회수할 수 있으며, 이런 이점 때문에 단기간의 유휴자금을 가진 금융자본가들이 주식에 거액을 투자할 수 있는 것이다.

주식을 구매해 소유하는 사람은 주주인데, 주주가 이 회사의 법률적인 소유자다. 수많은 주주들이 모인 주주총회에서 회사의 기본운영방침을 결정한다. 그러나 주주총회를 자주 열 수 없기 때문에 경영자(사장 · 전무 · 이사 · 감사 등)를 선임해 매일매일의 사업을 경영자에게 맡긴다. 경영자의 실적이 좋지 않으면 주주총회에서 경영자를 교체할 것이다.[5]

주식을 구매한 주주는 자기가 소유한 주식의 수만큼 회사에 대해 권리를 행사한다. 주주총회에서는 주주 한 사람이 한 표를 가지는 것이 아니라 주식 한 장이 한 표를 가진다. 1인1표가 아니라 1원1표다. 따라서 주식의 과반수를 소유한 사람은 주식회사를 마치 자기의 개인기업처럼 운영할 수 있다. 또한 회사가 망하는 경우에도 주주는 자기가 소유한 주식의 금액만큼 손해를 보면 된다. 1997년 12월 이후의 경제공황에서 은행을 구조조정하면서 어떤 은행의 주주총회는 은행의 주식을 60% 감가할 것을 결의한 바 있는데, 이 경우 액면가격 1,000원의 은행주식 한 장은 액면가격 400원으로 된다. 물론 이 은행주식의 시장가격은 아마도 훨씬 더 낮았을 것이다.

창업자들이 액면가격 1,000원짜리 주식을 1만 장 발행해 액면가격 그대로 주주들에게 팔았다고 하자. 주식을 팔아 받아들인 1,000만 원으로 회사는 공장을 짓고 기계와 원료를 구입하고 노동자를 고용해 사업을 시

5 소유와 경영의 분리, 주인-대리인 문제는 여기에 속한다.

작하는 것이다. 만약 사업이 매우 성공적이어서 이윤을 많이 낸다면, 회사는 이윤 중 일부는 회사의 확장을 위해 남겨 두고 나머지를 주주들에게 배당으로 나누어 줄 것이다. 즉 이윤은 사내유보와 배당으로 나누어진다. 매년 사내유보를 재투자해 기업을 확장하기를 몇 해 거듭한다면, 액면가격으로 계산한 주식자본 1,000만 원(=1장에 1,000원×1만 장)보다 회사의 자본(=회사가 소유한 모든 건물・기계・반제품・완제품·그리고 현금 등)은 훨씬 클 것이다. 다시 말해 모든 주식의 액면가격을 합계한 주식자본(share capial), 또는 모든 주식의 시장가격을 합계한 주식자본은 회사가 실제로 소유하고 있는 산업자본과는 차이가 있게 마련이다.

주식의 시장가격(이른바 주가)은 매일매일 변동한다. 주식을 소유하고 있으면 매년 배당을 받을 권리가 있기 때문에, 주식은 가격을 가지게 된다. 예컨대 매년 1,000원의 배당을 회사가 망할 때까지 받는 주식이 있다고 가정하면, 이 주식의 가격은 얼마나 될까? 매년 받는 배당을 현재의 가격으로 환산하면 된다. 만약 연간 이자율이 계속 10%라고 가정하면, 첫해에 받을 배당 1,000원의 현재가치는 1,000/(1+0.1)이고, 둘째 해에 받을 배당의 현재가치는 $1,000/(1+0.1)^2$이며, n째 해에 받을 배당 1,000원의 현재가치는 $1,000/(1+0.1)^n$일 것이다. 따라서 1,000원짜리 주식 한 장을 가지고 얻을 수 있는 장래의 배당 전부의 현재가치는 결국 1,000/0.1=10,000원이며, 이것이 주식의 가격을 결정하는 기준이라고 말할 수 있다. 이것은 10,000원을 연리 10%로 은행에 예금하면 매년 1,000원을 받는 것과 비슷하다.

그런데 현실에서는 매년 받을 배당이 미리 정해져 있지 않으며, 장래의 연간 이자율도 정해져 있지 않다. 장래의 배당이나 장래의 이자율은 불확실하며, 아무도 모른다. 장래의 배당이 클 것으로 예상되면 주가는 오르고, 이자율이 올라갈 것 같으면 주가는 내린다. 장래의 배당은 회사가 앞으로 얼마나 잘 경영될 것인가에 달려 있기 때문에, 회사에 관한 좋은 풍문만으로도 그 회사의 주가가 상승한다. 김대중 정부 시절인 2000년 2월 벤처기업의 주식에 대한 투기가 극성을 부릴 때, 벤처기업의 사장은 정계의 거물급이 자기 기업을 보호하고 있다는 인상을 주어 주가를 크게 올리려고 정계의 거물에게 뇌물을 바치기도 했다.

주식의 시장가격을 규정하는 것은 장래의 배당 전망과 장래의 이자율인데, 아무도 미래를 확실히 알지 못하기 때문에, 주식시장에서 주식을 매매하는 것은 일종의 투기다. 따라서 투기이득을 노려 주식을 사고파는 투기꾼이 주식시장에는 많다. 투기꾼은 낮은 가격에 주식을 산 뒤 높은 가격에서 되파는 사람인데, 큰손인 경우에는 낮은 가격에서 주식을 대량 구입함으로써 주식가격이 더욱 상승하리라는 예상을 다른 투자자들에게 심어 주어 그들도 주식을 구입하게 해 가격이 큰 폭으로 오를 때 주식을 되팔아 큰 투기이득을 얻는 것이다. 재벌계 투자신탁회사가 재벌 계열회사의 주식가격을 조작했다는 혐의가 나오는 것은 이런 이유 때문이다. 물론 주식투기꾼이 언제나 떼돈을 버는 것은 아니다. 2000년 4월의 총선 이전에는 주식가격이 계속 상승해 투자자들 대부분이 얼마씩 이득을 보았고 벤처기업의 젊은 사장들은 백만장자가 되어 만인의 선망을 받았다. 그 뒤 주가는 폭락해 중산층이 몰락하는 참사가 일어났으며 빚내어 투기한 일반 서민들은 큰 부채를 지게 되었다. 물론 이 과정에서 금융기관들도 큰 손해를 보고 도산하는 경우가 있었다. 주식에 관해서는 제8장에서 자세히 논의할 것이다.

4-4-2. 재벌

주식회사는 주식의 과반수를 소유한 개인이 그 회사를 마치 개인기업처럼 운영할 수 있다. 따라서 부유한 개인이 다수의 주식회사의 주식을 구매함으로써 매우 큰 사회적 자본을 지배할 수가 있다. 예컨대 1,000원의 돈을 가진 개인은 최소한 자본금 1,000원인 회사 2개(갑, 을)를 지배할 수 있다. 갑 회사의 주식을 500원어치 사면 과반수 정도의 주식을 소유하게 되며, 을 회사의 주식을 500원어치 사면 과반수 정도의 주식을 소유하게 될 것이기 때문이다. 그런데 주식 소유가 매우 분산되어 있는 현실에서는 20-30%의 주식을 소유하더라도 주식회사의 대주주가 되어 회사를 자기 마음대로 운영할 수 있다. 만약 20%의 주식 소유로 회사의 최대주주가 된다면, 1,000원의 화폐를 가진 개인은 자본금 1,000원짜리 회사를 5개나 지배할 수 있다.

또한 개인이 주식회사 A를 지배한다면, A는 회사의 자금으로 주식회사 B의 주식을 구매해 최대주주가 될 수 있다. B는 A의 자회사가 되는데, 또 B는 C의 최대주주가 될 수 있으므로 C는 A의 손자회사가 되는 것이다. 이런 피라미드식의 주식 소유를 통해 개인이 30-50개의 대기업을 자기 마음대로 지배・운영할 수 있게 된다. 이런 방식으로 형성된 기업집단이 바로 '재벌'이다.

16-5-2에서 자세히 보겠지만, 재벌기업의 총 주식 중 총수(또는 지배주주)의 영향력 아래에 있는 지분을 '내부지분'이라고 부르는데, 여기에는 총수(또는 지배주주), 총수의 특수관계인, 자사주(自社株) 그리고 계열사들이 소유한 지분이 포함된다. 자산 기준 5조원 이상의 53개 대기업집단 중 총수가 있는 35개 대기업집단의 내부지분율(상장회사와 비상장회사를 포함)은 2010년 4월 현재 총수 2.12%, 총수 친족 2.28%, 계열사 43.58%, 그리고 비영리법인・임원 등이 2.52%로서 합계 50.5%였다(표 16-1 참조). 실제로 재벌 총수와 그 가족 등이 가진 주식은 재벌기업 전체 주식의 4.4%에 불과한데도, 총수는 재벌기업 전체를 자기 마음대로 지배・운영하고 있는 것이다. 총수가 유능하지 않다면 재벌뿐 아니라 한국경제가 곤란에 부닥치기 때문에 재벌의 소유지배구조를 개혁해야 한다는 주장이 나오고 있다.

재벌은 재벌 총수와 그 가족의 지배력을 유지하기 위해 재벌기업 밖으로 주식을 발행하는 것을 꺼려했기 때문에, 재벌은 1997년 말의 외환위기까지는 자금 대부분을 은행과 금융기관으로부터 조달했다. 물론 재벌계열기업 상호간에 자금을 융통하는 경우도 많았다. 따라서 1997년 초 은행과 금융기관이 부도 위기에 처해 재벌에게 대출금을 상환하라고 요구함에 따라 한보·기아 등 대재벌이 줄줄이 도산하게 된 것이다.

4-4-3. 공기업

공공부문(public sector)은 정부가 사용자인 경우인데, 여기에는 다음과 같은 기관들이 포함된다. 정부기관, 정부투자기관(정부가 총자본금의 50% 이상을 출자한 기관), 정부출자기관(정부가 총자본금의 50% 미만을 출자한 기관), 재투자기관(정부투자기관이 자본금을 가장 많이 소유한 기관), 지방공기업(지방자치단체가 총자본금의 50% 이상을 출자한 기업), 정부출연기관, 그 밖에 특수재단이나 사단법인 형태의 공공법인체. 이명박 정부는 공공부문을 시장형 공기업·준시장형 공기업·기금관리형 준정부기관·위탁집행형 준정부기관·기타로 분류하고 있다. 시장형 공기업으로는 한국가스공사·한국석유공사·인천국제공항공사·서부발전·지역난방공사·한전 등 14개이고, 준시장형 공기업으로는 한국조폐공사·한국관광공사·한국철도공사·한국도로공사 등 13개이며, 기금관리형 준정부기관으로는 공무원연금공단·국민연금관리공단·한국자산관리공사·영화진흥위원회 등 17개이고, 위탁집행형 준정부기관으로는 한국연구재단·에너지관리공단 등 66개 기관이다.

공기업은 정부가 육성·보호하는 기업이기 때문에, 국민경제 전체의 문제를 해결하는 데 기여하고 있다. 한국전력이나 한국통신(KT로 민영화됨)이나 포항제철(POSCO로 민영화됨)이나 지하철 어느 것 하나 우리나라

경제나 국민생활에 큰 영향을 미치지 않는 것이 없다. 자본 규모가 너무 커서 개인기업가가 맡을 수 없거나, 국민경제나 국민생활에 큰 영향을 미치기 때문에, 정부가 스스로 담당하게 된 것이다.

그런데 공기업은 경영이 부실하게 될 여러 가지 요인을 가지고 있다. 사장 자리는 그 사업에 가장 적합한 사람이 되는 경우는 드물고, 대통령이 '아끼는' 사람이 되는 경우가 거의 대부분이다. 또한 집권당이 필요하다고 말하면 정치자금을 제공하지 않을 수 없을 것이다. 2001년 1월에 검찰은 1996년 안전기획부(국가정보원의 옛 이름)의 예산이 여당의 총선자금으로 사용되었다고 발표했는데, 그렇다면 공기업의 돈은 집권당이 자기 마음대로 사용했을 가능성이 크지 않은가? 그리고 '낙하산' 인사나 정치자금 제공 등으로 사장이 정당성을 얻지 못하기 때문에, 사장은 직원들과 담합할 필요가 생겨 봉급이나 상여금・퇴직금 등을 대폭 인상해 정부예산을 축낼 가능성이 매우 크다. 이처럼 공기업의 경영부실은 사실상 부정・부패와 관련된 것이지, 정부 소유냐 민간 소유냐 하는 소유 문제 때문은 아니다.

공기업을 민영화하면 모든 문제가 해결될 것인가? 기업가는 수익성을 목적으로 하기 때문에, 독점적 성격을 가진 공기업을 인수하면 당연히 독점가격으로 국민들의 주머니를 털어 갈 것이다. 그리고 국민들에 대한 서비스는 매우 나빠질 것이다. 이런 현상은 이미 공기업의 민영화를 실시한 영국에서 그대로 나타난 것이다. 민영화한 철도가 선로와 신호체계에 대한 투자를 제대로 하지 않아 대규모 충돌 사고를 일으켰고, 민영화한 가스・수도・전신・전화사업이 폭리를 얻었으므로 특별이윤세를 법률로 특별히 부과하지 않을 수 없었으며, 새로운 규제기구를 설립해 가격의 설정이나 서비스의 제공 등을 규제하지 않을 수 없었다(18-2-4 참조).

참조 4-A

공기업 낙하산 인사(『이데일리』 2010년 7월 15일자)

공기업들의 체질개선을 위한 각종 개혁조치에도 불구하고 공기업 임원들에 대한 '낙하산' 관행은 이전 정권과 별반 다를 바 없다는 게 일반적인 분석이다. 사실 낙하산 인사 근절이라는 화두는 역대 정권의 '영원한 숙제'였다. 김대중 정부는 '개혁'을, 노무현 정부는 '혁신'을 기치로 내걸고 낙하산 인사의 관행을 뿌리 뽑겠다고 공언해 왔지만 결과적으론 모두 '용두사미'로 끝났다.

이명박 정부 역시 지난 2년 간 6차례에 걸쳐 공공기관 선진화 계획을 발표하면서 인사혁신, 보수체계 개편, 노사관계 개선 등 소프트웨어 측면의 변신을 시도해왔다. 그러나 정부 산하 공기업들의 인사 관행을 면밀히 살펴보면 현 정권이 야당 시절 '코드 인사'라고 비판했던 관행, 즉 전직 국회의원이나 선거 낙천 · 낙선 인사 등이 공기업 사장이나 감사, 이사 등으로 옮겨가는 바로 그 부정적인 관행이 여전히 반복되고 있다.

현 정부 들어 낙하산 인사 문제는 이명박 대통령과 학연 · 지연 등으로 얽힌 측근 그룹에서 먼저 터져나왔다. 한국도로공사 사장, 한국방송광고공사 사장, 인천항만공사 사장 등이 청와대와 정부 당국 등의 해명에도 불구하고 취임 초 낙하산 인사라는 논란에 휩싸였다. 금융감독원의 퇴직 관료들이 금융회사의 감사로 갑자기 옷을 갈아입거나, 지식경제부, 농림수산식품부, 환경부 등 정부 각 부처의 간부들이 산하 공기업이나 유관 단체 등으로 자리를 옮기는 구태도 반복됐다. 2009년 국감에서는 2004년 이후 5년간 퇴직한 4급 이상 환경부 공무원 49명 중 45명이 산하 공공기관과 단체에 재취업한 사실 등이 확인됐다. 당시 박대해 한나라당 의원은 "산하 기관이나 단체로 자리를 옮긴 퇴직 공무원의 대부분은 '친정'격인 행정부처에 인맥을 내세워 감사 기능을 약화시키거나 예산을 따오는 로비스트로 활동하고 있다"고 말했다.

국민건강보험공단 이사장과 신용보증기금 이사장, 한국조폐공사 이사장, 한국광해관리공단 이사장, 과학기술정책연구원장, 한국전기안전공사 사장, 한국마사회장, 한국농어촌공사 사장, 코트라(KOTRA) 상임감사 등은 이 대통령의 '6개월 룰'을 정면으로 거스르면서 공기업으로 낙하산을 타고 내려간 '힘 있는 인사'들이다.

낙하산 인사들의 경영실적도 그다지 신통치 않다는 게 일반적인 분석이다. 기획재정부가 올해 발표한 '2009년 공공기관장 경영평가'에서도 60점 이하를 받은 20개 기관의 전 · 현직 기관장 23명 중 정치권과 직 · 간접적인 연관성이 있는 인사가 12명, 그리고 정부 부처 관료 출신 인사가 4명인 것으로 파악됐다. 한 공기업 임원은 "낙하산 인사로 내려온 본인들 또한 '임기 3년만 채우면 된다'는 생각에 장기적인 비전보다는 단기적인 성과에 매달리는 경우가 많은 것 같다"며, "그런 암묵적 관행이 지난 수 십년 간 누적된 결과가 바로 지금의 공기업"이라고 일침을 가했다.

5 권력

5-1. 시장은 권력에 의해 조성된다

자기가 생산한 상품을 시장에서 팔아 자기에게 필요한 상품을 사는 매우 초보적인 상품경제(단순상품경제)에서도 시장의 거래를 규율하는 관습이나 법률이 있었다. 시장에 참가하는 모든 사람이 어떤 규칙에 따라 행동하지 않으면 시장의 질서는 파괴되고 시장은 성립하지 않는다. 예컨대 각 지역으로 돌아가면서 열리는 5일장도 장사꾼들 사이의 오래된 관습이 없으면 어디에서 언제 시장이 설지를 알 수 없을 것이다.

물론 상품을 교환하기 위해서는 사유재산제도가 확립되어야 하고, 화폐가 제 구실을 해야 한다. 권력이 개인에게 '자기의 것을 자기가 마음대로 사용하고 처분할 수 있는' 권리(사적 소유권)를 주고, 그 권리를 보호해야만 시장이 정상적으로 성립할 수 있다. 또한 권력은 어떤 것을 화폐로 선정하고 화폐의 단위를 결정해야 한다. 그래야만 상품들의 교환이 쉽게 이루어진다.

만약 최초의 물물교환이 공동체 사이에서 이루어졌다면, 시장은 권력에 의해 창조되었다고도 말할 수 있을 것이다. A 공동체는 쌀이 남아돌고, B 공동체는 콩이 남아돌 때, 두 공동체의 우두머리가 만나 쌀과 콩을 교환하기로 결정함으로써 쌀과 콩이 교환되기 시작한 것이다. 다시 말해 쌀이나 콩의 시장이 자기 스스로 탄생한 것이 아니라, 공동체의 필요에 따라 공동체가 이웃 공동체와 교환하기로 결정함으로써 시장이 탄생하게 된 것이다.

봉건사회가 몰락하고 절대주의 왕권이 확립되면서 중상주의 정책이 채택되었는데, 그 핵심은 무역을 통해 또는 '해외시장을 개척함으로써' 자기 나라의 부를 증가시킨다는 것이었다. 포르투갈 · 스페인 · 네덜란드 · 영국 · 프랑스가 해군력으로 세계를 지배하려고 했으며, 식민지나 종속국을 만들어 부를 약탈했는데, 이런 권력 행사가 산업자본의 성립에 필요한 자금과 원료시장 및 제품시장을 제공했다. 영국이 산업혁명을 통해 '세계의 공장'으로 군림하면서 섬유류와 기계류를 세계 각국에 수출할 때, 영국 정부는 각국 정부의 보호무역정책을 타파하기 위해 무력도 사용하고 자유무역의 이익도 설파했다. 인도와 중국의 시장은 무력으로 개방시켜 그 나라의 섬유산업을 완전히 몰락시켰지만, 독일의 역사학파(예: 프리드리히 리스트)나 미국의 초기건설자(예: 미국의 초대 재무부장관 해밀턴)는 유치산업 보호론을 내세워 자유무역론에 대항했다. 세계에서 영국은 경제적으로, 군사적으로 헤게모니를 잡았고, 이리하여 '영국의 지배에 의한 평화'(팍스 브리타니카 Pax Britannica)가 세계 질서에서 나타났다. 런던이 세계금융의 중심지가 되었고 영국 화폐(파운드 스털링)가 세계화폐로 기능했다. 세계시장의 성립이나 유지가 지배적인 국가의 적극적인 개입 없이는 불가능하다는 것을 보여 준다.

1870년대 이후 영국 · 프랑스 · 독일 · 미국은 세계를 상대로 식민지 쟁탈전을 벌였다. 기업가들이 정부의 군사력에 의지해 원료시장, 제품시장 그리고 자금대출시장을 확장하려고 노력한 것이다. 이미 식민지를 많이 차지한 영국이나 프랑스에 대해 신흥공업국인 독일이 도전하는 형태를 취했다. 이러다가 1914년 제1차 세계대전이 터진 것이다.

현재 IMF나 WTO 등 국제기구는 '세계화' 또는 '지구화'를 외치면서 모든 나라(선진국이든 후진국이든)에게 상품시장, 외환시장 그리고 자본시장을 개방하고 자유화하라고 요구하고 있다. 후진국은 개방과 자유화로 오히려 혼란과 정체를 경험할 수도 있는데도 불구하고 국제기구가 개방과 자유화를 강요하는 이유는 무엇인가? 첫째로 국제기구는 강대국에 의해 좌우되고 있기 때문이다. IMF는 각국 정부가 주주인 주식회사와 같은데, 대주주는 미국 · 영국 · 프랑스 · 일본 · 독일 등 선진국이므로 선진국의 이익을 세계적으로 관철시키고 있다.[1] 물론 WTO에서는 한 나라가 한 표를 가지고 있지만, 후진국들이 단결하지 못하고 각각이 선진국으로부터 약간의 혜택을 받기 위해 뿔뿔이 행동하고 있다. 둘째로 선진국의 기업은 1975년 이래의 세계적 대불황을 해외시장의 개척을 통해 극복하려고 하기 때문에, 선진국의 정부가 자기 나라의 기업을 위해 외국 정부에게 개방과 자유화를 요구하고 있는 것이다. 따라서 다음과 같은 주장, 즉 "선진국에서는 기업이 강력하게 되어 정부의 반대에도 불구하고 해외로 진출하고 있다"는 주장은 전혀 사실이 아니며, 오히려 선진국의 정부는 자국 출신 기업의 해외 진출을 위해 모든 수단을 강구하고 있는 것이다.

1 미국 정부는 IMF에 출자총액의 17.7%(2010년 기준)를 출자하고 있는데, IMF는 주요한 사항의 결정에 출자총액의 85% 이상의 동의를 얻어야 결정하기 때문에 미국 정부는 IMF에서 거부권을 행사할 수 있는 지위에 있다.

5-2. 국가(또는 정부)의 기능

국가는 각종의 특수기구와, 그 기구를 통해 공적 권력을 행사하는 국가엘리트로 구성되어 있다. 행정부 · 입법부 · 사법부 · 군대 · 경찰 · 국가정보원 등이 국가기구에 속하며, 대통령 · 국무총리 · 대법원장 · 국회의장 · 고급공무원 · 판사 · 국회의원 · 검사 · 경찰국장 · 군대 장성 · 국정원장 등이 국가 엘리트다. 국가 엘리트가 국가기구를 통해 국가권력을 행사하는 것이 국가의 핵심이다. 국가권력을 행사한다는 것은 각종의 규범과 법률을 제정해 시행하며, 또한 그것을 위반하는 행위를 제재한다는 것을 의미하는데, 우리가 관심을 가지는 것은 국가 엘리트가 누구를 위해 또는 무엇을 위해 국가권력을 어떻게 행사하는가다.

자본주의 사회의 구성원을 경제적 이해관계에 따라 분류하면, 먼저 기본계급으로 자본가계급과 노동자계급이 있고, 자본가계급 안에도 산업자본가 · 상업자본가 · 금융자본가라는 분파가 있고, 자본가계급에는 속하지 않지만 지배계급으로 토지소유자가 있다. 이런 계급과 계급분파는 상호 투쟁하는 과정에서 자기들의 이익 · 상황 · 목표를 알리는 사회의식을 창조해, 자기 집단에 속하는 사람들에게 개인적 또는 집단적으로 행동하게 촉구한다. 다시 말해 계급과 계급분파는 각각 독특한 이데올로기(ideology)를 형성하고, 그 이데올로기를 통해 각각의 독특한 이익을 쟁취하려 한다. 따라서 각 계급이나 계급분파는 결국 최고의 권력인 국가권력을 장악해 자기의 이익을 옹호 · 확대하려고 할 것이다. 이런 관점에서 볼 때, 국가는 모든 계급의 이해관계가 충돌하는 '계급투쟁의 장소'다.

국가 엘리트가 국가기구를 통해 국가권력을 행사한다는 것은 매우 복잡한 정치과정을 거치게 된다. 왜냐하면 이 정치과정에는 계급과 계급분파가 참가하고, 그들을 경제적으로 대표하는 기업 · 은행 · 노동조합이 참가하며, 그들을 정치적으로 대변하는 정당 · 압력단체가 참가하고, 그들을 사상적으로 지지하는 대중매체(신문 · 텔레비전 · 방송 · 잡지) · 종교단체 · 교육기관 등이 참가하기 때문이다. 이 정치과정을 통해 국가권력의 사용목적 · 사용방법이 결정되는데, 국가 엘리트와 국가기구는 처음부터 끝까지 정치과정에 항상 참가하고 있기 때문에, 그들은 외형상으로는 각종 이해대립의 중재자 또는 선의의 제3자인 것처럼 보이지만, 사실은 그렇지 않다.

자본주의가 역사적으로 탄생하는 과정에서, 국가는 임금노동자의 창출을 돕기 위해 농촌에서 농민을 도시로 몰아내었고, 임금노동자의 임금 수준을 법적으로 억압했으며, 상인과 고리대업자가 부를 축적하는 것을 도왔고, 또한 상업자본과 고리대자본이 산업자본으로 전환하도록 국영기업을 육성했다. 따라서 자본주의가 확립되는 과정은 동시에 '자본주의 국가'(capitalist state)(즉 자본가계급의 이익을 옹호 · 확대하는 국가)가 설립되는 과정이기도 했다. 그러므로 국가 엘리트가 국가기구를 통해 국가권력을 행사한다는 것은 외형적으로는 국가 엘리트가 누구의 편도 들지 않는 것처럼 보이지만, 사실상 기득권자인 자본가계급의 이익에 봉사하는 것이다. 국가를 '지배계급의 도구' 또는 '지배계급의 운영위원회'라고 부르는 이유가 여기에 있다. 그러나 국가 엘리트가 실제로는 지배계급의 이익을 보호하면서도 마치 선의의 제3자인 것처럼 행동해야만 많은 국민들로부터 지지를 받을 수 있다.

자본주의 국가는 다음과 같은 경제적 기능을 담당하고 있다.

가. 사유재산을 보호한다

생산수단(공장 · 기계 · 원료)을 소유한 자본가계급의 이익을 옹호한다는 것은, 기본적으로 생산수단과, 그것으로부터 발생하는 이윤을 자본가계급의 사유재산으로 인정하고 보호한다는 것을 의미한다. 사유재산을 보호하는 각종 법률을 국가가 제정하며, 이것을 위반해 사유재산을 침해하는 행위는 경찰·군대·법원을 동원해 제재를 가하고 있다. 이런 사유재산의 보호는 사실상 무산대중인 노동자계급이 먹고 살기 위해 자기의 노동력을 계속 팔아야만 하는 현재의 상황을 지속시키기 위한 것이나. 또한 사유재산에 의거한 분업과 교환을 보호하기 위해, 교환거래(매매거래)에 관한 계약법을 제정해 거래 당사자의 권리와 의무를 명시하고 있다.

나. 자본의 가치증식을 장려한다

사유재산을 자본으로 전환시켜 그 가치를 증식시키는 행위(즉 자본가계급의 이윤 추구)를 국가는 보호 육성한다. 산업자본가가 노동자를 고용해 잉여노동을 착취하는 과정에서 발생하는 노자대립을 국가는 각종의 법(노동일·노동조건·임금수준·노동조합·파업에 관한 법)에 의해 약화시키면서 자본가의 이윤 추구를 보장하고 있다. 또한 국가는 수익성은 없으면서 거대한 자금이 드는 사회기반시설(도로·항만·철도·전기·수도)을 세금으로 건설해 자본가의 이윤 획득 활동을 도와준다.

다. 자본의 재편 또는 구조조정을 촉진한다

불황이나 공황은 지금까지 경제에 쌓였던 문제점이 폭발해 경제의 정상적인 발전을 가로막는 현상이다. 기업이 도산하고 실업자가 증가하며 서민의 생활은 비참해진다. 국가는 경제적 혼란이 사회적 혼란을 야기해 자본주의 체제가 동요하게끔 해서는 안 된다. 따라서 국가는 옛날의 산업을 폐기하고 새로운 산업을 도입하는 것에 온갖 지원을 하며, 실업자의 훈련과 구직을 돕고, 거대기업과 은행의 부실은 공적 자금으로 구제하면서 구조조정을 실시한다.

5-3. 국가의 상대적 자율성

국가가 위에서 말한 경제적 기능을 수행하는 과정에서 항상 자본가계급만의 이익을 옹호하는 것은 아니다. 만약 노동자계급과 이들을 지지하는 정치적·사회적·문화적 세력이 자본가세력과 대립 충돌해 경제적·정치적·사회적 혼란이 계속된다면, 국가는 자본주의 사회를 유지 옹호한다는 입장에서 자본가계급으로 하여금 노동자계급에게 일정한 양보를 하도록 개입할 수 있다. 물론 국가는 경찰·검찰·군대·정보기관을 동원해 노동자계급과 그 지지세력을 폭력적으로 탄압할 수 있을 것이지만, 그런 국가권력의 행사가 오히려 자본주의 사회를 유지하는 데 마이너스(−)의 효과를 미친다고 판단할 때는, 국가는 자본가계급의 단기적·현실적 이익을 희생시키면서 노동자계급의 주장을 수용하지 않을 수 없다.

예컨대 국가가 근로기준법을 제정해 노동일의 제한과 근로조건의 개선을 자본가계급에게 명하고, 노동조합의 결성권·단체협약권·단체행동권을 법률로 보호하며, 각종의 사회보장제도를 실시하는 것은, 국가가 제3자의 중립적 입장을 취하기 때문이 아니라 자본주의 사회를 유지해야 한다는 자본가적 입장에서 자본가계급의 직접적·단기적 이익을 물리치고 자율적으로 행동한다는 것을 가리킨다.

국가가 자본가계급의 이해관계로부터 상대적 자율성(relative autonomy)을 가지면서 국가권력을 행사할 수 있다는 것은, 노동자계급에 대한 양보가 결코 자본주의 사회를 약화시키거나 파괴시키는 내용을 지닐 수 없다는 것을 또한 의미한다. 유럽에서 1950-75년에 사회보장제도가 크게 확대되고 개선되었지만, 그 뒤 나타난 장기 불황 속에서 복지국가는 크게 해체되었으며, 자본가계급이 노동자계급에게 호황기에 허용했던 양보는 번

복되고 취소되었다.

우리가 국가는 지배계급의 이익을 옹호한다고 말할 때, 지배계급이 그 내부에 어떤 대립도 없는 동질적 집단이라고 생각하는 것은 결코 아니다. 산업자본가·상업자본가·금융자본가·토지소유자 사이에 이해 대립이 있으며, 대자본가와 중소자본가 사이에도 불화가 있고, 독점자본가와 비독점자본가 사이에도 갈등이 있다. 예컨대 국가가 금융을 긴축해 금리를 인상한다면, 금융자본가는 이익을 얻지만 산업자본가와 상업자본가는 손실을 보게 되며, 국가가 공정거래법을 강화하면 재벌은 손실을 보지만 중소기업과 소비자는 이득을 본다.

이처럼 자본가계급의 분파 사이에 이해 대립이 있기 때문에, "국가가 자본가계급의 이익을 옹호·확대한다"는 이야기는 국가가 자본가계급 중 어느 특정 분파의 이익을 옹호한다는 것을 가리키는 것이 아니라, 국가가 자본가계급 전체의 이익을 옹호한다는 것을 가리키게 될 것이다. 물론 특정 분파의 이익이 전체의 이익과 동일할 수도 있다. 왜냐하면 자본가계급의 분파들 사이에 발전이 균등하지 않아 어느 분파가 자본가계급 전체를 지배할 수 있기 때문이다. 그러나 국가가 자본가계급의 이익을 옹호한다는 이야기는 자본가계급 전체의 이익을 옹호한다는 것을 가리킨다고 보아야 한다. 즉 국가는 자본가계급 전체의 입장에 서기 때문에 개별 자본가의 요구를 듣지 않고 자율적으로 행동하게 된다. 수입자유화, 금융자유화, 외환자유화, 자본자유화, 공정거래법 강화, 금융실명제 등은 바로 국가의 상대적 자율성의 예다.

그런데 국가의 상대적 자율성은 자본가계급의 결집력이나 단결력이 약화한 시기에 더욱 분명히 나타난다. 예컨대 불황에서는 자본가계급은 서로서로 피해를 덜 보기 위해 남에게 손실을 떠넘기느라고 지리멸렬하며, 실업과 생활고에 허덕이는 노동자계급은 불만과 투쟁성이 매우 높은데, 이 경우 공권력과 물리적 폭력을 독점하고 있는 국가는 자본가계급 전체의 입장에서 노동자계급을 무자비하게 탄압하게 된다. 물론 1930년대 히틀러의 파시즘은 자본주의 국가의 상대적 자율성의 최악의 표현이라고 말할 수 있을 것이지만, 2007년 한미자유무역협정을 반대하는 민중투쟁을 무자비하게 진압한 노무현 정부도 예외는 아니다. 이명박 정부는 처음부터 부자를 위한, 부자에 의한, 부자의 정부라고 외치면서 탄생했기 때문에, 김대중·노무현 정부 아래에서 성장한 노동운동이나 시민운동은 큰 탄압을 받았고, 촛불시위에 참가한 고등학생과 애기엄마까지 괴롭히는 인권탄압행위를 거침없이 행했다.

5-4. 자본의 세계화와 정부

산업자본·상업자본·금융자본 등 모든 자본이 국경을 넘어 자유롭게 활동함에 따라 국민국가(또는 일국 정부)는 힘을 잃고 있다는 주장이 많이 나오고 있다. 그러나 세계화를 추진한 주체의 하나가 바로 자기 나라의 정부였다는 사실은 분명하다. 예컨대 외환관리법을 폐기함으로써 자국 안의 자금이 언제라도 해외에 투자할 수 있도록 했기 때문에, 자본의 세계화가 가능하게 된 것이다. 또한 IMF, 세계무역기구(WTO), 유럽연합(EU), 북미자유무역협정(NAFTA), 아시아태평양경제협력기구(APEC) 등을 통해 시장의 개방과 자유화 등 자본의 세계화를 촉진한 것도 각국의 정부다. 물론 각국의 정부는 자본의 세계화를 통해 자국이 이익을 얻는다고 생각하기 때문에, 자국 자본의 세계화에 매우 적극적이다. 따라서 자본과 정부가 서로 투쟁한다는 인식은 처음부터 버려야 한다. 각국 정부는 자본의 이익을 옹호하면서 자국 경제가 발전하기를 바라고 있을 것이다. 그래야만 다음의 선거에서 국민들의 표를 얻을 수 있기 때문이다.

물론 특히 금융자본의 자유로운 활동은 각국 정부의 금융재정정책에 큰 영향을 미치고 있다. 실업률을 줄이기 위해 투자를 촉진하려고 이자율을 낮추면, 금융자본은 이자율이 높은 해외로 이동하기 때문에, 국내에서 낮은 이자율이 유지되지 않는다. 또한 정부가 재성지출을 확대해 경기를 부양하려고 하면, 금융자본은 물가 상승을 우려해 외국으로 이동하기 때문에 경기가 부양되지 않는다. 결국 금융자본의 이익을 옹호하면서 자국 경제를 부흥시키는 정책을 일국 정부는 채택하지 않을 수 없다. 그런데 지금과 같은 신자유주의 시대에는 일국 정부는 금융자본의 이익을 옹호하는 것이 결국 자국 경제에도 이익이 된다고 믿고 있기 때문에, 정부와 자본 사이에는 대립이 없는 것이다.

최근 금융자본의 국제적 이동에 대해 각국 정부가 우려를 표명하기 시작한 것은, 국제금융시장의 불안정성이 증가해 국제금융시장이 붕괴할 수도 있기 때문이다. 다시 말해 금융자본 자신도 피해를 입기 때문에 각국 정부가 우려를 표명한 것이다. 지나친 단기투기거래를 규제한다든가, 대차대조표에 나타나지 않는 거래(예: 파생상품 거래)에 대한 감독을 강화한다든가, 금융기관의 자본의 건전성을 향상시킨다든가, 이 어느 것도 금융자본 전체의 이익을 옹호하는 제도 개선에 속할 것이다.

또한 각국 정부는 자본의 세계화 속에서 자국 출신의 산업자본이 국제경쟁력을 더욱 강화하도록 돕고 있다. 특히 정부와 기업과 은행 사이의 관계가 역사적으로 밀접했던 나라에서는 자본의 세계화 과정에서 자국 출신의 기업이 세계적으로 경쟁력을 발휘하도록 정부와 기타의 조직이 여러 가지로 협조하고 있다. 기초과학, 생명공학이나 유전공학, 첨단정보통신에 관한 연구를 정부가 지원하며, 기업들이 지나치게 경쟁하지 않도록 자율적인 협력체제를 만들고, 국제경쟁력을 강화할 수 있는 독과점에 대해서는 규제를 완화하고 있다.

자본의 세계화가 진전하더라도 세계가 하나의 나라로 통합되지 않은 상황에서는, 각국 정부와 국제기구(IMF, IBRD, WTO, EU, NAFTA, APEC, UN 등)가 자본의 활동에 개입하지 않을 수 없다. 특히 경제위기나 공황이 닥쳐온다든가, 주식시장·금융시장·외환시장이 붕괴할 위기에 처한다든가, 실업률이 지나치게 높아 사회불안이 급증한다든가, 유행성 전염병이 창궐한다든가, 자본주의 체제를 타도할 세력이 갑자기 강력해진다든가 하면, 이것을 해결할 수 있는 공권력은 경찰과 군대를 가진 각국 정부뿐이다. 일국 정부가 사라지리라고 생각하는 것은 현재로서는 공상에 불과하다(제19장을 참조하라).

제 2 편

경제발전과 시장의 발전

6 경제발전과 산업구조의 변화

6-1. 경제활동의 산업별 구분

국내총생산(Gross Domestic Products, GDP)을 만들어 내는 경제활동을 산업별로 다음과 같이 분류하기로 세계 각국이 동의하고 있다.

농림어업, 광공업(제조업), 전기가스 및 수도사업, 건설업, 서비스업(도소매 및 음식숙박업, 운수창고 및 통신업, 금융보험업, 부동산 및 사업서비스업, 공공행정국방 및 사회보장, 교육서비스업, 보건 및 사회복지사업, 기타서비스업).

이전에는 서비스업에 전기가스 및 수도사업, 건설업도 포함했는데, 지금은 이렇게 정의한 서비스업을 '광의의 서비스업'이라고 부른다.

6-2. 산업구조의 변화 추세

진정한 의미의 자본주의는 제조업이 기계제 대공업의 형태를 취할 때 비로소 시작된다. 왜냐하면 그래야만 자본가계급과 노동자계급의 구별이 더욱 분명해지고 노동자계급은 단순한 임금노동자로서 자본가계급의 지배에 복종하지 않을 수 없기 때문이다. 마르크스는 '공장제 수공업'인 매뉴팩처(manufacture)를 자본주의의 시작이라고 말한 바 있는데, 그 이유는 매뉴팩처에서는 생산력 수준은 이전과 같은 수공업 수준이지만 생산관계는 이미 자영업자의 수준을 넘어 자본가계급과 노동자계급의 구별을 지녔기 때문이다.[1] 그러나 매뉴팩처에서는 노동자들의 솜씨와 숙련이 생산을 좌우했으므로 자본가들은 숙련노동자들을 우대하지 않을 수 없었고 그들의 요구에 귀를 기울이지 않을 수 없었다. 노동자들이 자본가들에게 '형식적으로는' 포섭되었지만 아직 '실질적으로는' 포섭되지 않았던 것이다. 숙련노동자들의 반항을 억압하기 위해 자본가들은 기계를 도입하기 시작했다. 기계는 스스로 생산하므로 노동자의 솜씨와 숙련을 필요로 하지 않는다. 기계는 솜씨와 숙련을 무용지물로 만들고 아동과 부녀자를 노동자로 받아들임으로써 숙련노동자들의 반항을 드디어 분쇄했다. 여기에서 비로소 자본주의는 자기 발로 서게 된 것이다.

제조업이 도시에서 확장되자 농촌으로부터 노동자들이 몰려들었다. 농촌에서 제대로 일할 수 없었던 수많은 불완전 취업자들[2]이 제조업의 노동

1 러시아·중국·북한·쿠바의 사회주의 혁명도 생산력은 이전 그대로인 상태에서 생산관계(제국주의적인 관계, 자본-노동관계, 지주-소작관계 등)를 변혁한 것이고 생산관계의 변혁을 통해 생산력의 발전을 도모했다.

2 실제로는 실업자인데도 농업에 종사하고 있기 때문에 '위장실업자'(disguised un-

자가 된 것이다. 전국의 취업자 전체에서 농업에 종사하는 사람들의 비중이 줄고 제조업에 종사하는 사람들의 비중이 늘어나게 되고, 국내총생산의 구성에서도 농업의 비중이 줄고 제조업의 비중이 늘어난 것이다. 그런데 제조업을 중심으로 경제가 발전함에 따라 제조업과 관련이 있는 서비스업들(예: 건설업, 전기가스 및 수도사업, 운수창고업, 통신업, 도소매업, 금융보험업, 부동산업)이 성장하게 되고, 또한 개인의 소득 증가에 따라 음식숙박업, 여행업, 교육서비스업 등의 서비스업도 확장되었다. 따라서 제조업의 성장에 뒤따라 광의의 서비스업이 발달하기 시작한다.[3]

그런데 제조업은 기계에 의거해 생산하므로 자동화와 로봇화 등이 가능하기 때문에 노동생산성이 크게 상승하며, 따라서 고용 면에서 점점 더 적은 노동자들을 필요하게 될 것이다. 반면에 서비스업은 건설업・도소매업・음식숙박업・운수창고업・개인서비스업 등에서 보는 바와 같이 기계화에 의해 노동생산성의 상승을 도모하기가 어렵기 때문에 서비스업의 확대와 함께 고용 규모도 늘어나게 마련이다. 이리하여 고용 구조에서 제조업의 비중이 줄고 서비스업의 비중이 느는 경향을 '탈공업화'(deindustrialisation)라고 부른다. 또한 노동생산성에서 제조업은 서비스업 등 기타 산업에 비해 높기 때문에 공산품의 가격은 서비스나 기타 상품의 가격에 비해 덜 상승하는 경향이 있으며, 이런 산업부문별 생산성 격차가 선진국의 인플레이션을 설명할 수 있다는 이론도 나타났다.

employment)라고도 부른다. 그들이 농촌을 떠나 농업생산에 종사하지 않더라도 농업생산량은 이전과 마찬가지 수준이기 때문이다.

3 우리나라에서는 서비스업이 선진국에 비해 빨리 큰 비중을 차지하게 되었다. 왜냐하면 농촌의 어려운 삶을 등지고 떠난 사람들이 제조업에서 모두 취업할 수 없었으므로 각종 서비스업(예: 도소매업・음식숙박업・개인서비스업)이 값싼 노동인구를 이용해 번창하게 되었기 때문이다.

6-3. 한국의 경제성장률 저하

한국 경제는 기계・원자재의 수입의존도가 높고 제품의 수출의존도가 높기 때문에 세계시장의 동향에 따라 큰 영향을 받는다. IMF와 OECD가 공동으로 작성한 「G20 주요경제지표」에 따르면, 2009년 GDP 대비 수출이 차지하는 비중은 43.4%로 G20 가운데 최고를 기록했다. 이는 2위인 독일보다도 9.8% 포인트나 높은 수치이며, 2005년 33.7%를 기록한 이래 2006년 34.2%, 2007년 35.4%, 2008년 45.3%로 거의 매년 증가세를 보이고 있다. 수입 비중 또한 GDP 대비 38.8%로 멕시코(28.1%), 독일(28%)보다 월등히 높았다.

그림 6-1에서 보듯이 1990년대에 들어 경제성장률이 추세적으로 저하

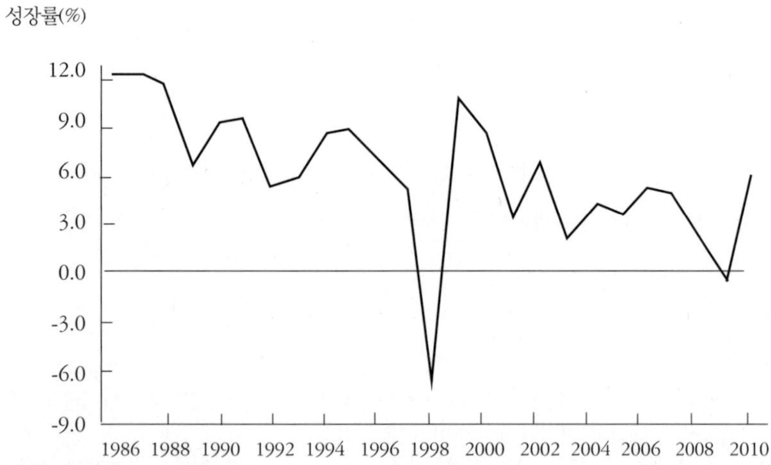

자료: 한국은행, 『국민계정』.

그림 6-1. GDP 증가율

표 6-1. 서비스업의 부문별 부가가치 증가율

	부가가치 증가율(%)		GDP 구성비(%)
	1990-98년, 연평균	1999-2010년, 연평균	(2010년 현재)
도·소매 및 음식숙박업	4.9	4.1	9.3
운수·보관업	5.6	5.5	4.1
금융보험업	9.2	5.7	6.6
부동산·임대업	8.2	1.5	6.4
정보통신업	15.7	9.5	4.1
사업서비스	8.2	4.2	4.1
교육서비스	3.5	3.2	5.0
보건·사회복지	6.1	5.1	3.8
문화·오락	11.8	6.7	1.2

자료: 한국은행, 『국민계정』.

한 것은 후발 개도국의 공업화로 노동집약적 제조업(가죽·신발·섬유·의류·가구 등)이 쇠퇴하면서도 기술집약적 제조업이 그다지 성장하지 않았기 때문이다. 그러나 1997년 말의 경제공황(IMF 사태) 이후 노동집약적 제조업은 대체로 정리되고, 1990년대 하반기에 집중적으로 투자한 기술집약적 제조업(전자·석유화학·기계장비·조립금속·자동차 등)이 성장을 개시함에 따라, 제조업이 성장세로 전환되었다. 이런 제조업의 성장세에도 불구하고 경제성장률이 1990년대의 수준을 회복하지 못하고 있는 것은 서비스업의 성장 부진 때문이다.

서비스업에는 도·소매업, 운수보관업, 음식·숙박업, 문화·오락업, 보건·사회복지 등이 포함된다. 표 6-1에서 보는 바와 같이 이들 부문은 1990년대 말 이후 부가가치 증가율이 전체적으로 둔화되고 있다. 특히 서비스업에서 높은 비중을 차지하는 사업서비스(법률·회계·디자인·광고), 부동산업·금융업·정보통신업, 그리고 교육·보건·사회복지 서비스 등은 고급의 인적 자원이 필요한데, 이런 인적 자원의 육성과 공급이

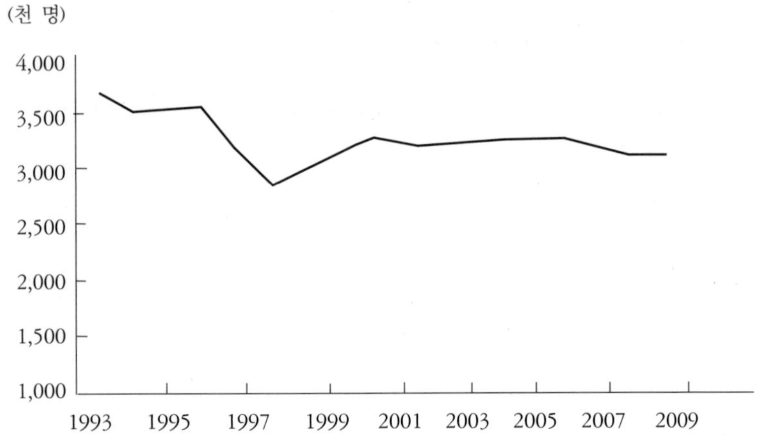

자료: 한국은행 경제통계시스템.

그림 6-2. 제조업의 고용규모 추이

제대로 이루어지지 않아 성장률이 둔화하거나 정체하고 있는 것이다.

제조업의 고용규모는 그림 6-2에서 보듯이, 1990년대 초에 섬유·신발 등 노동집약적 분야에서 해고가 극심해 전체 고용이 감소하는 추세였지만, 1998년의 경제공황 이후 기술집약적 분야가 성장하면서 전체 고용은 조금 증가했다. 그러나 2006년 이후 세계적인 금융위기에 부닥쳐 제조업의 고용 규모는 다시 감소하는 추세다.

제조업의 대기업과 중소기업이 고용에서 차지하는 비율을 보면, 1980년대 말부터 중소기업은 임금수준이 낮은 노동인력의 고용을 계속 확대한 반면에 대기업은 임금수준이 높은 노동인력의 고용을 계속 감축했다. 그러나 대기업이 기술혁신을 통해 노동생산성을 높여 임금지불능력을 향상함으로써 대기업의 고용규모가 안정세를 유지하기 시작했다.

하지만 최근에 이르러서는 대기업이 점점 더 고용을 늘리고 중소기업은 고용을 줄이고 있다. 표 6-2에서 볼 수 있듯이, 대한상공회의소가 전국 6만 6,000여개 기업의 2007-2009년의 고용동향을 분석하여 발표한 결과

표 6-2. 대기업·중소기업별 고용 현황 추이(2007-2009년)

구분	2007년		2008년			2009년		
	종업원 (업체당 평균)	업체수	종업원 (업체당 평균)	업체수	전년대비 고용증감	종업원 계 (업체당 평균)	업체수	전년대비 고용증감
중소기업	1,318,715 (21)	63,703	1,326,690 (21)	63,671	7,975 (0.6%)	1,316,097. (21)	63,705	-10,593 (-0.8%)
중견기업	474,111 (434)	1,092	481,651 (429)	1,122	7.540 (1.6%)	474,889 (436)	1,090	-6,762 (-1.4%)
대기업	1,509,029 (1,154)	1,308	1,554,180 (1186)	1,310	45,151 (3.0%)	1,604,134 (1,226)	1,308	49,954 (3.2%)
계	3,301,895	66,103	3,362,521	66,103	60,666 (1.8%)	3,395,120	66.103	32,599 (0.9%)

자료: 대한상공회의소.

에 따르년, 2009년에 대기업은 종업원 수를 전년보다 4만 9,954명 늘렸고 (+3.2%), 중소-중견기업은 1만 7355명을 줄인 것(−1.0%)으로 집계됐다. 2009년 현재 전체 종업원 수 규모를 비교해 보면, 상시종업원 수 1,000명 이상의 대기업은 총 1,308개사로 약 160만여 명을 고용하여 6만 3,000여 개의 중소기업 고용인원인 131만여 명을 훨씬 웃돈다. 즉, 대기업과 중소기업 간의 이른바 고용양극화 현상이 뚜렷해지고 있는 것이다.

6-4. 한국 기업의 경영분석

한국은행의 「2009년 기업경영분석 결과」에 의거해 한국기업의 성장성과 수익성과 재무구조를 간단히 살펴보자.

제조업의 유형자산(토지 · 건물 · 구축물, 기계장치, 선박 · 차량운반구)

의 증가율은 2002년에는 −2.2%까지 감소한 뒤 상승과 하락을 반복하다가 2009년에는 7.9%로 상승했다. 매출액 증가율은 매년 불규칙적으로 상승과 하락을 계속하고 있는데, 2009년에는 0.1%의 상승률을 기록하는 데 그쳤다. 그런데 2009년의 매출액 증가율에서는 중소기업(−0.2%)의 하락폭이 대기업(−0.1%)보다 컸고, 수출기업(수출의존도가 50%를 넘는 기업)의 매출액 증가율이 1.0%(2008년에는 23.7%)로 내수기업(−1.2%: 2008년에는 19.3%)을 능가했다.

제조업의 매출액 영업이익률은 1995년 이래 8.3-3.0%에서 동요하고 있지만, 금융비용부담률(=이자비용/매출액)이 1998년의 9%에서 2009년에는 1.6%로 하락하고, 이자보상비율(=영업이익/이자비용)도 2001년의 100%에서 2009년에는 550.8%로 상승추세를 나타냄으로써, 수익성은 건실한 것으로 보인다. 그리고 수익성에서는 대기업과 중소기업, 그리고 수출기업과 내수기업 모두가 경제위기의 여파로 2009년에는 소폭 감소하였지만, 대기업의 수익성이 중소기업보다는 훨씬 좋았다.

제조업의 재무구조는 1997년 말의 경제공황 이래 상당히 건실해지고 있다. 부채비율(=부채/자기자본)은 1997년의 400% 이상에서 2009년에는 89.6%로 격감했고, 차입의존도(=[차입금+회사채]/총자본)도 50%에서 20.2%로 격감했으며, 자기자본비율(=자기자본/총자본)도 20%에서 52.8%로 격증했다. 물론 대기업이 중소기업보다 재무구조가 더욱 건실하고 수출기업이 내수기업보다 더욱 건실하다.

7 자본축적과 노동시장

7-1. 자본축적

경제발전이나 경제성장은 경제규모가 커지고 경제구조가 고도화되며 주민들의 생활수준이 향상되는 것을 가리킨다. 경제가 발전하려면, 투자가 증대해야 하고 기술혁신이 이루어져야 하며 노동자의 자질이 향상되어야 한다. 투자를 증대시키기 위해서는, 기업이 더 큰 이윤을 얻어야 하고 이윤 중 더 큰 부분을 재투자해야 한다. 물론 기업이 국내의 은행 등 금융기관이나 외국의 은행으로부터 자금을 차입할 수 있지만, 이 차입금에 대해서는 결국 이자와 함께 원금을 갚아야 하기 때문에 기업 스스로 이윤을 증대시키는 것이 투자 증대의 첫 번째 방법이다.

우리는 이미 제4장에서 기업이 이윤을 증대시키기 위해 노동시간을 연장하고, 노동생산성을 향상시키며, 노동강도를 강화하고, 노동시장과 노동과정을 유연화한다는 것을 보았다. 따라서 여기에서는 이윤 중 더 큰 부분을 재투자하는 것에 관해 생각해 보자. 이윤을 자본으로 재투자하는 것을 자본의 축적(accumulation of capital)이라고 부른다. 이윤으로 기계나 원료를 더 많이 사거나 노동자를 더 많이 고용하면, 자본이 증가하고 공장

규모가 확대한다. 이 경우 기계나 원료 등 생산과정에서 자기의 가치를 새로운 상품에 이전시킬 뿐인 요소들을 구매하는 데 드는 자본을 불변자본(constant capital)이라고 부르고, 노동력처럼 새로운 가치를 창조해 상품에 부가하는 요소의 구매에 드는 자본을 가변자본(variable capital)이라고 부른다. 따라서 이윤은 재투자되어 불변자본과 가변자본을 증가시키게 된다. 그런데 이윤을 전혀 개인적 소비에 사용하지 않고 모두 재투자한다면, 자본증가율은 이윤율과 같게 되기 때문에, 이윤율이 그렇게 중요한 것이다.

$$\text{자본증가율} = \frac{(\text{불변자본의 증가액}+\text{가변자본의 증가액})}{(\text{현재의 불변자본액}+\text{현재의 가변자본액})} \qquad \text{(공식 7-1)}$$

$$\text{이윤율} = \frac{\text{이윤액}}{(\text{현재의 불변자본액}+\text{현재의 가변자본액})} \qquad \text{(공식 7-2)}$$

이윤을 자본으로 축적할 것인가, 아니면 소비로 향락할 것인가는 자본가의 마음에 달려 있지만, 자본가는 모든 유혹을 물리치고 근검 절약하는 구두쇠는 결코 아니다. 경제발전이 진행해 자본의 규모가 증대함에 따라 이윤도 증가하기 때문에, 자본가는 자본을 축적하면서도 향락욕을 충족시킬 수 있다.

그런데 자본주의 사회에서는 자본가가 축적에 몰두하지 않으면 몰락할 수밖에 없는 경제적 메커니즘이 작동하고 있다. 첫째로 자본가들 사이의 경쟁 때문에, 도산하지 않으려면 계속 자본을 축적해 새로운 혁신을 도입하지 않을 수 없다. 다시 말해 경쟁 때문에 자기의 현재의 자본을 유지하기 위해서라도 끊임없이 자기의 자본을 확대해야만 한다. 둘째로 경제발전에 따라 자본으로 기능할 수 있는 최소자본규모가 끊임없이 증대하기 때문에, 이윤을 자본으로 재투자하지 않을 수 없다. 예컨대 이전에는 최적규모의 섬유공장을 운영하는 데 10억 원이 들었지만, 지금은 온갖 새로운 시설이 필요하기 때문에 100억 원이 드는 경우가 그렇다.

그런데 여기에서 자본가가 가지고 있는 자본이 어디에서 나온 것인가를 잠깐 고찰해 보자.

〈첫째 예〉

갑과 을 두 사람이 각각 1,000원을 가지고 있으며, 매년 200원씩 개인적 소비에 사용한다고 가정하자. 갑은 이 돈을 투자하지 않고 소비만 한다면 5년 뒤에는 한푼도 없다. 그런데 을은 이 돈을 투자해 매년 200원의 이윤을 얻는다면 5년 뒤에도 여전히 1,000원을 가지고 있을 것이다. 을이 5년 뒤 가지고 있는 1,000원은 이윤이 적립된 것, 또는 노동자를 착취한 잉여노동이 적립된 것이라고 말해야 할 것이다.

결국 자본가가 가진 최초의 1,000원이 어디에서 나왔든, 일정한 시간이 경과하면 자본가가 소유하는 자본은 모두가 노동자의 잉여노동이 적립된 것으로 되어 버린다. 자본가 자신의 노동이나 조상의 노동에 의해 얻었다고 말할 수 없다. 결국 자본가의 자본은 자기 자신의 것이 아니라 노동자의 것 또는 사회의 것이라는 결론이 나오지 않을 수 없다.

〈둘째 예〉

만약 위의 자본가 을이 매년 얻은 20%의 이윤을 소비하지 않고 모두 재투자한다면, 그의 자본규모는 첫해에는 1,000원이지만, 1년 뒤에는 (1,000×1.2)원으로 되고, 5년 뒤에는 2,488원($=1,000\times1.2^5$)이 되며, 20년 뒤에는 38,338원이 될 것이므로, 최초의 자본 1,000원은 그 비중이 점점 작아진다. 따라서 자본가가 가진 자본의 대부분은 적립된 이윤이고, 노동자의 잉여노동을 착취한 결과라고 말할 수 있다.

이렇게 자본의 근원을 따지게 되면, 근대경제학의 주장—즉 노동력의 매매가 이루어지는 노동시장에서는 자유·평등·소유·공리주의가 지배하고 있다—은 거짓이라는 것이 명백해진다. 근대경제학에 따르면, 노동력의 판매자인 노동자와 노동력의 구매자인 자본가는 자기들의 자유 의지에 따라 매매하기 때문에 자유가 지배하며, 그들은 각각 노동력과 화폐의 소유자로서 동등한 입장에서 등가로 교환하기 때문에 평등이 지배하고, 각각은 자기의 것만을 마음대로 처분하기 때문에 소유가 지배하며, 끝으로 각각은 자기의 이익만을 추구하는 데도 상대방의 이익이 증진되기 때문에 공리주의가 지배한다는 것이다. 그러나 자본가가 노동력을 구매하는 자본 그 자체가 이미 노동자의 잉여노동의 산물이기 때문에, 그리고 자본 그 자체는 이미 노동자의 잉여노동을 무료로 착취할 수 있는 권리를 가지고 있기 때문에, 노동시장에서 자유・평등・소유・공리주의가 지배한다는 주장은 옳지 않다. 사실상 자본가는 노동자가 소유해야 할 것을 빼앗아 다시 노동자의 노동력을 구매해 착취함으로써 더욱더 부유하게 되는 것이다.

자본가는 자기의 자본을 증식시키기 위해, 노동자를 무자비하게 착취하고 이윤을 자본으로 재투자하며 새로운 혁신을 도입한다. 이 과정에서 자본가는 자기도 모르는 사이에 '새로운 사회'를 위한 물질적 조건들을 만들어 낸다. 예를 들면 생산규모가 너무나 증대해 자본가 개인의 경영능력이나 자금능력으로는 도저히 감당할 수 없게 되자, 전문경영인이 기업의 경영을 담당하고 각계 각층의 자금이 주식시장이나 은행을 통해 기업에 투자되는 것이다. 이리하여 이제 기업은 실질적으로 개인의 것이 아니라 '사회의 것'이라는 성격을 띠게 된다. 이런 상황에서 만약 기업이 이윤 획득을 목적으로 삼지 않고 주민 전체의 필요와 욕망을 충족시키는 것을 목적으로 삼게 된다면, 자본주의 사회는 전혀 새로운 사회로 전환될 것이다. 이 새로운 사회에서는 모든 재산은 공동으로 소유하고, 주민들은 모두 공동으로 노동하며, 실업자가 없고, 공해(물과 공기의 오염)가 없으며, 무위도식하는 사람들이 없기 때문에 주민들은 더욱 짧은 시간 일하고 매우 긴 자유시간을 가질 수 있을 것이다.

7-2. 고용과 노동시장

노동자와 자본가 사이의 이해대립은 여러 곳에서 나타난다. 노동일을 몇 시간으로 하는가, 휴식시간과 식사시간은 얼마로 하는가, 토요일을 휴무로 할 것인가, 변형근로제를 실시할 것인가, 임금수준은 얼마로 할 것인가, 단체협약을 맺을 것인가, 해고의 조건은 무엇인가, 퇴직금은 얼마로 할 것인가 등. 이런 이해대립 중에서 노동자에게는 고용문제가 가장 큰 관심사일 것이다. 여기에서는 고용문제를 살펴보자.

기계는 노동자를 대체한다. 1800-15년 영국에서는 증기직기가 최초로 도입되어 수많은 노동자가 해고되었으므로 노동자들이 대규모의 기계파괴운동(러다이트 Luddite운동)을 벌였다. 그러나 기계화의 진전이 반드시 '사회 전체적으로' 고용을 감소시킨다고 말할 수는 없다. 몇 가지의 경우를 살펴보자. 첫째로 기계의 도입으로 원료 소비량이 격증함에 따라 원료생산부문에서 고용이 증가한다. 둘째로 기계를 생산하는 부문에서 고용이 증가한다. 셋째로 기계로 생산한 원료를 가공하는 부문에서 고용이 증가한다. 왜나하면 원료가 아주 싸고 풍부해지기 때문이다. 넷째로 기계의 도입으로 이윤이 증가함에 따라 상류층의 소득이 증가해 사치재산업에서 고용이 증가한다. 다섯째로 기계제 대공업의 발달로 생산수단과 생활수단이 풍부해짐에 따라 자본의 회임기간(투자의 시작으로부터 재화나 서비스가 생산되기까지의 기간)이 긴 사업들(예: 철도·교량·도로·부두 등)이 설립되기 시작하기 때문에 노동자가 대규모로 고용된다.

7-2-1. 자본구성과 고용량

어떤 사업을 시작해 운영하기 위해서는, 건물·기계·원료 등을 구입해야 하고 노동력을 구입해야 한다. 건물·기계·원료·노동력이 각각 얼마나 필요한가는 그 당시의 생산기술에 달려 있다. 기술적으로 필요한 생산요소들을 기업가가 구입해야 사업을 시작할 수 있는데, 건물·기계·원료 등을 구입하는 자본(불변자본)과 노동력을 구입하는 자본(가변자본) 사이의 비율을 자본의 구성(composition of capital)이라고 말한다.[1]

경제발전에 따라 자본의 규모는 점점 더 증가하지만, 고용량은 어떻게 변화할 것인가? 다음 표 7-1과 같은 몇 가지의 경우를 생각해 볼 수 있을 것이다.

표 7-1의 네 가지 경우, 자본과 고용이 동시에 증가하는 것은 A→B, A→C, A→D이고, 자본이 증가하면서 고용이 감소하는 것은 B→D, C→D이다. 결국 자본량이 증가하더라도 새로운 기술의 도입에 따른 자본 구성(불변자본/가변자본)의 변화에 따라 고용량이 증가할 수도 감소할 수도 있다. 그런데 표 7-1에서는 임금수준이 변하지 않는다고 가정하고 있지만, 기술혁신이 사회적으로 도입되면 임금재의 가치가 저하하므로

표 7-1. 자본의 구성과 고용

	투하자본	불변자본/가변자본	가변자본	임금수준	고용량
A	10,000원	1/1	5,000원	100원	50명
B	40,000	1/1	20,000	100	200
C	40,000	3/1	10,000	100	100
D	60,000	9/1	6,000	100	60

1 자본의 구성(자본의 기술적 구성, 유기적 구성, 가치구성)에 관해서는 『『자본론』의 현대적 해석』, 147-150쪽을 참조하라.

노동력의 가치가 저하하고, 따라서 화폐임금수준이 하락하게 마련이다. 다시 말해 새로운 기술의 도입에 따라 화폐임금수준이 하락한다면, 고용량은 증가할 수도 있는데, 여기에서는 먼저 임금수준의 변화를 빼고 자본축적과 기술혁신에 따른 고용량의 변화를 살펴보기로 한다.

7-2-2. 기술혁신이 일어나지 않으면서 자본축적이 진행하면, 고용량은 증가한다

이 경우는 A에서 B로 진행하는 것인데, 자본축적에 따라 고용량이 증가하면서 임금노동자의 수가 증가한다. 다시 말해 실업자・농촌의 과잉인구(위장실업자)・부녀자・새로운 노동연령층이 임금노동자로 들어온다. 그러나 자본축적이 급속해 노동인력의 공급이 수요에 미치지 못한다면, 임금은 상승하기 시작할 것이다. 왜냐하면 노동인력을 매우 급하게 요구하는 산업이나 기업이 훨씬 높은 임금수준을 제시하면서 이미 취업하고 있는 노동자들을 끌어 오려고 하기 때문이다. 물론 이 경우에는 임금수준이 노동력의 가치보다 클 수 있다(4-2-2를 참조하라).

그러나 이런 임금 등귀도 일정한 한계를 넘어설 수는 없다. 임금 등귀가 잉여가치율(=잉여가치/임금)과 잉여가치를 감소시킨다면, 자본의 축적과 자본의 증대가 축소하기 때문에, 새로 형성되는 자본이 새로 등장하는 노동인력을 모두 고용하지 못하게 될 것이며, 따라서 고등학교졸업자나 대학졸업자들 사이에 실업자가 생길 것이고, 임금수준은 하락하게 될 것이다. 다시 말해 임금이 등귀하면 더 이상의 등귀를 막아 버리는 메커니즘이 작동하기 때문에, 임금이 등귀해서 자본주의가 망하는 경우는 결코 없다.

물론 현실적으로는 임금수준의 등귀와 자본축적이 동시에 진행할 수도 있는데, 그 이유는 자본 규모가 크면 클수록 잉여가치율이 낮아지더라도 잉여가치량은 증대할 수 있으며, 따라서 자본축적은 계속될 수 있기 때문이다. 예컨대 가변자본의 규모가 10원에서 1,000원으로 증가하면서, 잉여가치율이 100%에서 50%로 저하하더라도, 잉여가치량은 10원에서 500원으로 증가하기 때문에, 오히려 자본의 축적은 더욱 커진다.

흔히들 출생률이 높기 때문에 임금수준이 저하하며, 출생률이 낮기 때문에 임금수준이 상승한다고 주장한다. 그러나 출생률의 변화가 노동인력의 공급을 변화시키려면 적어도 20년은 걸릴 것이다. 따라서 임금수준이 상승하는 것은, 자본증가율(또는 자본팽창률)에 따른 노동인구의 수요가 새로운 노동인구의 공급(예: 실업자, 농촌의 과잉인구, 부녀자, 새로운 노동연령층)보다 많기 때문이고, 임금수준이 하락하는 것은 자본이 필요로 하는 새로운 노동인구의 규모(즉 구인수)가 새로운 노동인구의 공급(즉 구직수)보다 적기 때문이다.

7-2-3. 기술혁신이 일어나면서 자본축적이 진행하면, 고용량은 상대적으로도 절대적으로도 감소할 수 있다

상대적으로 감소하는 경우는 투하자본 10,000원당 고용량이 감소하는 경우인데, A → C, A → D, C → D가 여기에 해당한다. 그리고 절대적으로 감소하는 경우는 C → D다. 그런데 기업가는 일정한 시간을 두고 새로운 기술을 도입하기 때문에, 기업이 택하는 경로는 A → B → D의 가능성이 가장 크다. 다시 말해 처음에는 기존의 생산방식으로 자본축적이 진행하기 때문에, 취업자가 50명에서 200명으로 증가했다가, 그 뒤 새로운 기술을 도입하기 때문에 취업자가 200명에서 60명으로 축소되는 것이다. 이렇게 되면 취업자 140명은 정리해고되어 실업자로 되는데, 이 실업자는 기업가가 자본을 증식시키는 데 불필요하다는 의미에서 상대적 과잉인구(relative surplus population)다. 이에 비해 절대적 과잉인구는 맬더스(T.R.

Malthus)가 말한 바와 같이 인구가 너무 많아 식량이 부족한 경우를 가리킨다.

기업이 새로운 발견과 발명 및 개량을 도입하는 순서는, 새로운 자본을 '추가'할 때 먼저 혁신을 도입하며, 이전부터 있던 구자본은 갱신의 시기가 올 때 완전히 대체할 것이다. 예컨대 1,000원의 기계설비로 기업을 경영하면서 매년 100원의 잉여가치를 얻는다면, 100원의 잉여가치를 자본으로 전환시키는 과정에서 먼저 혁신을 도입할 것이고, 나중에 가서 1,000원의 기계설비 전체를 새로운 기계로 대체할 것이다. 따라서 고용은 조금씩 증가하다가 갑자기 축소하는 현상을 나타내게 된다.

자본축적과정에서 기업가가 새로운 기술을 도입하는 근본 이유는 노동생산성을 향상시켜 자기 상품의 단위당 가치를 시장가치 이하로 저하시킴으로써 초과 이윤(또는 특별잉여가치)을 얻으려고 하기 때문이다(3-4-2를 참조하라). 물론 개별 기업가의 이런 노력은 기업가 집단 전체에게는 임금재의 가치 하락→노동력의 가치 감소→화폐임금수준 저하→잉여가치의 증가를 가져다준다. 따라서 다수의 기업가들이 경쟁하는 경우에는 각 기업가는 초과이윤을 얻기 위해 경쟁적으로 고도의 기술을 도입함으로써, 결국 기업 전체에 새로운 기술이 도입되고 고용량은 감소하는 것이다.

새로운 산업과 새로운 기업의 형성이 활발하면 할수록 경제 전체의 기술 변화는 그만큼 더 빨라지고, 고용은 상대적으로 그리고 절대적으로 감소할 수 있다. 예컨대 최근의 극소전자혁명과 로봇 기술의 발달과 보급은 생산직뿐 아니라 사무직・기술직 노동자의 수까지 감소시키고 있다. 그리고 고용은 기계화나 자동화가 어려운 부문으로 점점 더 이동하고 있다. 고용은 농림어업이나 광공업보다는 서비스업(건설업・도소매업・교육・유흥업・전기수도업・수송업・국방・공무・개인서비스・음식업・숙박업・의료)에서 증가하고 있다(6-3 참조).

7-2-4. 실업자는 항상 있게 마련이다

실업자는 거지 · 창녀 · 빈민 · 장애자 · 범죄자 · 노숙자의 형태로 있을 수도 있고, 농촌의 과잉인구나 가정부 또는 가정주부의 형태, 명예퇴직자나 조기퇴직자의 형태, 취직할 가망성이 없어 그냥 놀고 있는 실망실업자의 형태, 오랫동안 취업시험을 준비하는 형태, 직장을 가졌다가 쫓겨나기를 반복하는 형태, 임시직 · 파견직 · 시간제의 형태, 옛날 직장을 버리고 새로운 직장을 찾고 있는 형태를 취할 수도 있다(공식 통계상의 '실업자' 개념에 관해서는 17-4-4를 보라).

이런 실업자는 자본의 가치 증식을 위해 다음과 같은 역할을 한다. 첫째로 기업가는 자연적인 노동인구증가가 구인수에 미달하지나 않을까 신경 쓸 필요가 없다. 왜냐하면 실업자가 착취하라고 항상 대기하고 있기 때문이다. 둘째로 상품에 대한 수요가 갑자기 대폭 증가한 경우, 실업자가 없다면 노동인력을 추가로 고용할 수 없든지 아니면 매우 높은 임금을 지불해야만 할 것인데, 실업자가 항상 있기 때문에 기업가는 큰 이득을 본다. 셋째로 호황에서 취업자들이 임금 인상, 노동조건의 개선, 노동시간의 단축, 경영 참가 등을 요구할 때, 기업가는 이런 요구를 무시하고 실업자를 고용할 수 있다. 또한 불황에서는 실업자가 있기 때문에 기업가는 취업자의 임금을 더 크게 삭감하고 노동시간을 더 길게 연장하며 해고를 더 쉽게 단행할 수 있다.

이처럼 실업자는 취업자의 노동조건을 압박하면서 자본주의의 유지와 발전에 기여한다. 따라서 노동력의 판매를 독점해 임금수준을 유지하거나 인상하기를 바라는 노동조합은 당연히 실업자를 조합원으로 포섭해야 한다. 그래야만 실업자가 자기 마음대로 매우 낮은 임금에서 노동력을 기업가에게 판매하지 않을 것이기 때문이다. 따라서 노동조합은 실업자에게 생활비를 보조하든지, 아니면 정부로 하여금 실업자에게 실업수당을 주도록 압력을 가할 수밖에 없다.

7-2-5. 노동자계급은 더욱더 자본의 지배에 종속된다[2]

자본축적과 경제발전과정에서 노동자의 물질적 생활수준은 긴 역사적 관점에서 볼 때 '절대적으로' 개선되는 경향이 있다. 식생활이나 의복이나 거주상황이 개선되고, 생활수단이 풍부하게 되고 고급으로 되기 때문이다. 그러나 노동자의 생활은, 그가 받는 임금이 많든 적든, 더욱더 자본에 종속하게 된다. 첫째로 새로운 문명의 제품들(예: 컴퓨터 · 비디오 · 냉장고 · 에어컨 · 자동차 · 이동전화)이 쏟아져 나오기 때문에, 노동자는 빚을 져서라도 그 제품들을 사게 되고, 그 빚을 갚으려면 더욱더 기업가에게 얽매일 수밖에 없다. 둘째로 이윤을 획득하기 위해 도입하는 모든 방법(예: 분업 · 기계화 · 자동화 · 정보화)은 노동자들의 지적 활동을 부차적인 것으로 만들고 노동자를 기계의 부속물로 만들어 노동을 짜증스러운 고통으로 만들어 버린다. 셋째로 자본축적과정은 호황과 불황을 번갈아가며 야기하고, 노동자의 생활은 호황과 불황에 따라 크게 달라지기 때문에, 노동자의 운명은 자본의 운동에 종속하게 된다.

특히 불황에서는 노동자계급이 그 이전의 호황기에 쟁취한 모든 성과를 다시 잃게 된다. 1975년 이래 구미 선진국에서는 사회보장제도가 크게 해체되었고 노동조합의 권리도 크게 축소되었는데, 상대적으로 호황을 누리는 미국에서도 실질임금의 중앙값은 1990년대에 오히려 저하했으며, 빈곤층도 증가했다. 한국에서도 1997년 12월 이래 실업자가 대폭 증가하고, 노동부문의 구조조정으로 정리해고 · 파견근로 · 변형근로가 합법화되었으며, 노동운동은 기업과 정부의 강력한 인원 감축 때문에 크게 약화했다.

2 마르크스가 말한 '노동자계급의 궁핍화경향'은 이것을 가리킨다.

8 화폐시장과 자본시장

8-1. 자금조달 방식

기업이 사업의 운영과 확장을 위해 자금을 조달하는 방식은 대체로 다음과 같다. 첫째는 자기 기업의 이윤을 재투자하는 것이다. 둘째는 기업 상호간에 어음과 수표를 통해 외상거래를 하는 것이다. 셋째는 은행에서 자금을 차입하는 것이다. 넷째는 증권시장에서 주식이나 회사채를 발행해 자금을 조달하는 것이다. 다섯째는 외국은행에서 자금을 차입하는 것이다.

기업이 자금을 조달할 때 은행과 증권시장 중 어느 것에 더욱 크게 의존하는가는 나라의 역사에 따라 다르다. 독일이나 일본은 주로 은행에 의존해 자금을 조달했고, 영국이나 미국은 증권시장을 통해 자금을 조달했다. 우리나라에서도 기업은 주로 은행에 의존했는데, 1997년 12월 이후 IMF는 은행 중심으로부터 증권시장 중심으로 구조조정할 것을 강력하게 요구했다.

증권시장 중심의 미국과 영국에서 기업이 증권시장에서 자금을 조달하기 위해서는 단기적으로 큰 수익을 올리고 있다는 것을 보여야 한다. 왜냐하면 주식가격이 올라야 투자자들이 주식을 구매할 것이기 때문이다.

따라서 기업의 경영자는 항상 단기적인 안목을 가지고 기업을 경영하게 되고, 주식옵션을 가진 경영자는 회계부정을 저지를 유혹을 받게 된다. 물론 기업의 장기적인 사업은 주식발행을 통해 자금을 조달하지 않고 '사내유보'를 이용할 수도 있다.

은행 중심의 일본과 한국에서는 은행은 장래가 유망한 큰 고객과 매우 밀접한 관계를 맺지 않을 수 없다. 예금을 끌어들이고 안전한 대출을 확대한다는 점에서 은행은 대기업을 선호하게 되며, 대기업의 '장기적인' 사업에도 자금을 대출한다. 후발국인 독일과 일본이 그 당시 선진국인 영국과 경쟁하기 위해서는 중화학공업을 단기간에 확립할 필요가 있었기 때문에, 중화학공업은 은행으로부터 대규모 자금을 차입하게 된 것이다. 물론 정부가 깊이 개입했으며, 정부-은행-기업 사이에 긴밀한 상호협력이 있었다.

대기업이 자금을 은행에 의존하면, 은행의 운명은 대기업의 흥망성쇠에 달려 있다. 따라서 은행은 대기업의 무리한 자금 요구도 들어 주지 않으면 안 되는 지경에 이르게 되어, 마지막에는 대기업과 은행이 동시에 도산하는 상황이 벌어진다. 우리나라에서 1997년 1월부터 시작한 대기업의 도산은 금융기관의 대출 중 부실대출을 격증시켜 금융기관을 거의 도산 상태로 몰고 갔다. 이에 놀란 외국은행들이 한국계 은행에게 외화대출을 중단하고 대출의 상환을 요구했기 때문에, 외환이 부족해져서 외환위기가 11월에 폭발하고, IMF의 특별구제금융을 12월 3일 받게 된 것이다.

그렇다고 주식시장이 완전한 것도 아니다. 증권업계에 따르면, 개인투자자 · 투자상담사 · 증권사 직원은 5억 원만 있으면 '허수 주문'을 통해 자본금이 100억 원 미만이고 주가가 5,000원 미만인 회사의 주식 시세를 마음대로 조작할 수 있다는 것이다. 다시 말해 큰손이 아니더라도 얼마든지 주가를 조작해 떼돈을 벌 수 있다는 것이다. 이 과정에서 선의의 개인투자자는 항상 피해를 입게 마련이다.

정부는 IMF의 권고에 따라 대기업에게 '부채/자기자본' 비율을 200%

이하로 감축할 것을 요구했고, 대기업에게 주식 발행을 통해 자금을 조달할 것을 요구했다. 그러나 주식시장이 제대로 운영되지 않는 상황에서 주식을 발행하기는 어렵고, 또한 외국기업이나 경쟁기업이 적대적 인수·합병을 노리는 상황에서는 주식을 발행할 수가 없다. 따라서 '부채/자기자본' 비율을 낮추기 위해 자산재평가를 실시해 자기자본의 숫자를 부풀린 경우가 많았다.

자본주의 경제가 발전하는 과정에서 경제위기와 공황은 어쩔 수 없이 나타나기 때문에, 정부가 시장에 개입해 시장질서를 바로잡아야 할 필요가 생긴다. 이 경우 대기업들이 은행에 크게 의존하는 상황에서는 정부가 개입해 은행과 대기업의 문제를 동시에 해결하기가 쉽다. 일반적으로 말해, 사회의 유휴자금을 정부의 정책방향에 따라 사용하는 방법은 증권시장보다는 은행을 통하는 것이 훨씬 쉽고 확실하다.

8-2. 한국 기업의 자금조달 형태

기업은 내부자금과 외부자금으로 자금을 조달한다. 내부자금은 순저축(=영업이익－순지급이자－직접세)과 감가상각 충당금이고, 외부자금은 금융기관 차입, 주식과 회사채 발행, 해외차입 등이다. 내부자금과 외부자금의 구성비는 1985-89년 37.3% : 62.7%, 1990-95년 27.9% : 72.1%, 1996-97년 25.8% : 74.2%, 1998년 49.3% : 50.7%, 2001년 58.7% : 41.3%, 2004년 62.7% : 37.3%, 2006년 50.8% : 49.2%, 2009년 54.7% : 45.3%였다. 1970년대 중반 이후 1980년대 후반까지는 기업의 경상이익 증가 등으로 내부자금 조달비중이 확대되었으나, 1990년대 들어서는 기업의 설비투자 확대로 투자자금 수요가 증가한 가운데 기업수익성이 저하되어 내부자금 조달비중이 하락했다. 1997년 12월의 외환위기 이후에는 기업구조조정에 따른 부채비율 축소 등으로 외부자금 조달규모가 줄어들어 상대적으로 내부자금 조달비중이 상승했다. 2006년부터 내부자금 조달비중이 급락했다가 2009년에는 글로벌 금융위기로 은행의 자금공급이 큰 폭으로 축소되면서 내부자금비중이 다시 외부자금비중보다 높아졌다. 물론 내부자금 조달비중은 미국이나 일본보다 낮은데, 이것은 우리나라의 기업이 내부자금 축적이 모자라면서도 매우 높은 투자를 행하기 때문이다.

내부자금 중 순저축의 비중은 1990년대 중반 이후 감소 추세를 보였고, 감가상각 충당금은 확대되고 있다. 1994-95년에 석유화학 · 철강 · 자동차 · 선박 등 대규모 장치산업에 설비투자가 집중적으로 이루어졌고, 1998년 이후 자산재평가가 확대 실시되었기 때문에, 감가상각 충당금이 내부자금 조달액에서 차지하는 비중은 59.3%(1985년)에서 85.6%(1996년)로 상승했으며, 더욱이 외환위기 이후 순저축이 마이너스(−)로 됨에 따라 1998년에는 139.8%가 되었다. 그러나 외환위기 이후 설비투자의 감소에 따라 2000년 이후에는 감가상각 충당금이 내부자금에서 차지하는 비중은 점차 낮아져 외환위기 이전 수준으로 돌아가는 모습을 보이고 있다. 기업의 순저축 규모는 1990년대 중반까지 확대되어 오다가 그 이후 감소 추세를 보이기 시작해 1998년에는 경기침체로 말미암은 매출 부진과 고금리에 따른 수익성 악화로 마이너스(−)를 기록했다. 순저축 규모는 순지급이자(=지급이자−수입이자)의 영향을 크게 받아 왔는데, 특히 1990년대 중반 이후 영업이익의 확대에도 불구하고 설비투자의 증대 등으로 순지급이자 부담이 크게 증가해 순저축 규모가 감소한 것이다. 그러나 2000년 이후에는 재무구조의 개선과 함께 금리의 하락세 지속으로 금융비용이 줄어듦에 따라 외환위기 이전 수준인 30%대를 회복하고 있다.

기업의 외부자금 조달 중 직접금융(주식 · 회사채 · 기업어음)이 차지하는 비중은 자본시장 육성, 금융개방화 조치 등에 힘입어 1970년대 이후 점차 확대되는 추세를 보이다가 1999년 가을의 대우사태 이후 회사채 시장의 급격한 위축과 주식시장 침체(2000년)로 크게 하락했다. 그 이후 등락을 거듭하면서 2009년 현재 외부자금 조달 중 직접금융이 차지하는 비중이 50% 이상으로 간접금융이 차지하는 비중을 상회하고 있다. 예금은행과 비은행금융기관을 통한 간접금융이 차지하는 비중은 1980년대 평균 37.1%에서 1990년대에는 26.2%로 떨어졌으며, 외환위기 직후인 1998년에는 신용경색에 따른 금융기관들의 여신 회피, 정부의 기업부채비율 축소 요구 등으로 간접금융이 줄어 순상환(−)을 나타내었으나, 1999년 이후에는 예금은행대출을 중심으로 간접금융이 늘어나 순조달(+)로 전환되었으며 2007-2008년 중에는 주식발행 축소로 간접금융의 비중이 늘어났지만 2009년 현재는 다시 감소한 상태다.

국외차입의 비중은 1980년대 평균 3.4%에서 자본시장 개방 등의 영향으로 1990-97년에는 6.3%로 상승하였으나 외환위기 직후인 1998년에는 수입관련 무역신용 도입이 감소함에 따라 큰 폭의 순상환을 나타내었다. 1999-2000년에는 외국인 직접투자와 주식투자가 급증한 데 힘입어 국외조달이 외부자금조달의 25% 내외를 기록하였으나, 2001년에는 무역신용 도입의 축소와 현지금융 순상환 등의 영향으로 급감하였다가, 2002년 이후 외국인 직접투자 등이 증가하여 2003년에는 9.8%에 달했다.

8-3. 주식의 가치, 주식의 시장가격과 거품

주식소유자(즉 주주)는 주식회사의 경영에 참가할 권리가 있으며 주식회사의 이윤을 배당으로 분배받을 권리를 가진다. 물론 대부분의 주식소유자는 기업경영에는 관심이 없고 주식의 매매차익에만 관심을 가지지만.

주가는 어떻게 결정되는가? 주식소유자는 주식회사로부터 앞으로 매년 배당을 받을 권리를 가지고 있는데, '앞으로 매년 받을 배당'을 현재의 가치로 환산하면 주식의 '가치' 또는 '중심가격'이 된다. 비슷한 예를 들어 보자. 매년 1,000원의 이자를 받을 수 있는 무기한의 국채는 현재 얼마의 가치를 가질까? 만약 연간 이자율이 계속 10%라면, 이 영구국채의 현재 가치는 10,000원일 것이다(4-4-1 참조).

그러나 주식은 영구국채와 다르다. '앞으로 매년 받을 배당'이 얼마가 될지 아무도 모른다. 새로운 인기 있는 제품을 앞으로 발명한다든가, 경영 합리화를 단행한다든가, 다른 벤처기업과 합병한다든가에 따라 장래의 배당은 크게 달라질 수 있기 때문이다. 따라서 처음부터 주식의 가치 또는 중심가격은 해당 회사의 장래에 관한 온갖 정보 또는 풍문에 좌우되기 마련이다. 주식의 내부거래를 금지하는 이유가 여기에 있다.

또한 '앞으로 매년 받을 배당'을 현재의 가치로 환원할 때 사용하는 할인율 또는 이자율이 앞으로 오를지 내릴지 그리고 얼마나 크게 변동할지 아무도 모른다. 뉴욕의 주가가 연방준비은행의 이자율 결정에 긴장하고 있는 이유가 여기에 있다. 이자율을 내린다면 주가는 상승하게 마련이고 이자율을 올린다면 주가는 하락하게 마련이기 때문이다.

이렇게 보면 주식의 가치 또는 중심가격은 앞으로 매년 받을 배당과 장래의 이자율이라는 '실물적인' 근거를 가지고 있으면서도, 배당과 이자율의 장래 크기가 불확실하기 때문에 '가공적인' 또는 허구적인 요소를 처음부터 내포하고 있다. 따라서 주식회사가 소유하고 있는 모든 자산의 가치 합계와, 발행한 모든 주식의 가치 합계는 다르다. 전자는 주식회사의 실물자본(real capital)이고 후자는 주식회사의 주식자본 또는 의제자본(fictitious capital)이다. 2개의 회사를 합병하거나 새로운 회사를 창업할 때

합병추진자나 창업자가 노리는 것은 주식의 가치를 최고도로 상승시켜 실물자본과 주식자본 사이의 차이를 투기이득(또는 창업자이득)으로 획득하는 것이다. 미국에서 20세기에 여러 차례 행해진 대규모의 합병 또는 인수 운동은 기업의 구조조정보다는 위와 같은 투기이득을 노린 것이었다. 또한 최근 해외직접투자의 상당한 부분도 신규사업을 개시하기 위한 것이 아니라 기존 사업의 인수와 합병을 위한 것이다.

그렇다면 흔히들 말하는 거품(bubble)은 무엇을 가리키는가? 첫째로 주식회사의 주식자본이 실물자본보다 크다는 사실을 거품으로 표현할 수는 없다. 왜냐하면 주식자본은 배당과 이자율이라는 합리적인 근거(비록 장래의 크기는 불확실하지만)를 가지고 있기 때문이다. 둘째로 주식의 매일 매일의 가격(즉 주식의 시장가격)이 주식의 가치 또는 중심가격을 초과하는 것을 거품으로 표현할 수는 있을 것이다. 주식에 대한 수요가 급격히 증가하면 주식의 시장가격은 주식의 가치와는 무관하게 급등할 것인데, 이 경우 우리는 주가에 거품이 있다고 말할 수 있다. 주가에 거품이 있기 때문에 주식소유자는 배당 이외에 자본이득(즉 투기이득)을 얻게 된다. 그러나 이 경우는 다른 상품의 경우와 다르지 않기 때문에, 특별하게 주가에만 거품을 이야기하는 것은 논리적으로 일관성이 없다. 예컨대 원자재에 대한 투기적 수요 때문에 원자재의 시장가격이 그것의 가치(원자재의 생산에 들어간 물적 비용과 인적 비용 및 평균이윤)를 훨씬 초과할 때, 우리는 거품 운운하지 않는다. 따라서 '거품'이라는 애매한 용어를 사용하지 않는 것이 바람직하다.

주식의 시장가격, 즉 매일 매일의 주식가격은 주식의 가치를 중앙선에 두고 상하운동을 하고 있다고 보아야 한다. 물론 주식의 가치도 고정되어 있지 않고 배당이나 이자율의 전망에 따라 변동하고 있지만,

8-4. 한국의 주식시장

유휴자금을 가진 개인이나 기업 그리고 기관투자자(증권회사 · 은행 · 투자신탁 · 보험회사 · 연금공단)는 아파트 · 토지 · 양도성 예금증서 · 주식 · 회사채 · 예금 · 예술품 등의 상대적 수익성을 고려해 가장 유리한 대상에 자금을 투자한다. 따라서 주식의 수익성이 상대적으로 낮아질 것으로 예상하면, 그들은 다른 투기대상으로 자금을 이동시킨다. 그런데 지금과 같은 불황 아래에서는 마땅한 투기대상이 드물기 때문에, 투자자들은 주식을 팔아 그 자금의 대부분을 당분간 현금 형태로 보유할 수도 있다. 다시 말해 은행에 예금할 수 있다.

사회가 부유해질수록 투기이익을 노리는 대기성 자금이 증가하게 마련이다. 우리가 노태우 정부에서 겪은 바와 같이, 아파트값이 폭등하다가 토지가격이 폭등하고 그 다음에는 주가가 폭등한 것은 모두 대기성 자금에 의한 투기 때문이었다. 정부가 아파트를 대량 공급하면서 아파트투기를 억제하는 조치를 취하고, 기업이 보유한 비업무용 토지를 매각하게 하고, 토지의 초과보유에 대한 세금을 인상한 것은, 불로소득을 규제하면서 국민생활을 안정시키고 기업풍토를 개선한다는 의미를 가지고 있었다. 그런데 주식투기에 대해서는 아무런 조치를 취하지 않았으며, 오히려 주가 하락을 방지하기 위해 엄청난 규모의 자금을 지원했다. 아마도 주가에 대해서는 몇 가지의 미신을 가지고 있었던 것 같다.

첫째의 미신은 증권시장에 몰려드는 돈이 모두 '상장기업'에 들어간다고 믿는 것이다. 천만의 말씀이다. 물론 주식회사가 '새로 발행한' 주식을 구매한 자금은 그 회사에 들어가 회사의 자본이 된다. 그러나 기존의 주식을 사고파는 것은 주식소유자들 사이의 노름에 불과하므로 상장기업의 자본규모를 증가시키지 못하며, 사회 전체로 보면 손실과 이익이 상쇄되어 버린다. 패가망신하는 사람이 있으면 벼락부자도 나온다. 그런데 거대한 투기이익을 얻는 측은 대체로 정보에 밝은 개인이나 기관이고 일반 국민들은 손해 보기가 일쑤다.

둘째의 미신은 주가 상승이 산업의 건전한 재정상태를 반영한다고 믿는 것이다. 오히려 그 반대가 진실인 경우가 많다. 1929년 10월과 1987년 10월의 세계적인 주식공황에서 보는 바와 같이, 투기가 투기를 낳으면서 주식가격이 폭등하다가 결국에는 폭락하는데, 주식투기에 그처럼 큰 자금이 투입될 수 있었던 것은 산업이 침체에 빠져 사회의 유휴자금을 사용하지 않았기 때문이다. 물론 주식투기에서 큰 수익을 올릴 수 있다면, 기업은 기술혁신이나 생산확장에 투자하지 않고 주식투기에 몰두할 것이다(19-8을 참조). 어쨌든 주가 상승이 반드시 산업의 건전한 확대재생산을 나타내는 것은 아니다.

셋째의 미신은 주가 상승이 정권 유지에 필요하다고 믿는 것이다. 김영삼 정부가 들어선 1993년 3월의 주가 하락은 부분적으로는 금융실명제를 실시하지나 않을까 우려해 '큰손'들이 주식을 팔고 현금을 보유하려고 했기 때문에 생긴 것이다. '신한국'을 건설하고 부정·부패를 척결하기 위해서는 금융실명제를 실시하는 것이 당연하다고 국민 대부분은 생각하지만, '큰손'들은 결코 그렇게 생각하지 않는다. 자기들에게 큰 손실이 올 것이기 때문이다. 그렇다면 정부가 '큰손'의 의중을 살펴 금융실명제를 실시하지 않음으로써 주가를 올려야 할 것인가, 아니면 대부분의 국민의 뜻을 받들어 금융실명제를 실시함으로써 주가가 떨어지는 것을 방치해야 할 것인가?

그림 8-1에서 보는 바와 같이, 김대중 정부 아래에서도 주가는 크게 등락했다. 1998년 2월 25일 종합주가지수는 516.38이었는데, 그 뒤 6월 29일에는 IMF 신탁통치 이후 최저인 280.00을 기록했다. 그 뒤 계속 조금씩

그림 8-1. 주가 추이

상승하다가 1999년 7월 7일에는 1,000을 돌파했고, 2000년 1월 4일에는 IMF 신탁통치 이후 최고점인 1,059.04에 달했다. 그러나 그 뒤 계속 하락하다가 국회의원 선거가 끝난 2000년 4월 17일에는 707.72로 대폭락했다.

이렇게 주가가 급격하게 변동한 이유는 무엇인가? 첫째로 정부가 정치적인 목적으로 무리하게 주가를 상승시키려고 노력함으로써 한동안 주가가 상승했다가 곧 폭락하지 않을 수 없었기 때문이다. 주가가 올라야 총선에서 이긴다는 미신 때문에 정부가 사실상 주가 인상에 큰 노력을 기울였다. 둘째로 국내의 기관투자자나 개인투자자 그리고 외국인투자자가 모두 단기적인 투기 이득의 획득에 전념했기 때문이다. 투기적으로 '문지마 투자'를 하니까 주가가 폭등하고, 주가가 하락하기 시작하면 투기적으로 팔기 시작하니까 주가가 폭락하는 것이다.

세계증권거래소연맹(World Federation of Exchange)이 2010년 9월을 기준으로 회원국들의 거래량 회전율 순위를 조사한 결과, 우리나라의 유가증권거래소가 149.4%를 기록해 세계 제4위였다. 제1위는 중국의 선전(深玔)주식시장으로 336.1%의 회전율을 보였으며, 미국의 나스닥시장이

277.4%로 제2위를 차지했다. 우리나라의 주식거래액 '회전율'은 1997년까지 140%대에 머무르던 것이 외환위기 이후 급속하게 증가하기 시작해 1999년 349.7%를 기록하는 등 200-300%대에 머물다가 2003년 말 이후 다소 진정되는 모양새를 보이고 있다. 이같이 높은 주식거래액 회전율은 한국의 증권시장이 전반적으로 투기성이 강하다는 사실을 드러낸다. 그러나 거래대금 기준으로는 우리나라 증권거래소는 1,235억 달러로 세계 제11위에 그쳤다. 거래대금 세계 제1위는 1조 3,547억 달러를 기록한 뉴욕증권거래소가 차지했으며, 제2위는 8,889억 달러를 기록한 나스닥시장이 차지했다. 시가총액은 뉴욕증권거래소가 12조 2,784억 달러로 가장 많았으며, 다음으로 나스닥시장이 3조 4,807억 달러, 영국런던시장 3조 4,676억 달러 순이었다. 우리나라 유가증권거래소의 시가총액은 9,877억 달러로 세계 제17위를 기록했다.

8-5. 노름꾼의 '안락사'?

점점 우리 사회가 노름을 부추기는 사회로 변해 가고 있는 것 같다. 주식투기는 노름이다. 주식시세를 알리는 전광판 앞에 하루 종일 앉아 주식을 사고파는 사람이 매우 큰 소득을 얻는다면, 그 사회가 어떻게 건전하게 발전할 수 있는가? 자기는 아무런 생산적인 노동을 하지 않으면서 떼돈을 벌 수 있는 방법은 남의 주머니를 터는 수밖에 없다. 상대적으로 좋은 정보를 가진 사람이 노름에서 돈을 따게 마련이기 때문에, 소득 불평등은 더욱 심화한다.

기업가들이 노동자들에게 강요하는 '무노동 무임금' 원칙이 바로 주식투기꾼에게도 적용되어야 한다. 다시 말해 주식투기꾼이 계속 돈을 버는 제도나 환경을 제거해야 한다. 주식시장은 투기꾼에게 떼돈을 벌게 해 주는 것이 그 역할이 아니다. 주식회사가 자금을 조달하기 위해 주식시장에서 주식을 발행하는데, 주식 구매를 독려하기 위해서는 주식을 구매한 사람이 언제라도 현금으로 되팔 수 있어야 하기 때문에 주식매매시장이 성립하는 것이다. 이리하여 발행시장과 유통시장이 구분되는데, 노름꾼들이 활동하는 시장은 바로 유통시장이다. 주가를 큰손들이 조작해 떼돈을 버는 곳, 투신사들이 주가 폭락으로 큰 손해를 보았다는 곳, 외국투기꾼들이 엄청난 이득을 올린 곳은 유통시장이다. 그러나 유통시장에서 노름꾼들이 돈을 잃었다고 해도 생산업체의 활동은 전혀 영향을 받지 않는다. 예를 들어 하이닉스의 주식가격이 유통시장에서 30% 하락했다 하더라도, 하이닉스의 실물자본이 축소되는 것도 아니고 생산 판매활동은 아무런 변화 없이 진행된다.

주식가격은 장래의 모든 배당소득을 현재의 가격으로 환산한 것(즉 주식가치)을 중심으로 변동하며, 주식가격은 주식가치로 수렴하는 경향을 가진다. 다시 말해 어느 기업이 앞으로 큰 이윤을 올릴 것 같으면 그 기업의 주식가격은 상승하게 마련이다. 그런데 주식투기꾼들이 주식가격을 자꾸 올려놓으면 언젠가는 주식가치의 수준 이하로 폭락해, 1929년 10월의 뉴욕주식시장 공황 같은 거대한 혼란을 야기하게 되는 것이다.

케인스는 자본주의의 가장 큰 약점은 소득 불평등과 실업이고, 이것들은 주식투기에 의해 발생한다고 보았다. 주식투기에서 떼돈을 버는 사람도 있고 재산을 모두 날려 버리는 사람도 있기 때문에 소득의 불평등이 심화하고, 주식투기꾼들이 모두 함께 주식 구매를 거부하기 때문에 기업은 투자자금이 없어 도산하게 된다는 것이다. 따라서 케인스는 노름꾼인 주식투기꾼을 '안락사'시켜야 한다고 주장했는데, 우리 사회에도 많은 교훈을 줄 것 같다.

9 해외시장

지금까지 우리는 자본의 가치증식활동이 '국경'에 의해 제약될 수 있다는 사실을 무시했다. 그러나 세계는 지금 170개 이상의 주권국가로 분할되어 있고, 각각의 주권국가는 자기 나름의 법률에 의해 대외경제관계를 규제하고 있기 때문에, 자본이 국경을 넘어 대외로 팽창하는 것이 쉽지 않다.

자본이 대외로 팽창하는 것, 또는 기업가가 외국과 경제관계를 맺는 것은 역사상 여러 가지 형태를 취했다. 첫째는 상품을 수출하거나 수입하는 것, 둘째는 금융자본을 해외에 대부하거나 투자하는 것, 셋째는 해외에 지사나 지점을 세워 판매활동과 생산활동을 수행하는 것이다. 여기에서는 이런 대외팽창의 형태들이 어떻게 자본의 가치증식에 기여하는가, 각각의 형태가 부닥치는 애로는 무엇인가, 그리고 이런 애로를 타개하기 위해 어떤 방안들이 강구되는가를 살펴볼 것이다.

9-1. 상품의 수출과 수입

기계화에 따른 대량생산은 시장의 확대를 요구한다. 상품이 팔리지 않으면 이윤을 얻을 수 없기 때문에 상품의 판로는 항상 가장 큰 문제로 등장한다. 이에 따라 해외로 시장을 개척하게 된다. 그런데 해외시장 개척은 각국 기업 모두가 바라는 바이기 때문에 항상 치열한 경쟁(또는 무한경쟁)에 부닥친다. 이 치열한 경쟁에서 승리해 해외시장을 확보하기 위해 기업들은 다음과 같은 방안을 강구한다.

첫째, 기업이 가장 능률적이고 생산적인 기술을 개발하거나 도입해, 자기의 상품을 가장 값싸게 생산하고 가장 싼값으로 판매함으로써 해외시장을 정복한다. 이런 경쟁방식은 세계 각국의 기업으로 하여금 최신의 기술을 개발하거나 도입하게 함으로써 노동생산성의 향상에 크게 기여했다. 이리하여 인류는 매우 싼 가격을 지불하고 자기의 욕망을 충족시킬 수 있게 되었다. 예컨대 의복은 면방직기의 발명에 의해 매우 싸게 되면서 인류 전체가 의복을 입게 된 것인데, 그 반면에 인도나 중국에서 손으로 물레를 돌리던 직공들은 모두 실직했다.

둘째, 기업이 새로운 제품을 개발해 인간의 욕망을 창조함으로써 세계시장을 개척하는 것이다. 플라스틱 · 컴퓨터 · 로봇 · 이동전화 등 이전에는 없었던 제품을 발명해 인간의 필요나 욕망을 자극함으로써, 새로운 세계시장을 창조하는 것이다. 무한경쟁에서 이기기 위해서는 과학기술의 발달이 가장 중요하다고 말하는 이유가 여기에 있다.

셋째, 위와 같이 순수한 경제적 경쟁방식이 아니라 외교력과 군사력이 동원되는 경우도 있다. 예컨대 1870-1910년에는 자본주의 열강은 식민지를 자국 상품의 배타적인 판매시장으로, 자국 금융자본의 배타적인 투자

지역으로, 그리고 배타적인 원료 공급지로 확보하기 위해 무력을 동원했고, 이 과정에서 제1차 세계대전이 발발한 것이다. 또한 1930년대의 세계적 대불황에서는 선진 열강은 자국 상품의 판로를 보장하기 위해 자국과 식민지를 통합하는 '경제블록'(예: 영국 중심의 스털링 블록, 프랑스 중심의 프랑 블록, 독일 중심의 마르크 블록, 일본 중심의 엔 블록)을 만들어 타국 상품의 진입을 막았는데, 이 블록 사이의 충돌이 제2차 세계대전으로 폭발한 것이다. 물론 아직도 해외시장의 개척이나 보호에 외교력이나 군사력이 개입하는 경우가 있지만, 대부분의 식민지는 민족해방투쟁을 통해 이미 정치적인 독립을 쟁취했기 때문에, 외교력이나 군사력보다는 경제력에 의한 시장 개척이 대세를 이루고 있다. 그렇지만 1989년 소련이 사실상 붕괴함으로써 동서냉전이 사라지고 미국이 최대강국이 됨에 따라 미국은 자국의 이익을 보호하기 위해 군사력을 사용하는 경우가 많아졌다. 부시 대통령이 2001년 미사일방어(MD)체계를 도입하려는 것도 군사적 우위를 통해 자국이익을 보호하려는 것이다.

넷째, 세계의 대기업들과 선진 열강이 세계 각국의 보호무역 장벽을 해체함으로써 자기들을 위해 세계시장을 확대했다. 1994년 12월 타결된 우루과이 라운드나 그 이후 관세와 무역에 관한 일반협정(GATT)을 대신해 나타난 세계무역기구(WTO)는 결국 강대국의 다국적기업을 위해 각국의 문호를 개방하도록 강요하고 있다. 농산물과 서비스에 대한 시장 개방, 지적 재산권의 보호, 비관세장벽의 폐지, 정부 입찰에서 외국 기업에 대한 차별 철폐 등. 또한 유럽연합(EU)이나 북미자유무역협정(NAFTA)도 선진국의 기업들이 더욱 큰 시장을 얻기 위해 추진한 것이다.

다섯째, 다국적기업들이 상호 제휴함으로써 시장 쟁탈전을 중지하고 세계시장을 공유하는 것도 해외시장을 개척하는 하나의 방법이다. 금융업 · 자동차산업 · 정보통신산업 · 유통업 등에서 세계적인 합병운동이 크게 일어나고 있는데, 이것은 무한경쟁이 낳는 부작용을 경감시키려는 노력의 하나다. 무한경쟁으로, 다국적기업은 가격을 끊임없이 인하하지 않으면 안 되며, 멀쩡한 설비를 폐기 처분하고 고가의 최신 설비를 설치하지 않으면 안 된다. 이리하여 이윤이 줄어들고 비용은 급증하기 때문에, 다국적기업은 항상 도산의 위험에 직면하고 있으며, 따라서 세계경제도 안정적인 성장을 이룩하지 못하고 있다. 따라서 다국적기업은 상호 제휴해 가격 인하도 막고 지나치게 빠른 설비 갱신도 막아 이윤의 상승을 도모하고 있다.

기업이 이윤을 얻어 자본을 증식하기 위해서는 해외시장을 개척할 필요가 있는데, 만약 A국이 B국의 해외시장이 되기 위해서는 상품을 구매할 수 있는 자금을 가지고 있어야 한다. 다시 말해 A국도 상품을 수출해 세계화폐를 가져야만 B국으로부터 상품을 구매할 수 있는 것이다. 그러므로 A국이나 B국 모두가 상품을 수출하고 수입해야 하며, 따라서 국제분업이 등장한다. 역사적으로 식민지와 종속국은 주로 농산물이나 광산물을 수출하고 공산품을 수입했는데, 제1차 산품(농산물과 광산물)과 공산품 사이의 가격 비율(즉 교역조건)은 계속 제1차 산품에 불리했다. 선진국에서 인조원료(예: 화학섬유 · 인조고무 · 플라스틱)가 발명되고 농산물은 과잉생산되며 광산물 원료를 절약하는 기술혁신이 진행됨에 따라 제1차 산품에 대한 수요가 감소했던 것이다. 그러나 1973년 10월에는 후진국 석유 수출국들(OPEC)의 단결이 석유 가격을 폭등시킬 수 있다는 것을 보여 주었으며, 석유 수출국들은 거대한 석유 달러로 경제발전을 이룩할 수 있었다.

참조 9-A

한국의 수출구조

수출 제1주의를 내세우던 시절에는 수출목표를 달성하는 방안이 여러 가지 제시되었다. 가장 손쉬운 방법은 우리나라의 배에 1억 달러어치의 우리나라 상품을 싣고 일본의 시모노세키 항구까지 100번 왕복하면 100억 달러의 수출목표를 달성하게 되는 것이다. 물론 수입도 100억 달러 규모에 달할 것이지만. 이리하여 종합상사들은 자기들에게 할당된 수출목표를 달성하느라고 연말이 되면 해외지사로 무더기로 상품을 실어 날랐다. 그 상품들이 실제로 팔리든 창고에 쌓여 있든 상관하지 않고 눈앞의 수출목표를 달성하기 위해 그렇게 한 것이다.

지금은 다행하게도 그런 불합리성이 사라진 듯하다. 수출 그 자체가 중요한 것이 아니라 수출의 내용이 중요하다는 인식이 자리 잡혀 가고 있다. 수출 증가가 중요한 이유는 무엇인가? 수출 증가는 우리나라의 해외시장이 확대되는 것을 의미하며, 따라서 우리나라의 생산과 고용이 증가하고 국민들의 생활수준이 향상되기 때문이다. 물론 우리나라가 미국에 신발을 많이 수출하면 미국의 신발산업은 축소하지 않을 수 없고 미국 신발업자와 노동자들은 다른 산업을 개척해야 할 것이다. 수출을 통한 국제경쟁은 각국의 산업구조를 변화시키는 효과를 가지며, 이에 따라 세계 전체가 좀 더 고급의 상품을 좀 더 싸게 향유할 수 있게 된다. 이런 현상은 중국으로부터 값싼 제품이 우리나라에 들어오는 경우에도 나타난다.

그런데 우리나라의 수출구조에는 몇 가지 우려되는 점이 있다. 첫째는 수출의 증가가 수입의 증가를 유발한다는 점이다. 일반기계·선박·전기전자·자동차·반도체·휴대전화 등 중화학제품의 수출이 크게 증가했지만, 이런 수출은 일본과 미국 등 선진국들로부터 자본재와 원자재를 대규모로 수입해야만 가능했다. 중간재의 국산화 정도를 나타내는 국산화율은 매년 하락하면서 수출의 수입의존 구조는 더욱 심화되고 있다. 그렇기 때문에 일본과의 무역수지적자는 1986년의 54억 달러에서 점차로 증가해 1996년에는 157억 달러로 증가했다가 1998년에는 IMF 사태로 46억 달러로 감소했고 그 뒤 다시 증가하고 있다. 조금 심하게 표현한다면, 우리나라의 수출구조는 일본으로부터 자본재와 원자재를 수입한 뒤 그것을 가공해 수출하는 구조다. 이런 현상을 개선하기 위해서는 우리나라의 기술혁신이 무엇보다 필요하고 장기적인 연구개발투자가 요구된다.

둘째는 수출 총액이 소수의 제품에 크게 의존하고 있다는 점이다. 2003년에는 정보통신부문이 사상 처음으로 총수출의 절반을 넘어선 51%를 차지했다. 그런데 IT부문은 빠른 속도의 기술혁신에 직면하고 있기 때문에 우리나라 제품에 대한 수요가 언제 중단될지도 모른다. 물론 이것은 수출업체의 문제이지만 우리나라 경제 전체의 문제이기도 하다. 여기에서도 새로운 상품과 새로운 생산방법을 개발하는 기술혁신이 가장 중요한 문제로 등장한다.

셋째는 주력 수출상품이 특정 지역에 지나치게 의존하고 있다는 점이다. 특히

2000년대에 들어 중국에 대한 수출의 비중이 매우 빨리 상승하여 2010년에는 25%로 미국(10.7%)과 EU(11.5%)보다 두 배 이상 높을 정도로 중국이 우리나라 최대의 수출국이 되었다. 만약 중국경제에 위기가 발생하는 경우 우리나라 경제도 큰 영향을 받을 것이다. 또한 중국의 산업구조가 급속히 선진화되고 있으므로, 중국 성장의 특수(特需) 효과는 첨단전자제품, 완성차 등 일부 선도부문과, 중국이 구조적 공급 부족을 겪고 있는 철강, 석유화학부문으로 국한될 것이다. 반면에 수출경쟁관계가 높아지고 있는 컴퓨터, 가전 등의 범용 전기전자부문, 선박과 노동집약적 산업은 중국의 도전에 부닥칠 것이다.

넷째는 수출의 증가가 고용을 증가시키지 않는다는 점이다. 최근 신발·완구·섬유제품 등 이른바 노동집약적 상품의 수출이 대폭 줄어들어 실업자가 많이 발생했다. 그런데 수출이 증가한 산업에서도 기계화와 자동화가 진행되어 고용 증대는 거의 이루어지지 않았다. 세계시장에서 선진국의 대기업들과 경쟁하기 위해서는 최첨단의 기술체계를 갖추어야 하기 때문에 수출 증대는 오히려 고용 감소를 촉진할 수 있다. 또한 세계 각국에 우리나라 기업이 공장을 설치하게 되면 국내의 고용은 그만큼 줄어들게 된다. 수출이 증가하면서도 국내의 고용은 늘지 않고, 따라서 국민의 생활수준이 저하하는 사태에 직면할 때, 정부는 무엇을 해야 할 것인가?

9-2. 금융자본의 해외대부와 외환·주식에 대한 투기

선진국의 은행은 자기 고객인 생산업자의 수출을 돕기 위해 해외에 자금을 대부하기 시작했다. 어느 상품 수입국이 연간 1,000만 달러의 외화를 벌어들인다면, 선진국의 은행은 상품 수입국에게 이자율(연간) 10%로 1억 달러를 대부할 수 있으며, 상품 수입국은 이 돈으로 1억 달러어치의 상품을 수입할 수 있다. 왜냐하면 선진국의 은행은 1억 달러에 대한 이자로 매년 1,000만 달러를 받으면 될 것이기 때문이다. 이 경우 수출국의 생산업자는 1억 달러어치의 상품을 팔아 이익을 보고, 수출국의 은행은 1억 달러를 해외대부하고 이자를 받아 이익을 보게 된다.

금액이 크고 상환기간이 긴 해외대부는 항상 상환의 불확실성이 가장 큰 문제로 등장한다. 따라서 19세기 말에서 20세기 초까지의 제국주의 시대에는 해외대부가 주로 식민지와 종속국의 정부기관에 제공되었다. 물론 식민지와 종속국에서 활동하고 있는 본국 기업에 대한 대부도 대규모로 이루어졌지만.

1945년 이후에는 미국 정부가 원조의 형식으로 각국 정부에 낮은 금리의 장기 차관을 제공했다. 이 공공차관은 달러 부족에 허덕이고 있던 세계 각국에 미국 상품을 구매할 수 있게 했다. 물론 마셜 플랜(Marshall Plan)과 같이 공산주의의 확대를 막는다는 정치적 목적을 가지기는 했지만, 미국의 공공차관은 한편으로는 미국 기업들에게 상품을 해외에 판매하는 기회를 주었고, 다른 한편으로는 각국의 전후 부흥에 큰 역할을 했다.

우리나라도 1945년 8월부터 1950년대 말까지 미국으로부터 큰 규모의 무상원조(경제원조와 군사원조)를 받았는데, 그 뒤에는 차관 형식의 원조를 받았다. 그런데 미국 원조가 한국경제에 미친 영향에 대해서는 이야기가 많다. 무상의 경제원조로 받은 농산물은 밀과 원면 등 미국의 잉여농산물이었는데, 이것을 받기 시작하자 우리나라에는 밀밭과 목화밭이 사라져 지금까지 밀과 목화를 수입에 의존하고 있다. 또한 미국의 경제원조는 경제기반을 확대하는 생산재보다는 주로 밀가루와 설탕과 면직물을 만드는 소비재산업의 원료였다. 이리하여 이른바 3백산업(흰 제품을 만드는 제분업 · 제당업 · 방직업)이 우리나라 산업의 중추로서 오랫동안 역할했다.

유럽 각국은 전후 복구사업과 그 뒤의 경제발전과정에서 달러가 부족했고, 미국 은행은 대규모의 유휴자금을 가지고 있었기 때문에, 미국 은행은 금리가 더 높은 유럽에 대부하기 시작했다. 이리하여 미국 달러가 해외로 유출하기 시작했는데, 미국 정부는 이런 유출을 막기 위해 이자율 차이에서 얻은 이익에 세금을 부과했다(Regulation Q). 왜냐하면 달러 유출은 미국의 경상수지적자(상품과 서비스의 수입이 수출을 초과하는 것)

와 더불어 미국 달러의 가치를 크게 하락시켰기 때문이다. 1971년 8월 15일까지 외국의 중앙은행은 미국의 달러를 미국의 중앙은행에 보내면 금(35달러=금 1온스)을 받을 수 있었는데, 달러의 가치가 하락해 금시장에서는 금 1온스=300달러까지 되었으므로, 외국의 중앙은행은 달러를 미국의 중앙은행에 보내 금을 얻은 뒤 그 금을 시장에 팔면 엄청난 차익을 얻을 수 있었다. 이리하여 미국 중앙은행의 금 보유액은 격감했고, 국제통화로서 달러의 신뢰도가 땅에 떨어졌다. 몇 차례에 걸쳐 달러 가치의 폭락과 금가격의 폭등이 발생한 뒤, 미국 정부는 1971년 8월 15일 달러의 금태환을 중지했다. 그리고 그 뒤 1973년에는 선진국 통화들 사이의 환율은 고정환율제에서 자유변동환율제로 바뀌었다.

후진국의 외채가 누적되기 시작한 것은 1973년 10월의 석유위기 이후다. 석유생산국은 석유가격의 폭등으로 대규모의 외화를 얻었으며, 이 외화 중 일부는 자국의 경제개발을 위해 사용했고, 그 나머지는 선진국의 은행에 예금했다. 선진국의 은행은 이 석유달러를 대부해야 했는데, 선진국의 산업은 불황으로 자금을 많이 필요로 하지 않았으므로, 후진국 중 발전 전망이 있는 나라들(예: 멕시코 · 브라질 · 아르헨티나 · 한국)에게 집중적으로 대부한 것이다. 물론 이런 후진국들은 경제개발에 열성을 올리고 있었고 석유를 수입해야 했기 때문에 거액의 외화가 필요했다. 선진국의 은행들은 후진국의 독재자들에게 뇌물을 주면서까지 자기의 유휴자금을 후진국에 대부한 것이다. 이리하여 후진국은 필요 이상의 외채를 짊어지게 되었고, 외채의 상당한 부분이 후진국 독재자의 외국은행 계좌에 다시 입금되는 사태까지 벌어졌다. 선진국의 은행에서 대부를 담당한 직원들은 대규모 자금을 높은 이자로 대출한 공적을 인정받아 승진하거나 큰 보너스를 받았다. 이리하여 1983년부터 후진국은 외채의 원리금을 상환할 수 없게 되었고, 선진국의 은행은 큰 곤란을 겪게 되고 국제금융시장은 혼란에 빠졌다.

후진국은 외채위기가 후진국의 채무자(주로 정부)와 선진국의 은행 모두에게 책임이 있음을 강조하면서, 외채의 탕감, 외채 이자율의 인하, 외채 상환기간의 연장, 외채를 국영기업 주식과 교환할 것 등을 요구했다. 선진국의 은행들도 후진국의 채무자가 파산을 선언하면 그 금액 전체를 당장 손실로 계산해 대차대조표에 올려야 하기 때문에, 예금자가 그 은행의 자금 상태에 의문을 품게 되어 대량으로 예금을 인출할 우려가 있었다. 따라서 선진국의 은행은 IMF를 개입시켜 후진국의 정부와 외채상환을 재조정(reschedule)하게 되었다. IMF는 외채의 조건들(예: 이자율, 상환기간)을 개선해 주는 대가로 후진국의 경제정책에 큰 영향력을 행사해, 수출촉진・수입감축・정부 세출삭감・긴축정책 등을 통해(다시 말해 후진국 국민들의 생활수준을 억압함으로써) 선진국의 은행에게 외채를 갚도록 강요했다.

IMF는 각국 정부에게 외환관리제도를 철폐하고 외환거래와 자본이동을 자유화하라고 강요했으며, 1980년대 이후 선진국이 먼저 이것을 실시했고 그 뒤 1990년대에는 거의 모든 나라가 외환거래와 자본거래를 자유화했다. 다시 말해 자금이 국내외로 자유롭게 이동하게 된 것이다. 이리하여 통화・주식・금리에 대한 투기가 크게 번창하게 되었다. 통화의 대외가치(즉 환율)의 변동에서 오는 투기이득을 노려 통화를 투기적으로 사고팔며, 주식시세의 변동에서 오는 이익을 얻기 위해 주식을 대량 구매하거나 판매하고, 금리 차이를 노려 자금이 각국의 자금시장으로 옮겨 다닌다.

투기성 단기자금인 핫 머니(hot money)가 외환시장・주식시장・자금시장에 유입하거나 유출함으로써 각 시장은 안정되기는커녕 오히려 큰 혼란을 겪고 있다. 통화의 대외가치가 상승하리라고 예상하는 통화를 대량으로 구매하고 그것이 하락하리라고 예상되는 통화를 대량으로 매각하는데, 예상대로 환율이 그렇게 변동하면 투기꾼은 큰 이득을 얻게 된다. 그런데 통화의 대외가치가 하락하리라고 예상해 그 통화를 대량 팔아 버리면, 사실상 그 통화의 대외가치는 하락하지 않을 수 없는 것이다. 이처럼 투기꾼은 통화의 대외가치를 안정시키는 것이 아니라 대폭 변동하게 해 국제통화시장에 혼란을 야기한다. 예컨대 1995년 1월에는 멕시코의 페소화가 핫 머니의 공격으로 대폭 평가절하되었고, 1997년 하반기에 인도네시아·타이·필리핀·홍콩·한국의 통화가 핫 머니의 공격으로 대폭 평가절하되었다. 또한 1987년 10월 19일(월요일) 뉴욕증권시장의 주식가격은 하루 동안 22.6% 폭락했으며, 10월 14-19일의 닷새 동안의 거래에서는 31.9%나 폭락해 1929년 10월의 폭락 폭(세계대공황을 야기했다)을 훨씬 능가했다. 뉴욕증권시장의 폭락에 영향을 받아 런던과 도쿄시장의 주가도 나흘 동안 각각 22%와 18% 폭락했고, 홍콩증권시장은 10월 20-26일 문을 닫지 않을 수 없었다. 이처럼 주가가 폭락한 직접적인 원인은, 미국 재무부 장관이 앞으로 금리를 인상하고 달러화의 약세를 유지하겠다고 말한 것에 자극받아, 거대한 기관투자자들(증권회사·은행·투자신탁·보험회사·연금공단)이 주가의 하락과 달러표시주식의 불리성을 예상해 주식을 대량으로 팔아치웠기 때문이다. 물론 각국 중앙은행이 주가 폭락으로 피해를 입은 금융기관에 무제한 자금을 지원함으로써 금융기관과 기관투자자의 도산을 막아 사태를 수습하긴 했지만, 자본이동을 통제해야 한다는 의견은 중앙은행 당국으로부터도 나오고 있다.

9-3. 해외직접투자

기업은 해외에 지점이나 지사를 세워 영업활동을 한다. 제조업체가 다수의 외국에 제조공장을 세워 생산하며, 금융기관이 다수의 외국에 지점을 세워 금융업무를 하고, 유통업체가 다수의 외국에 상점을 설치해 판매활동을 한다. 이처럼 다수의 나라에서 영업활동을 하는 기업을 '다국적기업'(multinational corporation) 또는 '초국적기업'(transnational corporation)이라고 부른다.

기업은 이윤을 획득하는 것이 목적이기 때문에, 어느 나라든 수익성이 높다면 그 나라로 영업기반을 확대하려 할 것이다. 노동자의 자질에 비해 임금수준이 낮거나, 노동조합의 세력이 약하거나, 법인세의 세율이 낮거나, 시장이 크거나, 정부의 지원이 많거나, 특수한 원료나 자원이 있는 나라로, 기업들은 영업기반을 넓히려고 할 것이다. 이리하여 기업은 세계 각국에서 영업하게 된 것이다.

물론 다국적기업이 세계를 상대로 활동할 수 있기 위해서는 여러 가지의 전제조건이 필요했다. 첫째, 기업의 생산능력과 자금력이 세계를 하나의 투자영역으로 간주할 수 있게끔 거대하게 되었다는 점이다. 둘째, 과학・기술의 발달이 노동과정을 세분해 각각의 공정을 여러 나라에 분산배치할 수 있을 뿐 아니라 각국에 적합한 품질의 상품(예컨대 고급품이나 값싼 상품)을 생산할 수 있게 했다는 점이다. 셋째, 세계적인 분업을 연결하고 총괄하는 데 필요한 정보통신산업과 운수산업이 크게 발달했다는 점이다.

그런데 해외직접투자(foreign direct investment)는 현실적으로 선진국이 후진국에 투자하는 것보다는 선진국이 선진국에 투자하는 것이 훨씬 크다. 유엔무역개발회의(UNCTAD)에 따르면 2002년의 해외직접투자액은 해외직접투자가 가장 활발했던 2000년(1조 3,930억 달러)의 절반 수준인 6,513억 달러였는데, 그중 70.7%는 선진국에 투자되었고, 29.3%만 개발도상국(중부유럽과 동부유럽 포함)에 투자되었다. 다시 말해 개도국의 저임금이나 약한 노동운동이 큰 매력이 되지 못한다는 것이다. 물론 2010년에는 개도국에 대한 해외직접투자 규모가 전체의 53%인 5,953억 달러에 달해 사상 처음으로 선진국보다 더 많은 해외직접투자를 개도국이 받기도 했다. 이는 2008-2009년 세계금융공황으로 선진국의 경제 상황이 상대적으로 신흥경제권 국가들에 비해 부진했던 탓이다. 하지만 선진국의 다국적기업들이 보유한 현금이 2010년 현재 4-5조 달러에 달한다는 점에서 향후 선진국으로의 해외직접투자 규모가 다시 개도국보다 많아질 것으로 보인다.

미국의 자동차기업이 영국·독일·프랑스·일본 등에 자동차공장을 세우며, 또한 일본의 자동차기업이 미국·영국·프랑스·독일 등에 자동차공장을 세우고 있다. 왜 이런 현상이 벌어지는가? 첫째로 선진국은 시장이 크고 취향이 다양하기 때문에 각국의 자동차기업이 선진국 모두에서 생산하려고 한다는 점이다. 그러나 이 경우 외국에서 생산하기보다는 자기 나라에서 대량 생산해 수출하는 것이 대량생산의 이점 때문에 더욱 유리할 수도 있을 것이다. 둘째로 각국 정부가 수입에 제한을 가하기 때문에 그 나라 안에 공장을 건설함으로써 수입 제한을 회피할 수 있다는 점이다. 이 논리는 무역과 외환거래 및 자본거래가 자유화한 지금에는 타당하지 않다. 셋째로 국내에서 공장을 확장하면 노동조합의 세력이 강화되고, 새로운 기술혁신을 도입하려면 작업방법이나 해고에 관해 노동조합과 상의해야만 하기 때문에, 새로운 공장을 해외에 건설하게 된다는 점이다. 해외에 공장을 건설하면, 처음부터 새로운 기술과 작업방식을 도입할 수 있으며 노동조합도 처음 형성되기 때문에, 기업으로서는 매우 손쉬운 생산확대 방식인 것이다.

다국적기업이 자기의 영업기반을 이리저리 옮김에 따라, 수익성이 높은 지역으로 투자가 집중하는 경향이 생겼다. 다시 말해 임금수준이 상대적으로 낮은 나라로, 사회보장제도에 대한 기업의 기여금이 상대적으로 적은 나라로, 환경보호기준이 상대적으로 덜 심한 나라로, 법인세가 상대적으로 낮은 나라로, 교육수준이 상대적으로 높은 나라로, 주민들의 소득수준이 상대적으로 높은 나라로, 노동조합의 투쟁력이 상대적으로 낮은 나라로, 그리고 이자율이 상대적으로 낮고 환율이 상대적으로 안정적인 나라로, 투자가 집중하는 경향이 있었으며, 이리하여 나라 사이에 불균등발전이 나타나기 시작했다. 각국 정부는 불균등발전을 해소하기 위해, 그리고 각국의 기업가들은 경쟁 조건을 균등화하기 위해, 여러 가지 제도를 균일화하기를 바라게 되었다. 세계무역기구(WTO)는 노동라운드(Blue Round), 환경라운드(Green Round), 경쟁라운드(Competition Round)를 통해 세계 전체적으로 노동조건 · 환경규제 · 독과점규제를 동일하게 하려고 노력하고 있다. 그런데 유럽연합에서는 훨씬 더 빨리 세율 · 사회보장수준 · 환경보호기준 · 독과점법 · 노동관계법 · 이민법 등에서 국별 차이가 없도록 했으며, 나아가서 통화를 유로(Euro)로 단일화하고 유럽중앙은행(ECB)이 통화량과 이자율을 조절하도록 했다. 물론 각국 정부는 국내의 정치세력들의 주장을 조정해야 할 필요가 있기 때문에, 유럽연합 전체가 하나의 정책을 채택하기가 쉽지는 않다. 그러나 처음에는 만장일치제를 채택하다가 이제는 가중다수결원칙(weighted majority rule)을 채택했기 때문에 유럽연합은 일치된 정책을 추진하기가 쉽게 되었다.[1]

1 EU 각료위원회(Council of European Union)의 정책 결정과정에서 프랑스 · 독일 · 영국 · 이탈리아는 각각 29표의 투표권을 가지며, 스페인과 폴란드는 각각 27표, 루마니아는 14표, 네덜란드는 13표, 벨기에 · 체코 · 포르투갈 · 그리스 · 헝가리는 각각 12표, 오스트리아 · 불가리아 · 스웨덴은 각각 10표, 덴마크 · 핀란드 · 아일랜드 · 리투아니아 · 슬로바키아는 각각 7표, 룩셈부르크 · 사이프러스 · 에스토니아 · 라트비아 · 슬로베니아는 각각 4표, 몰타는 3표를 가진다.

10 정부의 경제정책

10-1. 정부가 개입할 수밖에 없는 사건들

우리 사회에서 그리고 모든 선진국에서 돈의 위력은 엄청나게 크다. 따라서 돈을 획득하고 증식시키려는 것이 개인의 사회적 활동의 기본 동기를 형성하고 있다. 사실상 이런 동기 때문에, 다양한 상품이 대량으로 생산되고 기술혁신이 일어나며 GNP의 성장이 달성되고 생활수준이 향상되고 있는 것이다. 다른 한편으로는 이런 동기 때문에 온갖 사회적 불의가 빚어진다. 부실공사・사기・매점매석・투기・임금억압・뇌물제공・권력남용 등.

돈을 획득해 증식시키려는 노력을 비난한다면 우리 사회는 한 발짝도 진보할 수 없다. 다만 과도한 것을 규제하는 것이 필요한데, 이 규제는 공권력을 가진 정부의 의무다. 법을 제정해 범죄행위나 불법행위를 처벌하는 것이다. 그런데 갈 곳 없는 노인들, 정신질환자들, 장애인들, 빈민들 그리고 산업재해자들을 누가 구제할 것인가? 자식이나 가족이나 기업이 돈이 없을 경우, 이들을 도덕성이 없다고 비난하는 것은 지나칠 뿐 아니라 문제해결에 아무런 도움도 주지 못한다. 결국 사회 전체를 총괄하는 정부가 사회정의의 실현과 사회복지의 향상을 위해 이 구제 의무를 져야 한다. 정부가 돈이 없다고 말하는 것은 정부의 '직무유기'다. 예산은 물론 일정한 한계가 있지만, 이 예산을 어떻게 사용하는가에 따라 사회적 정의를 크게 실현할 수 있다. 예컨대 전투기나 헬리콥터를 사지 않고 사회복지비로 사용할 수 있다. 그리고 과소비와 사치를 일삼는 부자들에게 세금을 더 많이 징수할 수도 있을 것이다.

우리 정부가 노인·장애인·정신지체아·빈민·산업재해자를 인간으로 대접하려고 노력하는 것, 이것이 바로 국민들에 대한 윤리교육이다. 학교에서 아무리 부모를 공경하고 남을 사랑하라는 교육을 받았더라도, 세상 사는 과정에서 그 교육을 실행하는 것이 엄청난 개인적 부담을 준다면 어떻게 실행할 수 있는가? 기업가가 아무리 박애주의자라고 하더라도 남들보다 높은 임금을 주면 자기가 망하는 현실에서 자기의 박애주의를 실현할 수는 없는 일이다. 진폐증환자나 산업재해자들에게 온갖 구실을 붙여 보상하지 않으려고 하는 기업가들도 개인의 도덕성 때문이 아니라 기업의 존속을 우려하기 때문일 것이다.

결국 개인이나 기업이 감당할 수 없는 문제들은 사회의 차원에서 해결할 수밖에 없다. 사실 서유럽의 복지제도가 바로 이런 성격을 지니고 있다. 학교와 병원을 모든 국민에게 무료로 개방하는 것, 노인들에게 생활연금을 제공하는 것, 정신질환자나 장애인들을 재활요양원에서 치료하는 것. 이런 것들은 사실상 사회적 정의를 위해 돈의 위력을 제한하는 것을 의미한다. 왜냐하면 돈이 지배해 수익성을 따진다면, 위와 같은 복지제도가 성립할 수 없기 때문이다.

우리 사회가 황금만능주의에 빠져 있기 때문에 개인들이 황금만능주의에 빠지게 된다는 것을 명심할 필요가 있다. 불우한 사람들은 온갖 불행에 울고 있는데, 유복한 사람들은 온갖 사치를 일삼는 사회분위기를 정부가 개혁하는 것이 개인에게 윤리교육을 시키는 것보다는 훨씬 더 유효하고 신속하다.

10-2. 케인스의 기본생각

세계사적으로 볼 때, 정부가 경제에 광범하게 개입하기 시작한 것은 1930년대 세계대공황을 극복하는 과정에서였다. 미국·영국·독일·일본 등 모든 나라에서 불환지폐를 법화로 삼아 정부가 정책적으로 불환지폐의 양을 조절했으며, 이자율·투자액·환율·산업생산·고용 등 주요 경제변수가 정부의 정책에 따라 변동하게 되었다.

1930년대 이전에는 자유방임(laissez-faire)의 경제사상이 지배하고 있었다. 경제는 가만히 내버려 두면 생산자나 소비자가 자기의 이익을 추구하는 과정에서 큰 혼란 없이 성장한다는 것이다. 따라서 정부가 해야 할 일은 적었다. 정부는 금의 보유량에 따라 화폐량이 변동하는 금본위제를 유지하고, 치안과 국방을 담당하며, 범법자에게 벌을 주는 법원을 운영하고, 학교·도로·철도 등 사회기반시설을 건설하고 유지하며, 이런 공공의 업무를 수행하는 데 필요한 경비를 세금으로 징수하는 임무를 담당하기만 하면 되었다. 그러나 자유방임의 전성기라는 19세기에도 정부는 경제에 크게 개입할 수밖에 없었다. 예컨대 전쟁이 발발하자 정부는 비상사태를 선포해 물적·인적 자원을 마음대로 동원했고, 중앙은행권의 발행액에 비해 금 보유량이 모자라자 중앙은행권의 태환을 중지시킴으로써 중앙은행의 도산을 방지했으며, 표준노동일을 법적으로 규정하고 미성년자와 부녀자를 보호하기 위해 노동법을 제정했고, 극빈자와 부랑자를 구호하기 위해 구빈법을 실시하지 않을 수 없었다.

경제는 경제영역 그 자체의 문제점에 의해서도 혼란에 빠지지만, 경제는 사회의 일부이기 때문에 사회가 혼란에 빠지면 경제도 혼란에 빠진다. 또한 경제가 혼란에 빠지면 사회도 혼란에 빠진다. 따라서 사회 전체를 통치하는 공권력으로서 정부는 경제에 당연히 개입하게 되어 있다. 이것은 자유방임시대에도 타당했으며, 1930년대에도 타당했다.

1930년대 세계대공황을 극복하는 과정에서 자유방임을 주창하는 신고전파 경제학이 후퇴하고 정부 개입을 옹호하는 케인스 경제학이 득세했으며, 제2차 세계대전 이후 1970년대까지는 케인스 경제학이 정지권과 학계를 휩쓸었다.

케인스는 자본주의 사회의 구성원을 소비자와 투기꾼 및 기업가로 구분한다. 그들은 모두 치부욕과 개인주의에 사로잡혀 있으며, 장래는 알 수 없고 불확실하다는 사실을 받아들이면서 자기 나름대로 장래에 대응하고 있다. 소비자는 소득이 오름에 따라 한계소비성향을 낮추고 한계저축성향을 높이며, 투기꾼은 단기적인 투기이익을 노려 주식 등 유가증권에 투자할 것인가 아니면 화폐를 그대로 보유할까를 결정하고, 기업가는 이자율과 장래의 예상투자수익률을 비교해 전자가 후자보다 낮으면 투자한다.

이런 상황에서는 자본주의 경제는 항상 불황에 빠질 가능성이 매우 크다고 케인스는 주장한다. 그 이유는 다음과 같다. 첫째, 소비자는 한계저축성향을 높이므로, 소득이 올라갈수록 소비수요가 상대적으로 감소해 소비재가 잘 팔리지 않기 때문이다. 둘째, 투기꾼은 이자율이 완전고용을 달성할 수 있는 낮은 수준으로 저하하는 것을 막기 때문이다. 투기꾼은 이자율이 어느 일정한 수준까지 하락하면 더 이상 하락하지 않을 것으로 예상해, 주식을 사지 않고 현금을 쥐고 있다. 왜냐하면 이자율이 반등하면 주식가격이 내려가서 손해를 볼 우려가 있기 때문이다. 이처럼 투기꾼이 현금을 쥐고 있으면 시중 자금이 모자라서 실제로 이자율이 등귀하고, 따라서 기업가는 투자를 꺼린다. 셋째, 기업가는 이자율보다 장래의 예상투자수익률이 높을 때 투자하게 되는데, 예상투자수익률은 어떤 객관적인 기준이 있는 것이 아니라 기업가가 장래를 낙관적으로 보면 상승하고, 비관적으로 보면 저하한다.

그런데 소비자는 소득의 증가에 '비례해' 소비를 증가시키지 않기 때문에, 그리고 투기꾼은 기업가의 투자 의욕을 북돋울 수 있을 정도로 '충분히' 이자율이 하락하는 것을 저지하기 때문에, 경제에는 완전고용을 달성할 정도의 유효수요(=소비수요+투자수요)가 나타나지 않으며, 따라서 경제는 불황에 빠진다.

소비자와 투기꾼 및 기업가에게 맡겨 두면, 자본주의 경제는 불황에 빠질 경향을 가지므로, 정부가 개입해 정부의 소비와 정부의 투자를 증가시켜야만 기업가의 장래 전망이 낙관적으로 되어 기업가가 투자를 증가시키게 되며, 이리하여 경제가 호황으로 전환한다는 것이 케인스의 기본 생각이었다. 정부의 소비를 증가시키는 방법으로는, 공무원의 수를 늘리고 봉급을 인상하며, 사회보장제도를 확대해 빈민이나 저소득층에게 소득을 보조하고, 최신 무기를 대량 구입하거나 군인을 증가시켜 국방비를 증가시키는 것 등이다. 또한 정부의 투자를 증가시키는 방법으로는, 도로·항만·공항·철도·학교·병원 등 사회기반시설을 건설하거나 보조하며, 최신 기술을 연구 개발하는 것에 투자하고, 민간의 첨단산업에 투자하거나 지원하는 것 등이다. 결국 정부가 개입해 정부의 소비수요와 투자수요를 증가시킴으로써 사회의 유효수요를 증가시켜 생산의 증가(그리고 고용의 증가)를 유도하는 것이다. 또한 정부는 스스로 소비와 투자를 증가시키는 것 이외에 금융정책과 재정정책을 통해 사회의 유효수요를 증가시킬 수 있다.

그러나 케인스가 사회보장제도의 확립과 확대를 주창하지는 않았다. 그는 사회보장제도가 자본가계급의 조세부담을 증가시키는 것을 우려했다. 그는 보수당원이나 노동당원이 아니라 자유당원이었다.

10-3. 재정정책과 금융정책

정부는 유효수요를 증가시키기 위해 세입보다 더 큰 세출을 집행할 수 있다. 이른바 '적자재정'인데, 정부는 국채를 중앙은행에 팔고 그 대금을 소비나 투자에 사용하는 것이다. 물론 국채를 일반 국민들에게 매각할 수도 있지만, 이 경우 구매력이 국민들로부터 정부로 이전하기 때문에 새로운 구매력이 창출되는 것은 아니다. 또한 정부는 고소득층에 대한 누진세율을 올리고 저소득층에 대한 세율을 내림으로써 사회의 소비를 증가시킬 수 있다. 왜냐하면 저소득층은 소득이 생기면 소비하게 마련이지만, 고소득층은 소득의 큰 부분을 저축하기 때문이다. 물론 모든 국민에게 세금을 낮춘다면 소비는 증가할 것이다.

정부는 금융정책을 통해 이자율을 인하할 수 있다. 중앙은행이 국채시장에서 국채를 사들이고 현금을 풀면 이자율은 저하하고 그 반대의 정책을 취하면 이자율은 올라간다. 이것이 이른바 '공개시장 조작정책'이다. 또한 중앙은행은 재할인율을 인하함으로써 시중의 이자율을 낮출 수도 있다.

이 밖에도 정부는 수출산업이나 중소기업이나 첨단산업을 육성하기 위해 특별자금을 재정자금이나 은행자금으로 조성할 수 있다. 다시 말해 정부는 어떤 산업을 육성할 것인가라는 '산업정책'(industrial policy)을 세워 우선순위에 따라 재정자금을 집행할 뿐 아니라 민간금융기관에게도 자금의 분배를 요청한다.

그런데 이런 금융재정정책은 금융자본의 자유로운 국제이동을 규제하는 제도(예: 외환관리법)가 있는 경우 확실한 효과를 볼 수 있다. 정부가 불황을 극복하기 위해 저금리정책을 실시하는 경우, 그 나라의 금융자본이 높은 이자를 얻기 위해 모두 외국으로 달아난다면, 국내에는 자금이 부족해 금리가 올라갈 수밖에 없을 것이며, 따라서 정부의 저금리정책은 성공을 거두지 못한다. 역사적으로 보아도, 케인스 경제학이 지배하고 있던 1945-70년에는 정부가 외국투자나 자본유출을 규제하는 외환관리제도(자본통제, capital control)를 확립하고 있었다.

10-4. 환율 인상의 딜레마

한국 정부는 경상수지가 적자를 내지 않도록 여러 가지 대책을 마련하고 있다. 수출을 증진하고 수입을 축소하면 무역수지가 개선될 것이고, 외국인들의 관광을 유치하고 국민들의 해외관광을 억제하면 무역외수지가 개선될 것이다. 그런데 어떤 정책 수단을 채택해야 이런 개선이 가능할 것인가?

수출업계에서는 한 가지 정책 대안으로 환율을 인상할 것을 건의한 바 있다. 현재 1달러가 1,100원이라고 할 때 이 환율을 예컨대 1달러당 1,300원으로 인상하라는 것이다. 사실상 환율 인상은 하나의 전형적인 경상수지 개선책임에 틀림없다. 환율이 1,100원에서 1,300원으로 인상되면, 수출업자는 상품을 수출해 1달러당 이전보다 200원만큼 더 큰 이득을 보기 때문에 수출을 증가시키려고 노력할 것이고, 수입업자는 1달러짜리 상품의 수입에 대해 이전보다 200원만큼 더 지불해야 하기 때문에 수입을 축소하려고 할 것이다. 따라서 무역수지는 개선될 것이다. 관광의 경우에도 이런 개선이 생긴다. 해외로 관광하려는 사람들은 1,000달러를 구매하기 위해 이전에는 110만 원을 주면 되었는데 이제는 130만 원을 주어야 하므로 해외로 가지 않고 국내에서 지내려고 할 것이기 때문이다.

외국인의 관점에서 보아도 환율 인상은 우리나라의 경상수지를 개선시키는 방법이다. 외국인은 1,000달러를 지불하면 이전에는 110만 원어치의 한국상품이나 한국서비스를 구매할 수 있었지만 이제는 130만 원어치를 구매할 수 있기 때문에, 한국상품을 더 많이 수입하려고 할 것이고 한국관광에 더 큰 매력을 느낄 것이다. 그러나 이처럼 한국상품과 한국서비스의 달러 값이 내려갈 때, 외국인들이 여전히 1,000달러만을 지출하려고 한다면, 우리나라의 수출물량은 조금 증가하지만 수출금액은 동일하므로 경상수지 개선에는 아무런 도움도 주지 않는다. 따라서 환율 인상(또는 원화 가치의 하락)으로 우리나라 상품의 달러 가격이 저하하는 것보다 수출물량이 더욱 증가해야만 수출액(=달러가격×수출물량)이 증가할 것이고 경상수지가 개선될 것이다.

그런데 환율 인상이 수입액을 감소시키리라는 기대는 한국 현실에서는 그대로 나타나지 않을 수 있다. 왜냐하면 우리나라의 수입 중 크게 증가하고 있는 항목은 수출상품을 생산하는 데 필요한 기계와 원자재, 그리고 소득 상승에 따른 사치품인데, 이런 수입들은 환율이 인상된다고 해서 감소하지는 않을 것이기 때문이다.

우리나라의 수출산업은 수출을 증가시키기 위해 기계와 원자재를 수입해야 한다. 수출을 10억 달러 증가시키기 위해 100억 달러짜리 기계와 3억 달러어치의 원자재를 수입해야 할 수도 있다. 일본 엔화의 대외가치가 크게 상승했을 때, 다시 말해 예컨대 1,000엔이 8달러에서 10달러로 되었을 때, 우리나라는 일본에 대해 엄청난 무역수지적자를 기록했다. 왜냐하면 일본으로부터 기계와 원자재를 비싼 달러 가격으로 수입하지 않을 수 없었기 때문이다. 이런 산업구조에서는 환율 인상은 기계와 원자재의 수입을 감소시키지 못할 뿐 아니라, 기계와 원자재의 수입 가격(원화)을 인상함으로써 수출업자에게 더욱 큰 부담을 주기 때문에 수출 증진을 저지할 수도 있다.

또한 사치품 수입도 환율 인상에 의해 감소할 것 같지가 않다. 환율 인상으로 외국산 사치품의 국내 가격이 상승할 것이지만, 사람들이 사치품을 구입하는 이유 중 가장 큰 이유는 '비싸기 때문'이므로 사치품의 수입은 오히려 증가할 가능성이 있다. 이런 가능성은 인간이 가지고 있는 본래적인 '속물근성'(snobbery)에서 유래하기 때문에 좀처럼 고치기가 어렵다. 따라서 정부는 환율 인상보다는 조세정책을 통해 벼락부자들의 소득의 일부를 세금으로 징수하는 것이 사치품 수입을 억제하는 길일 것이다. 더욱이 갑자기 소득이 증가하고 텔레비전이 세계의 '신기한' 곳을 속속들이 소개하고 있는 상황에서는 해외여행 비용이 조금 올랐다고 해서 해외여행을 단념하는 경우는 드물 것이다.

결국 환율 인상은 경상수지를 개선하는 정책이 될 수 없다. 오히려 국내물가를 상승시켜 서민뿐 아니라 수출업체에게도 해를 끼칠 수 있다. 경상수지 개선은 외국산 기계와 원자재에 의존하는 산업구조를 개혁하는 정책, 외래 사치품의 소비와 해외관광을 억제하는 소득균등화 정책, 수출산업의 국제경쟁력을 높일 수 있는 기술혁신 등에 의거해 장기적으로 추구해야 할 과제다.

10-5. 사회보장제도

10-5-1. 서유럽의 경우

자본주의 경제는 이윤을 획득하기 위해 상품을 생산하는 경제이기 때문에, 발전과정에서 다음과 같은 경향을 낳는다. 첫째로 무정부적인 생산으로 말미암아 경기변동이 발생한다. 호황·벼락경기·공황·회복의 경로를 거치면서 경제가 성장 발전한다. 둘째로 임금노동자가 절대적으로 또는 상대적으로 점점 더 자본의 지배에 종속하게 된다. 기술혁신은 노동자의 숙련을 무용지물로 만들고 해고를 동반하며 노동의 강도와 규율을 강화한다. 끊임없는 기술혁신은 해고를 낳기 때문에 노동자의 생활을 점점 더 불안정하게 한다. 또한 노동자의 생활수준도 사회의 생산력 발달에 비례해 상승하지도 않는다. 셋째로 자본가들 사이의 경쟁은 약소자본이나 비능률적인 자본을 도산시켜 소수의 독점적 대자본을 형성한다.

이와 같은 자본주의 경제의 역사적 경향들은 계급 사이의 갈등과 대립을 고조시키며, 경제나 정치나 이데올로기의 영역에서 투쟁을 야기하게 된다. 이런 투쟁은 사회적 혼란을 유발해 경제의 재생산과정 그 자체를 위협할 수 있다. 이 시점에서 정부의 개입은 불가피하게 되며, 사회적 통합 또는 사회적 조화를 도모하려는 복지제도의 도입이 시도된다.

1880년대 독일에서는 비스마르크에 의해 대규모의 사회보험(질병·산업재해·노후연금을 포괄한다)이 도입되었다. 영국의 자유당 정부는 1911년 최초의 실업보험을 도입했는데, 노동자와 사용자 및 국가가 일정액만큼 기여(contribution)하고 실업자는 일정액의 급여(benefit)를 받았다. 프랑스에서는 소규모 비기여 연금제도가 1908년 도입되었으며, 의료보험은 1911년에 도입되었고, 1930년에는 연금·질병·가족수당을 포괄하는 사회보험제도가 시행되었다. 그러나 가장 혁신적인 사회보장제도는 영국의 국민보건서비스(National Health Service)였는데, 영국은 제2차 세계대전 뒤 질병보험을 대체해 모든 사람이 기여금을 내지 않고 병원을 무료로 이용하게 한 것이다. "능력에 따라 일하고 필요에 따라 소비한다"는 원리가 불완전하나마 여기에 처음 실현된 것이다.

서유럽에서 복지국가의 이념은 역사적으로 독특한 문제들을 해결하는 과정에서 발달했다. 첫째로 중세에는 개인적인 자선행위가 지배했다. 빈민들을 '고통받는 예수'로 상징화하면서 부자들은 자선을 통해 구원받을 수 있다고 설교했기 때문에, 교회가 기부금을 받아 빈민들을 도운 것이다.

둘째로 중세의 봉건적 유대가 끊어지고 빈민들의 수가 급증하자, 빈민들을 '위험한 계급'으로 간주하면서 질서 유지와 건전한 노동자의 육성 차원에서 구빈원(救貧院)에 감금하는 제도가 생겼다.

셋째로 1789년의 프랑스 혁명을 거치면서 빈민들은 '노동할 권리'를 주장하게 되었지만, 이 주장을 받아들여 빈민들 모두에게 일자리를 주기 위해서는 사회의 총체적 변혁이 필요했을 것이다. 물론 정부는 빈민들에게 일자리를 주기 위해 작업장을 만들기도 하고 경제에 깊숙이 개입했다. 그러나 이런 사회적 부조나 정부 개입의 확대는 부르주아 혁명이 이룩하려고 한 것이 아니었다. 왜냐하면 왕정을 타파하면서 쟁취하려고 한 것은 자유로운 개인, 즉 자율적이고 동시에 책임감이 있는 개인이었기 때문이다. 따라서 빈민들과 부르주아지 사이에는 갈등과 투쟁이 있었는데, '노동할 권리'를 포기하도록 하면서 빈곤에 대한 개인의 책임을 묻지 않고 빈민을 부조하는 방법으로 사회보험이 등장한 것이다.

넷째로 케인스는 실업이나 빈부 격차라는 사회정치적 문제를 해결하는 것이 경제성장에도 도움이 된다는 것을 유효수요이론을 통해 증명했다. 다시 말해 민간의 투자와 민간의 소비로는 완전고용을 이룰 정도의 유효수요가 나오지 않아 자본주의 경제는 항상 불황에 빠져 있을 것이므로, 정부가 부자로부터 세금을 거두거나 적자재정을 통해 투자와 소비를 증가시켜야 호황을 달성할 수 있다는 것이다. 이에 따라 교육·보건·연금·실업수당 등에 대한 정부지출은 정당화될 수 있었고, 특히 복지제도는 빈민이나 부자의 구별 없이 모든 시민의 권리로서 인정되었다. 이리하여 노사화합의 시대가 열린 것이다.

그러나 지금 신보수주의(또는 신자유주의)가 유행하면서 자유에는 실업의 자유 또는 빈곤의 자유도 있다는 주장이 아무 거리낌없이 나오고 있다. 빈곤을 개인의 문제가 아니라 사회체제의 문제라고 보았던 전통이 무너지면서, 사회적 갈등이 더욱 커지고 있다.

10-5-2. 한국형 복지국가?

우리나라는 서유럽처럼 과다한 복지비 지출이나 국민들의 타성적 복지의존이 문제가 아니라, 이제 복지제도를 건설해야 하는 초기단계라는 점을 미리 알아야 한다. 2009년 우리나라의 복지지출 비중은 국내총생산(GDP) 대비 9.51%로 경제협력개발기구(OECD) 평균 23.9%에 한참 못 미치는 수치다. OECD가 만든 '사회적 지출'(social expenditure)을 기준으로 살펴보면, 국내 총생산 대비 '공공 사회적 지출'의 비중은 한국은 2007년 7.5%로, 1위 프랑스(28.4%), 2위 스웨덴(27.3%)은 물론 OECD 평균(19.3%)에도 크게 뒤처진다.

김영삼 정부에서 '한국형 복지국가'를 건설하는 작업이 시작되었는데, 한국형 복지국가는 다음과 같은 특징을 가져야 한다고 주장했다. 첫째, 복지는 성장을 해쳐서는 안 된다. 둘째, 복지는 정부의 책임만이 아니라 종교단체와 가족 및 지역사회가 분담한다. 다시 말해 김영삼 정부는 경제성장과 복지를 조화시키기 위해, 국가복지의 확대보다는 기업의 복지 참여, 가족의 부양 책임, 지역사회와 이웃의 사회복지 책임을 강화한다는 복지다원주의를 이야기한 것이다.

그 뒤 1999년 8월 15일 김대중 대통령이 IMF 경제위기를 어느 정도 극복했다는 자신감을 배경으로 그동안 고통을 집중적으로 받았던 중산층과 서민을 위한 복지정책으로 '생산적 복지'를 제시했다. 이에 따라 정부는 다음과 같은 6개 분야의 복지정책을 실시하기 시작했다. (1) 국민의 기본생활을 보장하는 복지, (2) 생산에 참여하는 것을 통한 복지, (3) 취약계층의 자활을 지원하는 복지, (4) 삶의 질 향상을 위한 기반 조성, (5) 복지재정의 확충과 조세정의의 실현, (6) 참여와 협력의 공동체 구현.

먼저 지적해야 할 것은 정부가 중산층과 서민의 복지문제에 대해 책임을 인정했다는 점이다. 예를 들면 2000년 10월 1일부터 시행한 국민기초생활보장제도는 이전의 생활보호와 의료보호의 잔여적·시혜적 보호 개념으로부터 탈피해, 국민의 기본권 실현이라는 포괄적·보편적 복지제도로 진보하려고 노력하고 있다고 볼 수 있다. 또한 사회보험 분야에서 적용대상을 확대한 것(국민연금은 자영자에게도 적용하고, 산업재해보상보험과 고용보험은 5인 미만 사업장도 포함한 것), 실업급여의 기간을 연장한 것(90 → 150일), 실업자에 대한 취업알선과 교육훈련 프로그램을 도입한 것을 보면, 우리나라의 복지제도가 포괄적이고 보편적인 것으로 되어가려 한다고 말할 수 있을 것이다.

노무현 정부 역시 김대중 정부의 '생산적 복지'를 이어나갈 '참여복지' 실천을 보건복지 분야의 목표로 내세웠다. 그 구체적 내용은 다음과 같다. (1) 사회복지 예산의 확충 및 각 분야별 사회복지 종합발전 계획 수립, (2) 각 지역별 복지욕구 조사에 의거하여 복지시설의 균형 배치 및 전달체계 기능과 역할 조정, (3) 고령시대를 대비한 노인복지, 아동복지, 장애인 평등권 실현, (4) 국민들을 찾아가는 서비스 구축, (5) 기부문화 활성화, (6) 자원봉사 적립제 도입.

우리나라는 4대 사회보험(국민연금보험·건강보험·고용보험·산업재해보상보험)을 운영하고 있으며, 모든 국민에게 최저생계비를 보장하는 국민기초생활보장급여를 제공한다. 그러나 이미 사회보험에서는 재원 부족이라는 문제가 제기되는데, 이렇게 되어서는 국가가 당연히 노후연금·의료·교육·보육·주거·실업급여를 모든 국민에게 제공해야 한다는 복지국가의 이념은 사라져 버린다. 세계에서 10위의 경제대국이 상대적으로 가난한 나라들도 실시하는 복지제도를 실시하지 못하는 것은 재원의 문제가 아니라 기득권층의 정치적 상상력 부족과 서민대중의 정치적 투쟁력 부족 때문이라는 것을 직시해야 할 것이다.

현행 국민기초생활보장제도에 따르면, 매년 보건복지부장관이 결정해 고시하는 가구규모별 최저생계비에 비해 가구별 소득인정액이 낮을 경우 그 차액을 정부가 생계급여·의료급여·주거급여·교육급여·자활급여의 형태로 지급한다. 그리고 해당 가구의 소득인정액이 최저생계비 이하라 하더라도, 부양의무자가 없거나 있어도 부양능력이 없는 경우로 한정하고 있다.

가구규모별 최저생계비는 표 10-1과 같고, 연도별 수급자와 수급가구 수의 추이는 표 10-2와 같다. 2009년 말에 국민기초생활보장급여 수급자는 총 156만 8,533명으로 전체 인구의 3.2%로 2002년 이래 계속 증가하고 있다. 수급자들이 받을 수 있는 혜택은 2009년 기준 생계급여 최대 월 114만원(4인 가족 기준), 주거급여 최대 월 23만원(4인 가족 기준), 교육급여(고등학생 입학금, 수업료, 교과서 값, 학용품비, 중학생 부교재비, 학용품비), 해산급여(출산시 50만원), 장제급여(사망시 장례비 50만원), 기타 전기세 월 20% 할인, TV 수신료 면제, 전화 기본요금 감면, 지자체 쓰레기 봉투 무료 지급 등 80여 가지다.

그런데 문제는 기초생활보장급여 수급자의 수가 현실적인 빈곤인구에 비해 훨씬 적다는 점이다. 2009년 보건복지부 국정감사 자료에 따르면, 소득이 최저생계비에 못 미치는 빈곤인구가 총인구의 12.5%에 달하는 617만 3,676명으로 현재 기초생활수급자 156만 8,533명의 4배에 달한다. 이렇게 되는 이유는 수급자의 자격을 지나치게 엄격하게 규정했거나, 예산 범위 안에서 급여를 지급하기 위해 행정적으로 수급 요구를 억제한 결과일 것이다.

만약 복지는 성장을 저해해서는 안 된다는 믿음과, 복지는 국가뿐 아니라 기업과 가족과 종교단체가 함께 책임져야 한다는 믿음을 계속 가지고 있다면, 복지국가의 건설은 요원하다. 그러나 우리나라는 복지제도를 개

표 10-1. 가구규모별 최저생계비 (단위: 원)

	1인가구	2인가구	3인가구	4인가구	5인가구	6인가구
2001	333,731	552,712	760,218	956,250	1,087,256	1,226,868
2002	345,412	572,058	786,827	989,719	1,125,311	1,269,809
2003	355,774	589,219	810,431	1,019,411	1,159,070	1,307,904
2004	368,226	609,842	838,797	1,055,090	1,199,637	1,353,680
2005	401,466	668,504	907,929	1,136,332	1,302,918	1,477,800
2006	418,309	700,849	939,849	1,170,422	1,353,242	1,542,382
2007	435,921	734,412	972,866	1,205,535	1,405,412	1,609,630
2008	463,047	784,319	1,026,603	1,265,848	1,487,848	1,712,186
2009	490,845	835,763	1,081,186	1,326,609	1,572,031	1,817,454
2010	504,344	858,747	1,110,919	1,363,091	1,615,263	1,867,435

자료: 보건복지부.

표 10-2. 수급자와 수급가구 수 추이 (단위: 가구, 명)

		2001	2002	2003	2004	2005
일반 수급자	가구	698,075	691,018	717,861	753,681	809,745
	인원	1,345,526	1,275,625	1,292,690	1,337,714	1,425,684
시설수급자		74,469	75,560	81,715	86,374	87,668
총 수급인원		1,419,995	1,351,185	1,374,405	1,424,088	1,513,352
전체인구 대비		3%	2.84%	2.87%	2.96%	3.14%
		2006	2007	2008	2009	
일반 수급자	가구	831,692	852,420	854,205	882,925	
	인원	1,449,832	1,463,140	1,444,010	1,482,719	
시설수급자		85,118	86,708	85,929	85,814	
총 수급인원		1,534,950	1,549,848	1,529,939	1,568,533	
전체인구 대비		3.18%	3.20%	3.10%	3.20%	

자료: 보건복지부.

선할 수 있는 능력이 있다. 왜냐하면 국제적으로 볼 때 우리나라의 소득세나 사회보장기여금은 매우 낮은 수준이기 때문이다. OECD의 발표에 따르면, 2007년의 소득세(개인소득세와 법인소득세)/국내총생산의 비율은 한국이 8.4%로서 OECD에서 가장 낮다. 일본은 10.3%, 미국 13.9%, 영국 14.3%, 노르웨이 21.0%, OECD 평균 13.2%였다. 또한 사회보장기여금/국내총생산에서도 한국은 5.5%로서 매우 낮은 편이다. 일본은 10.3%, 미국 6.6%, 영국 6.6%, 독일 13.2%, 이탈리아 13.0%, 스웨덴 12.6%, OECD 평균 9.1%였다.

참조 10-A

한국의 청소년이 불쌍하다

'삶의 질'을 높이는 과제는 어른뿐 아니라 청소년에게도 중요하다. 대학 등록금 인하 투쟁에서 대학생들이 죽고, 과외비 조달이 힘겨워 가장이 죽고, '돈 봉투' 문제로 초등학교 학생들마저 갈등을 느끼고, 대학입시 지옥 때문에 고등학교 학생들이 자살하며, 신세대가 2년 동안의 군대 생활에 적응하지 못해 하극상과 자포자기로 탈출구를 찾고 있다. '선진국의 문턱에 들어섰다'고 자랑하면서도 청소년의 삶을 불행하게 만드는 이런 문제들에 대해 근본적인 해결책은 나오지 않고 있다.

영국의 경우와 비교할 때 우리나라의 청소년은 너무나 불쌍하다. 내가 1972-82년 런던에서 살면서 경험한 복지국가 영국의 사정을 소개한다.

첫째로 영국에서는 유치원으로부터 대학원까지 영국의 거주자(resident)는 한푼의 돈도 내지 않는다. 공교육비를 학생으로부터 받지 않는다. 유치원에서는 자원봉사자들이 정부의 보조를 받아 아이들을 돌보며, 초·중·고등학교에서는 책과 문방구를 무료로 배급한다. 대학과 대학원 과정에서는 학생들이 생활비(grants)까지 정부로부터 받는데, 이것은 18세 이상의 실업자에게는 실업수당을 주어야 한다는 법률과 동일한 의미를 가진 제도다. 물론 대학에 입학하기 위해서는 공립고등학교가 아닌 사립고등학교(public school)를 마치는 것이 보통인데, 이 학교에서는 등록금을 내지만 부모의 소득수준이 낮으면 무료로 학교를 다닐 수 있다.

둘째로 사교육비가 거의 들지 않는다. 학교에서 예술이나 체육이나 기타 취미생활을 위해 특별활동을 조직하며, 적성에 맞는 학생들에게 무료로 가르친다. 대학에 입학하려는 학생이 어떤 과목에 자신이 없으면 가정교사를 시간제로 고용하는 경우도 있지만, 그렇게 큰돈이 들지 않는다.

셋째로 초·중·고등학교는 학생들을 '건전한 시민'으로 키우기 위해 교육하고 있으며, 대학 진학을 위해 교육하지 않는다. 학생들 대부분은 16살에 고등학교를 마치고 직장을 얻으며, 특별히 학문에 관심과 능력이 있는 소수의 학생들이 2년간 더 고등학교에 남아 대학입시 공부를 하게 된다. 초등학교에서는 자기 나라 말이나 산수를 가르치지만, 우리의 기준으로 하면 '노는 시간'이 대부분이다. 가방이라는 것이 없다. 모든 책·공책·연필 등은 학교의 것이고 학교에 두고 다닌다. 선생들은 자주 학생들을 박물관이나 전람회나 수영장이나 운동시합에 데리고 간다. 한 반에 약 20명의 어린이가 있는데, 4명이 한 그룹이 되도록 책상을 모아 둔다. 선생은 칠판을 거의 사용하지 않으며 학생 하나하나를 돌아가면서 지도한다. 학생의 능력에 따라 교재가 다르기 때문에, 그리고 졸업하려면 모든 교재를 마쳐야 한다는 규정이 없기 때문에, 외국에서 처음 영국에 온 학생도 스트레스를 받지 않는다.

넷째로 친구들로부터 '매우 우수한 학생'이라는 평판을 받고 있는 학생들만이 대학에 입학하기 때문에, 대학에 가지 못해 낙망하는 학생들은 없다. 고등학교 학생들은 이미 어른이기 때문에 부모들의 강요에 따라 대학에 가려고 하지 않는다. 또한 부모들도 능력 없는 자식을 억지로 대학에 보내려 하지 않는다. 16세에 고등학교를 마치는 학생들은 10개 정도의 과목에서 교양수준(Ordinary level, O레벨)의 국가고시를 치른 뒤 취직한다. 대학에 진학하려는 학생은 16-18세 사이에 자기가 무엇을 전공하겠다는 것을 미리 결정해야 하며, 3-4과목에서 전공 수준(Advanced level, A레벨)의 국가고시를 치러야 한다. 따라서 대학에서는 교양과목을 가르치지 않으며 처음부터 전공과목을 가르쳐 3년 만에 졸업시킨다.

다섯째, 대학은 스스로 판단해서 학생 수와 선발방법을 결정한다. 대학의 각 학과는 O레벨의 성적과 고등학교의 추천서를 받아 학생들을 면접시험한 뒤, 각 학생에게 A레벨의 국가고시를 치러야 할 과목들을 제시하면서 어느 정도의 성적을 받으면 입학시켜 주겠다고 통보한다. 각 학생들은 5개 대학에서 면접시험을 볼 수 있는데, A레벨의 시험 성적을 받은 뒤 자기가 갈 대학 하나를 선택하면 그만이다.

여섯째, 청년들은 병역 의무가 없다. 군대는 지원병으로 구성되어 있는데, 군인의 봉급은 일반 회사원의 봉급과 거의 마찬가지다. 자기의 적성에 맞아 지원하기 때문에, 군대의 규율이나 전문성은 매우 높다. 한창 나이의 청년들을 강제로 2년여 동안 군대생활을 시키는 것이 소수 정예의 직업군인보다 훨씬 더 '사회적' 비용이 많이 들고 비생산적인 것을 영국 국민은 잘 알고 있다.

제 3 편

경제위기와 시장기능의 마비

11 경기변동의 주요 개념

11-1. 추세와 순환

경제가 어떻게 변동하고 있는가를 나타내는 지표가 많이 개발되어 있으며, 일별·월별·분기별·연도별로 각종의 경제지표가 발표되고 있다. 예를 들면, 국민총생산(GNP: 대한민국 국적을 가진 정부·기업·개인이 1년 동안 농림어업·광공업·건설업·서비스업에서 얼마만큼 생산했는가를 나타내는 것), 국내총생산(GDP: 한국이라는 지역에 있는 정부·기업·개인이 1년 동안 얼마나 생산했는가를 나타내는 것), 국내총투자액, 수출액, 수입액, 외환보유액, 생산지수, 도매물가지수, 소비자물가지수, 종합주가지수, 코스닥지수, 통화량, 이자율, 환율, 어음부도율 등등이 발표되고 있다.

이런 경제지표들은 끊임없이 변동하고 있으며, 그 변동의 형태도 여러 가지다. 일률적으로 상승하는 지표도 있고, 일률적으로 하락하는 지표도 있으며, 물결같이 상하운동만을 하는 지표도 있고, 전혀 체계적인 운동을 하지 않는 지표도 있다. 그런데 몇몇 주요 지표들(예: GNP, GDP, 국내총투자액, 수출액, 수입액, 생산지수, 통화량)은 장기간에 걸친 숫자(시계열 time series)를 관찰하면 대체로 상승하는 추세(trend)를 보이지만, 각 월별·

분기별 · 연도별로는 상하로 운동하면서 변동한다. 따라서 경제학자들은 경제가 상승 추세를 보이면서도 상승 추세선을 중심으로 상하운동을 한다고 파악하며, 이 상하운동을 순환(cycle)이라고 불러 추세와 구별하고 있다. 그래서 경제가 왜 상승 추세를 나타내는가를 연구하는 것을 경제성장론(economic growth) 또는 경제발전론(economic development)이라 부르고, 경제가 왜 상승 추세선을 중심으로 상하로 운동하는가를 연구하는 것을 경기변동론(business fluctuation) 또는 경기순환론(business cycle)이라고 부른다.

그러나 현실의 경제변동을 추세와 순환으로 완전히 구분해, 각각을 경제성장론과 경기변동론의 대상으로 삼아 버리면, 현실의 경제를 올바르게 파악할 수가 없게 된다. 그 이유는 다음과 같다. 첫째, 현실의 경제변동을 표현하는 수많은 경제지표는 매우 불규칙하게 변동하므로 그 변동을 추세와 순환으로 구분할 수가 없기 때문이다. 예컨대 이자율 · 환율 · 외환보유액 · 어음부도율 등 매우 중요한 경제지표는 추세와 순환이라는 개념에 잘 들어맞지 않는다. 둘째, 경제성장론과 경기변동론을 완전히 구분한다는 것은 사실상 경제성장을 일으키는 요인과 경기변동을 일으키는 요인이 전혀 별개의 것이라는 의미를 가지는데, 이것은 옳지 않다. 왜냐하면 현실적으로 경제성장이 경기변동에 영향을 미치며, 또한 경기변동이 경제성장에 영향을 미치기 때문이다.

따라서 정상적으로 경제성장이 진행하는 과정에서 어떻게 경기변동이 일어나는가를 연구해야 하며, 또한 이런 경기변동이 어떻게 경제성장에 영향을 미치는가를 연구해야 한다. 한국경제의 경우에는, 1997년 12월의 IMF 사태가 왜 발생했는가를 연구해야 하고, 그 이후의 구조조정과정이 한국경제를 어떻게 변화시키고 있는가를 연구해야 한다.

11-2. 경제위기와 공황

자본주의 경제(또는 한국경제)에서는 개별 자본가(산업자본가든 상업자본가든 금융자본가든)가 자기 자신의 장래 예상에 따라 모든 투자를 스스로 결정한다. 따라서 어느 산업부문에서 큰 이윤을 얻고 있다든가 얻을 수 있다고 예상하면 그 부문으로 자본이 몰리기 마련이고, 이에 따라 그 부문의 기업 수가 증가하고 설비 규모가 확장하면서 노동자들의 수도 증가한다. 그런데 어느 중요한 산업부문이 설비 규모를 확장하고 고용을 증가한다면, 경제 전체도 호황을 맞게 된다. 왜냐하면 이 산업부문은 다른 산업부문으로부터 자본재와 원자재를 구입해야 하므로 생산재(자본재와 원자재)를 공급하는 다른 산업부문의 생산과 고용을 증가시키기 때문이고, 이 부문에 고용된 노동자들이 임금을 받아 소비재를 구입하므로 소비재산업의 생산과 고용이 증가하기 때문이다.

호황이 지속되면, 모든 부문의 개별 자본가들은 앞으로도 계속 상품이 잘 팔릴 것으로 믿어 투자를 경쟁적으로 확대하기 때문에, 자본재와 원자재의 가격 및 임금수준은 크게 상승하면서 생산재산업과 소비재산업은 '벼락경기'(boom)를 맞이한다.

그러나 생산 설비의 확장에 발맞추어 판매시장이 확대하지 않으면, 상품들이 팔리지 않아 재고로 남거나 낮은 가격으로 재고를 처분해야 할 필요가 생기게 된다. 이렇게 되면 총수입이 감소하고 이윤율이 저하한다. 결국 과잉투자와 과잉설비가 발생한 셈이고, 이윤율의 저하로 다수의 산업기업이 도산하게 된다. 이것이 '산업공황'(industrial crisis)이다.

중요한 산업기업의 도산은 주가를 폭락시켜 증권시장을 혼란에 빠뜨림으로써 주식시장 공황을 야기하며, 금융기관의 대출 중 부실대출의 비중을 증가시켜 금융기관의 수익성과 신뢰도를 저하시키고 일부의 금융기관을 도산시키게 된다. 이것이 '은행공황'(bank crisis)이다. 이런 금융시장의 혼란 가운데 금융기관은 자신의 도산을 방지하기 위해 그리고 자신의 건전성을 확보하기 위해 대출을 삼가기 때문에, 경제 전체에서는 현금이 부족하다는 아우성이 들린다. 이것이 '신용공황'(credit crisis) 또는 '화폐공황'(monetary crisis)이다. 산업기업뿐 아니라 금융기관을 포함해 경제 전체가 큰 혼란에 빠지게 된다. 주가는 폭락하고 금리는 폭등하며 산업생산지수는 격감하고 실업자가 격증하게 된다.

호황의 마지막 국면인 벼락경기를 뒤이어 갑자기 나타나는 공황 국면은 대체로 산업공황의 시작→신용공황·화폐공황·은행공황→산업공황의 심화라는 경로를 거치게 된다. 그러면 '경제위기'(economic crisis)는 무엇을 가리키는가? 그림 11-1에서 보는 바와 같이, 경제가 벼락경기를

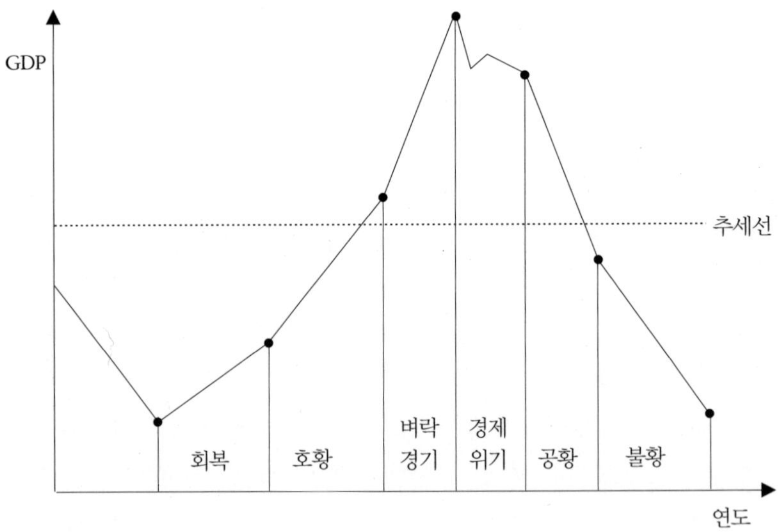

그림 11-1. 경기변동의 국면

거치면서 여러 가지 문제점에 부닥쳐 공황으로 빠질 수도 있는 위험한 국면에 들어가는데, 바로 이 국면이 경제위기다. 다시 말해 경제위기는 경제가 호황을 계속할 것인가, 아니면 공황으로 빠질 것인가의 기로에 서 있는 상황을 가리킨다. 이 위기에서 예컨대 정부가 재정금융의 확대정책을 취하면 이 위기를 극복해 다시 호황국면에 들어갈 수 있다. 그러나 공황(panic 또는 crash)은 실제로 경제가 갑자기 혼란에 빠져 헤어나지 못하는 국면을 가리킨다.

공황 국면에서는 수많은 기업들이 도산하고 대량의 실업자가 발생한다. 새로운 생산방법, 새로운 상품, 새로운 시장, 새로운 노동조직, 새로운 금융조직, 새로운 국제협약 등에 힘입어 경제가 다시 성장하는 회복 국면에 이르기까지 오랫동안 불황 국면이 계속된다.

따라서 자본주의 경제는 호황(prosperity) → 벼락경기(boom) → 경제위기(economic crisis) → 공황(panic, crash) → 불황(depression) → 회복(recovery) → 호황이라는 국면을 거치면서 성장과 발전을 계속하고 있다고 말할 수 있다. 물론 지금의 호황에서 다음번의 호황까지의 주기가 몇 년이 될 것인가는 여러 가지 사정에 따라 달라질 것인데, 1974-75년에 폭발한 세계대공황 이후 세계경제는 2008년 9월 또 다시 세계대공황에 빠져 아직도 헤어나지 못하고 있다.

12 경제공황을 야기하는 환경

경제공황에 관한 연구는 다음과 같이 세분할 수 있다. 첫째, 자본주의의 어떤 환경(또는 제도)으로 말미암아, 경제가 성장하다가 공황에 빠지는가? 다시 말해 자본주의 경제가 내재적으로(또는 처음부터) 지닌 어떤 특성(또는 제도)이 공황을 야기할 수 있는가? 둘째, 경제가 성장하는 과정에서 성장을 중지시키고 파괴시키는 '원인'이 어떻게 발생하는가? 예컨대 상품이 잘 팔리지 않는 '이유'는 무엇인가? 셋째, 이 공황의 원인이 커지면, 경제에 어떤 '전조'가 나타나는가? 예컨대 상품이 잘 팔리지 않는다는 것은 공황이 곧 닥쳐온다는 '전조'에 불과하다. 넷째, 공황의 폭발을 촉진하거나 지연시키는 요인은 어떤 것인가? 다섯째, 공황이 폭발하면 어떤 현상이 나타나는가? 여섯째, 공황은 어떤 기능을 수행해 경제를 다시 회복시키는가? 이것은 표 12-1에 요약되어 있다.

제12장에서는 공황을 일으킬 수 있는 자본주의의 제도(또는 환경)를 먼저 살펴보고, 제13장에서는 공황의 원인 · 전조 · 현상형태 · 기능을 고찰할 것이다.

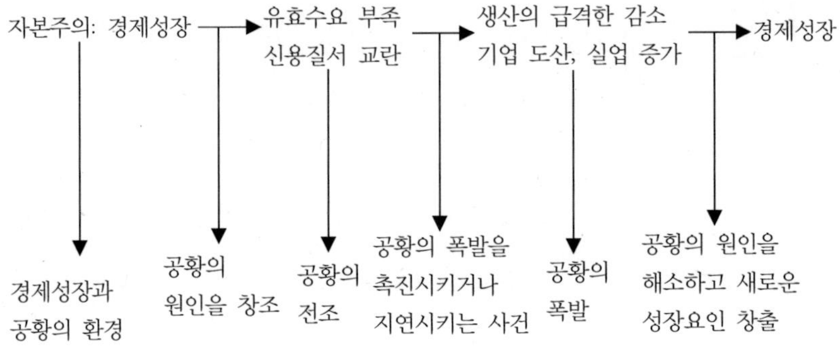

그림 12-1. 공황의 환경・원인・전조・폭발

12-1. 화폐경제

자본주의 경제는 상품의 교환을 통해 신진대사가 이루어지므로, 화폐의 사용은 필연적이다. 화폐는 상품의 유통을 매개하는 역할을 하며, 또한 지불수단으로 기능하는데, 화폐의 두 기능에 이미 공황이 발생할 씨앗이 있다.

예컨대 자동차를 생산하는 기업은 자동차를 팔아 화폐를 얻고 그 화폐로 '곧' 타이어를 사는 것이 항상 행해지는 정상적인 과정이었는데, 자동차 생산자가 어느 날 갑자기 자동차를 팔고 나서 그 화폐로 타이어를 사지 않고 그 돈을 자기의 금고에 넣어 버린다면, 어떻게 될 것인가? 타이어 생산자는 타이어를 팔지 못해 재고가 쌓일 것이고, 또 타이어 생산자에게 고무를 계속 공급해 온 고무 생산자도 고무를 팔지 못해 재고가 쌓일 것이다. 다시 말해 타이어와 고무는 공급 과잉 상태에 빠지고, 타이어 생산자와 고무 생산자는 파산하게 될 것이다. 이것이 바로 공황이다. 물론 여기에서는 '무엇 때문에' 자동차 생산자가, 여느 때와는 달리, 갑자기 화폐를 움켜지게 되었는가는 알 수 없다. 우리는 아직 공황의 '원인'은 모르지만 공황이 일어날 수 있는 하나의 환경(또는 제도)은 발견했다.

화폐를 사용하지 않는 물물교환에서는 a대의 자동차는 b개의 타이어와 교환되는 수밖에 없기 때문에, 판매와 구매는 동시에 일어나고, 따라서 공급과 수요는 항상 일치한다고 말할 수 있다. 따라서 과잉생산의 가능성을 부정한 리카도(D. Ricardo)나 세(J-B. Say)는 자본주의 경제를 물물교환으로 생각했다는 비판을 받는다. 그러나 화폐가 중간에 개입하면 판매와 구매가 시간적으로도, 공간적으로도 분리될 수 있으며, 따라서 상품이 팔리지 않는 경우나 상품이 모자라는 경우가 발생할 수 있다. 그런데 상품이 모자라는 이유는, 금고에 넣어 두었던 화폐를 갑자기 꺼내어 상품을 사기 시작하기 때문인데, 이 경우 기업은 공장을 밤낮으로 완전히 가동시켜 생산량을 증가시키므로 공황이 아니라 호황이 올 것이다.

다음으로 화폐가 '지불수단'으로 기능하기 때문에, 기업들은 외상거래(또는 신용거래)를 많이 한다. 그리고 A에게 외상을 준 기업은 A로부터 받을 돈을 기대해 B로부터 외상으로 상품을 구매하기 때문에, 외상거래는 예컨대 자동차구매자→자동차생산자→타이어생산자→고무수입상→고무생산자 등으로 길게 연결될 수 있다. 만약 자동차구매자가 외상을 갚아야 할 만기일에 자동차생산자에게 화폐로 채무를 청산하지 못한다면, 자동차생산자는 타이어생산자에게 채무를 갚지 못하고, 또 타이어생산자는 고무수입상에게 빚을 갚지 못하며, 고무수입상은 고무생산자에게 대금을 치르지 못하게 된다. 자동차구매자만 파산하는 것이 아니라 모두가 파산하게 된다. 이것이 공황이다. 만약 모두가 현금거래만 했더라면, 이와 같은 사태는 발생하지 않았을 것이다. 물론 여기에서도 왜 자동차구매자가 외상을 제때에 갚을 수 없었던가는 알 수 없다. 우리는 아직 공황의 '원인'은 모르지만 공황이 발생할 수 있는 또 하나의 환경(또는 제도)은 발견했다.

12-2. 생산의 무계획성

자본주의 사회가 아닌 어떤 '새로운 사회'를 생각해 보자. 이 사회에서는 사회 전체의 물적 자원과 인적 자원을 어떻게 사용할 것인가를 공동체 구성원 전체가 민주적인 방식으로 결정한다고 가정하자. 한편에서는 사회 전체의 물적 자원과 인적 자원이 있고, 다른 한편에는 공동체 전체의 1년간의 필요량(예컨대 개인생활에 필요한 온갖 재화와 서비스; 공동으로 소비하는 교통수단・도로・병원・학교・체육시설; 기존의 공장과 기계설비를 대체하거나 보완해야 할 각종 생산재; 생산능력을 확대하는 데 필요한 각종 생산재)이 있다. 구성원들이 모두 참가하는 회의(인터넷회의는 더욱 좋다)에서 그해의 생산품목과 생산량을 결정하고 그것을 생산하기 위해 사회 전체의 물적 자원과 인적 자원을 계획적으로 사용하며, 생산한 재화와 서비스를 개인의 소비와 공동체의 사용에 분배한다면, 재화와 서비스에 대한 수요와 공급은 처음부터 일치하게 마련이다. 자원을 낭비하지 않고 매우 효율적으로 사용해 공동체 구성원의 욕망을 만족시키는 것이다. 이 사회에는 시장이 없으며, 화폐도 없고, 생산활동의 목적이 이윤을 얻는 것이 아니라 주민 전체의 욕망을 충족시키는 것이다.

그런데 자본주의 사회에서는 개별 기업가들이 자기의 기업에서는 온갖 계획을 세워 생산하지만, 사회 전체는 전혀 계획성이 없어 공급량이 수요량을 초과해 자원을 낭비하거나, 공급량이 부족해 소비자가 욕망을 충족시키지 못하는 경우가 생긴다. 각각의 기업가는 1년의 사업계획을 세운다. 어떤 종류의 상품을 어떤 생산방법으로 얼마만큼 생산하고, 상품 1개의 가격은 얼마로 하며, 노동자에게는 얼마의 월급을 주고, 이윤을 얼마만큼 얻는다 등을 계획한다. 그리고 이 계획은 과거와 현재의 실적을 바탕으로 장래를 예상하면서 세운다.

그러나 아무도 장래가 어떻게 될지 모른다. 만약 모든 기업가가 장래에 수요가 대폭 증가할 것이라고 예상해 생산량을 크게 확대한다면, 상품은 과잉생산되기 쉽고 상품은 팔리지 않으며 상품 가격은 폭락할 수도 있다. 이리하여 기업들은 도산하고 공황이 발생하게 된다. 상품이 팔리지 않고 쌓여 있다는 것은, 그 상품을 생산하기 위해 투입한 물적 자원(자본재와 원자재)과 인적 자원(노동자의 노동력)이 낭비된 것을 가리키며, 따라서 기업의 도산과 해고는 개인적으로든, 사회적으로든 막대한 손실이다. 시장에 맡겨 두면 모든 자원이 효율적으로 사용된다는 주장은 공황 앞에서는 전혀 맥을 못 춘다.

개별 기업가가 자기의 생각대로 생산을 계획하기 때문에, 시장에서는 어떤 상품의 총공급량이 그것에 대한 총수요량을 초과하게 되며, 가격이 폭락하고 기업이 도산하며 공황이 발생한다. 예를 들면, 붉은 색깔의 세피아를 대량 생산했는데, 소비자는 초록색의 세피아를 원한다면, 기아자동차는 큰 손실을 입을 것이다. 물론 이런 과잉생산 문제를 해결하기 위해, 기아는 소비자의 주문(어떤 차종이고 무슨 색깔이며 어떤 옵션을 추가하는가를 미리 결정한 주문)에 따라 생산하고 있는데, 이것은 다품종 소량생산을 가능하게 하는 컴퓨터혁명 덕택이었다. 그러나 자본주의적 기업은 주문받은 만큼만 생산하는 것이 아니라 무한한 시장을 가정해 생산을 확대하게 마련이다.

자본주의 경제에서는 생산의 무계획성이나 무정부성은 사라지지 않는다. 독점적인 조직이 형성되더라도, 정부가 경제에 개입하더라도, 각각의 기업가는 무슨 수단을 사용해서라도 남보다 더욱 큰 이윤을 얻으려고 혁신(innovation: 새로운 생산방법, 새로운 상품, 새로운 시장, 새로운 노동조직, 새로운 원자재 등)을 도입할 것이기 때문이다(16-3을 참조하라). 어떤 한 기업가가 혁신을 도입하면, 나머지 기업가들은 큰 타격을 입어 도산할 수 있고, 따라서 경제 전체가 혼란을 겪게 된다. 예컨대 1980년대에 일본은 석유위기를 성공적으로 극복하고, 혁신을 통해 수출을 대폭 확대했는데, 그 결과로 서유럽과 미국의 경제는 수출시장을 잃어 더욱 큰 불황에 빠졌다.

12-3. 생산의 목적이 이윤 추구

기업가는 더욱 큰 이윤을 얻기 위해 온갖 혁신을 도입한다. 새로운 기계를 도입하고 노동자를 해고하며 노동자의 임금수준을 낮추는 것이 이윤을 얻는 방법의 하나다. 모든 기업가가 이런 방법을 사용했다고 가정하면, 경제 전체에는 어떤 결과가 생길 것인가?

첫째, 취업노동자가 줄어들고 임금수준도 낮기 때문에, 대중의 구매력은 크게 감소할 것이다. 따라서 대중이 구매하는 소비재를 생산하는 산업은 시장을 잃고 도산할 우려가 있고, 이 소비재산업에 자본재나 원자재를 공급하는 생산재산업도 타격을 입어 도산할 우려가 있다. 즉, 대중의 구매력 감소 → 소비재의 판매부진 → 소비재산업의 생산축소 → 소비재생산에 필요한 생산재에 대한 수요감소 → 생산재산업의 생산 축소 → 경제 전체의 불황과 공황이라는 경로를 생각할 수 있다.

둘째, 노동자를 기계로 대체한 기업이 임금수준을 낮추어 이윤을 이전보다 많이 얻었고, 이 이윤을 다시 투자한다면, 이 기업은 자본재나 원자재를 좀 더 구매할 것이고 노동자를 추가로 고용하게 될 것이다. 따라서 해고된 노동자가 지금 추가로 고용되는 노동자보다 크다고 하더라도, 이윤 증대 → 자본축적 → 생산재에 대한 새로운 수요와 노동자에 대한 새로운 수요 → 생산재산업과 소비재산업의 생산증가 → 호황이라는 경로를 생각할 수 있다.

셋째, 새로운 기계에 대한 수요가 증가하기 때문에, 기계를 제조하는 산업(기계산업)이 생산 규모를 확대함으로써 기계를 제조하는 데 필요한 자본재나 원자재에 대한 수요가 증가하고 또한 노동자에 대한 수요가 증가할 것이다. 따라서 기계산업을 비롯한 생산재산업이 발달함으로써 고용이 증가하고 소비재에 대한 수요도 증가해 소비재산업도 확대할 수 있을 것이다.

넷째, 기업이 이윤을 많이 얻으면 고소득층이 생기고 그들을 위한 사치재산업도 발달할 것이며, 거기에서도 자본재나 원자재에 대한 수요가 증가하고 노동자에 대한 새로운 수요도 일어날 것이다. 따라서 경제 전체가 오히려 호황이 될 가능성이 크다.

위의 네 가지 가능성을 살펴볼 때, 기업가가 노동자를 기계로 대체하며 임금수준을 낮춰 이윤을 증가시키려는 경향이 반드시 불황이나 공황을 야기하지는 않는다는 것을 알 수 있다. 몇 가지의 이유를 들어 보자. 첫째로 각 노동자에 대한 임금수준은 낮아지더라도 노동자 전체의 임금총액은 증가할 수 있기 때문이다. 예컨대 기계가 도입되어 숙련노동자가 해고되고 숙련노동자의 임금수준이 낮아지더라도, 대규모의 미숙련노동자를 채용하기 때문에, 임금총액은 증가할 수 있으며, 따라서 소비재에 대한 수요도 증가할 수 있다. 둘째로 임금수준을 낮춰 이윤을 얻은 기업가가 그 이윤을 다시 투자하기 때문에, 생산재산업과 소비재산업이 확장하게 된다. 셋째로 기계화가 진행하는 것은 경제구조가 소비재산업 중심으로부터 중화학산업 중심으로 이동하는 것을 가리키며, 이것이 지금까지 자본주의 경제가 걸어온 정상적인 길이기 때문이다.

그러나 만약 생산재산업이나 소비재산업이 이윤 증대를 목적으로 하지 않고 대중의 필요와 욕망을 충족시키는 것을 목적으로 한다면, 결코 불황이나 공황은 발생할 수 없다는 주장은 옳다. 우리는 '너무 많은 기계가 생산되어' 팔리지 않기 때문에 공황이 발생했다고 말하거나, '너무 많은 소비재가 생산되어' 팔리지 않기 때문에 공황이 왔다고 말한다.

여기에서 말하는 '너무 많은 기계'나 '너무 많은 소비재'는 무엇에 비해 '너무 많다'는 것일까? 기업가가 손해를 보지 않을 가격으로 팔기에는 '너무 많다'는 의미다. 다시 말해 상품이 너무 많아 제값을 받을 수 없다는 것이고, 결국 기업가가 이윤을 얻을 수 없다는 것이다. 따라서 '너무 많은 기계'라도 취직을 못하고 놀고 있는 노동자들을 모두 취업시키는 데 필요한 기계의 양보다는 훨씬 적을 것이며, '너무 많은 소비재'라도 빈민의 필요와 욕망을 충족시키는 데 필요한 소비재의 양보다는 훨씬 적을 것이다. 그러므로 기계나 소비재를 공짜로 나누어 준다면, '과잉생산'이라는 말이 나올 수도 없고 공황도 생기지 않는다.

과잉생산은 기업가가 생각하는 일정한 이윤율 또는 가치증식욕에 비추어 '과잉'이라는 뜻이며, 주민의 필요와 욕망에 비해 '과잉'이라는 뜻은 아니다. 따라서 자본주의 경제의 과잉생산은 '절대적' 과잉생산이 아니라 '상대적' 과잉생산이다. 이런 용어법은 과잉인구의 경우에도 타당하다. '절대적' 과잉인구는 식량에 비해 인구가 너무 많다는 것으로 맬더스가 이야기한 것이다. 그런데 자본주의 경제에서는 실업자를 과잉인구라고 부르는데, 실업자는 기업가가 이윤을 얻을 수 없어 고용하지 않기 때문에 생기므로 실업자는 '상대적' 과잉인구인 셈이다(7-2-3을 참조하라).

결국 과잉생산을 가리키는 공황은 자본주의 경제에 고유한 현상이며, 주민의 필요와 욕망을 충족시키는 것을 생산의 목적으로 삼는 경제에서는 과잉생산이나 공황은 발생하지 않는다.

12-4. 공황의 가능성에 관한 하일브로너의 견해

하일브로너(R.L. Heilbroner)의 저서 『공황이론』(*Beyond Boom and Crash*, 1978)에 따르면, 경제성장은 조화롭고 순조로운 과정이 아니라 여러 가지 갈등과 문제점을 내포하고 있는 과정이다. 그리고 이 갈등과 문제점들이 이따금 경제를 혼란에 빠뜨리게 되는데, 이것이 공황이라는 형태로 나타나게 된다. 그는 산업자본의 순환에서 어떤 문제점이 생겨 그 순환을 정지시키고 공황을 야기하는가를 설명하고 있는데, 그는 사실상 공황을 야기하는 환경(또는 제도)을 지적하고 있는 셈이다.

산업자본가는 생산수단(기계・원료)과 노동력을 구입해 생산활동을 조직하고, 그 결과인 상품을 시장에 팔아 최초의 투자자금과 이윤을 얻게 된다. 그리고 이것을 다시 생산에 투자해 확대재생산을 달성하는데, 이런 과정 속에 재생산과정을 파괴할 수 있는 여러 가지 요인들이 존재하고 있다.

그림 12-2는 산업자본의 순환을 보여 주고 있다. 산업자본가가 생산수단과 노동력을 구입하려고 화폐를 투자하는 제1단계에 이미 공황의 가능

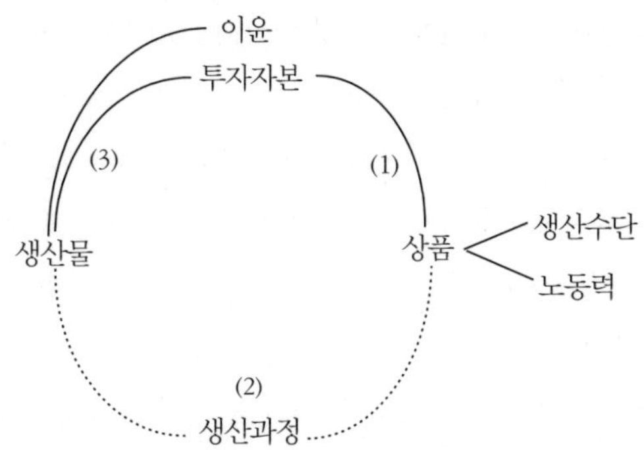

그림 12-2. 산업자본의 순환

성이 존재한다. 생산수단이나 노동력이 부족하거나 너무 비싸기 때문에, 자본가가 화폐를 생산요소로 전환시킬 수 없다면, 자본의 순환이 중단되고 공황이 발생하게 된다.

1960년대 말에 이르러 선진국에서는 원자재와 노동인력의 부족현상이 나타나 그 가격이 상승했다. 생산비의 상승과 이윤의 저하로 기업가의 장래 예상이 비관적으로 전환되어 기업가는 생산을 계속할 의지와 능력을 상실하고 있었다. 더욱이 1973년 가을의 석유가격 인상은 위의 경향을 더욱 촉진시켜 제1단계의 자본순환을 마비시킴으로써 공황이 발발하게 되었다는 것이다.

자본순환의 제2단계는 공장 안의 생산과정을 의미하는데, 만약 노동자가 능률적으로 규율 있게 노동하지 않는다면, 생산의 양적 감소와 질적 저하가 자본의 순환을 축소 또는 중단시킴으로써 공황을 발생시킬 수 있다.

사실상 자본주의 경제에서 기술혁신은 노동자로 하여금 흥미 없고 단조로운 작업에 몰두하게 하는 경향이 있다. 노동자는 평상시에는 먹고 살아야 할 필요성, 규율에 순종하라는 사회적 압력, 다른 뾰족한 수가 없다는 사정 때문에 자기의 반감을 표시하지 않는다. 그러나 호황이 계속되어 취업기회가 증가함에 따라 노동자는 무단결근·태업·파업 등으로 작업환경을 자기의 마음에 맞게 개편하려고 노력하기 때문에, 노동규율이 해이해지고 노동능률이 저하한다. 여기에 공황의 씨앗이 있다.

생산물을 제값에 팔아 예상수익을 획득하는 제3단계에서도 여러 가지 문제점이 존재한다. 생산물이 소비자의 기호와 유행에 맞지 않는다든가, 그 생산물에 대한 수요가 이미 포화상태에 이르렀다면, 생산물은 예상대로 팔리지 않는다. 또한 새로운 기술을 도입한 기업이 어떤 생산물을 값싸게 생산한다면, 낡은 기술을 가진 기업의 생산물은 팔리지 않게 된다. 상품이 팔리지 않거나 제값을 받지 못한다면, 기업의 수익은 감소하며 생산을 계속할 의지와 능력을 상실하게 되어 공황이 발생한다. 사실상 오랫동안 호황을 누려 온 산업은 수요의 포화상태에 직면했을 때 쉽사리 생산능력과 노동인력을 다른 분야로 이동시킬 수 없었다. 그리하여 동일 산업 안에서 경쟁이 격화해, 그 산업의 과잉설비와 과잉생산이 더욱 현저해졌고, 따라서 판매부진 · 가격하락 · 기업도산이 발생했다.

하일브로너는 공황이 자본주의의 문제점 때문에 발생하는 것이면서도, 다른 한편에서 그 문제점들을 해결해 자본주의 경제를 회생시키는 역할을 하고 있음을 정확하게 파악하고 있다. 예컨대 공황을 거치면서 생산이 축소하고 실업이 발생하기 때문에, 원자재와 노동인력의 부족 사태가 해소되고, 노동규율과 노동능률의 향상이 쉽게 달성된다. 또한 과잉상품과 과잉설비가 폐기 처분되기 때문에, 공황에서 살아남은 기업은 높은 수익성을 달성해 경제를 다시 회복의 방향으로 끌고 간다.

그러나 이런 일반적인 회복과정은, 현재와 같이 사회적 · 정치적 평등사상이 만연하고 있는 상황에서는 자본주의 체제의 재편을 동반해야만 이룩할 수 있다. 왜냐하면 공황이 폭로한 경제적 불평등은 자본주의 체제의 정당성에 큰 의문을 제기했기 때문이다. 노동자계급의 혁명적 각성이 나타나고 있는 지금 자본주의국은 생산을 증대시켜 고용을 확대하고 빈곤을 해소하며 분배의 공정을 도모해야만 한다. 그런데 생산의 증대에는 에너지와 자연자원의 부족, 공해문제 등이 또한 주요한 사회문제로 등장하고 있다. 새로운 에너지를 개발하고 자연자원을 보존해야만 경제성장이 가능하며, 대기오염 · 핵폐기물 등 공해문제는 인간의 생존 그 자체를 위협하고 있다. 따라서 정부는 광범한 경제계획에 의해 자연과 환경에 영향을 미칠 투자와 기술혁신을 선별적으로 도입해야 하며, 그것에서 발생하는 이익을 사회 전체에 공평하게 분배해야 할 것이다.

하일브로너에 의하면, 자본주의 체제를 유지하면서 공황을 극복하는 유일한 길은 복지국가로부터 한 걸음 더 나아가 '계획적 자본주의'를 수립하는 것이다.

13 공황이 전개되는 과정

기업이 착실하게 자본을 축적함으로써 경제가 정상적으로 성장하고 있는 과정에서 어떻게 경제위기나 공황이 발생하는가를 연구해야 한다. 그래야만 공황이 자본주의 경제에 처음부터 있는 특징이라는 것을 알 수 있으며, 따라서 공황을 제거하려면 자본주의체제를 타도해야 한다는 것을 알 수 있는 것이다.

자본축적과정에서 현실적으로 이윤율이 저하하면, 기업이 투자하려는 의지도 약해지고 투자할 수 있는 능력도 감소한다. 따라서 투자를 줄이면, 기계나 원자재에 대한 새로운 수요가 줄고, 또한 노동자의 새로운 고용도 줄어들어 임금총액의 증가분도 감소함으로써 소비재에 대한 새로운 수요도 줄어든다. 다시 말해 유효수요(생산재에 대한 수요와 소비재에 대한 수요)가 부족하게 되어, 종전처럼 생산한 생산재와 소비재가 팔리지 않고 창고에 남게 된다. 은행이나 채권자가 부채의 상환을 요구하면, 기업은 현금이 없어 도산하게 되고, 한 기업의 도산이 다른 기업의 도산과 은행의 도산을 야기해 경제 전체가 혼란에 빠지고 공황이 발생하는 것이다. 결국 이윤율의 저하 → 유효수요의 부족 → 상품의 판매부진 → 부채의 상환불가능 → 기업의 도산 → 은행의 도산 → 공황이라는 경로를 따르는 것이 일반적이다.

따라서 아래에서는 왜 이윤율이 저하하는가, 이윤율의 저하가 어떻게 유효수요의 부족을 야기하는가, 판매 부진이 왜 도산을 야기하는가, 그리고 산업공황과 금융공황이 왜 악순환하는가를 살펴볼 것이다.

13-1. 이윤율의 저하[1]

기업가는 이윤을 얻기 위해 투자하고 생산한다. 자기가 투자한 돈 100억 원을 더욱 큰돈으로 증식시키기 위해 노력한다. 만약 100억 원을 투자해 1년에 120억 원을 거둬들이면, 20억 원은 이윤이고 연간 이윤율은 20%가 된다. 이 20억 원의 이윤 중 일부는 자기의 생활비로 소비할 것이고, 나머지는 다시 투자할 것이다. 만약 이윤을 모두 재투자한다면, 자기의 자본은 100억 원에서 120억 원으로 증가할 것이므로, 이윤율은 결국 자본증가율의 최대값을 나타내게 될 것이다(제7장에 있는 공식 7-1과 7-2를 참조하라). 따라서 이윤율이 크면, 기업가는 투자할 '의욕'(또는 '유인')이 더욱 커질 뿐 아니라 사업을 확대할 수 있는 '능력'도 그만큼 더 커진다. 그러므로 경제변동을 이해하는 데에는 이윤율만큼 중요한 경제지표가 사실상 없다.

기업가는 이윤율을 증가시키기 위해, 대체로 새로운 기술을 도입해 노동생산성을 향상시키고 노동강도를 강화함으로써 부가가치(=임금+이윤)를 증대시키는 방법을 채택한다. 이 부가가치 중 임금 몫보다 이윤 몫

1 마르크스의 '이윤율 저하 경향의 법칙'에 관해서는 김수행(2006ㄷ: 제6장)을 참조하라.

을 더욱 증가시키면, 이윤율이 증가할 것이다. 왜냐하면 상품 가격－물적 투입비용＝인적 투입비용(임금)＋이윤이기 때문이다. 1950-70년에 선진국이 장기호황을 누려 부가가치가 증대했을 때 임금과 이윤은 모두 증가했다. 그런데 경제가 성장하는 과정에서 이윤율을 저하시키는 요인들이 발생할 수 있다. 몇 가지 예를 들어 보자.

첫째, 새로운 기술을 도입하지 않은 상황에서 임금수준이 상승하면, 이윤율은 저하한다. 다시 말해 부가가치가 증가하지 않으면서 임금 몫이 증가하기 때문에, 이윤 몫이 줄고 이윤율이 저하하는 것이다. 왜 새로운 기술을 도입하지 않는가? 새로운 기술이란 새로운 기계나 생산설비를 포함하는 새로운 생산방법을 가리키는데, 생산방법을 변경시키려면, 기존의 기계나 생산설비를 폐기 처분함으로써 손실을 입는 문제, 노동조직을 개편하거나 잉여노동자를 해고시켜야 하기 때문에 노동조합의 동의를 받아야 하는 문제 등이 생긴다. 따라서 기업가는 새로운 기술을 도입해 생산방법을 변경시키는 일은 호황기에는 대체로 시작하지 않는다. 왜냐하면 호황기에는 수요가 풍부해 기존의 생산방법으로도 이윤을 얻을 수 있기 때문이고, 호황기에는 노동조합의 힘이 강력해 노동조직의 개편이나 해고를 강력하게 반대하기 때문이다. 그런데 불황기에는 상품의 시장가격이 매우 낮기 때문에 기업은 새로운 생산방법을 도입해 제품의 원가를 줄여야 할 필요가 있고, 또한 불황기에는 실업자가 많아 기업이 노동조직을 개편하고 노동자를 해고하더라도 노동조합이 강력하게 저항할 수 없기 때문이다. 따라서 기술혁신은 대체로 불황기에 도입하는 경향이 강하다.

사실상 1950-70년의 장기호황은 포드주의적 생산방법에 의거하고 있었다. 소품종 대량생산을 위해 노동자들은 컨베이어 벨트에 붙어 단순한 조립작업을 반복했다. 실업자가 많은 동안에는 노동자들은 직장을 잃지 않으려고 짜증나는 단순작업을 반복했지만, 취직하기가 쉬워지고 임금수준이 높아지자 무단결근하기 시작했다. 각각의 노동자들이 컨베이어 벨트에서 자기가 맡은 작업을 완수해야만 포드주의적 생산방법은 높은 부가가치를 생산하는데, 무단결근자가 생기자 컨베이어 벨트가 돌아가지 않아 생산이 중단되기도 했다. 또한 노동자들은 자기의 고유한 직무만을 수행하기 때문에, 컨베이어 벨트 자체에 고장이 나면 기술자가 올 때까지 생산이 중단되기도 했다. 완전고용이 달성되면서 임금수준은 상승하는데, 노동생산성과 노동강도는 오르지 않아 이윤율이 저하하기 시작한 것이다.

1974-75년과 1980-81년의 '공황을 거치면서' 포드주의적 생산방식은 크게 바뀌었다. 다품종 소량생산을 위한 범용 생산설비(컴퓨터에 의해 자동화되어 있다)가 설치되었고, 컨베이어 벨트에 붙어 자기의 작업만 하는 것이 아니라, 하나의 작업 팀이 공정의 일부를 담당하면서 결근자가 생기면 결근자의 작업도 대신하고 기계고장도 스스로 수리하며 품질도 스스로 관리하게 되었다. 이제 노동자는 여러 가지 작업을 할 수 있는 다능공이 되었는데, 이것은 노동자의 작업을 풍부하게 해 노동자의 능력을 개발하는 측면도 있고, 노동생산성과 노동강도를 크게 상승시키는 측면도 있다 (4-3-4를 참조).

둘째, 기계류를 증가시켜 노동자를 대체한다면 이윤율은 저하하는 경향이 있다. 왜냐하면 노동자의 노동만이 부가가치(= 임금 + 잉여가치)를 창조하기 때문이다. 불변자본투자액을 *C*, 가변자본투자액을 *V*, 가변자본의 연간 회전수를 *n*, 1회전 시간에 착취하는 잉여가치를 *s*라고 한다면, 연간 이윤율 *r*은 다음과 같이 표현할 수 있다.

$$r = \frac{ns}{C+V} = \frac{n\frac{s}{V}}{\frac{C}{V}+1} \qquad \text{(공식 13-1)}$$

여기에서 *C/V*는 '자본의 구성'을 가리키고, *s/V*는 '실질 잉여가치율'을, 그리고 *ns/V*는 '연간 잉여가치율'을 가리킨다.

어떤 상품을 생산하기 위해서는 기계와 원자재가 필요하고 노동자가 필요하다. 노동자는 기계를 사용해 원자재를 가공함으로써 완성품을 만든다. 이 완성품의 가격은 무엇무엇으로 구성되는가? 기계와 원자재는 생산과정에서 마멸되면서 자기의 원래의 가격을 완성품의 가격으로 이전시키지만, 노동자는 새롭게 노동함으로써 새로운 부가가치를 창조해서 완성품에 이 부가가치를 추가하는 것이다. 완성품의 가격=기계와 원자재의 가격+부가가치=기계와 원자재의 가격+(임금+이윤). 다시 말해 노동자는 노동함으로써 자기의 임금을 창조하고 더욱이 기업가를 위해 이윤을 창조하는 것이다. 따라서 기업가들은 노동자에게 노동시간을 연장하거나 노동생산성을 향상시키고 노동강도를 강화하는 것이다.

기계류를 도입하면서 노동자를 해고하면, 이윤을 창조하는 노동자는 감소하면서 이윤을 창조하지 못하는 물적 투입비용이 증가하기 때문에, 이윤율은 저하하는 '경향'이 있다. 다시 말해 r의 공식에서 C/V가 증가한다면, 다른 요인이 변하지 않는 한, r은 저하한다(김수행 2006ㄷ: 217을 참조하라). 그러나 다른 한편으로 기계류의 도입은 이윤율을 상승시키는 경향도 가지고 있다. 기계류의 도입이 노동생산성과 노동강도를 상승시키기 때문이고, 또한 해고가 증가하면 임금수준이 저하하기 때문이다. r의 공식에서 s/V와 n가 상승하기 때문에, 다른 요인이 변하지 않는 한, r은 상승한다(4-3-2와 4-3-6을 참조하라). 그러므로 노동자를 해고하면서 기계설비를 도입하는 것이 이윤율을 현실적으로 상승시키는가 하락시키는가는 이론의 차원에서는 확정할 수 없고 현실에서 확인될 것이다.

물론 노동자를 해고하면서 생산을 자동화한 A기업은 다른 기업들이 자동화를 도입하기 전까지는 상당한 초과이윤을 얻을 수 있을 것이다. 왜냐하면 A기업은 생산물을 시장가격보다 값싸게 생산해 시장가격으로 팔 수 있기 때문이다. 그러나 모든 기업들이 자동화한다면, A기업의 '초과' 이윤은 사라지고, 상품의 시장가격은 원가 절감을 반영해 하락하게 된다. 이리하여 임금재의 가치가 저하하고 화폐임금수준이 낮아진다면, 이윤이 증가할 것이고, 잉여가치율(s/V)이 상승할 것이다(3-4-2를 참조하라). 그러나 자동화는 C/V를 상승시키는 경향이 있기 때문에, 경제 전체의 이윤율이 상승할 것인지는 알 수 없다.

사실상 1980년대 이래 기업들은 세계적으로 무한경쟁 상태다. 새로운 기술이 끊임없이 잇달아 나타나기 때문에, 최초의 혁신자가 초과이윤을 오랫동안 누릴 수가 없다. 값비싼 생산설비를 도입했지만 초과이윤이 장기간 보장되지 않기 때문에, 혁신기업의 이윤율은 낮을 뿐 아니라 도산하기가 쉽다. 예컨대 컴퓨터산업, 반도체산업 그리고 기타의 IT(정보기술)산업에서는 품질과 성능이 훨씬 좋은 신제품들이 점점 더 싼값으로 재빨리 공급되기 때문에 기업 전체가 항상 큰 위기에 부닥쳐 있다. 이것이 1975년 이래 세계경제가 장기 불황에 빠져 있는 중요한 이유의 하나다.

셋째, 주요 원료나 보조원료의 가격은 상승하는데 완제품의 가격을 인상할 수 없다면, 이윤율은 저하한다. OPEC이 1973년 10월에서 1974년 1월 사이에 석유가격을 1배럴당 3달러에서 11.65달러로 네 배 인상했을 때, 석유를 원료로 사용하는 석유화학산업이나, 석유를 보조원료(또는 에너지)로 사용하는 거의 모든 산업은 이윤율이 폭락했다. 또한 1978년 12월에서 1980년 5월 사이에 석유가격이 배럴당 12.87달러에서 31달러로 상승했을 때도 마찬가지의 상황이 벌어졌다.

위의 세 가지 예에서 보듯이, 경제성장과정이나 자본축적과정에서 이윤율은 저하할 수 있다. 이윤율이 저하하면, 기업가는 투자할 의욕을 잃어 투자를 하지 않거나, 이윤의 규모가 투자할 수 있는 크기가 되지 못해 투자를 중단한다. 그리고 이윤율은 이윤을 자본투자액으로 나눈 것이므로, 이윤이 모두 자본으로 재투자된다고 가정하면, 이윤율은 자본증가율 또는 자본팽창률(=추가자본/기존자본)과 동일하고 이윤율의 저하는 자본팽창률의 저하를 의미한다. 그런데 생산요소(생산수단과 노동력)를 추가로 구매해야 자본이 팽창하므로, 자본팽창률의 저하는 생산요소에 대한 구매 증가율의 감소를 가리킨다. 만약 A기업이 B기업으로부터 생산수단(기계나 원료)을 구입하며, A기업의 노동자는 C기업으로부터 소비재를 구입한다면, 그리고 A기업이 연간 20%의 이윤율을 유지하면서 매년 생산수단의 구매액과 임금총액을 20%씩 증가시켜 왔다면, B와 C 기업도 각각 생산수단과 소비재의 생산을 매년 20% 증가시켰을 것이다. 그런데 갑자기 A기업의 금년도 이윤율이 5%로 격감했다면, A기업은 B기업이 종전처럼 20% 더 많이 생산한 생산수단을 모두 구매할 수 없을 것이고, A기업의 노동자도 C기업이 종전처럼 20% 더 많이 생산한 소비재를 모두 구매할 수 없을 것이다. 다시 말해 생산수단과 소비재가 판매되지 않아 재고로 쌓이게 되며, "유효수요가 부족하다"는 불평이 나오게 된다.

13-2. 유효수요의 부족

시장에 있는 상품들(생산재든 소비재든)은 필요한 사람에게 공짜로 주는 것이 아니라, 필요한 사람이 돈을 내고 그것을 사야 한다. 따라서 상품에 대한 수요는 사람들의 욕망의 크기에 달려 있는 것이 아니라, 사람들이 돈으로 지불할 수 있는 능력에 달려 있다. 내가 아무리 빵을 먹고 싶다는 욕망을 가지고 있더라도 나에게 돈이 없으면 그 욕망을 충족시킬 수 없다. 이런 의미에서 상품에 대한 수요는 유효수요(effective demand, 돈으로 지불할 수 있는 능력을 가진 수요)이어야 한다.

어느 나라에서 1년간에 생산된 총생산물이 어떤 경로를 거쳐 판매되는가를 간단한 숫자 예에 따라 설명해 보자. 2010년 1년간의 총생산물이

6,000원어치의 생산재와 3,000원어치의 소비재로 구성되어 있으며, 각 생산물의 가격은 다음과 같은 물적 투입비용(C)과 임금(V) 및 이윤(S)으로 구성되어 있다고 가정하자.

생산재총액 $6,000 = 4,000\ C + 1,000\ V + 1,000\ S$
소비재총액 $3,000 = 2,000\ C + 500\ V + 500\ S$

9,000원어치의 총생산물이 2011년 1월 1일 시장에 나왔다면, 누가 이 생산물을 사 갈 것인가? 처음부터 분명한 것은, 자본재나 원자재 등 생산재는 생산에 필요한 것이기 때문에 기업가가 구매할 것이고, 소비재는 노동자와 기업가가 생활하기 위해 구매할 것이라는 점이다. 위의 총생산물이 어떻게 팔리는가를 자세히 살펴보자. 2011년도에도 2010년과 동일한 생산방법으로 동일한 규모의 상품을 생산한다고 가정한다.

첫째, 생산재 생산부문의 기업가가 자기의 주머니에서 1,000원을 꺼내 자기가 고용하고 있는 노동자에게 2011년 한 해 동안의 임금으로 준다. 이 노동자는 그 임금으로 소비재를 1,000원어치 구매해 2011년 한 해 동안 생활하면서 기업가를 위해 일할 것이다. 소비재 생산부문의 소비재가 1,000원어치 팔렸다.

둘째, 생산재부문의 기업가는 자기의 주머니에서 다시 1,000원을 꺼내 자기가 2011년 한 해 동안 필요한 소비재를 산다. 소비재부문의 소비재가 1,000원어치 또 팔렸다.

셋째, 소비재부문의 기업가는 소비재를 팔아 얻은 2,000원으로 2011년 한 해 동안 자기가 필요로 하는 생산재 2,000원어치를 생산재부문으로부터 산다. 생산재부문의 생산재 2,000원어치가 팔렸다. 생산재부문의 기업가가 자기의 주머니에서 꺼내었던 돈 2,000원이 그대로 다시 자기 주머니로 돌아온 것이다. 다시 말해 그는 노동자가 2010년 한 해 동안 생산한 생산물을 팔아, 노동자에게 2011년 한 해 동안의 임금을 주고 또한 자기 자신의 한 해 동안의 소비재를 얻은 것이다. 기업가가 소비하는 소비재는 공짜로 얻는 것이므로 노동자가 기업가를 위해 잉여가치를 생산했다고 말하는 것이다.

넷째, 소비재부문의 기업가는 자기 주머니에서 500원을 꺼내 자기가 고용하는 노동자에게 2011년 한 해 동안의 임금으로 준다. 노동자는 이 돈으로 500원어치의 소비재를 구매해 2011년 한 해 동안 생활하면서 소비재부문의 기업가를 위해 일할 것이다. 소비재가 또 500원어치 팔렸다.

다섯째, 이제 팔리지 않고 남아 있는 상품은 4,000원어치의 생산재와 500원어치의 소비재뿐이다. 4,000원어치의 생산재는 생산재부문의 기업가들이 2011년 한 해 동안의 생산활동을 위해 필요한 것이기 때문에, 생산재부문 기업가들이 구매할 것이다. 또한 500원어치의 소비재는 소비재부문의 기업가들이 2011년 한 해 동안 자기들의 생활을 위해 필요한 것이기 때문에, 자기들이 구매할 것이다.

이리하여 2010년 한 해 동안 생산한 6,000원어치의 생산재와, 3,000원어치의 소비재는 2011년 1월 1일 모두 팔렸으며, 2011년에도 기업들은 2010년과 마찬가지의 규모로 생산을 계속할 것이다.[2]

위의 숫자 예는 총생산물이 모두 팔린다고 가정하면서 누가 생산물을 구매하는가를 알아보기 위해 만든 것이다. 여기에서 우리는 다음과 같은 중요한 사실을 미루어 생각할 수 있다.

첫째, 생산재에 대한 수요나 소비재에 대한 수요는 결국 기업가로부터 나온다는 점이다. 기업가가 2011년에도 생산활동을 계속하려고 하기 때문에, 생산재를 구매하며 노동자를 고용하는데, 노동자는 이 임금으로 소

2 이상과 같은 내용을 마르크스는 '재생산 표식'이라는 주제로 다뤘는데, 이에 관해서는 『『자본론』의 현대적 해석』, 193-212쪽을 참조하라.

비재를 구매한다. 이처럼 임금은 개별 자본가의 관점에서는 '비용'에 불과하지만, 자본가계급 전체의 입장에서는 소비재의 판매에 필수적인 수요를 이룬다. 따라서 생산재에 대한 수요(이것을 케인스는 '투자'라고 부른다)와 소비재에 대한 수요(케인스는 이것을 '소비'라고 부른다)는 궁극적으로 기업가의 주머니에서 나온다.

둘째, 기업가가 금년의 생산 규모를 전년보다 확대할 것인가, 축소할 것인가, 또는 그대로 유지할 것인가는 기업가의 장래 전망에 달려 있다. 장래를 낙관적으로 보면 규모를 확대할 것이고, 비관적으로 보면 규모를 그대로 유지하거나 축소할 것이다. 다시 말해 기업가의 장래 전망에 따라 자본주의 경제는 동요하는데, 이 장래 전망에 큰 영향력을 미치는 것이 바로 현재의 이윤율이다. 현재의 이윤율이 낮으면, 투자할 의욕이 나지 않으며, 또한 투자할 능력(자금)도 부족하게 되기 때문이다. 이렇게 되면 생산재와 소비재에 대한 수요(즉 유효수요)가 감소하고 상품들이 잘 팔리지 않는다. (만약 자금을 은행으로부터 차입한다면, 기업가는 장래의 예상수익률이 이자율보다 높을 때 투자할 것이다.)

김영삼 정부가 초기에 재벌 총수들에게 뇌물 제공죄를 적용해 기소했을 때, 재벌 총수들은 언론을 통해 "투자할 기분이 나지 않는다"라고 대꾸했다. 정부는 이렇게 되면 경제가 매우 어려워진다고 생각해 재벌 총수들을 용서했다. 재벌들이 한국경제를 볼모로 잡을 수 있는 힘을 가지고 있는 한, 재벌 총수들을 처벌하기가 쉽지 않을 것이다(16-5-3을 참조하라).

생산재와 소비재에 대한 수요(즉 유효수요)는 기업가의 장래 전망에 달려 있고, 또 장래 전망은 현재의 이윤율에 크게 의존한다. 현재의 이윤율이 높다면, 기업가는 장래에도 이윤율이 높으리라 예상해 투자를 확대할 것이며, 따라서 경제 전체에서는 생산재와 소비재에 대한 수요가 증가할 것이다. 기업가가 이윤 모두를 재투자한다고 가정하면, 이윤율의 하락이 공황을 야기하는 경로는 다음과 같을 것이다.

첫째의 경로는 이윤율의 저하 → 자본팽창률의 저하 → 경제 전체에서 생산재와 소비재에 대한 수요가 공급보다 적어짐 → 일부 기업의 채무 상환 불이행 → 일부 기업의 도산 → 경제 전체의 혼란(즉 공황) 발생이 될 것이다. 결국 생산재와 소비재의 판매 부진(또는 유효수요의 부족)은 이윤율의 저하 때문에 나타나는 현상이고, 공황의 '전조'다.

둘째, 이윤율이 저하하더라도 이윤은 증가할 수 있다. 투자자본 규모가 100억 원에서 300억 원으로 증가하면서 이윤율이 20%에서 10%로 저하했다면, 이윤은 20억 원에서 30억 원으로 증가하게 된다. 자본축적 규모는 종전보다 증대하므로 첫째와 같은 상황은 발생하지 않을 것이다. 따라서 첫째와 같은 상황이 발생하기 위해서는 이윤율의 저하와 이윤의 감소가 동시에 일어나야 할 것이다.

셋째, 이윤율의 저하로 말미암아 이윤이 자본으로 재투자될 수 있는 최소 규모에 미달한다면, 자본축적이 중단된다. 기존의 생산규모를 확대하기 위해서는 최소한 기계 몇 대, 원자재 얼마만큼, 노동자 몇 명이 추가되어야 하는데, 이 최소한의 투자 필요액보다 이윤이 적다면 기업은 생산규모를 확대할 수 없다. 따라서 생산재와 소비재에 대한 수요가 공급보다 적어지고, 유효수요가 부족해져, 일부 기업이 도산하고 그 결과로 경제 전체가 공황에 빠진다.

13-3. 금융의 불안정성

기업은 자기가 가지고 있는 화폐자본(또는 자금)보다 큰 규모로 사업을 확장할 수 있다. 예컨대 기업은 어음과 수표를 사용해 다른 기업으로부터 기계나 원료를 외상(또는 신용)으로 사올 수 있고, 은행으로부터 대출을 받을 수 있으며, 자본시장에서 주식이나 회사채를 발행해 자금을 조달할 수 있다. 이 중에서 기업이 만기일에 채무를 갚아야 하는 것은 어음과 수표, 은행대출, 그리고 회사채다. 발행한 주식에 대해서는 기업이 이윤 중 일부를 배당의 형식으로 매년 지급하면 되기 때문에, 기업에게는 채무 부담이 되지 않는다.

호황기에 기업은 어음·수표·회사채를 발행하거나 은행에서 대출을 받아 거액의 채무를 지게 된다. 기업이 상품을 제대로 팔아 자금을 제때에 회수해 채무를 만기일에 갚는 동안에는 이런 거액의 채무가 아무런 문제도 일으키지 않는다. 그러나 기업의 이윤율이 저하하면, 거액의 채무는 문제를 야기하게 된다.

첫째, 기업은 자기가 얻은 이윤으로 어음·수표·회사채 그리고 은행대출을 만기일에 갚지 못하는 사태가 발생한다. 이 기업은 도산하게 되고, 이 기업에 자금을 제공한 채권자들도 도산의 위기를 맞게 된다. 이제 기업들은 어음과 수표를 받지 않고 현금 결제만을 요구하고, 은행은 새로운 대출을 꺼릴 뿐 아니라 이미 나간 대출을 회수하기 시작하며, 기업들은 회사채를 발행해 자금을 조달할 수 없게 된다. 신용공황이 온 것이다. 사회 전체적으로 현금에 대한 수요가 급증하면서 이자율이 폭등한다. 1998년 1월 IMF 위기가 가장 악화했을 때 사채시장의 이자율은 50% 수준이었다. 이런 격심한 현금 부족 때문에, 기업의 도산율은 더욱 높아지고, 은행은 부실대출의 증가 때문에 큰 손실을 입으며 예금자들의 예금 인출 사태를 맞았다. 은행이 도산 위기에 처하거나 실제로 도산한다. 은행공황이 온 것이다. 결국 이윤율의 저하가 산업공황을 먼저 야기하고, 이것이 신용공황과 은행공황을 일으키면서 경제 전체를 공황으로 몰고 가는 것이다.

둘째, 기업의 이윤율이 저하하면 이 기업의 자본팽창률이 감소하기 때문에, 이 기업에게 생산재를 공급하던 기업이나 이 기업의 노동자에게 소비재를 공급하던 기업은 제품을 제대로 팔 수가 없으며, 따라서 자기의 채무를 만기일에 갚을 수가 없게 되어 도산하게 된다. 이것이 위와 같은 경로를 통해 경제 전체를 공황에 빠뜨린다.

위의 두 경우에는, 먼저 산업공황이 일어나고 이것이 신용공황과 은행공황을 야기함으로써 산업공황이 더욱 심화하는 경우였다. 그러나 금융공황(신용공황과 은행공황)은 반드시 산업공황에 뒤이어 발생하는 것은 아니다. 예컨대 주식시장에서 주가는 아무런 근거 없는 풍문 때문에 폭등하거나 폭락한다. 만약 주가가 폭락해 주식시장 공황이 일어나면, 거액을 주식에 투자한 은행은 큰 손실을 보아 도산할 수 있다. 이 경우에는 주식시장 공황 → 은행공황 → 신용공황 → 산업공황의 순서로 진행하면서 경제 전체가 공황에 빠진다. 특히 자본자유화 때문에 주식 · 채권 · 외환에 대한 투기가 대규모로 이루어지는 지금의 상황에서는, 산업이나 상업 등 실물경제의 동향과는 무관하게 금융공황이 먼저 발생함으로써 경제 전체를 공황에 빠뜨릴 수 있다.

예컨대 외국 투기꾼이 한국 A회사의 주가가 1만 원일 때 10만 주를 매입하니, 한국의 기관투자자들(은행 · 보험회사 · 증권사)이 덩달아 A회사의 주식을 사는 바람에, 주가가 1만 5,000원으로 상승했다고 하자. 그때 외국 투기꾼이 10만 주를 한꺼번에 1만 5,000원에 팔아치운다면, 총액 5억 원의 투기이익을 얻게 된다. 그런데 A회사의 주가는 이런 대규모의 매각 때문에 6,000원으로 폭락할 수 있으며, 한국의 기관투자자들은 큰 손실을 입어 도산하게 되는 것이다. 이런 금융기관의 도산이 신용공황을 야기하고 자금 사정을 악화시켜 산업기업이나 상업기업을 도산하게 만드는 것이다. 결국 금융공황이 산업공황을 야기하는 것이다.

14 세계대공황의 역사

14-1. 20세기의 세계경제사

지구 위의 모든 나라들로 구성된 세계경제는 20세기에 큰 시련을 겪었다. 공산주의권의 탄생에 의한 세계경제의 분열, 공산주의권의 멸망에 의한 세계경제의 단일화, 두 번에 걸친 세계대전과 한국전 및 베트남전, 1929년의 세계대공황, 이것에 버금가는 1974-75년의 세계대공황과 아직도 계속되는 장기불황. 그림 14-1은 20세기 미국의 경기변동을 보여 주고 있는데, 미국경제는 예외적으로 1990년대 중반 이래 호황을 누리다가 2000년 이후 경기침체를 경험하고 있다.

1914-19년의 제1차 세계대전은 거대한 인적·물적 자원을 낭비하면서 영국의 지배에 의한 평화(팍스 브리타니카)를 미국의 지배에 의한 평화(팍스 아메리카나)로 대체했고, 1917년 10월의 러시아혁명으로 세계경제는 자본주의 세계경제와 사회주의 세계경제로 양분되고 자본주의 체제와 사회주의 체제는 이데올로기적으로, 군사적으로, 경제적으로 투쟁하기 시작했다.

1929년 10월 뉴욕증권시장의 주가 폭락은 20세기의 제1차 세계대공황

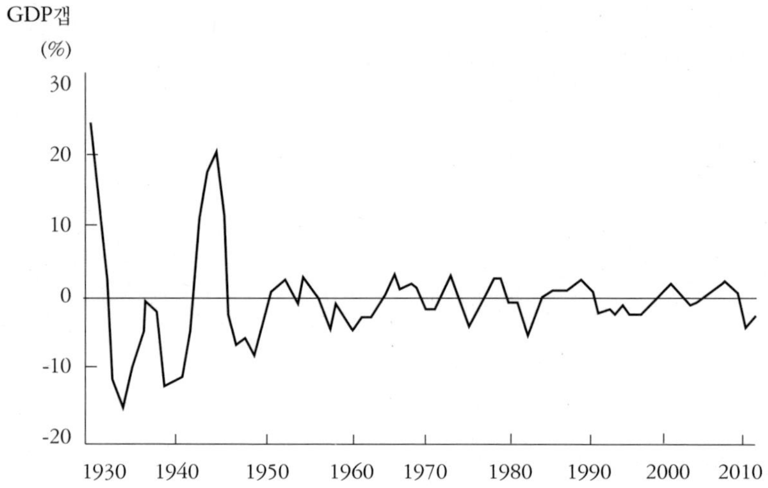

자료: http://www.bea.gov

그림 14-1. 국내총생산(실질)이 장기추세로부터 괴리(미국)

으로 발전했는데, 주요 선진자본주의국(또는 제국주의국)은 자기 나라의 시장부족과 실업증대를 해결하기 위해 식민지와 종속국을 묶어 자급자족적인 블록경제를 형성함으로써 블록 상호간의 무역거래를 사실상 중단시켰다. 이리하여 세계시장은 점점 더 축소되었고 경쟁이 치열해지면서 각국 경제의 회복이 더욱 어렵게 되었다. 일본은 식민지 조선을 기반으로 중국 동북지방(만주)을 침략하면서 '대동아공영권'을 꿈꾸었고, 제1차 세계대전의 패배로 식민지를 잃고 전쟁배상금을 물고 있던 독일에서는 나치스가 등장하여 '생활권'을 확대하기 위해 대외침략을 감행했다. 다른 한편으로 식민지와 종속국을 거의 가지지 않은 미국은 뉴딜정책으로 공공투자사업과 노동조합 합법화를 통해 국내시장의 확대를 도모했다. 그렇지만 미국이 1929년 공황에 뒤이은 장기불황을 극복하게 된 것은 1941-45년의 제2차 세계대전 덕택이었다.

제2차 세계대전 직후 미국의 거대한 군수산업(또는 무기산업)은 판매시장이 없어 불황에 빠졌고 이리하여 미국경제 전체가 불황에 빠졌는데, 1950-53년의 한국전쟁이 미국경제의 회복과 패전국 일본의 경제 재건에 크게 기여했다.

1950-70년은 이른바 자본주의 세계경제의 황금시대로 공산권과의 냉전과 열전 속에서도 자본주의 세계경제를 지휘하는 국제기구(예: IMF, IBRD, GATT)가 기능했고, 선진자본주의국에서는 복지제도가 확대했고(즉 국민들에게 교육과 의료의 혜택이 확대되고, 실업수당과 연금이 제공되고, 저소득층에게 보조금이 지급되었다), 노동조합의 권리가 확장했다.

그러나 1973년 10월 아랍과 이스라엘 사이의 전쟁이 야기한 석유가격의 폭등은 1974-75년에 20세기의 제2차 세계대공황을 야기했는데, 2007년까지 세계경제는 아직도 그 공황에 뒤이은 장기불황의 늪에서 헤어나지 못하고 있다. 그 이유는 여러 가지가 있겠지만, 특별히 지적해야 할 것은 선진자본주의국이 국내의 저성장과 실업증대를 해결하기 위해 '국가경쟁력'을 강화하고 수출을 증진하려고 노력하기 때문에 장기불황이 더욱 악화하고 있다는 점이다. 왜냐하면 국내적으로는 복지제도를 해체하고 긴축정책을 실시하며 노동임금을 삭감하고 고용불안을 조장하며 빈부 격차를 확대함으로써 국가경쟁력을 강화하려고 하는데, 이것은 당연히 국내시장을 축소하기 때문이다. 또한 국제적으로는 무역과 외환 및 자본의 자유화를 모든 나라에 강요하고 있는데, 이것이 오히려 후진국의 경제발전을 저해하고 세계경제의 불안정성을 증가시키고 있기 때문이다. 따라서 1970년대와 1980년대에 세계경제의 성장을 주도하던 일본이 1990년부터 공황에 빠져 있고 1970년대와 1980년대 및 1990년대에 세계경제의 성장을 주도하던 아시아가 1997년에 공황에 빠졌다.

물론 20세기를 마감하는 1990년대에 사회주의권 또는 공산주의권이 붕괴함으로써 사실상 모든 나라가 자본주의 경제체제를 채택하게 되었고, 세계경제가 하나로 되었다. 그러나 과거의 공산주의권이 자본주의로 이행하는 것이 쉽지 않아 혼란에 빠져 있기 때문에, 세계경제의 장기불황은 더욱 연장되고 있다.

14-2. 1974-75년의 세계대공황

1974-75년 공황에서 각국의 공업생산 감소율은 1930년대의 세계대공황 이후 가장 컸다. 미국의 공업생산은 1973년 11월-1975년 4월의 17개월 동안 13.8% 감소했고, 서독은 1973년 12월-1975년 5월의 17개월 동안 12.3% 감소했으며, 영국은 1973년 10월-1975년 5월의 19개월 동안 11.0% 감소했고, 일본은 1973년 12월-1975년 2월의 14개월 동안 21.4% 감소했다.

이 공황의 원인은 어디에 있었는가? 흔히들 OPEC(제3세계 주요 석유 수출국의 카르텔)이 1973년 10월-1974년 1월에 석유가격을 배럴당 3달러에서 11.65달러로 네 배 인상했기 때문에, 공황이 발생했다고 말한다. 그러나 이것은 공황의 '방아쇠'(trigger)에 관한 이야기다. 방아쇠를 당기지 않으면 총알이 폭발하지 않는 것은 사실이지만, 총알을 넣지 않고 아무리 방아쇠를 당겨 봐도 폭발은 일어나지 않는다. 따라서 유가폭등 이전에 이미 세계경제를 공황에 빠뜨릴 조건들이 성숙하고 있었으며, 유가폭등은 공황을 촉발했을 따름이라고 말해야 할 것이다.

14-2-1. 1970-71년의 경기 후퇴

이윤율의 추이를 살펴보면, 주요 선진국의 기업 전체와 제조업의 이윤율은 대체로 1960대 중반의 최고 수준으로부터 1973년에는 거의 30%나 저하했다. 미국의 예를 보면, 기업 전체의 이윤율은 1966년에 22.3%로 최고 수준을 기록했는데, 1973년에는 14.8%로 폭락했고, 제조업의 이윤율도 1966년에 34.9%로 최고 수준을 기록했지만 1973년에는 22.5%로 폭락했다. 이윤율이 자본가의 투자능력과 투자의지를 결정한다는 점에서 이윤율의 폭락은 경제를 침체에 빠뜨리지 않을 수 없었는데, 1970-71년의 경기후퇴가 이것을 가리킨다.

이윤율을 저하시킨 요인은 여러 가지 있었다. 첫째, 주요 산업들(예: 섬유산업 · 자동차산업 · 조선산업 · 석유화학공업 · 철강업 · 가전공업)이 수요 감퇴 · 경쟁 격화 · 저생산성 · 과잉설비 등의 문제점에 부닥치고 있었기 때문이다. 특히 환경오염이나 제품의 안전성에 대한 우려가 높아져 기업은 수익을 낳지 않는 설비에 투자해야만 했고, 노동자들은 포드주의적 단순반복노동에 대해 무단결근 등으로 대응함으로써 노동생산성이 상승할 수 없었다.

둘째, 노동운동과 시민운동의 격화 때문이었다. 프랑스에서는 1968년 5월 혁명 이래 임금수준이 대폭 상승했고, 이탈리아에서는 1969년 가을부터 북부공업지대에서 주변노동자들(이탈리아의 남부와 중부에서 이민 온 공장노동자들)의 파업으로 임금수준이 크게 상승했다. 또한 노동운동과 시민운동은 사회복지제도의 개선과 확대를 추진했다. 보건과 교육을 위한 지출, 그리고 소득보조(실업자에 대한 실업수당, 퇴직자와 노령자에 대한 노후연금, 저소득층에 대한 각종 보조) 등 사회복지비는 1960-70년에 국내총생산의 증가율보다 더욱 크게 증가했다. 이리하여 '사회복지비/국내총생산'의 비율은 1970년대 초 프랑스 22.4%, 서독 22.1%, 영국 18.2%, 미국 17.1%, 일본 9.9%였다.

셋째, 국제통화제도가 불안정적이어서 외환투기나 골드러시(gold rush, 달러를 금으로 바꾸려는 대소동)가 자주 발생함으로써 국제거래가 안정적으로 성장할 수 없었기 때문이다. 미국은 1960년대 중반 이래 수입초과・대외원조・베트남전쟁・대외투자 등으로 대규모의 달러를 해외로 유출했기 때문에, 세계화폐로서의 달러에 대한 신뢰도(또는 신인도)가 하락해 달러를 금으로 바꾸려는 대소동이 여러 번 일어났다. 결국 닉슨(R. Nixon)은 1971년 8월 15일 달러를 금으로 태환하는 제도를 폐기한다고 선언했고, 1973년 3월 모든 나라는 변동환율제를 채택하게 되었다.

14-2-2. 1972-73년의 투기적 벼락경기

각국 정부는 1970-71년의 경기후퇴를 해소하기 위해 재정금융의 확장정책을 취하게 되었다. 1972년은 미국의 대통령 선거 해여서 미국 정부는 확장정책을 취하지 않을 수 없었는데, 이 확장정책 때문에 무역수지가 더욱 악화되는 것을 막기 위해 서독과 일본에게 마르크와 엔의 평가절상을 요구했다. 그러나 서독과 일본은 평가절상이 자국 상품의 국제경쟁력을 크게 약화시킬 수 있다고 판단해 평가절상에 반대하고, 그 대신 무역흑자로 들어오는 달러와, 환율변동을 노려 들어오는 투기성 자금(hot money)을 빨리 사용해 버리려고 했다. 대내적으로는 공공사업 예산을 미리 집행했고, 금리를 계속 인하해 투자를 촉진했으며, 환경을 개선하기 위한 투자를 증대시켰고, 대외적으로는 해외투자를 적극 장려했고 원자재를 대규모로 수입해 비축하게 했다.

재정금융의 팽창정책으로 이자율이 낮고 대출을 손쉽게 얻을 수 있었기 때문에, 그리고 농산물과 광산물의 원자재 가격이 공급 부족으로 상승하고 있었기 때문에, 1972-73년에는 세계적인 투기 붐이 일어났다. 커피・설탕・목재・알루미늄・곡물・금・골동품의 가격이 폭등했으며, 또한 토지・건물・주식에 대한 투기가 대규모로 일어났다. 다시 말해 제조업 등 산업의 확대재생산을 위한 투자가 이윤율의 저하로 정체함에 따라,

금융기관의 방대한 여유자금이 원자재, 부동산 그리고 주식의 매입에 대부된 것인데, 매매가 빈번하게 이루어짐으로써 가격은 급등했다. 일본에서는 1972년 7월-1973년 3월에 목재 가격은 2.24배, 콩 가격은 4.76배, 모사 가격은 2.08배, 생사가격은 1.94배, 면사 가격은 1.9배 폭등했고, 도쿄의 주가지수도 1971년 1월의 148.05에서 1973년 1월에는 422.48로 급상승했으며, 토지 가격도 1970년 3월-1973년 3월에 64%나 상승했다.

14-2-3. 1973년 10월-1974년 1월의 유가폭등

1973년 10월 이스라엘과 아랍국가 사이에 전쟁이 일어나자, OPEC은 이스라엘에 대한 국제적 지원을 중단시키기 위해 석유수출의 삭감과 국별 수출 금지(예컨대 미국에 대한 수출 금지)를 결정했으며, 석유가격을 네 배나 인상했다.

유가인상이 1974-75년 공황의 근본원인이라고 주장하는 사람들 중에는, 유가인상 때문에 선진국의 구매력이 OPEC으로 이전함으로써, 선진국에는 유효수요가 부족하게 되어, 생산이 격감하고, 실업이 격증하게 되었다고 설명한다.

그러나 이 설명은 사실과 다르다. 물론 OPEC이 유가인상을 통해 선진국과 후진국으로부터 대규모의 달러를 흡수한 것은 사실이지만, 이 달러를 OPEC의 금고 속에 넣어 둔 것은 아니었다. OPEC의 각국 정부는 야심적인 개발계획을 세워 선진국으로부터 막대한 규모의 생산재와 소비재를 수입했고, 나머지의 잉여달러는 주로 선진국의 은행에 예금했다. 선진국의 은행은 예금으로 받아들인 석유달러(petro-dollar)를 주로 발전가능성이 높은 후진국에 대출함으로써 후진국이 선진국으로부터 종전과 마찬가지로 생산재와 소비재를 구매할 수 있도록 한 것이다.

1970년대 말과 1980년대 초 멕시코 · 브라질 · 아르헨티나 · 한국 등이 외채위기에 빠진 것도 1970년대 중반 이래 선진국의 은행으로부터 막대한 금액의 석유달러를 차입할 수 있었기 때문이었다. 따라서 유가인상→OPEC으로 구매력 이전→선진국의 구매력 부족→생산의 격감→1974-75년 공황이라는 논리는 옳지 않다.

유가인상이 세계경제에 미친 영향은 다른 각도에서 설명할 수 있다. 첫째, 유가인상은 석유를 많이 소비하는 산업에 먼저 타격을 가하고, 나아가서 경제 전체를 혼란에 빠뜨렸다. 석유를 에너지나 원료로 사용하는 산업은 유가인상에 따라 수익성이 크게 악화되었기 때문에 도산하거나 생산을 축소할 수밖에 없었다. 이리하여 이 산업에 기계나 원자재를 공급하던 산업들도 제품의 판로가 막히자 도산하게 되었다. 둘째, 유가인상으로 인플레이션이 심화함에 따라 각국 정부가 1974년 봄부터 긴축정책을 채택하게 되었고, 이 긴축정책 때문에 모든 투기가 몰락하게 되어 신용공황과 은행공황 및 산업공황이 심화했다.

14-2-4. 공황의 전개과정

1972-73년의 벼락경기로 원자재・부동산・주식의 가격이 폭등하고, 더욱이 유가까지 폭등해 인플레이션이 급속히 진행했다. 그래서 각국 정부는 1973년 말부터 재정금융의 긴축정책을 실시했다. 석유를 원료나 에너지로 사용하는 산업이 유가인상으로 타격을 받아 경제 전체가 판매 부진과 과잉생산에 빠지고 있는 상황에서 긴축정책을 실시했기 때문에, 수많은 투기꾼들이 도산하게 되었으며 이들에게 대출한 금융기관들도 도산했다.

1974-75년의 공황은 상업・부동산업・건설업의 파산에서 시작했다. 또한 석유가격이 폭등하자 자동차 수요가 격감해 자동차산업이 타격을 입었으며, 이어서 섬유・전기기기・건축자재・석유화학공업이 타격을 입었다. 철강・가구공업은 1974년 여름까지는 공급부족 상태였으나 곧 공급

과잉으로 전환했으며, 석탄 · 석유 · 곡물 분야는 상당한 기간 동안 공급부족 상태였다.

각국의 공업생산지수는 크게 감소했지만 인플레이션은 계속 진행되었다. 경기침체와 인플레이션이 병존하는 이른바 스태그플레이션(stagflation)은 1960년대부터 나타나기 시작했지만, 생산저하율, 생산저하 기간, 그리고 인플레이션의 진행속도에서 1974-75년의 공황은 더욱 악화된 형태였다. 왜 이렇게 악화되었는가? 첫째, 1973년 말의 긴축정책으로 다수의 기업이 도산하고 주요 금융기관까지 도산위기에 빠지자, 정부는 구제금융을 제공하지 않을 수 없었는데, 이로 말미암아 긴축정책이 중단되고 기업의 상품투매→상품가격 폭락이 어느 정도 저지되었기 때문이다. 둘째, 독과점기업들이 석유가격과 원자재가격의 상승을 제품가격에 전가했기 때문이다. 셋째, 노동조합은 실질임금을 유지하기 위해 화폐임금의 인상을 요구했기 때문이다.

그러나 인플레이션은 1976-77년부터 상당히 약화되었다. 왜냐하면 완제품과 원자재에 대한 수요가 감소했고, 기업들이 판로를 개척하기 위해 가격인하 경쟁을 시작했으며, 노동조합은 실업 증대로 임금인상을 요구할 수 없었기 때문이다.

1974-75년 공황은 실업을 격증시켰다. 한편으로는 생산이 감소했기 때문이고, 다른 한편으로는 노동생산성을 향상시키기 위해 노동절약적인 생산방법을 도입하고 노동조직을 개편했기 때문이다. 또한 1950-73년의 장기번영기에 대규모로 취업한 부녀자 · 청소년 · 소수인종그룹 · 외국노동자들은 쉽게 해고할 수 있었기 때문이다. 더욱이 사회복지비를 축소하자, 학교나 병원이나 사회복지부문에 고용되어 있던 봉급생활자들이 대규모로 실직했기 때문이다.

14-3. 1987년 10월의 세계적인 주식시장 공황

뉴욕증권시장의 다우공업지수는 1987년 10월 19일(Black Monday라고 부른다) 하루 동안 22.6%나 폭락했으며, 10월 14-19일까지의 나흘 거래일 동안 31.9%나 폭락해 1929년 10월의 주식시장 공황을 훨씬 능가했다. 결국 미국의 상장주식의 시가 총액이 나흘 동안에 2조 8,000억 달러에서 1조 9,000억 달러로 감소했으며, 그만큼 주식소유자의 재산이 감소했다. 이런 뉴욕증권시장의 격변에 영향을 받아 런던과 도쿄 증권시장의 주가도 나흘 동안 각각 22%와 18% 폭락했으며, 홍콩의 증권시장은 10월 20-26일까지 폐쇄되었다.

이런 주식가격의 폭락은 주식소유자들이 앞다투어 주식을 팔려고 하기 때문에 발생한다. 특히 기관투자자(증권회사, 은행, 투자신탁, 보험회사, 연금기금, 각종 펀드)가 주식의 대부분을 소유하고 있으며, 주식가격에 영향을 미칠 요인들에 관한 정보가 세계적인 규모로 조직적이고 신속하게 수집・전파되고 있는 현재와 같은 상황에서는, 거대한 기관투자자들이 거의 동시에 주식을 투매한다면, 주식가격이 폭락할 수밖에 없다. 또한 기관투자자들이 수익성을 확보하기 위해 각국 증권시장에 분산 투자하고 있기 때문에, 미국 증권시장의 주가 폭락은 자연히 런던과 도쿄시장에서도 주가를 폭락시킬 수 있다.

1987년 10월 19일 뉴욕증권시장의 주가 폭락은 미국 재무부장관이 금리는 인상하고 달러화는 계속 약세를 유지하도록 하겠다고 말했기 때문에 일어났다고 한다. 금리가 오르면, 주가는 다른 사정에 변화가 없는 한 하락하게 마련이며, 달러화의 대외가치가 하락한다면 누구도 달러로 표시된 증권을 소유하려 하지 않을 것이다. 따라서 미국 재무부장관의 발언이 있자마자 거대한 기관투자자들(특히 일본 증권회사들)이 뉴욕시장에서 주식을 대규모로 팔기 시작했고, 기타의 투자자들도 주가의 하락 경향에 놀라 주식을 투매하기 시작했다. 이 결과가 격렬한 주식시장 공황이었다.

그런데 각국 정부는 주식시장 공황을 맞아 여러 가지 긴급조치를 취함으로써 주식시장 공황이 초래할 각종의 위험을 피하려고 노력했다. 예를 들면, 미국의 중앙은행인 연방준비은행은 금융기관의 자금 사정 악화를 방지하기 위해 금융기관에게 자금을 무제한 공급하겠다고 선언했고, 증권회사에게 자금을 지원해 주식을 매입하게 함으로써 주가의 반등을 시도했으며, 또한 주요 은행의 금리를 인하하도록 요청했다.

금융기관에게 자금을 무제한 공급하겠다는 것은, 주가 폭락이 야기할지도 모를 금융공황(신용공황과 은행공황)과 산업공황을 예방하려는 조치다. 금융기관이 주가 폭락으로 큰 손해를 보았다면, 첫째로 예금자의 예금 인출 소동으로 금융기관이 도산하는 은행공황이 일어나거나, 둘째로 대출재원이 모자라 대출을 중단하거나 대출을 회수함으로써 신용공황을 야기할 것이고, 뒤이어 다수의 기업들을 도산시키는 산업공황을 야기할 것이다. 만약 산업기업이 주가 폭락으로 큰 손실을 보았다면, 산업기업은 은행 부채를 상환하기 어려워 도산할 수밖에 없다. 결국 선진국 정부는 관리통화제도의 이점을 살려 주식시장 공황의 파급을 약화시키려고 노력한 것이다.

미국 재무부장관의 발언으로 주식시장 공황이 발생했다는 이야기는 주식시장 공황의 '방아쇠'에 관한 것이다. 따라서 주식시장 공황이 발생할 수 있는 여건 또는 환경이 이미 조성되어 있었다고 말해야 할 것이다.

먼저 미국경제의 동향을 살펴보자. 미국의 레이건 정부(1981-88년)는 고소득층에 대한 조세 삭감과 국방비 지출 증대로 막대한 재정적자를 겪고 있었는데, 이 재정적자는 인플레이션을 유발해 금리 인상을 촉발할 위험성을 지니고 있었다. 인플레이션은 주식의 실질가치를 감소시키기 때문에, 그리고 금리 인상은 주식 소유보다 은행예금을 더욱 유리하게 하기 때문에, 인플레이션과 금리 인상은 주식 소유의 매력을 감소시킨다.

또한 미국경제는 대규모의 무역적자를 계속 겪고 있었다. 무역적자의 확대는 달러화의 대외가치를 하락시키는 요인으로 작용해, 달러로 표시된 주식을 소유하는 것을 불리하게 한다. 물론 외국자본을 도입하면, 무역적자를 메울 수 있을 뿐 아니라 국제수지의 종합계정을 흑자로 만들 수 있기 때문에, 달러화의 대외가치를 유지할 수 있다. 사실상 1985년 말까지 일본과 서독의 금융기관들이 미국의 국채(TB, 재무부증권)와 회사채・주식을 대량 매입함으로써, 미국 달러화는 그 시세를 유지할 수 있었다. 그러나 달러화의 강세는 미국산업의 국제경쟁력을 약화시켜 미국산업 전체를 쇠퇴의 길로 몰고 갔다. 이 때문에 미국 정부는 1986년 이후 달러화의 대외가치 하락을 방치했다.

이렇게 볼 때 1987년 10월의 주식시장 공황의 밑바탕에는 미국의 쌍둥이 적자(재정적자와 무역적자)라는 요인이 있음을 알 수 있다. 대규모 재정적자가 생긴 이유는, 기업과 고소득층에 대한 조세부담의 경감으로 재정수입은 감소했지만, 재정지출은 사회복지비의 무자비한 축소에도 불구하고 국방관련비용의 확대로 증가했기 때문이다. 더욱이 미국 정부는 군사관련산업(예컨대 항공우주산업, 컴퓨터산업, 무기산업, 스타워즈 계획)을 중심으로 산업의 국제경쟁력을 향상시키려고 하기 때문에, 재정적자를 축소하기가 어려웠다. 그러나 1990년대에 클린턴(B. Clinton) 대통령 시절 한편으로 국방관련 지출을 삭감하고, 다른 한편으로는 호황에 따라 재정수입이 증가함으로써, 재정적자가 해소됐다.

그리고 미국의 무역적자는 주로 첨단과학기술 분야를 제외한 거의 모든 산업에서 국제경쟁력을 상실하고 있기 때문에 생긴 것이다. 일본과 서독, 그리고 신흥공업국들은 미국의 해외시장은 물론 국내시장까지 빼앗고 있었다. 물론 보호무역적 행정조치의 강화와 외국시장의 개방 요구로 어느 정도 무역적자를 감축시킬 수 있겠지만, 미국산업의 국제경쟁력이 상승하지 않는 한, 무역적자를 해소하기는 어려울 것이다. 미국은 2000년 이래 매년 4,000-5,000억 달러의 대규모 무역적자를 기록하고 있다.

14-4. 2008년 9월에 폭발한 세계대공황

세계경제는 각 국민경제, 지역경제통합체(예: EU, NAFTA 등), 다국적기업들 그리고 국제적 국가기구들(예: UN, IMF, WTO, IBRD 등)로 구성되어 있는데, 현재의 세계경제는 국내총생산(GDP)의 규모가 가장 큰 미국경제[1]가 세계를 제국주의적으로 지배하는 것을 특징으로 삼는다. 미국 정부는 특히 1974-75년의 세계공황을 극복하는 과정에서 각국 정부에게 경제의 개방화와 자유화를 요구하면서 미국 출신의 다국적기업들이 세계의 산업과 금융을 지배하도록 도왔다.

이리하여 세계적인 상품거래와 금융거래가 폭발적인 규모로 증가했지만 국제적인 국가기구들은 이런 거래들을 제대로 감독하거나 관리할 능력을 지니지 못했다. 이리하여 크고 작은 금융위기가 끊임없이 일어났다. 1983년 이후 후진국의 외채위기, 1987년 10월의 세계적인 주식시장 공황, 1997년 아시아의 외환위기, 1998년 멕시코와 러시아의 외환위기, 미국 LTCM(Long Term Capital Management)의 파산위기, 2002년 아르헨티나의 외환위기, 2007년 비우량 주택담보 대출의 붕괴 등. 이런 위기들을 어떻

1 국제통화기금(IMF)에 따르면, 국내총생산의 크기(2010년)에서 세계 제1위는 미국(14조 6,242억 달러)이고, 2위는 중국(5조 7,451억 달러), 3위는 일본(5조 3,909억 달러), 4위는 독일(3조 359억 달러)이었다.

게 해소할 것인가는 대체로 미국을 위시한 영국 · 프랑스 · 독일 · 이탈리아 등의 '집단적 제국주의'(collective imperialism)에 의해 결정되었지만, 미국 제국(Empire)의 이익을 옹호하지 않을 수 없었다.

지금(2010년 현재) 미국 경제는 연간 5,000억 달러의 무역수지 적자와 연간 1조 4,000억 달러의 재정수지 적자에 부닥쳐 있다. 무역수지의 적자는 미국 산업의 국제경쟁력이 상대적으로 낮다는 것과 미국이 값싼 상품을 대량으로 외국(특히 중국)에서 수입하고 있다는 사실을 가리킨다. 그리고 재정수지의 적자(이전의 클린턴 정부에서는 없었던 일이다)는 부유층에게는 세금을 깎아 주면서 아프가니스탄 · 이라크 등에서 전쟁을 계속 수행하고 금융위기로 재정지출이 크게 늘어났기 때문이다.

이처럼 무역수지와 재정수지가 대규모의 적자를 나타낸다면, 미국의 국내통화인 달러의 대외가치는 당연히 떨어져야 하고, 외국투자자들은 달러로 표시된 유가증권(주식 · 채권 · 재무부증권 등)을 팔아야 하며, 외국정부들은 외환보유고를 달러로 가질 것이 아니라 유로(Euro) 등 다른 통화로 가져야 할 것이다. 이렇게 되면 달러 가치는 더욱 떨어지고 뉴욕증권거래소의 주가는 폭락하며 미국 경제는 물론 세계경제가 공황에 빠질 것이다.

그런데 아직은 이런 연쇄적인 반응을 일으킬 방아쇠는 당겨지지 않고 있다. 세계의 각국 정부와 투자자들은 아직도 미국이 군사적으로 경제적으로 외교적으로 가장 강력하다는 것을 인정하면서 미국 정부의 국채(재무부증권 Treasury Bill)가 세계에서 가장 안전하다고 믿고 있다. 따라서 외국의 정부들은 외환보유고를 미국의 재무부증권으로 가지려고 하고 투자자들도 재무부증권에 투자하고 있다. 다시 말해 미국 정부가 무역수지와 재정수지의 적자를 메우기 위해 발행한 달러가 재무부증권을 구매하려고 다시 미국 정부에게 돌아오고 있는 셈이다. 미국 제국에 대한 믿음이 계속되는 한, 달러의 대외가치가 떨어질 위험이 없고 뉴욕증권시장의 붕괴는 일어나지 않으며 세계대공황의 가능성은 없다고 말할 수 있을 것이다.

미국 경제는 1995-2000년에 일본과 유럽연합에 비해 높은 성장, 낮은 실업, 낮은 인플레이션을 이룩했는데, 이것을 주류경제학자들은 미국이 '신경제'(New Economy)를 맞이했다고 주장했다. 그러나 신경제를 창조한 요소들은 디지털 혁명이라는 기술혁신, 이 기술혁신에 자본을 공급한 벤처자본, 그리고 벤처자본에게 대박을 얻을 수 있게 한 흥청거리는 뉴욕증권거래소였다.

디지털 혁명의 선두주자인 미국에서는 IT(정보통신)산업에서 새로운 혁신이 거듭되기 때문에, 각국의 유휴자금이 미국 IT산업의 주식을 매입함으로써 IT산업의 이윤을 분배받으려 했으며, 이리하여 뉴욕증권거래소는 활황을 이루었다. 이 결과로 미국의 IT산업은 큰 자본을 쉽게 얻을 수 있어 확장을 계속했고, 기술직·전문직의 고용이 증가하고 이들의 소득이 증가했다. 또한 주가가 상승함으로써 주식소유자는 재산이 증가했다고 생각해 미리 은행에서 자금을 차입해 소비를 증가시켰다. 이리하여 투자와 소비가 증가해 경제성장이 높아지고 취업이 증가했으며, 기술혁신의 도입으로 노동생산성도 향상했고, 후진국에서 값싼 제품을 대량 수입함으로써 인플레이션을 억제한 것이다.

그러나 이런 과정에서 IT 등 첨단산업부문에 대한 투자가 과잉이 되어 투자의 수익률이 저하했고, 이리하여 2000년 봄부터 IT산업의 주가가 하락하기 시작하면서 전체 주가의 상승이 머뭇거리게 되었다. 만약 주가가 대폭 하락하는 경향이 보인다면, 외국투자자들은 주식을 팔아치울 것이고 그 대금을 달러 이외의 화폐로 가지려고 할 것이다. 또한 주식소유자들은 장래의 재산이 줄어들기 때문에 소비를 줄일 것이고, 기업은 주식 발행을 삼가고 투자를 줄일 것이다. 더욱이 은행에서 차입해 주식을 구매한 가계와 기업들은 주식의 판매로 부채를 갚을 수 없어 도산하게 될 것이다. 이렇게 된다면, 주식가격과 달러의 대외가치는 폭락하며, 미국 경제는 공황에 빠지고 세계경제도 공황에 부닥칠 것이다.

이런 위험을 잘 알고 있기 때문에, 미국의 중앙은행인 연방준비은행은 2001년 초부터 주가가 크게 하락하자, 2001년 한 해 동안 연방기금금리(중앙은행에서 예치한 초과지급준비금의 은행간 대출금리)를 11차례에 걸쳐 6.5%에서 1.75%로 인하하면서 주가의 반등을 시도한 것이다. 그 뒤 2002년 11월에는 금리를 다시 1.25%[2]로, 그리고 2003년 5월에는 또다시 1.00%로 인하했다. 그러나 주가는 쉽사리 상승하지 않았으며, 경제성장률이 1995년 이후 최저수준으로 저하하고 실업률이 크게 증가하며 IT산업의 이윤율은 더욱 저하했다.

이런 와중에서 2001년 9월 11일 미국에 대한 테러공격[3]이 있었고, 2001년에는 아프가니스탄에 대한 침략, 2003년에는 이라크에 대한 침략으로 미국 경제는 점점 더 전쟁경제로 돌입했다. 그런데 이런 중동지역에 대한 전쟁은 여러 가지 의미를 가지고 있다. 첫째,[4] 중동전쟁은 미국의 석유자본[5]과 군수자본[6]의 수익을 증가시킨다는 점이다. 중동에서 군사분쟁이 생기면 세계의 석유 가격은 상승하게 마련이고 이에 따라 산유국과 석유자본의 수익은 증가한다. 산유국은 이처럼 증가한 수익으로 무기 수입

2 연방기금금리가 1.25%라면 프라임 레이트(prime rate, 시중은행이 신용도가 높은 개인이나 기업에 대출하는 금리)는 4.25%가 되는데, 이 수준은 1959년 5월 이후 최저수준이다.

3 이 테러사건은 미국 본토가 1812년 이래 처음으로 적군의 공격을 받았다는 점에서 미국 국민에게는 매우 경악스러운 사건이었다.

4 이 첫째 항목은 홍기빈(2004)에 의거했다.

5 석유를 수송·정제·판매하는 세계최대의 과점적 기업들은 인수·합병을 통해 7개(Seven Sisters)에서 4개로 줄었다. 이 4개는 Chevron, Exxon, BP Amoco, Royal Dutch Shell인데, 이 중 앞의 2개가 미국계다.

6 미국의 군수자본 중 중요한 것은 Boeing, General Dynamics, General Electric, Grumman, Honeywell, Litton Industries, Lockheed, McDonnell Douglas, Martin Marietta, Northrop Raytheon, Rockwell International, Texas Instrument, Textron, United Technologies, Westinghouse 등이다.

을 확대하는데, 이것은 결국 미국 군수자본의 수익을 증가시키게 된다. 이 논리를 제대로 적용해 중동에서 누가 분쟁을 일으킬 것인가를 유추한다면, 미국의 석유자본과 군수자본이 자기들의 수익률을 증가시키기 위해 미국 정부를 움직여 중동에서 분쟁을 일으킨다는 결론이 나온다. 미국 정부가 아프가니스탄과 이라크를 침략한 이유가 석유자본과 군수자본의 이익을 위한 것이라는 주장은 여러 곳에서 제기된 바 있다. 그런데 문제는 전쟁경제로 미국 경제가 견실한 구조와 성장을 유지할 수 있는가에 있다. 미국 정부는 막대한 재정지출을 통해 무기를 구입하고 군인들에게 봉급을 주기 때문에, 국내의 투자와 소비가 증가함으로써 경제성장에 도움을 줄 수 있을 것이지만, 재정수지 적자는 물가상승률을 높임으로써 미국 산업의 국제경쟁력을 약화시킬 것이고, 달러의 대외가치를 저하시킬 것이다. 또한 인적·물적 자원을 낭비·파괴하는 군수산업이 미국 경제의 중심에 선다는 것은 세계의 양심이 용서하지 못할 것이다.[7]

둘째, 이라크에 대한 침략을 둘러싸고 선진국 정부들 사이에 대립이 있었다는 점이다. 프랑스와 독일이 미국의 침략에 반대하고 영국은 함께 동맹군으로 참가했다.[8] 미국이 분명히 최고·최대의 제국주의국가이지만 집단적 제국주의 안에서 의견의 대립이 있을 수 있으며, 이 대립이 어떤 형태를 띠고 나타날지는 특수한 상황에 따라 다를 것이다. 셋째, 중동에서 미국과 이스라엘이 계속 분쟁을 일으킨다면 세계경제는 석유가격의 끊없는 인상과 불안정으로 말미암아 큰 혼란에 빠질 수밖에 없다는 점이다. 2007년 말에는 석유가격이 1배럴당 100달러를 상회했다.

전쟁으로 재정수지의 적자가 늘어나고 무역수지의 적자가 악화됨에 따라 달러의 대외가치가 저하하면서 달러보다는 유로를 선호하는 경향이 외

7 세계 전체에서 벌어지는 반전시위(anti-war demonstrations)를 보라.
8 미국 정부의 입김이 크게 작용하는 나라들, 특히 한국과 일본도 군대를 파견했다.

국 정부들과 투자자들에게 나타나게 되었다. 이에 미국의 연방준비은행은 달러가치를 유지하기 위해 이자율을 인상하기 시작했다. 2004년 6월에는 1%를 1.25%로 인상한 뒤 계속 0.25%포인트씩 여섯 번이나 인상해 2005년 3월에는 연방기금금리가 3.00%가 되었다.

또한 미국 경제에 불리한 사정은 엔론, 월드컴, K마트, 글로벌크로싱 등 미국의 대기업이 분식회계로 파산했고, 기타의 대기업들도 분식회계 의혹을 받고 있다는 점이다. 주주가치를 극대화하는 것이 기업의 목표로 되면서 특히 스톡옵션을 가진 경영자들은 주식가격을 끌어올릴 수 있는 온갖 방법을 동원할 수밖에 없는데, 이 과정에서 회계를 조작하게 되는 것이다. 분식회계의 의혹을 받는 대기업들은 자금을 조달하기가 어려워 결국 도태될 가능성이 크므로 이 점에서도 미국 산업은 어려운 상황이다.

2003년 하반기부터 주식가격은 상승하는 추세로 돌아섰지만, 문제는 기업의 수익성은 저하하지만 주가는 상승하는 현상, 즉 기업의 수익성과 주가 사이의 간격이 1995년 이래 계속 확대되고 있다는 점이다. 이것은 주가가 기업의 이윤과 배당으로부터 점점 더 자립하고 있다는 것을 가리키는데, 이 간격이 어느 수준을 초과하면 주가가 자기의 토대인 배당을 반영해 폭락하지 않을 수 없을 것이다.

이런 현상(즉 주가가 기업의 수익성과는 독립적으로 상승하는 현상)은 1990년 이후의 일본의 장기불황을 설명하는 데 매우 중요하다. 1980년대 전반 미국은 레이건의 세금 축소와 군사비 확대(예: Star Wars 계획)로 재정적자가 대폭 증가했고, 이것을 외국자본의 도입으로 막기 위해 달러 가치를 높게 유지했으며, 이로 말미암아 수출경쟁력이 크게 저하해 거대한 무역적자를 보았다. 이리하여 1985년에는 플라자협정을 통해 일본과 독일이 엔과 마르크의 대외가치를 인상하고 달러 가치를 상대적으로 인하했는데, 이로 말미암아 일본의 수출경쟁력은 큰 타격을 입었지만, 엔화의 강세 때문에 외국자본이 대량 일본에 유입해 일본증권시장이 활황을 이루었다. 이리하여 기업의 수익성은 개선되지 않는데도 주가는 상승해, 소비와 투자를 확대하면서 과잉투자와 과잉설비를 야기했다. 그 뒤 주가가 기업의 수익성을 반영하는 수준으로 하락하면서 가계와 기업의 파산이 뒤따르고 금융기관의 파산도 이어진 것이다. 이것이 1990년대 일본의 대불황이며, 아직도 회복하지 못하고 있다. 이자율을 0%에 가깝게 아무리 낮추어도 투자는 일어나지 않고 있다. 왜냐하면 이미 과잉설비가 너무나 많기 때문이다. 미국 경제도 주주자본주의 아래에서 정부 당국과 기업이 주가를 상승시키는 데 너무 집착하기 때문에, 주가가 기업의 수익성과는 무관하게 상승하다가 폭락함으로써 공황을 일으킬 수도 있다.

지금의 세계경제는 미국 정부가 세계를 군사적으로 지배하면서 국제적인 경제관계들을 조정하고 있는 구조다. 미국 경제는 달러가 세계화폐로 역할함으로써 엄청난 화폐주조이익(seigniorage)을 얻고 있으며, 뉴욕증권거래소와 미국의 금융자본이 세계의 금융시장을 지배하며, 미국의 첨단산업이 세계의 기술혁신을 주도하고, 미국의 군수산업이 세계에 무기를 수출하며, 미국의 언어와 문화가 또한 세계를 지배하고 있다. 그러나 이처럼 미국 정부가 세계를 장악하고 있는데도 불구하고 미국의 이익을 해치는 금융공황은 거듭 일어나고 있으며, 미국 국내의 경기는 무정부적 생산과 불균등발전에 따라 회복과 침체를 반복하고 있다. 어떤 특수 상황에서 달러의 가치가 폭락하면서 뉴욕증권거래소가 붕괴한다면 미국 경제와 세계경제가 공황에 부닥치면서 미국 제국은 몰락하게 될 것이다.

그런데 미국에서는 실제로 2007년 7월부터 주택담보대출(mortgage, 모기지) 금융기관들이 줄줄이 도산하기 시작했다. 원래 모기지는 주택구입 희망자에게 금융기관이 주택을 담보로 20-30년 동안 주택구입자금을 대출하는 것인데, 모기지 차입자는 금융기관에게 모기지 대출 합의서에 따라 원금과 이자를 20-30년 동안 상환하면 그 주택이 자기의 소유로 된다. 그런데 금융기법의 발달에 따라, 모기지 대출을 처음 '개시한' 금융기관은 차입자에게서 받은 주택저당문서와 모기지 대출합의서를, 미국 정부가 보증하는 모기지 금융기관인 패니메이(Fannie Mae)나 프레디맥(Freddie Mac)에게 일정한 수수료를 내고 팔아서, 다시 모기지 대출을 할 수 있는 자금을 얻을 수 있게 되어 있었다. 다시 말해 모기지 대출을 처음 개시하는 금융기관은 차입자가 모기지 대출의 원리금을 앞으로 제대로 상환할 수 있을까에 전혀 관심을 두지 않고 계속 모기지 대출을 개시하면 되는 것이었다. 왜냐하면 모든 위험 부담은 일단 패니메이와 프레디맥에게 넘어갔기 때문이다.

그런데 패니메이와 프레디맥도 자금을 스스로 조달하는 방법을 가지고 있었다. 예컨대 패니메이는 개별 모기지 대출합의서와 주택저당문서 1,000건을 모아서, 모기지 차입자가 원리금을 상환할 확률이 가장 높은 것으로부터 가장 낮은 것으로 몇 등급 나누어 분류한다. 1,000건의 모기지 대출이 상환 확률에 따라 분류되어, 가장 높은 것으로부터 AAA, AA, A 등급을 매기고 가장 낮은 것에 BBB 등급을 매기는 것이다. 패니메이는 이 신용등급 매기는 일을 국제신용평가기관(예: S&P, 무디스, 피치)에게 맡기고 수수료를 주면 된다. 이 등급의 순서는 1,000건의 모기지에서 들어오는 원리금 상환액을 나누어 가지는 순서인데, AAA 등급이 가장 먼저 자기의 몫을 받기 때문에 수익률은 가장 낮고, BBB는 가장 나중에 자기의 몫을 받기 때문에 수익률은 높지만 전혀 수익을 받지 못할 위험도 크다. 이리하여 AAA로부터 BBB에 이르는 등급을 가진 증권—이것이 '모기지 담보증권'(mortgage-backed securities, MBS)이다—이 만들어진다. 이 모기지 담보증권의 수익은 모기지 대출의 원리금 상환액에서 나오는 것인데, 패니메이와 프레디맥은 이 MBS를 세계의 모든 투자자—예금은행 · 투자은행 · 보험회사 · 연금기금 · 헤지펀드 · 개인 등—에게 판매한 것이다.

상이한 신용점수를 가진 차입자 1,000명이 자기가 받은 모기지 대출의 원리금을 각각 상환하기 때문에, "1,000명이 한꺼번에 원리금의 상환을 연체하거나 부도낼 수는 없을 것이다"를 믿어 투자자들이 MBS를 매입한 것이다. 더욱이 MBS를 발행하는 금융기관이 미국 정부의 국책기관이므로 안심하고 MBS를 구입한 것이다.

주택가격이 2001년부터 폭등하기 시작하자, 집을 먼저 사려는 고객이 늘어나면서 모기지 대출에 대한 수요가 급증하게 되었다. 그리하여 금융기관들이 서로 다투어 모기지 대출업무에 참가하고 또 서로 다투어 모기지 담보증권(MBS)을 발행하기 시작했다. 모기지 관련 금융기관들은 만약 모기지 차입자가 원리금을 갚지 못한다면 집을 팔아 대출금액을 찾을 수 있다는 신념을 가졌기 때문에, "모기지 대출 신청서를 작성할 줄 아는 모든 사람에게 모기지 대출을 행한" 것이다. 이것은 김대중 정부 시절 카드회사가 아무에게나 길거리에서 신용카드를 발행해 준 것과 비슷했다.

이리하여 원리금을 상환할 확률이 매우 낮은 저소득층('비우량 차입자'라고 부른다)이 모기지 대출을 받게 된 것인데, 이 모기지가 이른바 '비우량 모기지'(subprime mortgage)이다. 모기지 대출 금융기관은 모기지 신청서를 받아오는 에이전트를 두고 있는데, 이 에이전트는 높은 이자율의 모기지 대출 신청서를 받아올수록 더 많은 보너스를 받았으므로, 저소득층에게 접근하여 처음 2년 동안은 매우 낮은 고정이자율로 갚는 모기지 대출—그러나 3년부터는 매우 높은 변동이자율로 갚는 대출이지만 이 사실은 숨기는 것이 보통이다—을 신청하게 유인한 것이다. 저소득층이 얻은 '약탈적인' 비우량 모기지는 이자율이 매우 높았으므로, 저소득층은 대체로 2년의 매우 낮은 고정이자율(예컨대 5%)로 원리금을 갚은 이후에는 이자율이 너무 높아—첫 2년 동안의 낮은 이자율을 메워야 하고, 또 상환할 확률이 낮으므로 보통 사람보다 훨씬 더 높은 이자율을 요구하므로, 3년째부터는 이자율이 10%까지 올라가는 경우가 많다—원리금의 상환을 연체하거나 중단하는 경우가 보통이라고 전문가는 말한다. 그런데 비우량 모기지 1,000건을 기반으로 '비우량 모기지 담보증권'을 제조한 금융기관들은 모기지의 대출 기한인 20-30년에 걸쳐 높은 이자율로 원리금을 받을 수 있다고 가정하여 MBS를 제조했기 때문에, 저소득층의 원리금 상환연체율이 크게 증가하지 않는 동안은 굉장한 인기를 끌면서 팔린 것이다. 그러나 비우량 모기지 담보증권의 전성기는 2006년까지였고, 그 이후부터는 비우량 차입자들이 원리금 상환을 연체하거나 중단했기 때문에, 비우량 모기지 담보증권의 가치는 0이 되고, 이 증권은 파산한 것이다.

여기에서 새로운 금융상품을 한 가지 소개할 필요가 있겠다. 비우량 모기지 담보증권을 소유한 투자자는 이 증권이 파산할지도 모른다는 위험을 알고 있기 때문에, 이 증권이 예컨대 3년 안에 파산하는 경우를 대비하기 위해, 보험회사로부터 "이 증권이 3년 안에 파산하게 되면 보험회사가 투자자에게 1억 달러를 보험금으로 지급하고, 투자자는 3년 동안 매년 200만 달러를 보험료로 낸다"는 증서—이것이 채권파산보험(credit default swap, CDS)이다—를 매입하게 된다. 보험회사는 신용평가기관이 '투자적격'이라고 판단한 비우량 모기지 담보증권이 파산할 수 없다고 믿어 보험료를 공짜로 얻은 것처럼 좋아하다가, 3년 만에 비우량 MBS의 가치가 0이 되니까 1억 원의 보험금을 내어주지 않을 수 없었던 것이다. 이런 금융상품인 채권파산보험을 가장 많이 발행한 보험회사가 세계 최대의 보험회사인 AIG인데, 이 회사는 CDS 발행액이 너무 크고 세계 각국의 금융기관들이 널리 소유하고 있었기 때문에, 미국 정부가 그냥 파산하게 둘 수가 없어 2008년 9월 국유화하여 AIG의 모든 채무를 정부가 지급하게 되었다.

저소득층인 비우량 차입자가 모기지 대출의 원리금을 상환할 수 없게 되자, 비우량 모기지 담보증권의 가격은 0이 되고, 이 증권을 많이 소유한 발행자와 투자자들은 파산하게 되었다. 크고 작은 금융기관들이 많이 파산했는데, 2008년 3월에 미국 투자은행 중 다섯 번째로 큰 베어스턴스(Bear Sterns)가 파산하게 되었으므로, 중앙은행이 제이피모건체이스(JPMorgan Chase)에게 290억 달러를 지원하면서 베어스턴스를 인수하게 했다.

2008년 3월 베어스턴스가 망한 이후 정부와 중앙은행은 금융기관에게 유동성(자금)을 대규모로 공급하여 파산을 중지시키려고 노력했다. 중앙은행은 각종 지원 금융을 제공하여 금융기관에 수십 조 달러의 자금을 공급했지만 금융시장이 전혀 정상화될 가능성이 보이지 않았다. 왜냐하면 금융기관의 고민은 자금이 부족한 것보다는 자기가 가지고 있는 문제자산(또는 부실자산, 유독자산이라고도 부른다. 예컨대 가격이 폭락한 주식이나 모기지 담보증권 등)을 어떻게 팔 수 있는가에 있었기 때문이다. 이 문제자산이 너무나 크기 때문에, 그리고 지금 당장은 시장에서 팔리지 않기 때문에, 정부는 금융기관의 문제자산을 적정한 가격으로 매입해 주기 위해 7,000억 달러의 '구제금융법안'을 의회에 2008년 9월 제출했지만, 하원이 거부하다가 상원에서 다른 항목들이 추가되면서 10월에 의회를 통과했다. 그런데 이 자금은 금융기관의 문제자산을 매입하는 것에 사용되지 못했다. 왜냐하면 문제자산의 가격을 얼마로 할지에 정부와 금융기관이 합의하지 못했기 때문이다. 그리고 중앙은행의 거대한 자금 방출에도 불구하고 신용 경색이 해소되지 못한 이유는, 금융기관들이 상대방의 위험—예컨대 "얼마나 큰 문제자산을 가지고 있는가"—을 알지 못하여 상대방에게 자금을 융통해 주지도 않고, 자기가 가진 여유자금을 중앙은행에 초과지급준비금으로 예치했기 때문이며, 그리고 소비자와 기업에게는 대출할 엄두를 전혀 내지도 못했기 때문인데, 신용 경색이 심화되면서 상공업기업은 큰 타격을 받아 경기후퇴는 더욱 악화되었다.

이러다가 2008년 9월에 미국에서 네 번째로 큰 투자은행인 리먼브러더스(Lehman Brothers)가 파산하게 되었다. 정부는 베어스턴스와는 달리 전혀 구제금융을 제공하지 않고 파산하게 내버려 두었으므로, 리먼브러더스는 자기가 가진 온갖 주식과 증권을 헐값에 팔아야 했고, 자기가 가졌던 채무를 갚지 않았기 때문에, 미국 금융계가 공황을 맞이했고, 뒤이어 세계 금융계가 공황에 빠진 것이다.

정부가 왜 리먼브러더스를 파산하게 내버려 두었을까? 원래 부시 정부는 "시장이 경제문제를 가장 효율적으로 해결하기 때문에 정부는 경제문제에 개입해서는 안 된다"는 시장만능주의적 신자유주의를 믿고 있었으므로, 금융활동을 규제하던 여러 가지 법령을 폐기하고, 금융기관의 자유로운 영업활동—투기와 사기까지도 허용했다—을 보장했던 것이다. 이런 자유방임경제에서 거대한 금융기관들이 파산하기 시작했기 때문에, 정부의 금융담당자들은 갈피를 잡지 못하다가 거대한 금융기관의 금융귀족들이 "우리를 살려야 미국의 금융시장과 경제가 살아난다"고 외치기 때문에, 부시 정부는 막대한 공적 자금을 투입하게 되었던 것이다. 그러나 일반 유권자들은 "경기가 좋을 때는 모든 이익을 자기들이 독차지하던 금융귀족들이 이제 손실이 나니까 자기들이 짊어지지 않고 정부에게 손실을 메워달라고 떼쓴다"고 금융기관들을 욕할 뿐 아니라, 신자유주의적 정부에게 "온갖 투기와 사기를 저지른 금융기관들이 모든 책임을 지게 하라"고 비난한 것이다. 2008년 11월에 있을 대통령 선거에서 민주당의 오바마 후보가 공화당의 매케인 후보를 앞서고 있었기 때문에, 부시 공화당 정부는 일반 유권자들의 비난을 가볍게 여길 수 없었으므로, 금융거래와 회계에서 투명성이 매우 부족하다고 일반적으로 알려진 리먼브러더스를 선택하여 본때를 보인 것이다.

이리하여 월가를 지배하던 다섯 개의 투자은행은 모두 사라지게 되었다. 2008년 3월 베어스턴스는 제이피모건체이스에게 팔렸고, 9월에는 메릴린치가 뱅크오브아메리카에 팔렸으며, 리먼브러더스는 파산하고, 끝으로 골드만삭스와 모건스탠리는 은행지주회사로 변신하였다. 중앙은행의 감독을 받지 않던 투자은행이 은행지주회사가 되면, 중앙은행에 지급준비금을 예치해야 하는 등 중앙은행의 감독을 받지만 중앙은행의 재할인 혜택과 온갖 지원 금융을 받을 수 있기 때문이다.

오바마가 대통령으로 당선되었지만, 부시와 거의 같은 정책을 집행했다.

금융기관 살리기에 몰두하여, 거대한 규모의 실업자와 빈곤층을 구제할 정책은 하나도 실시하지 않았는데, 고위 관리 대부분이 클린턴 정부와 부시 정부에서 일한 신자유주의자이고 오바마 대통령도 1930년대의 루스벨트와 같은 혁신적인 정치인이 아니었기 때문이다. 오바마가 흑인이면서 월가의 이익을 더욱 잘 챙겨줄 것이라는 믿음을 가졌기 때문에, 월가가 대통령 선거자금을 매케인에게보다 훨씬 더 많이 오바마에게 준 것이다.

2008년 9월에 시작된 미국의 금융공황은 세계금융공황으로 발전하고, 나아가서 상공업공황을 동반하면서 명실공히 세계대공황이 되었다. 이 대공황의 토대는 1980년대부터 시작된 신자유주의적 경제운영이다. 완전고용보다 인플레이션의 억제를 최고의 경제정책으로 삼았기 때문에, 임금 상승을 허락하지 않았고 중국에서 거대한 값싼 소비재를 수입한 것이다. 이것은 한편으로는 임금 상승→소비수요 증가→소비재산업과 생산재산업의 확장→고용 증대→경제성장이라는 경로를 막은 것이고, 다른 한편으로는 미국 자본의 중국 투자 증가→중국에서 고용 증가와 기술혁신→미국의 일자리 감소와 제조업 공동화→중국 상품의 수입 증가와 무역적자 확대→달러 유출 증가와 달러 가치 저하→중국 정부에게 미국의 주식과 국채·증권을 매입하라고 요구→중국의 달러가 미국 증권시장으로 환류→증권시장과 주택시장의 거품→부의 효과(wealth effect)로 국내 소비수요 증가→경제성장이라는 경로로 나아가게 된 것이다.

결국 신자유주의에서는 산업기반은 약화되고 일자리는 축소되며 임금수준은 저하하는 상황에서 금융시장과 주택시장의 거품에 의해 남의 주머니를 턴 투기수익에 의거해 경제가 운영되어 온 것인데, 인구의 대다수인 노동자와 서민이 이제 약탈당할 소득마저 가지지 못하게 되자 환상적인 호황은 사라지면서 공황이 온 것이라고 보면 될 것이다.

따라서 지금의 세계대공황을 극복하는 길은 금융기관을 금융귀족을 위한 이윤 획득 기업에서 주민들의 필요와 욕구를 충족시키는 공익사업으로 전환시켜 주민 모두가 민주적으로 관리하게 해야 한다. 아직도 금융기관은 정부의 지원을 받으면서 이전과 마찬가지로 위험한 증권에 대한 투기, 석유·금·밀 등에 대한 투기를 통해 막대한 수익을 올리고 있으며, 이것을 통해 대공황을 극복할 수 있다고 자화자찬하지만, 이번 대공황을 야기한 근본 토대가 전혀 바뀌지 않고 있는 것이다. 주가가 오르고 아파트값이 오른다고 좋아하다가는 대공황은 수십 년 더 계속될 것이다.

금융기관을 사회의 공동재산으로 전환시키고, 대기업들도 사회의 공동재산으로 전환시켜 전국적이고 세계적인 차원에서 재편할 필요가 있을 것이다. 이렇게 되면 주민 모두는 무상급식, 무상교육, 무상의료, 무상연금 등 끝없는 무상시리즈를 실현할 수 있다. 왜냐하면 우리가 사는 사회의 모든 인적·물적 자원을 공동으로 사용하여 모든 주민의 필요와 욕구를 평등하게 충족시킬 수 있기 때문이다. 이런 정책을 실현할 수 있는 정치사회를 조직하는 것이 가장 긴급한 과제다.

15 1997년 12월의 한국공황

15-1. 중요한 두 가지 해석

많은 사람으로부터 '기적'이라고까지 평가받던 한국경제가 1997년 말 갑작스럽게 전반적인 공황상태에 빠져들었다. 한국 정부는 IMF에 외환 긴급구제금융을 요청하지 않을 수 없었고, IMF는 구제금융의 조건으로 한국경제의 신자유주의적 개혁을 요구했다.[1] 이런 과정에서 공황의 원인은 물론 IMF의 개혁방향에 대해 여러 가지 논란이 있었다.

이들 논의는 크게 두 가지 견해로 나누어 볼 수 있는데, 하나의 견해는 한국경제시스템의 특수성(이른바 '아시아 모델')이 공황의 핵심적 원인이라고 주장하고 있고, 다른 견해는 한국금융시장의 대내외적 자유화가 아시아 모델의 특수성을 해체함으로써 공황을 야기했다고 주장한다. 이 전혀 다른 두 견해는 당연하게도 한국경제시스템의 개혁방향에 대해서도 완전히 다른 입장을 보이고 있다. 그런데 전자의 견해는 IMF나 신고전학파

1 1997년 12월 18일은 대통령 선거일이었고, 이 선거에서 야당의 김대중 후보가 승리했다. 그 당시 모두가 선거에만 관심을 가지고 있었는데, 외환위기가 터진 것이다.

가 제시하는 것이고, 후자의 견해는 주로 미국의 좌파 케인스주의자가 제시하고 있다.

여기에서는 이들 두 견해를 검토하고, 공황의 원인에 대해 새로운 견해를 제시하고자 한다. 결론을 미리 말하면, 1997년 말의 공황은 주기적 요소와 제도적 요소의 결합으로부터 발생했다는 것이다. 다시 말해 한국경제가 '자본주의' 경제이기 때문에 필연적으로 주기적 순환을 겪을 수밖에 없었는데, 주기적 호황과 불황이 한국경제의 그 당시의 특수한 제도적 요소에 의해 각각 증폭되고 악화되었다는 것이다.

15-2. 아시아 모델과 경제공황

논자 대부분은 한국경제가 정부 주도의 수출지향적 발전전략에 의해 매우 높은 성장을 이루었다는 데 동의한다. 흔히 말하는 아시아 모델은 다음과 같은 세 가지 상호 연관된 특성을 갖고 있다. 첫째, 산업부문은 투자자금을 채권이나 주식의 발행보다는 주로 은행으로부터 차입을 통해 조달한다. 다시 말해 아시아 모델은 증권시장에 의거한 시스템이 아니라 은행에 의거한 시스템이다. 둘째, 정부가 성장의 전략산업을 선정하고 그 부문에 대해 조세나 금융 면에서 적극적으로 지원한다. 다시 말해 정부가 '산업정책'(industrial policy)을 강력하게 추진한다. 셋째, 이 과정에서 정부·은행·기업은 매우 밀접한 관계를 맺게 되고, 정부는 이 관계를 주도하고 조정한다.

한국공황의 원인과 관련해, 아시아 모델은 논란의 핵심적인 대상이 되었는데, 한 그룹은 아시아 모델이 내재적으로 큰 문제점을 가지고 있었기 때문에 공황이 발생했다고 주장하며(우리는 이를 '반-아시아 모델 견해'라고 부를 것이다), 다른 한 그룹은 아시아 모델이 경제의 성장과 안정을 보장하고 있었는데, IMF와 미국 정부 및 초국적자본이 아시아 모델을 파괴함으로써 현재의 공황이 발생하게 되었다고 주장한다(우리는 이를 '친-아시아 모델 견해'라고 부를 것이다).

15-2-1. 반-아시아 모델 견해

이들은 아시아 모델에 내재하는 도덕적 해이(moral hazard)와 연고자본주의(crony capitalism)가 공황 발생의 주된 요소라고 주장한다. 이들은 한국 공황의 원인으로 '도덕적 해이'를 강조하는데, 한국 등 아시아의 경우 기업의 투자 실패에 대해 정부가 금융지원 등의 수단을 통해 대부분 구제해주기 때문에, 기업이나 은행은 위험을 고려하지 않고 무모한 투자나 대출을 함으로써 공황을 야기했다고 주장한다. 또한 이들은 '연고자본주의'를 공황의 주된 원인으로 지적하는데, 정부・기업・은행 사이의 밀접한 관계로 말미암아 대부와 투자가 사업의 경제적 수익성보다는 정실과 뇌물수수에 의거해 결정됨으로써 부실대출, 채무누적 및 금융위기를 낳았다는 것이다.

이런 두 주장은 한국의 공황을 설명하기에는 이론적으로나 실증적으로 적절하지 못하다. 첫째, 이들은 도덕적 해이나 연고자본주의가 아시아 모델에 내재하는 특성이라고 보고 있는데, 그렇다면 어떻게 한국경제가 1965-96년 동안 급속한 성장을 달성할 수 있었겠는가? 한국에서 도덕적 해이는 사실 큰 문제는 아니었다. 왜냐하면 정부는 신용을 일정한 우선순위에 의해 배분했고, 그것의 사용을 감독했으며, 비효율적 기업에 대해서는 새로운 신용을 제공하지 않았기 때문이다. 정부가 과잉설비와 투자 실패가 발생할 때마다 산업을 재편한 것은 사실이지만, 그때마다 투자에 실패한 기업은 건전한 기업에 흡수 통합되게 하였으며, 정부가 구제금융을 제공할 때에도 해당기업은 은행으로 경영권을 대부분 이전하지 않으면 안 되었기 때문이다.

연고자본주의는 소수의 대기업에 은행대출과 경제력을 집중시키는 결과를 낳았다고 비난할 수도 있지만, 그것이 준(準)내부조직(quasi-internal organization)의 역할을 함으로써 시장메커니즘보다 더 효율적으로 수출목표와 고도성장을 이루는 데 기여했다고 볼 수도 있다. 다시 말해 정부에 의한 선도산업부문의 선정과 정책금융의 지원, 그리고 대기업에 대한 각종 특혜가 이른바 경제기적을 낳는 데 크게 기여했다는 점을 부정하기는 어렵다. 물론 이 기적의 뒤에는 노동자와 농민에 대한 체계적이고 극심한 착취가 존재했으며, 연고자본주의가 이런 착취를 극대화하는 효과적인 시스템이었다는 점이 강조되어야 하지만, 연고자본주의 그 자체가 공황을 낳는 메커니즘을 갖고 있었다고 주장할 수는 없을 것이다.

둘째, 기업의 과잉투자와 은행의 과잉대출은 도덕적 해이와 연고자본주의가 낳은 독특한 현상이 아니라, 자본주의 경제에 내재하는 일반적인 현상이라는 점이다. 경기상승기에는 미래에 대한 낙관적 기대로 말미암아 기업은 경쟁적으로 투자를 확대하며, 은행 역시 경쟁적으로 대출을 증가시키기 때문이다. 세계의 모든 자본주의국에서는 주기적으로 이와 같은 과잉투자와 과잉대출이 발생했으며, 이것이 공황을 통해 정리되곤 했다. 1997년 말의 외환위기나 외채위기는 국제금융자본가들의 책임도 컸다. 왜냐하면 그들은 한국경제가 앞으로도 고도성장을 계속하리라고 기대해, 한국의 기업과 금융기관에 너무나 큰 대부와 투자를 행했기 때문이다. 따라서 한국의 과잉투자와 과잉부채를 한국 기업이나 금융기관의 도덕적 해이나 연고자본주의로 설명하는 것은 국제금융자본가들의 잘못된 투자결정을 은폐하려는 의도에서 나왔을 가능성이 크다. 사실상 IMF가 멕시코 등 외채과잉국의 경제에 개입해 국제금융자본가들에게 원리금의 상환을 보장했기 때문에, 국제금융자본가들이 오히려 도덕적 해이에 빠져 한국에 대해 무모한 투자와 대부를 행했다고 비판할 수 있을 것이다.

셋째, 현실적으로 한국에서 아시아 모델의 특성은 1997년 말의 공황 이전에 이미 상당히 사라지고 있었기 때문에, 반-아시아 모델의 견해는 실증적으로도 적절하지 못하다. 금융자유화로 말미암아 정부가 신용의 흐름을 통제할 수 있는 능력이 감소하고 있었고, 기업이 은행에 의존하기보다는 점차로 채권시장이나 주식시장에 의존하게 되었으며, 정부가 사적 투자를 규제하거나 조정할 능력과 의지를 잃고 있었기 때문이다. 1980년대 초부터 시작된 '금융자유화'는 1990년대 중반 이전에 이미 거의 완결된 상태였으며, 기업의 은행에 대한 의존은 점차로 감소해 1987년부터 '비은행' 금융기관(종합금융회사 · 증권회사 · 보험회사 · 투자신탁 · 단자회사 등)의 여수신 비중이 은행보다 더 커진 것은 물론, 기업의 자금조달구조도 1980년대 후반에 들어서면서 은행차입보다 주식 · 채권의 발행이 더 큰 비중을 차지하게 되었다. 여기에 더해, 정부는 한보에게 제철공장을, 그리고 삼성에게 자동차공장을 허가하는 등 1990년대 초부터 '산업정책'은 사실상 폐지되었던 것이다.

결론적으로, 반-아시아 모델 견해는 경제공황이 도덕적 해이나 연고자본주의 없이도 발생한다는 점에서 이론적으로 타당하지 않고, 한국에서는 공황 이전에 이미 아시아 모델이 크게 와해되고 있었다는 점에서 실증적으로도 타당하지 않다.

15-2-2. 친-아시아 모델 견해

반-아시아 모델 견해와는 달리, 좌파 케인스주의자와 국가개입론자는 아시아 모델은 한국경제의 안정된 고도성장을 달성하는 데 핵심적 요소였으며, 따라서 한국의 경제공황은 이 모델의 약화 또는 와해에서 그 원인을 찾아야 한다고 주장한다. 이들에 따르면, 아시아 모델이 와해된 것은 1990년대 중반에 완성된 금융부문의 자유화에 주로 기인한다. 금융자유화는 국내 금융시스템의 규제 완화와 해외투자자에 대한 자본시장의 개방으로 진행되었다. 금융자유화가 신용흐름과 사적 투자에 대한 정부의 통제・조정 능력을 제거했으며, 그 결과 과잉투자, 투기적 투자, 그리고 과도한 대외부채가 발생하고, 이것이 공황을 유발했다는 것이다. IMF, OECD, 미국 정부의 요구와, 서방의 은행과 기업들의 요구 때문에, 한국정부는 금융부문에 대한 규제를 급진적으로 해제했는데, 이로 말미암아 기업의 해외차입에 대한 통제가 제거되거나 약화되었으며, 기업들의 차입과 투자에 대한 조정이 폐지되었고, 또한 은행에 대한 감독도 소홀해졌기 때문에, 공황이 발생하게 되었다는 것이다.

금융자유화가 기업의 부채비율을 증가시키고, 금융시장의 불안정성을 증대시키는 데 기여했다는 점은 인정할 수 있다. 또한 자본자유화는 거액의 단기해외자본의 급속한 유출을 가능하게 하기 때문에 외환위기를 야기할 수 있다는 점에도 동의할 수 있다. 그러나 친-아시아 모델 견해는 정부개입이 한국자본주의의 경기순환을 효과적으로 제어할 수 있다고 과대평가하고 있으며, 또한 아시아 모델의 내재적 약점을 과소평가하고 있다.

첫째, 아시아 모델이 한국의 경제기적에 기여했다고 할지라도, 공황 없는 안정적 성장을 항상 보장하는 것은 아니었다. 한국의 경우 실제로 1960년대 후반과 1970년대 후반, 그리고 1980년대 후반에 각각 심각한 공황을 경험했으며, 경기변동도 그림 15-1에서 보는 바와 같이 심하다. 더욱이 아시아 모델이라 하더라도, 한국과 같은 수출주도형의 소국(小國) 개방경제에서는 경제의 성장과 안정은 해외여건의 변화로부터 매우 큰 영향을 받기 때문에, 정부의 통제와 조정을 통해 경제의 안정적 성장을 달성하기에는 큰 한계가 있다.

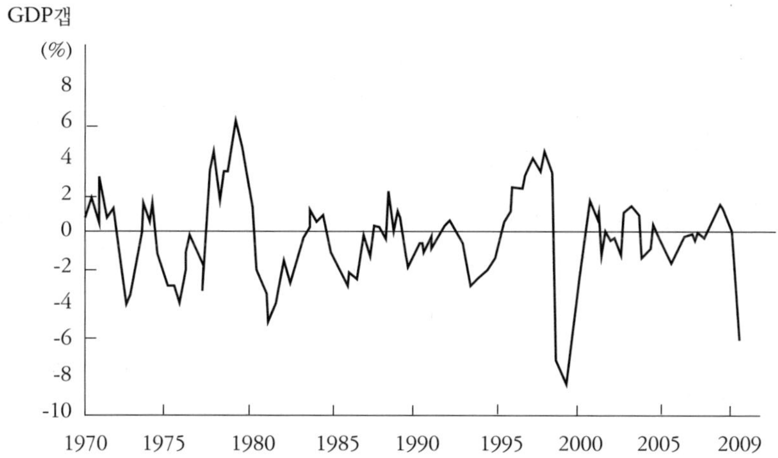

자료: 이준구·이창용(2010: 432).

그림 15-1. 국내총생산(실질)이 장기추세로부터 괴리(한국)

둘째, 금융자유화가 경제의 안정을 저해하고, 자본자유화가 국제적 투기자본의 급속한 유입과 유출을 통해 외환수급의 불안정성을 강화시켰다 할지라도, 이런 자유화는 여러 가지 내적·외적 요인에 의해 피할 수 없었다는 점을 이해해야 할 것이다. 국내에서는, 정부 관리들이나 재벌이나 일반시민까지 정부 개입의 축소를 요구했으며, 국외에서는 미국 정부나 국제기구들이 무역·외환·자본거래의 자유화를 계속 요구하고 있었던 것이다. 다시 말해 아시아 모델은 성장전략으로서는 이미 한계에 부닥쳤으며, 따라서 그것을 그대로 유지했더라면 공황을 피할 수 있었다고 생각하는 것은 환상적이다. 오히려, 아시아 모델을 대체할 수 있는 새로운 '축적체제'가 자리 잡기 전에 공황이 발생했으며, 공황을 경과하는 과정에서 노사정 사이의 치열한 투쟁을 통해 새로운 축적체제가 확립되고 있다고 주장하는 것이 옳을 것이다.

셋째, 이들의 아시아 모델 예찬은 아시아 모델이 독재·특혜·부패와 분리될 수 없다고 믿는 한국 국민의 정서와 크게 모순된다. 나치체제가 독일경제의 위기를 일시적으로 극복하는 데 성공했다고 해서, 누가 나치체제를 찬양한다면 우리는 그것을 받아들일 수 있겠는가? 한국 정부는 국제경쟁력을 높여 수출을 증대시키기 위해, 재벌에게 금융·세제상의 지원을 집중시켰을 뿐 아니라, 노동자의 노동조합 결성을 금지했으며, 저임금 장시간 노동을 유지하는 데 큰 역할을 했다. 재벌들은 정부의 각종 특혜와 보호에 힘입어 독점적 기업으로 성장했으며, 은행여신을 독점하고, 중소기업의 이윤을 수탈했다. 결국 아시아 모델이 경제적 기적을 이룩한 '진정한' 이유는, 세계시장의 변화와 같은 외부요인을 제외한다면, 이 모델이 자본가들로 하여금 직접적 생산자들(노동자와 농민)을 무자비하게 착취하는 것, 소수의 대자본으로 하여금 중소자본을 수탈해 모든 잉여가치를 자기에게 집중시키는 것, 그리고 모든 이용가능한 대내외 자원을 특정의 성장산업에 집중시키는 것에 아주 효과적이었기 때문이라고 말할 수 있다. 실제로 아시아 모델의 핵심은 정부와 독점적 대자본의 결탁이었다. 우리가 1969-72, 1979-81, 1984-88년의 정부의 산업구조조정에서 볼 수 있는 바와 같이,[2] 정부는 기업의 과잉설비를 해소하고 금융적 어려움을 해결하기 위해, 재벌들에게 특별융자, 채무상환 중단과 같은 특혜를 주어 부실기업의 인수와 합병을 유도했으며, 그 부담은 은행과 정부, 궁극적으로는 국민들이 졌다.

넷째, 이들은 해외자본의 급격한 유출이 국내의 금융공황을 유발했다고 주장하고 있지만, 사실은 대기업들의 파산과 금융기관의 부실여신 증대로 말미암은 국내의 금융공황 때문에 해외자본이 급속하게 유출되었던 것이다. 해외차입의 만기갱신율이 크게 감소한 것은 1997년 11월 이후이며,

2 1969-72년에는 일본으로부터 받은 차관 기업을 정리했고, 1979-81년에는 중화학공업의 중복투자를 조정했으며, 1984-88년에는 주로 해운회사와 건설회사를 정리했다.

자본순유입이 (−)로 돌아선 것도 1997년 말에 이르러서다. 따라서 자본 유출입에 관한 규제를 철폐한 것이 해외자본의 급격한 유출을 야기했고, 이로 말미암아 외환위기가 발생했다고 보는 것은 사실과 맞지 않는다.

15-3. 한국공황의 기원

15-3-1. 공황의 주기적 성격

위의 두 견해와는 달리, 1997년 말의 공황이 모든 자본주의 경제에 특징적으로 나타나는 주기적 공황의 성격을 갖고 있는데, 다른 시기의 경기순환과는 달리 격심한 외환위기와 경제적 파국을 동반한 이유는 당시의 한국경제의 제도적 특성에 기인한다고 생각한다. 따라서 1997년 말의 공황을 주기적 성격과 제도적 성격으로 나누어서 분석하고, 그것들이 어떻게 결합해 외환위기와 경제적 파국을 초래하게 되었는지를 살펴볼 것이다.

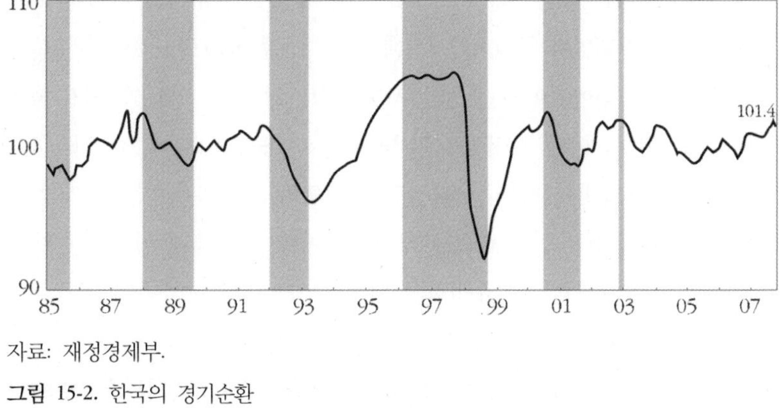

자료: 재정경제부.

그림 15-2. 한국의 경기순환

표 15-1. 주요경제지표

	1992	1993	1994	1995	1996	1997
GDP 증가율(%)	5.1	5.8	8.3	8.9	6.8	5.0
고정자본형성증가율(%)	-0.8	6.3	10.7	11.9	7.3	-2.2
경상계정(10억 달러)	-3.9	1.0	-3.9	-8.5	-23.0	-8.3
해외부채(10억 달러)	42.8	43.9	97.4	127.5	163.5	159.2

자료: 한국은행.

먼저 1997년 말 공황의 주기적 성격을 그림 15-2와 표 15-1을 통해 살펴보자. 주기적 공황은 자본주의 경제의 내재적 성질이며, 또 정상적 기능의 결과인데, 한국경제는 1996년 3월에 1970년대 이래 여섯 번째의 주기적 정점에 도달했다. 그 이후 경제는 수축국면으로 진입해 GDP성장률과 고정자본형성증가율이 크게 감소하기 시작했으며, 경상수지 적자도 크게 증가했다.

이처럼 경기가 벼락경기(붐)로부터 침체로 전환한 것은 전형적인 과잉투자 때문이었다. 1990년대 전반부에 재벌들은 국내시장에서 다른 재벌들과 경쟁하기 위해, 그리고 해외시장에서 거대 다국적기업과 경쟁하기 위해, 설비규모의 팽창과 신기술의 채택 등 대규모의 투자를 감행했다. 이런 투자는 호황기에 형성된 낙관적 기대로 말미암아 미래의 위험을 고려하지 않고 추진되었다. 더욱이 당시에 한국경제는 저기술·저단가 품목에서는 중국과 동남아시아에 경쟁력을 잃은 상태였고, 고기술·고단가 품목에서는 일본이나 다른 선진국을 따라 잡을 수 없는 상황에 있었다. 또한 신자유주의적 세계시장에서 국제경쟁은 더욱더 격렬해졌고, 세계시장 규모는 점차 작아졌다. 이런 상황을 타개하기 위해 한국의 재벌들은 전자·반도체·자동차·철강·석유화학 등의 산업에 대대적인 투자를 시도했던 것이다.

이 투자자금은 국내 금융기관과 해외은행으로부터 조달되었고, 이로 말

표 15-2. 수익률과 평균이자(제조업) (단위: %)

	1992	1993	1994	1995	1996	1997
매출액 영업수익률	6.64	7.04	7.65	8.33	6.54	8.25
매출액 경상수익률	1.53	1.70	2.74	3.60	0.99	−0.34
차입금 평균이자율	12.34	11.19	11.39	11.68	11.22	10.59

자료: 한국은행.

미암아 재벌들의 부채비율은 매우 높아졌다. 실제로 1997년에 파산한 재벌 중 일부는 1,000% 이상의 부채비율을 보이기까지 했으며, 어떤 차입금은 회임기간이 긴 투자에 잠겨 있기도 했다. 한국경제는 1990년대 중반에 이처럼 금융적으로 취약한 상태였다.

그렇다면, 어떻게 이 금융적 취약성이 산업공황으로 진행되었는가? 그것은 이자율이 상승해서 그렇게 되었다기보다는 이윤율이 저하해서 그렇게 되었다고 볼 수 있다. 반도체·철강·석유화학 등 핵심 수출품이 수출량의 정체나 감소, 또는 수출단가의 하락에 부닥침으로써, 그동안의 투자가 과잉투자로 판명되었고, 이에 따라 설비가동률이 저하해 수익률이 저하했다. 표 15-2에서 보는 바와 같이, 영업수익률과 경상수익률은 1996년에 큰 폭으로 떨어졌지만, 총차입금에 대한 평균이자율은 거의 변하지 않았다.

따라서 한국의 산업공황은 금융적 취약성과 이윤율 저하가 결합해 발생했다고 말할 수 있을 것이다. 부채비율이 높은 기업은, 아무리 효율적인 기술을 가지고 있다 하더라도, 이윤율 저하에 직면하게 되면 파산하지 않을 수 없다. 실제로 1997년 초부터 부채비율이 높은 재벌들이 연속적으로 부도에 빠지게 되었다. 1월에는 한보철강(재벌순위 14위), 3월에는 삼미특수강(28위), 4월에는 진로(19위), 5월에는 대농(33위), 6월에는 한신공영(50위), 7월에는 기아(8위), 10월에는 쌍방울(26위), 11월에는 해태(24위)와 뉴코아(25위)가 각각 부도에 직면했다.

이런 재벌들의 연속적 파산은 당연히 은행과 금융기관의 건전성을 손상시켰는데, 1997년 말의 부실채권은 22조 6,000억 원으로 전체 대부액의 6.0%에 달했다. 이 금액은 1996년 말과 비교해 거의 두 배에 가깝다. 또한 종합금융회사의 부실채권도 3조 9,000억 원에 달했다. 그 결과 26개 상업은행 중 18개가 1996년의 흑자에서 1997년에는 적자로 전환했으며, 종합금융회사도 큰 손실을 보았다.

결국, 수많은 기업의 파산, 금융기관의 부실채권의 누적 및 손실확대는 신용공황과 은행파산을 초래함으로써 금융공황을 야기했다. 이것은 자본주의 경제가 갖는 주기적 공황의 특성(즉 호황→과잉투자와 과잉부채→기업파산→신용공황→은행파산→산업공황의 격화)을 그대로 보여 주는 것이다.

15-3-2. 공황의 제도적 성격

1990년대 중반 이후의 한국경제의 제도적 요소들은 위에서 본 주기적 경기순환과 공황을 증폭시켜 외환위기와 경제 전체의 파국을 초래했다. 먼저 그 당시 기업이 그토록 큰 규모로 차입해 투자할 수 있었던 제도적 환경을 살펴보자.

첫째, 아시아 모델의 특성인 은행과 기업 사이의 밀착관계가 특히 대기업의 투자계획에 대해 은행이 별다른 의심 없이 거액의 자금을 대출해 주도록 만들었다. 물론 호황이어서 은행도 대기업과 마찬가지로 장래에 대한 기대감에 차 있었으며, 대기업에 대한 정부의 여신한도 규제에도 불구하고 고객을 잃지 않기 위해 한도를 피할 수 있는 교묘한 방법을 찾아 대출을 증가시키곤 했다.

둘째, 재벌들은 이미 높은 부채비율을 갖고 있었음에도 불구하고, 더 많은 자금의 차입을 위해 정부에 대해 국내 금융시장에 대한 규제를 완화할 것과 해외자본의 유입을 자유화해 줄 것을 요구했다. 그 결과 1980년대 초부터 시작된 금융자유화는 1990년대 중반에 거의 완성되었다. 특히 1994년과 1996년에 24개의 '종합금융회사'가 이전의 투자금융회사로부터 전환했거나 새롭게 신설되었는데, 이들은 국내외의 영업활동에서 정부의 통제나 규제를 거의 받지 않았다. 더욱이 이들은 대부분 재벌들에 의해 소유되었는데, 그 결과 재벌기업들은 아무런 간섭 없이 이들로부터 대규모의 자금을 빌릴 수 있었다. 이것이 재벌의 부채규모를 비정상적으로 크게 한 또 하나의 요인이었다.

셋째, 해외자본의 단기차입에 대한 자유화로 말미암아 금융기관이나 기업은 해외로부터 단기자금을 정부의 규제 없이 차입할 수 있게 되었다. 물론 해외의 투자자나 외국은행들은 한국경제의 발전에 대한 기대로 한국에 대출하는 데 매우 적극적이었으며, 이에 따라 해외업무에 경험이 없는 신설 종합금융회사까지도 거대한 자금을 해외로부터 차입할 수 있었던 것이다. 그 결과 해외부채는 급속히 증가해, 총부채가 1993년 말의 439억 달러에서 1996년 말에는 1,635억 달러로 무려 세 배 이상이나 증가했다. 여기에 더해 정부는 장기해외자본보다는 단기해외자본의 차입을 더욱 장려함으로써[3] 단기차입의 비중을 매우 높게 만들었다. 실제로 당시의 단기차입비중은 전체의 55%에 달할 정도였다.

넷째, 금융자유화가 진행하면서 정부의 금융기관에 대한 통제와 감독의 권한이 현저히 감소했다. 그리고 상업은행들은 전통적으로 정부의 지시를 따르고 있었기 때문에, 대출을 심사하거나 대출을 사후 감독할 능력을 향상시키지 못하고 있었다. 더욱이 종합금융회사는 표준적인 금융업무에 대한 경험조차 가지고 있지 않았다.

3 정부는 한국경제가 앞으로 더욱 고도로 성장할 것이므로 해외차입의 이자율이 더욱 낮아질 것으로 예상했기 때문이다.

결국 금융자유화는 금융활동에 대한 정부의 감독은 물론 금융기관 자신의 대출심사와 사후관리 없이 진행되었으며, 이리하여 무모한 투자계획에 따른 기업의 도산 가능성과 부실대출의 증가에 따른 금융기관의 파산 가능성이 크게 증가한 것이다.

이와 같이 재벌의 투자결정의 자율성 증가, 대내외적 금융자유화, 정부의 실물부문과 금융부문에 대한 조정과 감독의 권한 약화 등과 같은 그 당시의 특수한 제도적 요소들이 호황기의 일반적인 과잉투자나 과잉채무 이상으로 1990년대 중반의 투자나 부채를 증가시켰으며, 격렬한 산업공황과 금융공황의 발생을 예비하고 있었던 것이다.

다른 한편으로 한국의 산업·금융 공황을 외환위기와 경제 전체의 파국으로 이끌었던 그 당시의 제도적 요소는 무엇이었는가? 한국의 대기업들이 파산상태에 빠지고, 여러 금융기관들이 대규모의 부실채권을 안고 있을 때, 해외투자자들이 새로운 대부는 물론, 기존의 대부를 연장해 주지 않는 것은 너무나도 당연한 일이고, 이에 따라 한국의 채무자들은 만기일에 해외채무를 상환하기가 매우 어려워졌다. 그러나 이런 일반적인 외환위기는 총대외부채 중 단기부채의 비중이 너무 높았다는 사실과, 정부가 환율을 유지하기 위해 1997년에 대규모의 외환보유고를 사용했다는 사실[4]에 의해 크게 악화되지 않을 수 없었다. 정부는 기업과 은행이 채무상환 만기일에 외채를 갚을 수 없게 되자, 1997년 11월 21일 IMF에 특별구제금융을 요청했으며, 12월 3일에 승인받았다.

결론적으로, 1997년 말의 한국공황은 자본주의 경제 그 자체의 본성인 주기적 순환의 한 과정으로 전개되었으며, 당시의 한국경제가 가지고 있었던 제도적 특성들이 이 공황을 더욱더 악화시켜 외환위기와 경제적 파

4 김영삼 정부는 '1인당 국민소득 1만 달러'를 달성하기 위해 환율인상을 저지하려고 적극적으로 노력한 것 같다.

국으로까지 몰고 갔던 것이다. 다시 말해 한국의 경제공황은 연고자본주의나 도덕적 해이와 같은 한국자본주의의 특수성에 의해 야기된 것도 아니며, 또 금융자유화에 따른 아시아 모델의 해체에서 온 것도 아니다. 나는 1997년 말의 공황이 자본주의 경제에 내재하는 정상적인 주기적 공황이라고 이해한다. 자본주의 경제에서 과잉투자, 과도한 차입과 대출, 이윤율 저하, 금융취약성, 산업공황과 금융공황은 주기적으로 발생한다. 기업의 높은 부채비율, 대내외적 금융자유화, 산업과 금융에 대한 정부 통제력의 약화와 같은 제도적 요소들도 공황 발생에 중요한 역할을 했지만, 이들은 주기적 공황을 확대시키고 악화시킨 제2차적 요소로 이해해야 할 것이다.

15-4. 한국공황과 미국 제국주의

1997년 12월의 한국공황은 외환 부족과 환율 폭등으로 금융기관과 기업들이 외채를 상환하지 못하는 형태를 띠면서 폭발했다. 이 공황이 익어가는 과정에서 그리고 이 공황을 수습하는 과정에서 미국 정부와 미국 정부가 지배하는 IMF는 과연 어떤 역할을 했을까?

먼저 지적할 수 있는 것은 금융기관과 기업들에게 스스로 외채상환문제를 해결하라고 내버려 두었다면 오히려 한국경제에 도움이 되었을 것이라는 점이다. 스스로 해결하라고 내버려 두었다면, 금융기관과 기업들은 당연히 외채지불불능(default)을 선언했을 것이고, 외국채권은행들은 손실을 입고 고객들의 신뢰를 잃어 영업이 축소되거나 도산했을 것이며, 국제금융시장은 큰 혼란에 빠졌을 것이고, 특히 대출시장은 각국의 신용등급을 다시 매기느라고 크게 축소했을 것이다. 물론 한국계 금융기관이나 기업들은 당분간 국제금융시장에서 차입할 수 없었을 것이다. 사실상 이것이 주류경제학자들이 말하는 '시장에 맡기는' 방법이고, 채무자와 채권자가 동시에 자기의 행동에 책임지는 방법이다.

만약 한국 정부가 이처럼 외채상환문제를 금융기관과 기업들에게 맡기겠다는 의사를 대외적으로 흘린다면, 채권을 많이 가진 외국은행들은 제발 그렇게 하지 말아달라고 애걸할 것이다. 채무자들이 지불불능을 선언하면 채권은행들의 손익계산서에는 그만큼 손실이 당장 증가해 고객들의 신뢰를 잃게 되기 때문이다. 이 경우 채권은행단은, 1980년대 라틴 아메리카 외채위기의 해결에서 보듯이, 채무자들에게 원리금의 일부를 탕감하거나 원리금의 상환기간을 연장하거나 이자율을 인하하거나 추가적인 자금을 지원함으로써, 채무자들이 스스로 장기간에 걸쳐 외채를 상환하도록 할 것이다. 이것은 마치 국내의 은행들이 부실 대기업을 퇴출시키지 않은 채 부채를 탕감하고 대출을 계속하면서 워크아웃(work-out, 기업개선작업)을 시도하는 것과 마찬가지다. 사실상 이것이 올바른 방법이다. 왜냐하면 외국은행들은 한국경제의 기적이 계속되리라 예상하여 거대한 금액을 대출했으므로, 이 잘못된 결정에 대해 책임을 지고 손실을 감수해야 하기 때문이다.

그런데 주된 채권은행의 배후세력인 미국 정부와 IMF는 외환 부족이 심각해질 때까지 한국 정부의 달러 지원 요청을 묵살했으며, 오히려 미국 정부와 IMF는 "한국에 외환위기가 일어나고 있다"고 소문을 냄으로써 다른 은행들이 한국에 대출하는 것까지 막은 것이다. 그 뒤 외환 부족으로 한국의 금융기관과 기업들이 지불불능에 빠지게 되자, 미국 정부와 IMF는 한국 정부에게 원리금 상환의 모든 책임을 떠맡을 것을 요구한 것이다. 1997년 12월 3일 IMF로부터 구제금융을 받으면서 IMF의 신탁통치를 받게 되었고, 그 뒤 외국채권은행들의 단기차관을 장기로 전환시키는 교섭과정에서 정부가 원리금 상환을 보증하고 국제금리보다 훨씬 높은 금리를 지불하기로 한 것이다. 미국 정부와 IMF 및 월가가 한통속이 되어[5] 한국을 수탈한 것이다.

이렇게 본다면, 한국공황은 한국의 금융기관과 대기업이 '대마불사'(大馬不死)를 믿고 무모하게 대출하고 투자했기 때문에 발생했다는 주류경제학자들의 주장은 설득력이 없다. 오히려 외국은행들의 도덕적 해이(moral hazard) 때문에 발생했다고 말해야 옳을 것이다. 왜냐하면 외국은행들은 미국 정부와 IMF가 대신 받아 주리라고 믿고 한국의 금융기관과 기업들의 신용상태를 조사하지도 않은 채 대규모 금액을 대출했기 때문이다.

그러면 왜 한국 정부는 IMF와 미국 정부의 요구를 그대로 받아들였는가? 첫째는 IMF나 미국 정부를 상대로 어떻게 감히 협상할 수 있는가라든가, 그들의 비위를 거스르면 '벼락'이 떨어질지도 모른다는 사대주의 사상 때문이었다. 이런 사대주의 사상은 관료・정치인・지식인뿐 아니라 일반 국민들 사이에도 널리 퍼져 있었는데, 일부는 친미주의적 성향 때문에 그리고 다른 일부는 무지 때문에 그러했다. 둘째로 1997년 12월 3일은 대통령 선거의 절정기였으므로 여당의 후보나 야당의 후보나 모두 미국 정부나 IMF의 비위를 거스르지 않으려고 했기 때문이다. IMF는 대통령 후보들 모두에게서 협정 내용을 보증하는 서명을 요구해서 받았던 것이다. 셋째로 정부나 정당의 엘리트가 서민대중의 이익에는 전혀 관심을 가지지 않았기 때문이다. IMF신탁통치(재정금융 긴축정책 등)가 부유층이나 기득권층에게는 큰 피해를 입히지 않는다는 것을 라틴 아메리카의 경험으로부터 이미 알고 있었던 것이다.

다음으로 공황을 수습하기 위해 IMF와 미국 정부가 요구한 구조조정은

5 이것을 IMF-Treasury-Wall Street Complex(아이엠에프－미국 재무부－월가 복합체)라고 부른다.

한마디로 한국 경제를 미국의 금융자본가에게 팔아먹는 것이었다. 한국은 금융시장과 자본시장을 완전히 개방하고 외국자본의 활동을 완전히 자유화하지 않을 수 없었다. 또한 재정금융 긴축정책의 실시로 사업전망이 건실하지만 현금이 부족하였던 알짜기업들이 헐값으로 미국의 금융자본가들에게 넘어갔고, 외채상환용 달러를 벌어야 하기 때문에 정부가 거대한 공적 자금을 투입한 금융기관들을 헐값으로 미국의 금융자본가들에게 팔지 않을 수 없었다. 결국 공황의 수습과정에서도 미국 제국주의가 IMF를 앞세워 한국 경제를 체계적으로 수탈했다.

제 4 편

자본주의적 발전과 자유경쟁의 제한

16 독점

16-1. 경쟁과 독점

독점은 경제활동이 소수의 기업에게 집중되는 과정에서 소수의 기업들이 어떤 결합(예: 담합, 카르텔, 트러스트)을 통해 일정한 경제활동분야를 지배하게 되는 상태를 가리킨다. 기업들이 경쟁하는 과정에서 약소기업이 도산하면서 점점 더 큰 기업이 나타나는 경우도 있고, 최소자본 규모가 너무 커서 설립하자마자 그 분야를 지배해 새로운 기업이 진입하기 어려운 경우도 있으며, 몇몇의 대기업이 가격이나 판매조건을 담합해 그 분야를 지배하는 경우도 있다. 따라서 독점은 경쟁이 낳는 결과이면서 경쟁을 배제하는 경향을 가진다. 물론 경제 전체의 관점에서 보면, 독점이 모든 부문을 지배하지도 않으며, 또한 독점체가 다른 투자분야에도 진출하려고 하기 때문에, 독점과 함께 경쟁이 있다. 다시 말해, 상이한 분야의 독점자본 사이의 경쟁, 동일한 분야에서 독점자본과 비독점자본 사이의 경쟁, 동일한 분야나 상이한 분야에서 비독점자본 사이의 경쟁, 그리고 동일한 분야의 독점적 결합 내부의 경쟁이 있다.

독점자본은 비독점자본을 지배하는데, 지배의 형태는 여러 가지다. 첫째로 독점자본은 비독점자본의 상태를 고려하지 않고 상품의 가격을 결정하기 때문에, 비독점자본의 운명은 독점자본의 전략에 달려 있다. 만약 비독점자본이 생산하는 상품의 개별가격이 상품의 시장가격을 결정하도록 하면서 독점자본은 자기의 낮은 개별가격과 시장가격 사이의 차이를 초과이윤으로 획득한다면, 비독점자본도 영업활동을 계속할 수 있다. 독점자본의 이런 전략은 경기변동에서 입을 손실을 비독점자본에게 전가하는 방법이다. 독점자본은 호황기에 기계설비를 크게 확장하지 않고 비독점자본에게 수요 증가분을 떠맡기기 때문에, 불황기에 기계설비를 폐기 처분할 필요가 없으며, 따라서 비독점자본만 도산하게 된다.

둘째로 독점자본은 비독점자본을 하청 계열화해 비독점자본의 이윤을 탈취할 수 있다. 비독점자본은 원료·부품·반제품을 생산하며, 독점자본은 이 상품을 구매하는 '유일한' 수요자라면, 독점자본은 상품의 가격 인하를 강요함으로써 비독점기업가가 얻을 이윤 중 일부를 자기에게 이전시킨다.

셋째로 독점자본은 상품가격을 '계획적으로' 인상하거나 인하한다. 독점자본이 상품의 공급을 지배하고 있는 경우, 독점자본은 상품가격의 인상이 상품 판매량을 얼마나 감소시킬 것인가를 고려해 상품가격을 정할 것이다. 그 상품이 생활필수품이라면 가격을 크게 올려도 수요에는 변동이 없을 것이므로, 상품가격을 매우 높게 인상할 것이며, 소비자는 자기가 가진 현재의 소득뿐 아니라 과거의 저축까지도 지출해야 할 필요가 있을 것이다. 다시 말해 독점자본은 소비자의 주머니를 수탈해 이윤을 얻는다. 그런데 독점자본은 상품가격을 항상 인상만 하지는 않으며 때로는 인하하기도 한다. 예컨대 새로운 자본이 자기 분야에 진입해 경쟁하려고 한다면, 독점자본은 미리 상품가격을 인하해 새로운 자본이 진입하면 손해를 볼 수밖에 없도록 한다. 또한 상품가격을 인하하면 판매량이 더욱 증가해 상품 판매액이 증가한다면, 독점자본은 기꺼이 상품가격을 인하할 것이다.

16-2. 산업과 은행의 관계

산업의 기업가들은 은행으로부터 여러 가지 금융적 지원을 받는다. 첫째로 은행은 기업이 발행한 어음을 할인해 매입함으로써 신용 있는 기업의 현금 부족을 완화시키며, 또한 어음을 인수함으로써 어음의 유통을 확대해 현금 거래 대신 신용 거래를 촉진한다. 이 경우 A 은행은 자기 은행에 당좌계정을 가진 기업의 자금상태를 잘 알기 때문에, 이 기업이 발행한 당좌수표를 당좌대월 한도 안에서 항상 결제해 줄 것이다. 둘째로 은행은 사회의 유휴화폐를 예금으로 수집해 기업에 대출한다. 기업은 이 대출을 기계설비에 대한 투자나 단기적인 영업자금으로 사용할 수 있다. 그런데 내용 연수가 긴 건물이나 기계설비에 대한 대규모 투자의 필요성이 증대하면, 기업이 은행 대출을 이런 목적에 사용하게 되고, 따라서 은행은 자기의 자본을 산업에 대규모로 장기간 묶어 놓게 된다. 이렇게 되면, 은행의 특징—화폐자본이라는 유동성 있고 즉각적으로 이용 가능한 형태의 자본을 언제나 가지고 있다—은 사라져 버리므로, 은행은 대규모의 장기 투자에 대출하면서 그 기업의 '주식'을 받는 경우가 훨씬 많다. 왜냐하면 은행은 이 주식을 증권시장에 팔아 필요한 현금을 조달할 수 있기 때문이다.

은행이 기업에게 금융을 지원하는 과정에서 은행과 기업의 관계는 매우 밀접해진다. 은행은 기업의 사정을 잘 알게 되고, 또한 은행이 기업의 주식을 가져 주주가 되면, 은행은 기업의 경영에 여러 가지 조언을 할 수 있기 때문이다. 이리하여 은행은 자기의 이익을 보호하기 위해 자기의 거래처인 기업들 사이의 경쟁을 제한하려고 하며 그들을 결합시켜 독점을 형성하도록 종용하게 된다. 왜냐하면 기업들 사이의 경쟁은 기업 각각에게도 불리할 뿐 아니라 은행에게도 불리하기 때문이다.

그런데 은행업에서도 산업에서와 마찬가지로 독점이 생긴다. 우리나라에서는 1997년 12월의 외환위기에서 수많은 금융기관이 퇴출하거나 부실경영에 허덕였는데, 은행과 비은행금융기관들이 합병 등을 통해 거대한 금융기관으로 재편되면서 금융업에서 독점이 강화되었다(표 18-1을 참조).

이리하여 산업에서도 독점이 생기고 은행에서도 독점이 생기는데, 두 분야의 독점이 서로 밀접한 관계를 맺고 있기 때문에, 결국에는 산업의 독점과 은행의 독점이 결합하는 사태가 벌어지게 된다. 이것이 바로 '최고 형태의 독점'이다. 산업을 독점하는 기업이 주식소유를 통해 은행까지 독점한다면, 또는 독점적인 은행이 주식소유를 통해 산업까지 독점한다면, 그 기업이나 은행은 국민경제를 자기 마음대로 지배할 수 있을 것이다. 사실상 일본의 옛날 재벌(예: 미쓰비시 재벌, 미쓰이 재벌)은 독점적인 산업과 독점적인 은행을 모두 지니고 있었다. 우리나라 정부가 재벌은 은행을 소유해서는 안 되며, 은행은 '금융전업기업'이 소유해야 한다고 주장하는 이유가 여기에 있다. 흔히들 말하는 금융과 산업의 분리(이른바 금산분리)도 그러하다. 물론 재벌은 현재 보험회사·증권회사·투자신탁회사 등을 가지고 있지만, 은행은 소유하지 못하고 있다.

산업과 은행이 독점적으로 결합하면, 기업은 막강한 자금력을 이용해 토지투기·증권투기·부동산투기·각종 매점매석 등을 통해 가격을 조작함으로써 일반 주민들의 재산을 수탈해 이윤을 얻게 된다. 여기에서 기생적이고 부패한 가치증식방식(또는 재산증식방식)이 사회적 문제로 크게 등장하게 된다.

16-3. 독점은 생산의 무계획성을 제거할 수 없다

1875-1900년에 구미에서는 대불황이 나타나 각종 업종에서 카르텔(cartel)이 형성되었다. 카르텔은 불황기에 나타나는 기업 사이의 과도한 경쟁을 중단시켜 각 업종의 생산량과 가격을 조절함으로써 참가 기업들의 손실을 감소시키거나 이윤을 증가시키려고 했다. 카르텔은 참가 기업들에게 생산량을 할당하고, 담합에 의해 상품의 가격을 높은 수준에서 고정하며, 판매시장을 분할해 각 기업에게 배정하기도 했다.

카르텔을 통해 생산량과 가격의 조절이 상당히 달성되긴 했지만, 참가 기업들이 각각 독립성을 유지하면서 경쟁적 우위를 확보하려고 노력했기 때문에 카르텔은 곧 붕괴하지 않을 수 없었다. 예컨대 생산능력이 큰 기업은 생산할당량보다 더 많이 생산하기를 원했고, 생산의 효율성이 큰 기업은 협정가격보다 싸게 판매함으로써 자기의 시장점유율을 확대하기를 원했기 때문이다.

OPEC도 석유수출국들이 만든 카르텔이다. 1973년 10월과 1979/80년의 겨울에 석유가격을 대폭 인상함으로써 세계경제를 불황에 빠뜨리는 결과를 초래했는데, 이것이 가능했던 것은 공동으로 결정한 석유 생산량과 석유 판매가격을 회원국 정부가 제대로 지켰기 때문이다. 그러나 그 뒤 특히 최대의 산유국인 사우디아라비아가 결정사항을 제대로 지키지 않았기 때문에, 또 다시 석유공급의 과잉과 석유가격의 하락이 나타나게 되었다. 2007년 OPEC이 다시 단결력을 과시해 석유가격을 인상하고 있다.

다수의 독립기업 대신 독점이 활동하면 자본주의의 '무계획성' 또는 '무정부성'(anarchy)이 제거될 수 있을까? 물론 기업이 대규모화하고 산업이 점차 소수의 독점적 대기업에 의해 지배되어 감에 따라 독점적 대기업 사이의 담합과 협정에 의해 그 산업의 생산과 판매가 규제될 수 있는 가능성이 커진다. 더욱이 독점적 대기업 사이의 경쟁에 의해 경제 전체에 혼란(예: 상품의 과잉생산, 대량 실업의 발생, 주가의 폭락)이 야기되는 경우, 국가(또는 정부)가 개입해 독점기업들 사이의 경쟁을 경제 전체의 관점에서 조정하므로 경제의 운영에 계획성이 상당부분 도입되는 것은 사실이다.

그러나 자본주의적 생산의 무계획성(또는 무정부성)은 본질적으로 개별 기업이 자기의 이윤을 증대시키려고 노력하기 때문에 발생한다는 점을 명심할 필요가 있다. 예를 들어 보자. 어느 한 기업이 다른 기업들보다 더 큰 이윤(=평균이윤+초과이윤)을 얻기 위해 기술혁신을 도입했다고 하자. 다른 기업들은 기존의 기계설비를 그 내용연수가 지나기도 전에 폐기 처분해야 하므로 큰 손해를 입게 되거나, 기존의 기계설비로 계속 생산하는 기업들은 도산하게 될 것이다. 이것이 바로 생산의 무정부성의 한 예다. 물론 독점적 기업들이 경쟁적인 기술 도입을 어느 정도 규제함으로써, 기술 도입에 따른 경제 전체의 혼란을 축소할 수도 있을 것이다.

그렇지만 이윤의 원천은 노동자의 잉여노동이기 때문에, 기술혁신을 통해 노동자의 잉여노동을 착취하지 않으면 이윤의 원천이 고갈할 수밖에 없다. 따라서 자본주의에서는 기술혁신이 반드시 일어날 수밖에 없으며, 기술혁신에 따른 경제 전체의 혼란도 당연히 뒤따르게 마련이다. 노동자의 잉여노동을 증가시키기 위해서는, 기술혁신을 통해 노동생산성을 향상시키고, 노동강도를 강화하며, 팀 작업을 통해 작업내용을 풍부하게 하고, 품질을 향상시키며 각종의 개선을 제안하게 해야만 한다. 그리고 점점 더 증대하는 노동조합의 힘을 억압하기 위해서라도, 끊임없는 기술혁신을 통해 노동자들의 숙련을 무용지물로 만들고 해고를 단행할 필요도 있다.

기술혁신의 목적을 이윤의 획득과 노동자의 세력 약화에 두지 않고, 노동자의 노동시간을 단축하고 여가시간을 증가시키는 것, 그리고 다양한 질 좋은 재화와 서비스를 주민 모두에게 분배하는 것에 둔다면, 기술 혁신은 결코 큰 낭비를 수반하지 않을 것이며 경제 전체에 큰 도움을 줄 것이다(12-2 참조).

16-4. 일본의 재벌

일본에서는 1910-20년에 미쓰이, 스미토모, 미쓰비시 등 주요 재벌이 형성되었다. 이 주요 재벌은 산업자본과 금융자본을 모두 거느리는 종합재벌이었지만, 금융자본을 중심으로 하는 금융형 재벌도 있었고, 산업자본을 핵심으로 하는 산업형 재벌도 있었다.

재벌의 지배권은 가족이 장악하고 있었는데, 정점에 '지주회사'(holding company)가 있고, 그 밑에 직계회사와 방계회사가 있으며, 그 아래로 자회사와 손자회사가 주식 소유를 통해 피라미드 형태로 연결되어 있었다. 결국 재벌은 지주회사를 정점으로 주식 소유를 통해 강고하게 결합된 기업집중 조직이다. 재벌의 지배력은 은행·신탁·보험·광업·제조업·상업 등 모든 분야에 미쳤다. 물론 재벌 총수가 거대한 권력을 휘둘렀지만, 자기의 큰아들에게 경영권을 상속하는 제도는 확립되지 않았다. 어쨌든 재벌 총수는 거대한 경제력을 기반으로 정치력을 행사했고, 이리하여 1930년대의 세계적 대불황을 '대동아공영권'에 의해 타개하려고 한 것이다.

일본의 재벌은 군인세력과 손을 잡고 '만주사변'을 일으키고 '진주만'을 공격해 제2차 세계대전을 야기했다는 비난을 받아, 종전 뒤 일본을 점령한 미국 군사정부에 의해 해체되었다. 미군정은 3대 민주화 과제로 재벌 해체, 농지개혁, 노동운동 장려를 들었다. 재벌 해체는, 특정 가족이 지배하고 있던 재벌본사(즉 지주회사)를 해체하고, 그것이 보유하던 주식을 공개 매각했으며, 가족을 추방했다. 그리고 독점금지법과 집중배제법을 제정해, 지주회사와 카르텔을 금지하고, 집중도가 높은 기업을 분할했다.

그러나 전후의 자본주의 발전과정에서 독점의 새로운 형태로 옛날의 재벌과는 다른 '기업집단'이 나타났다. 첫째, 재벌은 가족이 중앙집중적으로 지배하고 있었는데, 기업집단은 각 기업의 '사장회'가 중심이 되고 있지만 재벌과 같은 결속력을 가지고 있지 않다. 둘째, 재벌은 지주회사를 정점으로 하는 피라미드식 주식 소유가 특징이었는데, 기업집단의 경우에는 옛날 재벌계의 기업집단은 주식의 '상호보유'가 광범하지만 기타의 기업집단에서는 금융기관과 종합상사의 주식보유가 지배적이다.

그러나 기업집단이 경제력 집중의 한 형태라는 것은, 집단 안의 금융기관이 자기 계열에 속하는 기업에게 집중적으로 대출하고 있다는 사실과, 기업집단이 문어발식으로 각종 산업에 진입하고 있다는 사실에 의해 증명된다.

50여 년이 지난 1998년에 일본은 다시 지주회사의 설립을 허용하기로 했는데, 이 조치는 불황에 빠진 일본경제를 회복시키기 위한 구조조정의 한 방법이었다. 지주회사는 두 가지 방식으로 설립된다. 첫째는 특정의 기업이 다수 기업의 주식을 매입해 지주회사가 되는 것이고, 둘째는 현재의 대기업이 다수의 사업부를 분리 독립시킴으로써 스스로 지주회사가 되는 것이다. 첫째의 방식은 다수의 기업을 매입하기 위해 새로운 자금이 필요하나, 둘째의 방식은 그런 자금이 필요하지 않다.

16-5. 한국의 재벌

16-5-1. 성장과정과 자본축적방식

재벌이 어떻게 돈을 벌어 지금과 같은 규모로 성장했을까? 연대기에 따라 간단히 살펴보자. 첫째로 일본이 패전함으로써 일본 소유(일본 정부, 개인과 법인을 포함)의 재산이 모두 한국을 점령한 미군정에게 넘어갔고, 이 귀속재산(또는 적산)은 1948-57년간 거의 무상으로 매각되었다. 따라서 미국인과 좋은 관계를 맺고 있거나 이승만 정권과 좋은 관계를 맺고 있던 사람들이 귀속재산을 매입해 당장 대기업가로 등장했다. 다시 말해 기업이 피나는 경쟁을 통해 자본을 축적하는 것과는 전혀 다른 방식으로 재벌이 탄생한 것이다. 해방 직후에는 일본 소유의 산업시설이 전부였기 때문에, 이 산업시설을 장악하면 자연히 독점적 지위를 차지할 수 있었다.

둘째로 1950년대에는 재벌은 미국의 원조 물자와 원조 달러를 배정받아 자본을 축적했다. 공업용 원료가 부족했기 때문에 미국이 원조로 제공하는 밀·원당·원면은 제분업·제당업·방직업의 주된 원료였고, 그 당시에는 이 3백산업(세 가지의 흰 산업)이 주된 산업이었다. 또한 그 당시 달러가 부족했기 때문에 원조 달러를 배정받는 기업은 횡재할 수 있었다. 왜냐하면 그 달러로 국내에 부족한 상품을 수입해 폭리를 취할 수 있었기 때문이다. 이렇게 자본을 축적하는 방법도 역시 경쟁을 통한 기술혁신과는 전혀 관계가 없고 정치권과의 유착에 달려 있었다.

셋째로 1962년부터 시작한 경제개발 5개년계획에서 정부는 재벌의 경영능력과 자금조달능력을 이용하기 위해 재벌들에게 핵심투자부문을 맡겼다. 핵심투자부문을 맡은 재벌은 이제 정부의 보증에 의해 외국자본을 차입하고, 국내 금융기관으로부터 낮은 금리의 자금을 차입할 수 있었다.

또한 정부는 수출증대를 경제정책의 제1목표로 설정했기 때문에, 수출업체는 거대한 지원을 받았다. 예컨대 1969년 일반은행의 대출금리는 24.5%(시중의 사채금리는 50%)였는데, 수출금융의 금리는 6%에 지나지 않았으며, 이 밖에도 수출업자는 각종의 조세를 감면받았고, 수출용 원자재의 수입에 대한 관세, 그리고 전기료·철도사용료 등도 감면받았다. 결국 대외지향적 공업화 과정에서 재벌은 값싼 외국자본과 국내금융을 마음대로 사용하면서 자본을 축적했는데, 이런 자본축적도 재벌 스스로의 역량에 의해서가 아니라 '개발국가'(developmental state)의 적극적인 지원에 의한 것이었다.

넷째로 재벌은 아파트 건설이나 토지투기를 통해 막대한 이윤을 획득했다. 정부는 도로·지하철·항만·학교·신도시 등을 건설해야 했고, 시민들도 소득이 증가해 새로운 주거방식을 추구하고 있었는데, 재벌은 정부의 지원으로 풍부한 자금을 가지고 있었으므로 토지에 투기하거나 아파트 건설을 통해 막대한 이윤을 얻은 것이다. 이 과정에서 1977-78년, 그리고 1987-89년에는 토지가격이 폭등하고 주택가격과 전세가격도 폭등했다. 그 뒤 노태우 정부는 토지가격과 아파트가격을 안정시키기 위해 1988-93년에 200만 호의 아파트를 건설한 것이다.

다섯째로 1970년대 중반 이후 정부는 중화학공업화를 추진했는데, 정부는 중화학공업투자자로 선정된 재벌에게 외국차관과 국내금융에서 특혜를 주었을 뿐 아니라 중화학제품의 수입 제한을 통해 해외의 경쟁을 막아 주었다. 이 과정에서 외국차관이 지나치게 증가해 '외채망국론'이 등장했고, 부실기업도 증가했다. 이렇게 된 것은 외국차관과 국내은행대출이 시중의 사채금리에 비해 너무나 낮았으므로 기업들은 될수록 많은 외국차관과 은행대출을 받았기 때문이다. 물론 이 과정에서 "기업은 망해도 기업가는 망하지 않는다"는 말이 유행했다.

여섯째로 재벌은 부실기업 정리과정에서 큰 혜택을 받았다. 1960년대

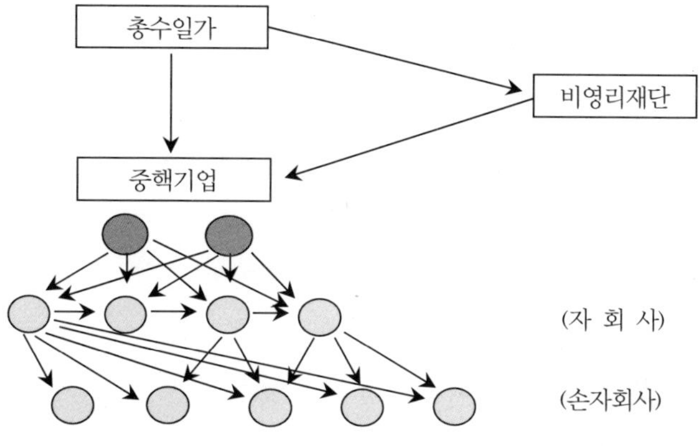

그림 16-1. 재벌의 소유구조

말에서 1970년대 초까지는 부실한 차관기업을 정리했고, 1979-80년에는 부실 중화학공업을 구조조정했으며, 1985-88년에는 해외건설과 해운업을 비롯해 조선·합판·섬유·제지·종합상사 등을 정리했다. 그런데 정부는 부실기업을 정리하는 과정에서 재벌에게 부실기업을 인수·합병하기를 권장했으며, 인수·합병하는 대가로 부실기업의 채무 탕감과 부실기업의 합리화를 위한 금융지원을 실시했는데, 이것은 은행을 희생해 재벌에게 특혜를 주는 것이었다. 은행은 큰 손실을 입지 않을 수 없었으므로, 정부는 한국은행으로 하여금 이자율이 매우 낮은 특별금융을 은행에게 제공하도록 했다.

일곱째로 재벌은 계열기업 사이의 '순환출자'를 통해 아무런 자본도 없이 새로운 기업을 설립해 문어발식으로 확장했다. 그림 16-1에서 보는 바와 같이, 기존의 A기업이 새로 설립될 B기업의 주식을 매입함으로써 B기업을 설립하고, 그 뒤 B기업은 A기업의 지급보증에 의해 은행 대출을 받아 영업을 확대한다. 그런데 현행 법에는 B가 다시 A의 주식을 매입하는 것은 '상호출자'로서 금지되어 있기 때문에, B가 C기업의 주식을 매입하고, C는 A기업의 주식을 매입하면, B기업에 출자한 돈이 다시 A기업으로 돌아가는 것이다. 이것이 '순환출자'다.

이처럼 재벌은 기술혁신을 통해 자본을 축적하기보다는 정경유착, 부동산 투기, 문어발 확장 등을 통해 자본을 축적했다. 그러나 개방과 자유화라는 세계적인 조류에서 재벌은 업종전문화를 통해 무한경쟁을 이겨나가지 않을 수 없었다. 노동집약적인 산업에서는 중국과 동남아 나라에게 뒤떨어지고, 기술집약적인 산업에서는 일본·독일·미국·영국 등 선진국에게 뒤떨어지기 때문에, 재벌은 탈출구를 마련하고자 반도체·자동차·철강·석유화학·정보통신 등의 분야에 막대한 자금(외자와 내자)을 투자했는데, 세계시장이 기대만큼 확대되지 않아 제품을 제값에 대량 판매할 수 없게 되어 재벌은 채무상환에 허덕이게 되었다. 이것이 결국 1997년 12월의 외환위기로 폭발한 것이다.

참조 16-A

땅값의 상승 경향

우리나라에서 돈 있는 사람들이 존경을 받지 못하는 이유는 그들의 돈 버는 방법에 대해 국민들이 불쾌감을 느끼기 때문이다. 땅투기, 아파트투기, 탈세, 문어발 확장, 독점가격, 불공정거래, 황제경영, 권력층 매수 등 비정상적인 방법으로 이득을 얻는 것이 판치고 있기 때문이다.

부동산실명제는 금융실명제와 마찬가지로 불로소득과 세금포탈을 제거하는 목적을 가지고 있다. 그런데 주의할 점은 땅값은 계속 상승하는 경향을 가진다는 사실이다. 물론 때때로 땅값이 크게 하락하는 경우도 있다. 그러나 이는 이전에 땅투기가 너무 심해 땅값이 유달리 상승했기 때문이다. 경제가 크게 확대되면서 땅에 대한 수요가 크게 증가할 것을 예상한 개인과 기업들이 은행의 대출을 받아 땅을 크게 매입했지만, 경제가 예상했던 대로 성장하지 않아 땅에 대한 수요가 그렇게 크지 못했고 대출상환기간이 와서 개인과 기업이 땅을 대규모로 시장에 내놓았기 때문에, 일본의 땅값이 폭락하고 은행의 부실채권이 증가한다.

그러나 정상적인 경제성장에서는 땅값이 상승하게 마련이다. 그 이유는 다음과 같다. 첫째, 인구가 증가하기 때문에, 주택에 대한 수요가 증가하고 이에 따라 택지에 대한 수요도 증가한다. 이리하여 택지 및 택지로 전환될 수 있는 토지의 가격이 상승하게 된다.

둘째, 소득이 증가할수록 환경보호와 생활환경 개선에 대한 관심이 증대하고, 따라서 녹지를 유지하려는 운동이 일어난다. 이 때문에 그린벨트를 해제해 택지나 공장부지를 공급하는 것이 제한되므로 땅값은 상승하게 된다. 셋째, 교통통신망이 확산되고 도시개발이 진행될수록 땅의 위치가 개선되며, 따라서 땅값은 상승하게 된다. 서울 강남의 땅값을 그 예로 들 수 있겠다.

결국 땅소유자는 사회가 발전할수록 이익을 보게 되어 있다. 자기는 아무런 노력을 하지 않더라도 사회의 발전이 자기의 주머니를 채워 주는 것이다. 이것이 바로 불로소득이며, '땅 짚고 헤엄치는' 식이다.

그런데 땅소유자는 이런 '정상적인' 방법으로 이익을 보는 것에 만족하지 않는다. 땅값을 올리기 위해 땅을 매점하고 당분간 시장에 내놓지 않는다. 땅을 독점해 땅값을 올려 받으려는 것이다. 또한 땅소유자가 정부의 국토개발계획에 영향력을 미쳐 자기 땅에 개발이익이 오게 한다. 그리고 자기 땅 근처에는 쓰레기 소각장 등 혐오시설이 들어서지 못하게 정부에 압력을 가하거나 공무원을 매수한다.

국토해양부가 발표한 '2010년 5월 토지가격 동향'에 따르면, 전국에서 가장 비싼 땅은 서울 충무로 1가 24-2로 m^2당 6,230만원으로 2004년 이후 7년 연속 최고 기록을 이어갔다. 전국 공시지가 상위 10위의 땅은 모두 서울 중구에 위치해 있으며, 그중 충무로가 6곳이고 명동이 4곳이었다. 반면 전국에서 가장 싼 땅은 충북 단양군 단성면 소재 임야로 m^2당 86원에 불과했다. 평(3.3m^2)으로 환산하면 1평당 284원으로, 500원짜리 껌 1통 값이면 이곳 땅 2평 정도를 살 수 있다. 결국 전국 최고 가격의 땅과 최저 가격의 땅의 가격 차이는 1평당 약 72만 4000배에 달한다. 그러나 이는 공시지가(실제 가격의 75% 수준)로 실제 거래가의 차이는 이보다 훨씬 클 것이다.

한편 2010년 전국의 공시지가 총액은 3,432조 1,857억원으로 2009년(3,265조 573억원)에 비해 5.12%(167조 1,284억원) 늘었다. 또한 전국의 개별 토지 공시가격도 2009년에 비해 상승세(3.03%)로 돌아섰다.

이는 글로벌 금융위기 이후 부동산 시장을 중심으로 유동성이 확대되고 보금자리주택 및 뉴타운 등 각종 개발사업이 미친 영향 때문이다. 특히 보금자리주택 및 국제도시 등의 개발바람 때문에 수도권의 땅값 상승폭이 컸고, 거대한 규모의 투기성 부동자금이 여전히 많다는 점에서, 전국의 땅값 상승세는 당분간 지속될 것으로 보인다.

16-5-2. 지배구조

재벌의 지배구조는 재벌 총수와 특수관계인(즉 일가 친척과 친구)이 중핵기업의 주식을 대량 소유하고, 이 중핵기업이 다수의 계열기업의 주식을 대량 소유하며, 대부분의 계열기업은 자기 회사의 주식(자사주)을 또한 소유하고 있는 상태다. 2010년 9월을 기준으로 삼성 재벌의 소유구조는 그림 16-2와 같다. 이건희의 아들 이재용 상무가 삼성에버랜드의 주식을 25.1% 소유하고, 삼성에버랜드는 삼성생명의 주식을 19.3% 소유하며, 삼성생명이 삼성증권・삼성전자의 주식을 소유하고, 이들이 또한 다른 기업들의 주식을 소유하는 구조다. 그런데 삼성물산의 지분 5%를 가진 영국 헤르메스연금운용이 2004년 삼성물산의 경영권을 장악하려고 시도한 적이 있다. 삼성물산은 당시 에버랜드와 삼성전자 등 삼성재벌 산하 18개사의 지분을 갖고 있는 핵심 회사인데, 총수 이건희와 삼성계열사의 지분은 12.88%(이건희 지분 1.38%)인 반면 외국인 지분은 45%에 이르고 있었다. 삼성재벌은 2004년 9월 17일 삼성물산의 경영권 방어를 위해 삼성SDI로 하여금 삼성물산 주식 700억 원어치를 매입하게 했다. 이로써 삼성SDI가 소유한 삼성물산의 지분은 4.52%에서 7.2%로 늘어나게 되었다. 그런데 삼성물산은 삼성전자의 주식 4.02%를, 삼성전자는 삼성SDI 주식 20.9%를 가지고 있었으므로, 완벽한 순환출자 구조(삼성SDI → 삼성물산 → 삼성전자 → 삼성SDI)를 형성하게 된 것이다. 또한 2010년 현재 삼성에버랜드가 삼성생명 주식의 19.3%를, 삼성생명이 삼성카드의 주식 26.4%를, 그리고 삼성카드가 삼성에버랜드의 주식 25.6%를 가지고 있는 것도 순환출자다.

흔히 우리는 총수(또는 지배주주)의 영향력 아래에 있는 지분을 '내부지분'이라고 정의하며, 거기에는 총수, 총수의 특수관계인, 자사주 그리고 계열사들이 소유한 지분이 포함된다. 표 16-1에서 보는 바와 같이, 자산

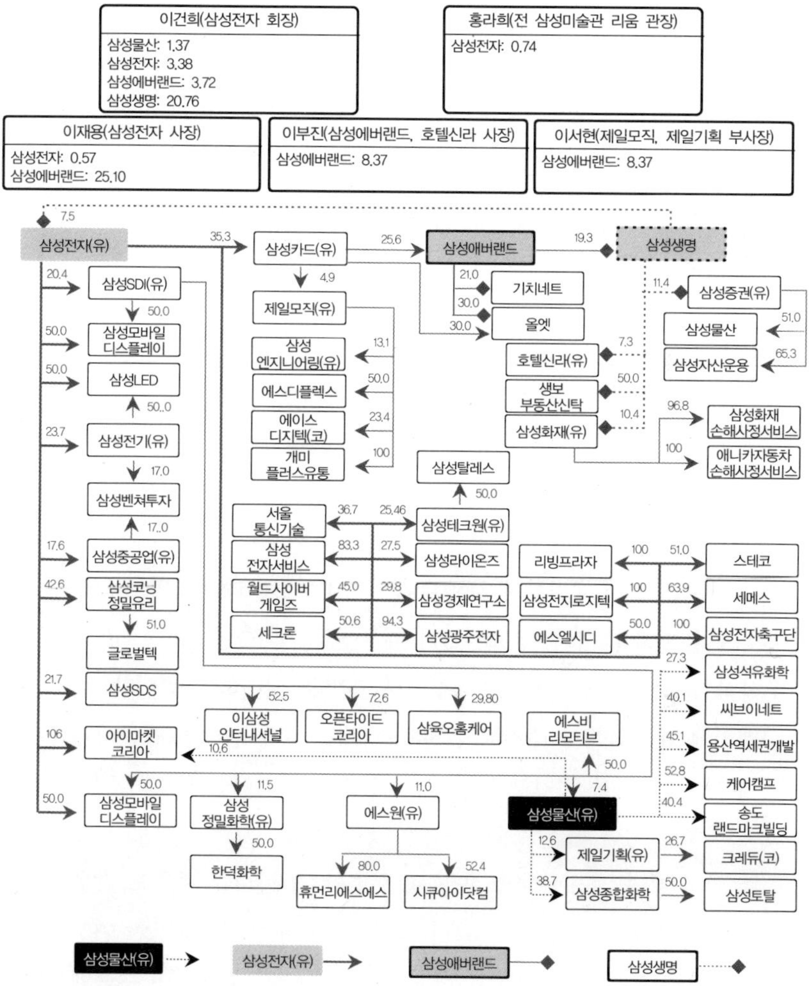

자료: 이투데이(2011년 1월 19일).

그림 16-2. 삼성그룹 지배구조도(2010년 9월 30일 현재)

기준 5조원 이상의 53개 대기업집단 중 총수가 있는 35개 대기업집단의 내부지분율(상장회사와 비상장회사를 포함)은 2010년 4월 현재 총수 2.12%, 총수 친족 2.28%, 계열사 43.58%, 그리고 비영리법인·임원 등이

표 16-1. 총수가 있는 상호출자제한 대기업집단의 내부지분율 변화

(매년 지정일 기준, 단위: %)

구분	총수 일가			총수 일가 이외			내부지분율
	총수	친인척	소계	계열회사	기타	소계	
2006년(41개)	2.07	2.98	5.05	43.80	2.40	46.20	51.25
2007년(43개)	2.11	2.79	4.90	44.22	2.45	46.67	51.57
2008년(28개)	1.74	2.49	4.23	44.44	2.29	46.73	50.96
2009년(31개)	2.03	2.50	4.53	45.87	2.46	48.33	52.86
2010년(35개)	2.12	2.28	4.40	43.58	2.52	46.10	50.50

주: 2006, 2007년은 자신규모 2조원 이상, 2008-2010년은 자산규모 5조원 이상.

자료: 공정거래위원회.

2.52%로서 합계 50.5%이었다(표 16-1 참조). 실제로 재벌 총수와 그 가족 등이 가진 주식은 재벌기업 전체 주식의 4.4%에 불과한데도, 계열사의 소유주식이 전체 주식의 43.58%이기 때문에, 결국 재벌 총수는 재벌 전체 주식의 50.5%를 좌우하는 최대주주로 재벌을 지배하는 셈이다.

재벌계 대기업에서 대주주의 전횡을 막기 위해 참여연대 등 시민단체는 소액주주운동을 펼치고 있다. 즉 집단소송제와 집중투표제를 실시하라고 주장하고 있다. 집단소송제는 허위공시와 부실기재 등으로 피해를 본 주주 중 일부가 손해배상 소송을 내 승소할 경우 다른 주주도 같은 혜택을 볼 수 있게 하는 제도다. 그리고 집중투표제는 기업이 2인 이상의 이사를 선출할 때 3% 이상의 지분을 보유한 주주가 요청하면 주총에서 투표를 실시해 표를 많이 얻은 순서대로 이사를 선출하는 제도다.

사외이사제에 관한 법에 의하면, 상장기업이면 무조건 총 이사 수의 1/4 이상, 자산 2조 원 이상 상장기업은 1/2 이상의 사외이사를 뽑아야 한다. 따라서 '독립적인' 사외이사는 재벌기업의 경영 행태에 큰 변화를 가져올 수도 있다.

16-5-3. 문어발 확장과 독재체제

재벌을 비난하는 이유는 크게 보아 두 가지다. 하나는 다수의 업종에 종사하기 때문에 세계적으로 경쟁력 있는 기업으로 발전하지 못하고 있다는 비난이고, 다른 하나는 재벌이 경제력을 기반으로 행정부·입법부·사법부에 영향력을 행사할 뿐 아니라, 언론·스포츠·문화 등의 분야도 지배함으로써 정경유착에 따른 부정과 부패는 물론이고 국민들의 일상생활까지도 지배하고 있다는 비난이다.

재벌은 출자·회사채 인수·지급보증 등으로 다수의 업종에 계열기업을 설립했는데, 이런 문어발식 확장은 사실상 "어느 업종이 큰 이윤을 낳을까"를 모르는 상황에서 불가피했을 수 있다. 또한 정부가 부실기업을 몇 차례 대대적으로 정리하는 과정에서 재벌들에게 떠맡긴 업종도 있다. 그러나 모든 업종이 동시에 성공할 수는 없기 때문에, 재벌은 성공적인 계열기업의 이윤으로 실패하는 계열기업을 살리는 데 지원함으로써 성공적인 기업이 더욱 발전하는 것을 촉진할 수 없었다. 더욱이 모든 계열기업을 동시에 유지 발전시키기 위해 재벌은 금융기관으로부터 큰 부채를 지게 되었는데, 대체로 부채/자기자본의 비율이 500% 정도에 이르렀다. 이런 상황에서 상품의 판매가 원활하지 못해 재벌이 현금 부족을 느낄 때, 금융기관이 부채의 만기일을 연장하지 않고 부채의 상환을 요구하면 재벌은 도산하지 않을 수 없다. 1997년 초부터 시작한 재벌의 도산은 이것의 한 예다. 대기업 집단의 부채/자기자본 비율(금융·보험계열사는 제외)은 1998년의 518.9% 이래 계속 저하해 재무건전성이 개선되고 있다. 2003년에는 128.9%(42개 민간 상호출자 제한 기업집단), 2010년에는 114.9%(45개 민간 상호출자 제한 기업집단)로 감소했다. 그러나 이 같은 감소 추세는 추가 증자나 부채 상환 그리고 부채의 출자전환을 통해 실질적으로 그 비율을 줄인 것이 아니라, 대부분 '자산재평가'와 유상증자를 통한 자산 부풀리기에 의해 장부상으로 비율을 축소한 것이다.

사실상 역대 정부는 재벌의 과도한 경제력 집중을 막기 위해 노력했다. 1987년의 공정거래법에서는 공정거래위원회가 자산규모(계열사 합산)의 순서로 1-30위 그룹을 매년 '대규모 기업집단'(즉 재벌)으로 지정하며, 대규모 기업집단은 출자총액 제한, 계열사 간 상호출자와 상호지급보증 금지, 부당내부거래 조사 등의 규제를 받도록 했다. 출자총액제한은 30대 재벌의 계열사가 순자산의 25% 이상을 다른 기업에 출자하는 것을 금지하는 것이다. 이것은 재벌의 무분별한 출자(투자)를 막기 위한 것인데, IMF 위기 직후 외국인에 의한 적대적 인수 · 합병이 허용되면서 계열사 경영권 방어를 위해 1998년 2월 폐지되었다. 그러나 그 뒤 계열사 출자의 급증, 부실계열사 지원, 명목상의 부채비율 감축 등 부작용이 나타남에 따라 1999년 12월 출자총액 제한제도를 다시 도입하고 2001년 4월부터 다시 시행했다. 그리고 2001년 11월 경제여건의 변화에 따라 자산순위 30대 대규모 기업집단 지정제도 대신에 자산규모 5조 원 이상인 기업집단은 출자총액 제한 기업집단으로, 2조 원 이상인 기업집단은 상호출자 · 채무보증 제한 기업집단으로 지정하는 등 출자총액 제한제도를 전면적으로 개편했다. 그런데 전경련을 필두로 한 재계에서는 출자총액 제한제도 등 자산기준에 의한 대기업집단 규제가 차별적인 규제로서 위헌 소지가 있으며, 신규투자를 저해한다고 주장하면서 출자총액 제한제도를 끊임없이 축소하려 하였다. 그 결과 사실상 출자총액의 절반 이상이 각종 적용제외와 예외인정을 받아 출자총액 제한제도의 실효성이 크게 훼손되다가 결국 2009년 3월 공정거래법 개정을 통해 폐지되었다. 그 결과 표 16-2에서 보는 바와 같이, 재벌의 문어발 확장은 여전히 유지되고 있다.

김대중 정부는 재벌들이 서로서로 사업을 교환함으로써 한 재벌이 하나의 사업에 전문화하도록 촉구했다. 이것이 이른바 Big Deal 정책이었다. 그러나 어느 재벌이든 현재나 미래에 수익성이 높은 업종을 가지려고 하기 때문에, 사업 교환은 불가능했다. 자동차산업에서는 현대(자)가 기아(자)를 인수하고, 르노가 삼성(자)을, 그리고 GM이 대우(자)를 인수했기 때문에, 한국계 기업으로서는 현대가 사실상 자동차 업종의 전문기업이 되었다. 이런 방식의 전문화는 동시에 독점화를 야기하기 때문에, 독점에서 오는 폐해도 고려해야 할 것이다.

다음으로 재벌의 독재체제를 살펴보자. 재벌 총수는 '황제'처럼 군림해 계열기업의 주요 업무를 자기 마음대로 결정한다. 전문경영인이나 이사회나 감사는 실질적인 권한을 행사하지 못하고 있다. 그리고 재벌 총수는 자기의 후계자를 지명하며, 이 세습황제가 다시 재벌을 지배한다. 1997년 이래 다수의 재벌이 도산했는데, 그 이유 중의 하나는 제2세대의 재벌 총수가 경영 능력이 모자랐기 때문이라는 것이다. 따라서 재벌 총수의 독재력을 탈취하거나 축소하는 것이 큰 과제로 등장하고 있다. 그리고 재벌 총수는 일부 계열사를 분리시켜 동생들과 자녀들에게 소유권과 경영권을 물려주고 있는데, 이것은 거대 재벌이 대물림하면서 중소재벌로 세포분열하는 것과 같다.

또한 재벌은 언론·스포츠·문화에도 크게 진출하고 있다. 언론을 통해 재벌의 이익을 옹호하고 재벌에 호의적인 정치세력을 지원하며 재벌을 규제하는 법률을 비난하고 재벌의 개혁이나 철폐를 요구하는 모든 운동을 매도한다. 물론 언론분야에는 산업이나 금융에 종사하지 않는 '언론 재벌'도 있지만, 언론을 지배하는 세력은 항상 자기의 이익을 증대시키기 위해 여론을 조작한다. 스포츠는 재벌을 홍보하는 수단의 하나이고, 미술관이나 동물원이나 병원도 재벌의 홍보에 도움을 준다.

이런 재벌의 독재체제를 어떻게 민주화할 수 있는가가 재벌경영에 책임성과 전문성을 도입할 뿐 아니라 경제민주화나 사회민주화의 큰 과제다. 비록 정치에서는 자유롭고 민주적인 선거가 확보되어 있지만, 회사에서는 총수가 수많은 종업원에게 독재적인 권력을 휘두르고, 사회 전체에

표 16-2. 상호출자제한 기업집단(2010년 4월 1일 기준) (단위: 개)

순위	기업집단명	동일인	계열사수	순위	기업집단명	동일인	계열사수
1	삼성	이건희	67	30	효성	조석래	40
2	한국토지주택공사	한국토지주택공사	4	31	에쓰-오일	에쓰-오일(주)	2
3	한국전력공사	한국전력공사	13	32	동국제강	장세주	12
4	현대자동차	정몽구	42	33	케이씨씨	정상영	10
5	에스케이	최태원	75	34	한진중공업	조남호	7
6	엘지	구본무	53	35	지엠대우	지엠대우오토앤테크놀로지(주)	4
7	롯데	신격호	60				
8	포스코	(주)포스코	48	36	인천국제공항공사	인천국제공항공사	2
9	한국도로공사	한국도로공사	4	37	대한전선	설윤석	26
10	지에스	허창수	69	38	오씨아이	이수영	18
11	현대중공업	정몽준	16	39	서울특별시도시철도공사	서울특별시도시철도공사	2
12	금호아시아나	박삼구	45				
13	한진	조양호	37	40	웅진	윤석금	24
14	케이티	(주)케이티	30	41	현대백화점	정지선	29
15	두산	박용곤	29	42	삼성테스코	삼성테스코(주)	3
16	한화	김승연	48	43	코오롱	이웅열	37
17	한국가스공사	한국가스공사	3	44	인천광역시도시개발공사	인천광역시도시개발공사	3
18	한국철도공사	한국철도공사	11				
19	에스티엑스	강덕수	16	45	현대산업개발	정몽규	15
20	엘에스	구태회	44	46	하이트맥주	박문덕	16
21	대우조선해양	대우조선해양(주)	13	47	동양	현재현	24
22	하이닉스	(주)하이닉스반도체	9	48	케이티앤지	(주)케이티앤지	6
23	씨제이	이재현	54	49	영풍	장형진	23
24	대림	이준용	16	50	미래에셋	박현주	26
25	동부	김준기	31	51	현대오일뱅크	현대오일뱅크(주)	2
26	현대	현정은	12	52	세아	이운형	19
27	신세계	이명희	12	53	한국투자금융	김남구	18
28	현대건설	현대건설(주)	20	합계			1,206
29	부영	이중근	15				

자료: 공정거래위원회.

서도 소수의 기득권층이 국민의 대다수를 지배하고 있는 상황을 타파해야만, 진정으로 민주적이고 평등한 사회가 태어날 것이다.

참조 16-B

재벌의 비상장 계열사는 경영권 승계용(『한겨레21』, 2007년 8월 14일)

재벌 기업의 계열사들이라면 안정적인 수익을 내면서 지속적인 성장을 하고 있기 때문에 대다수가 상장 요건을 충분히 갖추고 있다. 그러나 상장 요건을 이미 충족하고 있음에도 기업공개를 하지 않고 계속 비상장기업으로 남아 있는 국내 재벌 계열사의 수는 놀라울 정도로 많다. 공정거래위원회에 따르면, 2006년 4월 현재, 총수가 있는 자산규모 2조 원 이상 상호출자제한 기업집단(41개)의 기업공개 비율은 평균 55.17%(자본금 기준. 총자본금은 62조 9,190억 원이고 공개회사 자본금은 34조 7,110억 원)로 나타났다. 회사 수를 기준으로 보면, 상호출자제한 기업집단 소속 회사 975개 중 기업이 공개된 회사는 188개(19.2%)다. 재벌그룹 계열사의 80%가 시장에 나오지 않고 비상장기업으로 숨어 있는 것이다. 물론 이들 787개 기업 중 상장 요건을 갖추지 못한 기업도 존재한다. 그룹별로 보면, LG그룹은 자본금 기준으로 기업공개 비율이 84.5%(그룹 총자본금 7조 4,700억 원 중 공개기업 자본금 6조 3,200억 원)로 매우 높은 반면, 삼성그룹은 공개 비율이 44.1%(그룹 총자본금 11조 4,700억 원 중 상장기업 자본금 5조 600억 원)에 그쳤다. 상장기업보다 비상장 계열사의 자본금이 더 많은 것이다.

그런데 재벌그룹 비상장기업은 상장기업에 비해 총수와 그 일가의 지분이 낮고 대신 계열사 지분이 매우 높다. 내부 지분 분포를 보면 상장기업의 경우 총수 일가 평균 지분은 7.02%인데, 계열사·임원·비영리법인 등 '총수 일가 이외의 내부 지분'은 30.5%다. 반면 비상장기업의 총수일가 지분은 2.7%에 불과하고, 총수 일가 이외의 내부 지분은 63.9%(이 중 계열사 지분이 63.4%)에 이른다. 이 사실이 시사하는 바는 뚜렷하다. 비상장 우량기업의 지분 대부분을 갖고 있는 계열사들이 어느 시점에 지분을 재벌 오너 자녀에게 헐값에 넘기고, 재벌 2·3세는 이를 통해 얻은 막대한 자금을 활용해 그룹 경영권을 확보하는 것이다. 계열사가 누려야 할 평가차익을 총수 자녀에게 넘겨주는 식이다.

재벌 총수 자녀들이 상당수의 비상장 계열사 대주주로 참여하고 있다는 점도 재벌 비상장 계열사가 경영권 상속을 위한 발판으로 활용되고 있다는 사실을 그대로 보여준다. 사실 재벌그룹 비상장 계열사들은 그룹 계열사들의 일감 몰아주기에 힘입어 안정적인 매출을 올리면서 가파르게 성장한다. 또 비상장기업이기 때문에 주주가 대부분 특수관계인이고, 일반 주주들의 간섭을 받지 않은 채 총수 일가의 재산 불리기에 쉽게 동원된다. 2006년 말 기준으로 재벌기업 소속 400개 비상장사의 주식가치를 평가한 결과 주식 평가 금액이 100억 원 이상인 사람이 123명이고 이들이 보유한 비상장기업 주식가치는 총 7조 3,884억 원에 달했다. 삼성전자 이재용 전무는 삼성에버랜드(62만여 주, 지분율 25%) · 삼성SDS 등 알짜 비상장 계열사 덕분에 비상장회사 주식 3,848억 원어치를, 또 최태원 SK그룹 회장은 SKC&C (주당 가치 43만원) 등 2,578억 원어치의 비상장 계열사 주식을 보유하고 있는 것으로 조사됐다. 정몽구 현대 · 기아자동차그룹 회장의 아들 정의선 사장은 엠코 · 이노션 · 오토에버시스템즈 등 비상장 계열사의 최대주주로 있으면서 663억 원어치의 비상장기업 주식을 보유하고 있는 것으로 나타났다.

참조 16-C

총수 일가 '권한'만 있고 '책임'은 없다(『경향신문』 2010년 12월 12일자)

공정거래위원회가 12일 발표한 '대기업집단 지배구조 현황'은 올해 새롭게 나온 자료다. 상장회사의 사외이사 현황, 총수 일가의 이사등재 현황 등이 그 내용이다. 경제개혁연대는 "외환위기 이후 13년이 지났지만 재벌의 지배구조 문제가 여전하다"며 "지배구조 개선, 총수 일가의 불법적인 사익추구 행위에 대해 책임을 물을 수 있도록 상법 등의 관련 법률 개정이 필요하다"고 밝혔다.

△ 권한은 있고, 책임은 없고 = 공정위 발표에 따르면, 총수가 있는 35개 대기업집단 계열회사(1,085개)의 전체 이사 4,736명 중 총수 일가의 비중은 9%(425명)에 불과했다. 상장회사(193개)는 1,347명의 이사 중 총수 일가가 10.8%(146명)였고 비상장사(892개)는 8.2%였다. 대기업 가운데는 삼성이 유일하게 전체 324개 이사직 중 총수 및 친족 이사가 단 한 명도 없었다. 지난 3일 사장단 인사에서 이건희 회장의 장녀 부진 씨가 호텔신라의 대표이사 사장으로 내정되고, 장남 재용 씨도 삼성전자 사장에 임명되면서 내년 주총 때는 등기이사로 등재될 것으로 보인다.

SK(3.94%), LG(2.21%), 한화(4.23%), 대림(4.69%), 동부(3.65%) 등도 총수 일가의 비중이 낮았다. 공정위 관계자는 "개정된 상법에는 '사실상의 이사'라는 조항이 있어 등기이사가 아니더라도 지배관계 등을 감안해 책임을 물을 수 있다"고 설명했다. 하지만 시민단체의 시각은 다르다. 경제개혁연대는 "업무집행을 지시한 사실을 원고가 입증해야 하는 현행 민사소송법 구조에서 '사실상의 이사'로서의 책임을 묻는 조항은 사실상 사문화됐다"며 "총수 일가가 그룹 전체의 경영권을 사실상 행사하고 있지만, 책임을 물을 수 없다는 것은 심각한 문제"라고 지적했다.

35개 기업집단 중 총수 일가가 단 한 명이라도 이사로 등재된 계열회사의 비중은 28.7%(311개)였다. 한 개 이상의 회사에 이사로 등재된 기업총수는 모두 30명으로 이들은 평균 5개 회사의 이사를 겸임하고 있는 것으로 집계됐다.

△ 경영 감시 · 통제 부족 = 35개 기업집단 상장회사의 평균 이사 수는 7명이었고 이 중 사외이사는 평균 3.2명이었다. 이는 상법 등에 규정된 법적 최소기준(자

산규모 2조 원 이상인 경우 이사총수의 과반수, 최소 3명 이상)을 겨우 넘는 수준이다. 총수 없는 10개 민간 기업집단 상장회사(16개)의 사외이사 비중은 54.1%로 총수가 있을 때보다 8.5%포인트 높았다.

경제개혁연대는 "사외이사 수뿐 아니라 평균 이사 수도 너무 적어 경영 전반에 대한 통제와 감시가 효과적으로 이뤄지기 어렵다"며 "집행임원제 도입이 필요하다"고 말했다. 집행임원제는 이사회가 전문경영인을 선임해 법인 등기부에 기재하고, 경영인에게는 이사와 유사한 법적 권한과 책임을 부여하는 제도다. 이사회 내 보상위원회, 내부거래위원회 등의 설치비율도 낮았다. 보상위원회는 7.3%, 내부거래위원회 설치비율도 8.3%에 불과했다. 감사위원회, 사외이사 추천위원회 등에 사외이사들이 다수를 차지하고 있지만 독립적인 사외이사를 선임할 방법이 없다는 점도 지적됐다.

17 노동조합

17-1. 자본가계급과 노동자계급 사이의 투쟁

17-1-1. 자본의 순환과정에서 본 노자대립

자본의 순환과정 $M—C(MP, LP)---P---C'—M'$ 에서 노동자가 자본가와 투쟁하게 되는 이유를 알아보자.

M-LP: 자본가가 노동시장에서 노동력을 구매하는 단계이며, 임금수준이 결정되는 단계다. 여기에서 자본가는 노동자들의 '개인적 자유와 경쟁'을 최대로 보장함으로써 임금수준을 최저한도로 인하하려 한다. 이것에 대항하기 위해서는 개별노동자는 아무런 힘이 없으며, 오직 노동자들의 단결만이 중요하다. 이리하여 노동조합이 탄생한다. 임금수준의 결정은 사실상 노동자가 창조하는 새로운 가치 중에서 얼마를 노동자가 임금으로 가지고 얼마를 자본가에게 잉여가치로 주는가에 관한 것이므로 분배투쟁이다. 그러나 자동화・합리화・폐업・휴업 등을 통한 실업자의 증가는 노동자들의 임금수준과 생활수준을 유지하거나 개선하려는 노동조합의 힘을 크게 약화시킨다.

---P---: 자본가가 노동력을 소비・사용하는 단계인데, 여기에서는 자본

가의 지휘・감독・규율에 대해 노동자가 투쟁하게 된다. 노동시간의 연장, 노동강도의 강화, 작업장의 환경과 위생, 새로운 생산방식의 도입에 따른 해고의 위험, 산업재해, 생산물의 종류와 품질의 결정 등이 생산영역에서 벌어지는 노자투쟁의 대상이다. 여기에서도 노동자들의 단결이 중요하지만, 자본가가 생산수단의 소유자로서 생산과정을 지역별로 재편하거나, 자본을 다른 곳으로 이동하는 경우에는 해당공장의 노동자들이 유효하게 대항할 수 없다. 따라서 노동조합은 기업의 경영에 참여하는 투쟁을 벌이게 된다.

17-1-2. 계급투쟁의 이론적 의의

현실로 나타나는 경제현상은 자본가가 추구하고 원하는 것이 그대로 나타난 것은 아니다. 자본가가 추구하는 것에 대해 노동자가 반대함으로써 원래의 계획이 수정되거나 보완되어 나타난다. 경제발전이 기술에 의해 자동적으로 달성된다는 '기술결정론' 또는 '경제주의'(economism)는 계급투쟁을 무시하고 있기 때문에, 현실의 경제발전을 제대로 파악하지 못하고 있다. 사실상 영국에서는 노동조합의 세력이 강력해 새로운 생산방법을 도입하기가 매우 어려웠다. 왜냐하면 새로운 생산방법이 도입되면 해고가 생기고 노동강도가 강화될 것이기 때문이었다.

또한 변증법에 의하면 모든 사물은 '대립물의 통일'이며 대립물의 투쟁을 통해 발전하기 때문에, 자본주의의 발전과정을 자본가계급과 임금노동자계급 사이의 투쟁에 의해 파악할 필요가 있다. 왜냐하면 자본의 재생산과정과 임금노동의 재생산과정은 그 목적이 전혀 상이하기 때문이다. 자본은 노동력의 착취를 통한 가치증식을 목적으로 하지만, 임금노동은 '노동자의 자기발전 욕망'을 충족시키는 것을 목적으로 한다. 따라서 노동자들은 사회적으로 발달한 인간의 욕구를 충족시키는 것을 원하며, 노동시간 대신 여가시간을 요구한다.

그런데 노동자의 '욕구'(needs)는 '생리적' 욕구, '필수적' 욕구(관습에 의해 꼭 필요하게 된 것으로 노동력의 가치 개념을 뒷받침한다)와 '사회적' 욕구(사회적으로 발달한 인간으로서의 욕구)로 구성되어 있다. 그리고 필수적 욕구와 사회적 욕구는 자본주의의 발달에 따라 더욱 확대되고 고급화된다. 더욱이 사회적 욕구는 노동자의 소비범위가 자본주의적 한계로부터 해방되어, 지금의 사회적 생산력이 허용하며 개성의 완전한 발달이 요구하는 수준으로 확대되는 경우에 충족된다. 따라서 이른바 '궁핍화지수'는 (사회적 욕구 – 필수적 욕구)/필수적 욕구로 표시해야 한다. 다시 말해, 노동자는 현재의 생산력 수준이 충족시킬 수 있는 욕구나 욕망을 현실적으로 채우지 못할수록 불만을 더욱 크게 느낀다. 이처럼 노동자들의 욕구가 일정하지 않고 생산력의 발달에 따라 증대하기 때문에, 실질임금이 상승하더라도 노동자의 궁핍화는 심화될 수 있으며, 따라서 노자투쟁이 격화할 수 있다.

자본가와 노동자에게는 '부'(wealth)의 개념도 다르다. 자본가에게는 부가 화폐나 상품의 형태로 존재하지만, 노동자에게는 자기발전의 욕구를 충족시켜 주는 사용가치(즉 노동자의 생활에 필요한 재화와 서비스)가 바로 부다. 그러므로 노동자에게는 자본주의적 관계 밖에서 생산되는 재화와 서비스도 부를 형성하며, 특히 깨끗한 공기와 맑은 물을 제공하는 자연 그 자체가 부다.

또한 '생산적 노동'의 개념도 노동자의 입장에서는 다르다. 자본가의 입장에서는 잉여가치를 생산하는 노동만이 생산적 노동이지만, 노동자의 입장에서는 노동자의 재생산에 필요한 모든 노동이 생산적 노동이다. 따라서 국가재정에 의해 무료로 운영되는 교육과 의료에 종사하는 노동도 생산적이며, '가사노동'(domestic labour)도 생산적이다.

자본가는 노동자계급을 분할해 지배한다. 고학력과 저학력으로 구분하고, 생산직 · 사무직 · 기술직 · 전문직으로 구분하며, 남성노동자와 여성노동자로 구분하고, 숙련공과 미숙련공으로 구분하며, 피부 색깔로 구분하고, 정규직과 비정규직으로 구분하며, 또한 봉급 차이로 구분해, 노동자계급이 하나로 단결해 자본가계급에 대항하는 것을 막고 있다. 따라서 현실적으로 자본가로부터 큰 양보를 얻어 내거나 자본주의를 타도하려는 노동운동이나 사회운동은 성공하기가 매우 어렵다.

노동운동은 어떤 방법들을 사용하고 있을까? 첫째, 이론적 투쟁에 의해 자본주의의 본질을 폭로하고 있다. 마르크스는 개별 자본가와 개별 노동자를 분석하지 않고 자본가계급과 노동자계급을 총체로서 분석함으로써, 자본은 착취의 결과며 자본가계급은 사회적 집단노동의 성과를 독차지하고 있다는 것과, 자본가계급 대신 노동자계급이 사회를 더욱 합리적이고 효율적으로 운영할 수 있다는 것을 증명했다. 또한 자본주의적 생산이 주민의 욕망을 충족시키는 것을 목적으로 삼지 않고 있다는 사실은 '과잉' 생산 공황의 발생과 그에 뒤따르는 기업 도산, 공장 폐쇄, 실업자의 대량 발생, 그리고 환경파괴에 의해 폭로되고 있다. 과잉생산 공황은 상품을 너무 많이 생산했기 때문에 발생하는 것인데, 모든 주민들의 욕망을 충족시키고도 남을 만큼 과잉생산했다는 의미가 아니라 '이윤을 붙여 팔 수 없을 정도로' 과잉생산했다는 뜻이다.

둘째, 현실적으로 자본가에 대항해 투쟁하고 있다. 물론 임금투쟁, 경영참가투쟁이나 교육 · 의료의 공공화 투쟁은 자본주의의 테두리 안에서 행해질 수 있으며, 자본주의의 철폐를 요구하지 않을 수도 있다. 그러나 이런 투쟁과정 속에서 질적 발전이 이루어진다. 노동자들이 자기들의 요구를 성취하는 과정에서 하나로 단결하게 되며, 투쟁 중에 새로운 욕구를 개발하게 된다. 다시 말해 '환경의 변화와 주체의 변화가 동시에 일어나는 혁명적 실천' 속에서 자본가를 밀어붙이거나 자본주의를 철폐하는 동력이 생겨난다.

셋째, 노동운동은 시민운동 또는 새로운 사회운동과 연대해 자본주의의 문제점을 개혁하려고 한다. 노동자들의 욕구는 사회적으로 발달한 인간의 욕구이기 때문에, 자본가계급에 대한 노동자계급의 투쟁은 새로운 사회운동(경실련, 참여연대, 여성운동, 환경연합)과 대립하는 것이 아니라, 후자가 노동자계급의 완전한 해방을 위해 노동자들의 기타의 욕구를 대변한다고 보아야 한다. 물론 임금노동자만이 사회적 부의 생산자로 자신감을 가지고 새로운 사회를 직접적으로 제시할 수 있을 것이다.

17-1-3. 노동운동과 시민운동

구체적인 현실의 주체로서 노동자는 임금노동자의 측면뿐 아니라 비임금노동자의 측면과 인간의 측면을 동시에 가지고 있다. 비임금 노동자의 측면은 노동자가 자본가와 맺는 관계 이외의 각종의 사회적 관계(예: 가족·성·인종·종교·국적)를 맺고 있다는 것이고, 인간의 측면은 노동자가 하나의 사회적 인간으로 여러 가지 욕구를 가지고 있다는 것을 가리킨다. 따라서 노동자는 여성운동·환경운동·지역감정 타파운동·인종차별 반대운동·반미운동·반핵운동·통일운동·부정부패방지운동 등 시민운동(또는 새로운 사회운동)에 동참해 자본주의 체제의 여러 가지 문제점 해결에 공동 노력할 수 있다.

그런데 왜 노동운동이 여러 가지 사회운동 중 가장 중요하다고 생각하는가? 이 질문에 깊이 고민할 필요가 있다고 본다. 노동운동 이외의 각종 사회운동이 문제로 삼고 있는 것을 한 번 나열해 보자. 삼성의 비자금사건은 재벌·정경유착·정치자금·뇌물·부정·부패의 문제를 새롭게 제기했으며, 노무현과 김정일의 만남은 남북통일의 문제를, 양심적 병역거부는 국민개병제의 문제를, 원자력발전소의 가동 중단은 핵 문제를, 쓰레기 소각장·다이옥신·골프장·자동차 매연·갯벌 오염은 환경문제를 제기하고 있다. 여성에 대한 억압과 차별은 여성문제를, 외국인 노동자에 대한 착취는 외국인 노동자의 문제를, 과외수업은 사교육비의 문제를 제기하고 있다. 이것뿐이 아니다. 빈민과 장애자 및 노인의 문제, 부실건축의 문제, 교통문제, 청소년문제, 입시위주의 교육 등 끝이 없다.

그런데 새로운 사회운동이 노동운동과 전혀 관련이 없다고 말할 수 있는가? 재벌이 우리 경제를 지배하고 있으며 재벌 기업에서 일하는 노동자들이 많다는 이유만으로도 재벌문제는 당연히 노동운동의 중요한 과제의 하나다. 정경유착·정치자금·뇌물·부정·부패도 기업경영과 관련이 있는 한, 노동자들의 관심사가 될 것이다. 남북통일의 문제는 노동자를 포함한 민족 전체의 문제이며, 인권의 문제는 민주주의적 권리인 노동운동을 불법화하거나 억압하는 것과 직접적으로 관련을 가진다. 외국인 노동자는 한국인 노동자의 지위를 약화시키기 위해 이용할 수도 있으며, 사교육비는 노동자의 생활수준을 저하시킬 뿐 아니라 봉급 인상 요인으로 작용할 것이다. 결국 노동자는 인간이고 국민의 한 사람이라는 일반적인 성격을 가지면서 기업에서 일한다는 특수성을 가지고 있기 때문에, 노동운동뿐 아니라 새로운 사회운동 전체에도 관심을 가질 수밖에 없다.

또한 노동운동의 전개과정은 우리가 경험한 바와 같이, 사회의 모든 영역으로부터 영향을 받는다. 국민들의 머릿속에 강력하게 뿌리내리고 있는 반공 이데올로기, 국제적인 무한경쟁에서 한국경제를 살리기 위해서는 기업보다는 노동자가 희생해야 한다는 '보통 사람들'의 사고방식, 국민적인 문화전통이거나 군사독재의 잔재인 상명하달의 경영체제가 옳다는 비민주적인 사고방식, 동일한 종류의 노동이라도 기업 사정에 따라 봉급 수준이 달라져야 한다는 노동자계급의 연대성 부족 등은 노동운동의 발달에 장애가 되고 있다.

물론 노동자들은 한 곳에 많이 모여 공동으로 일하므로 단결력이 강하다는 장점을 가지기 때문에, 노동운동은 새로운 사회운동과 연대해 직접적인 노동문제뿐 아니라 각종의 사회문제 해결을 주도할 수 있다. 민주노총에서 제시하는 '사회개혁운동'이 바로 이것이며, 각종의 사회운동에 노동자들이 크게 참여하고 있다. 그러나 노동운동은 자본주의 체제의 핵심인 노자관계와 잉여가치 생산을 문제로 삼기 때문에 어느 사회운동보다도 '근본적'이다.

그렇다고 해서 노동운동이 항상 사회운동 중 가장 중요하다고 주장할 수 있을까? 이 주장은 지금 이론적으로 크게 비판받고 있다. 왜냐하면 이 주장은 과거의 경제주의나 경제결정론에 뿌리박고 있기 때문이다. 경제주의에 따르면, 경제의 변화가 정치나 이데올로기의 변화를 결정하며, 경제가 본질이고 정치나 이데올로기는 경제의 현상 형태에 불과하다고 보는 것이다. 그러나 경제주의는 잘못된 이론이다. 예컨대 억압적인 정치나 반공 이데올로기가 반드시 경제에 그 원인이 있다고 말할 수는 없기 때문이다. 또한 경제가 발전하면 억압적인 정치나 반공 이데올로기가 자연히 사라진다고 말할 수도 없기 때문이다. 따라서 억압적인 정치를 제거하기 위해서는 민주화운동이 정치영역에서 전개되어야 할 것이고, 반공 이데올로기를 제거하기 위해서는 학문과 사상 및 양심의 자유를 외치는 운동이 전개되어야 할 것이다.

노동운동은 기본적으로 노동자들이 기업 안에서 임금수준과 노동조건을 개선하고, 기업 경영에 민주적으로 참여하려는 운동이라는 점에서 사회운동의 일부를 차지한다. 그러나 노동자도 인간이고 국민이라는 점과, 노동운동은 주어진 정치적 · 사상적 상황에 의해 영향받는다는 점 때문에, 노동운동이 사회운동 전체와 관련을 맺게 되는 것이다. 물론 전반적인 정세에 따라 사회운동 중에서 어떤 때는 민주화운동이 지배적일 수도 있고, 또 어떤 때는 노동운동이 지배적일 수도 있으며, 또 다른 때에는 선거정화운동이 지배적일 수도 있다. 문제의 핵심은 노동운동이 사회적 지지를 더 많이 받기 위해서는 새로운 사회운동과 연대하는 것이 필요불가결하다는 것이다.

17-1-4. "만국의 노동자여! 단결하라."

이 짧은 구호는 역사적으로 여러 가지 목적에 이용되었다. 이 구호를 처음 만들어 낸 마르크스(K. Marx)와 엥겔스(F. Engels)는 만국의 노동자들이 단결할 수 있는 '가능성'을 오히려 강조했던 것 같다. 이윤 추구에 혈안이 되고 있는 자본이 지배하는 나라에서는 어디에서나 노동자들은 억압과 착취를 피할 수 없으므로, 그들이 자본주의에서 잃어버릴 것은 오직 '쇠사슬'뿐이기 때문에, 세계의 모든 노동자들은 자본주의의 타도에 단결할 수 있으리라는 것이었다.

그런데 이 구호는 제1차 세계대전이 발발하기 직전에는 전쟁을 막고 평화를 유지하기 위해 각국의 노동자들이 단결해야 한다는 긴급한 목적에 이용되었다. 전쟁은 각국의 자본가계급이 경쟁적으로 세력을 대외적으로 확장하기 위해 획책하는 것이고, 노동자들을 포함하는 모든 국민들은 이 전쟁에서 오직 '대포 밥'이 될 수밖에 없기 때문에, 만국의 노동자들이 단결해 전쟁을 억제하고 평화를 유지해야 한다는 것이다. 그러나 자본가계급을 비롯한 지배계급의 견해는 전혀 달랐다. "우리나라가 세계를 지배해야만 우리나라 국민들이 더욱 잘 살 수 있다"는 것이다. 이런 '호전적 애국주의'에 노동자들이 포섭되었고, 그 결과로 수많은 사람들이 죽고 부상당했으며 엄청난 물적 피해도 보게 되었다.

그 뒤 소련(USSR)이 '유일한' 사회주의 나라가 되자 소련 정부는 이 구호를 자기의 국가이익을 위해 이용하기 시작했다. 만국의 노동자들이 단결해 소련 정부를 지지해야 한다는 것이다. 특히 스탈린은 1930년대 '일국사회주의론'을 주창한 뒤 자본주의 강대국들이 소련을 군사적으로, 경제적으로 위협할지도 모른다는 위기의식 때문에, 소련 정부는 중국 공산당에게 국공합작(지주와 부르주아 정당인 장개석 국민당과의 합작)을 강요했고, 그리스의 사회주의 혁명을 억압했으며, 독일의 사회주의 세력에게는 파시즘보다는 사회민주주의를 주적으로 삼을 것을 지령한 것이다. 소련 정부는 헝가리나 체코의 자유화운동을 무력으로 탄압할 때도 세계의 공산당에게 사회주의 종주국을 무조건 지지할 것을 요구했다. 소련 정부는 세계공산주의 운동의 발전을 위해서가 아니라 자기의 이익을 위해 "만국의 노동자여! 단결하라"를 외친 경우가 많았다.

그런데 이 구호는 지금과 같이 자본의 세계화 경향이 크게 진전하고 있는 상황에서는 매우 큰 실질적인 의미를 가지고 있다. 노동자들은 어느 나라에 살든 하나의 공통점을 분명히 가지고 있다. 즉 자본에 순종하지 않으면, 또는 자본의 이윤추구에 협력하지 않으면, 살아갈 수 없다는 점이다. 지금과 같이 자본이 세계를 활동무대로 삼아 자유롭게 이동할 수 있는 상황에서는 노동자들의 생존권은 점점 더 위협받고 있다. 노동자들이 더 높은 임금이나 더 나은 노동조건을 요구하면, 자본은 이 요구를 들어 주기는 커녕 다른 곳으로 이동함으로써 일자리 그 자체를 빼앗아 버리기 때문이다. 이 때문에 자본의 자유로운 이동을 규제하는 것이 세계노동운동의 큰 과제로 등장하고 있다.

한국에서 동남아로 자본이 이동하려고 할 때, 한국의 노동자뿐 아니라 동남아의 노동자들까지도 이런 자본 이동에 반대하지 않으면, 세계적인 차원의 노동조건은 악화될 수밖에 없을 것이다. 동남아가 '국가경쟁력'이 높아 한국의 자본을 많이 흡수한다고 말하지만, 한국의 자본이 동남아에 진출해 무엇을 하고 있는지를 생각하면 국가경쟁력이 높은 것은 행복을 가져오는 것이 아니라 불행을 자초하고 있다고 말해야 할 것이다. 동남아는 장시간·저임금·산업재해가 많은 노동을 강요당하며, 노동조합을 결성할 수도 없고, 환경은 파괴되며, 고유한 전통과 문화는 무시되어 짓밟히고 있다. 한국 안에서 외국인 노동자들에게 하는 짓과 똑같은 짓을 한국

기업들은 해외에서도 하고 있는 것이다. 따라서 한국자본의 해외 진출을 막는 것은 동남아 노동자들의 생활을 악화시키기 때문에, 노동자계급의 '국제주의'(internationalism)에 어긋난다는 주장은 과장된 것이다. 오히려 만국의 노동자들이 단결해 자본의 횡포와 착취를 근절하자는 주장이 더욱 정확할 것이다.

또한 이 구호는 경상도·전라도·충청도의 지역주의를 타파하는 데도 기여할 수 있다. 왜 노동자들은 선거 때마다 노동자들의 권익을 대변할 후보에게 투표하지 않고 지역감정에 사로잡히게 되는가? 경상도나 전라도나 충청도를 하나의 이익집단으로 생각하는 것은 각각의 지역 안에서 벌어지는 계급적인 대립이나 갈등을 무시해 버리는 매우 후진적인 사고방식이 아닌가?

17-2. 노동조합과 노동자 정당 사이의 관계: 영국의 경우

세계 최초로 산업혁명을 일으켜 '세계의 공장'이었던 영국, 『자본론』에서 자본이 노동을 착취하는 구체적인 예로 등장하는 영국, 마르크스와 엥겔스가 유럽에서 국회를 통해 자본주의를 철폐할 수 있는 유일한 나라라고 믿었던 영국, '해가 지지 않는 나라'라고 모든 나라가 부러워했던 대영제국, 사회보장제도와 사회민주주의의 선진국 영국, 신자유주의정책을 세계에서 처음 선보인 대처와 보수당이 1979년부터 네 차례나 연속 총선에서 승리한 영국, 1997년 5월 44세의 토니 블레어(Tony Blair)가 노동당 정부의 수상이 되고 36세의 윌리암 헤이그(W. Haig)가 보수당의 예비 총리가 된 영국, 2010년 5월 보수당의 데이빗 캐머런(David Cameron) 당수가 노동당의 고든 브라운(Gordon Brown) 수상을 꺾고 닉 클레그(Nick Clegg)

자유민주당 당수와 함께 영국 역사상 최초로 연립정부를 구성한 영국.

영국의 2대 정당 중의 하나인 노동당(Labour Party)의 역사를 중심으로 노동조합과 노동당의 관계를 이야기하고자 한다. 이 주제가 흥미 있는 이유는, 첫째로 다수의 노동자들이 실업과 저임금에 시달리는 경제 불황기에 '노동자의 당'이라는 노동당이 왜 선거에서 계속 패배했는가를 설명해야 하기 때문이며, 둘째로 한국의 민주노총이 '민주노동당'을 만들어 총선에 참가했으므로 영국의 노동운동과 노동당 사이의 관계가 하나의 참고자료로 되기 때문이다.

17-2-1. 노동당의 창당: 주체와 이념

영국의 노동조합은 18세기 말 독립수공업자들이 기계제 대공업에 대항하기 위해 만든 '동업조합'(Trade Union)에서 유래한다. 1799년과 1800년의 결사금지법에 따라 노동조합이 금지되다가 1824년에 이 법이 폐지되고, 1838-48년의 차티스트운동에 따라 노동조합이 많이 나타났으며, 1868년에는 노동조합의 최상층기구로 '노동조합회의'(Trade Union Congress: TUC)가 창립되었다. 이 노동조합회의는 1889년까지는 주로 숙련노동자 중심의 직능별 노동조합을 가입단체로 가졌으며, 그 뒤로 미숙련노동자를 조합원으로 가진 대규모 산업별 노동조합들이 참가하게 되었다.

노동조합회의는 보수당(Conservative Party)과 자유당(Liberal Party) 중 자유당을 통해 노동자대표를 국회에 진출시키고 있었는데, 1898년과 1899년에는 좀 더 급진적인 노동조합들의 주장에 따라 노동조합의 이익을 국회에서 대변할 '독립적이고 자주적인 당'을 창립하기로 결의했다. 노동조합회의는 그 당시 유일한 노동자계급의 정당인 독립노동당(Independent Labour Party, 1893년 스코틀랜드 광부노조 위원장 케어 하디 J.K. Hardie가 결성), 마르크스주의적 사회민주연맹(Social Democratic

Federation, 1881년 마르크스주의자 하인드만 H.M. Hyndman이 결성), 그리고 사회주의적 지식인들의 모임인 페이비언협회(Fabian Society, 1884년 조지 버나드 쇼 G.B. Shaw와 시드니 웹 S. Webb이 결성)와 합의해 1900년 2월 27일 '노동대표위원회'(Labour Representative Committee)를 결성했다. 그러나 노동대표위원회의 규모는 작았으며, 노동조합원의 2/3 이상이 아직 여기에 가입하지 않고 있었다. 노동대표위원회는 1906년 29명의 국회의원을 탄생시키면서 명칭을 '노동당'으로 바꿨다. 다시 말해 현재의 노동당은 노동대표위원회로부터 시작했으며, 100년이 넘는 역사를 가지고 있는 셈이다.

노동대표위원회 또는 노동당은 노동자들의 대표를 국회에 진출시켜 정치적 수단에 의해 노동자들의 생활수준을 향상시킨다는 목표밖에 없었는데, 1918년 1월의 전당대회에서 새로운 당헌을 채택하면서 그 유명한 제4조(생산과 분배와 교환의 수단들을 공동소유하고, 기업경영에서 산업민주주의를 실현한다)를 당의 목표로 삼았다. 이 제4조는 노동자들에게 실질적인 복지와 평등을 보장하기 위한 방법을 적은 것인데, 1995년 블레어 당수의 요구로 전당대회에서 폐기될 때까지 노동당의 사회주의 이념을 상징하는 것이었다.

노동당 국회의원은 처음에는 주로 육체노동자 출신이고 대학을 졸업하지 못했다. 출신 성분의 변화를 알아보기 위해, 1918-35년의 평균과, 1945년, 1951년, 1966년을 비교하면, 노동당 국회의원 중 육체노동자 출신은 72 → 41 → 37 → 14%로 감소했으며, 대학졸업자는 10 → 32 → 41 → 68%로 증가했다.

17-2-2. 노동당 집권의 역사

노동당은 100년의 역사 중 24년을 집권했지만, 두 차례의 임기(즉 10년)를 계속한 적은 한 번도 없었는데, 블레어 당수가 1997년 5월과 2001년 6월의 총선에서 이겨 최초로 두 번의 임기를 계속 집권하게 되었고, 2005년 5월 5일의 총선에서도 보수당과 자유민주당의 약진에도 불구하고 승리했다.

1914-18년의 제1차 세계대전 중에는 자유당과 보수당의 연합에 의한 전시 거국내각이 들어섰는데, 전후에는 실업이 크게 증가했으므로, 1922년 12월 총선에서 노동당은 처음으로 자유당을 물리치고 제2당이 되었으며, 그 뒤 계속 보수당과 노동당의 양당체제가 성립했다. 1923년 12월 보수당의 볼드윈(S. Baldwin) 수상은 보호관세정책에 대한 신임을 묻기 위해 국회를 해산하고 총선을 실시했지만, 과반수 의석을 얻지 못했으므로, 보수당(258석)보다 훨씬 적은 의석(191석)을 얻은 노동당이 자유당과 연합해 최초의 (소수) 정부를 구성했다. 램지 맥도날드(J.R. MacDonald)가 수상이 되었는데, 일 년도 못 되어 불신임을 받아 물러났다.

1929년 총선에서는 노동당이 최초로 제1당이 되었으나 과반수를 차지하지는 못했다. 맥도날드가 다시 수상이 되어 최초의 단독 정부를 구성했다. 그런데 1929년 10월에 발발한 세계공황으로 실업자가 급증했고, 1931년 파운드화의 대외가치 폭락을 막기 위해 미국으로부터 긴급차관을 도입하는 부대조건으로 '실업수당'을 크게 삭감했기 때문에, 맥도날드 내각은 노동당 국회의원들과 노동조합으로부터 큰 반발을 사서 사퇴하게 되었다. 그런데 맥도날드는 국왕에게 사표를 제출하지 않고, 보수당 · 자유당과 함께 거국내각인 국민정부(National Government)를 구성하겠다고 제의했고, 그렇게 승인받았다. 노동당은 국민정부에 참가한 맥도날드와 전 재무부장관 스노든(P. Snowden)을 배신죄로 출당 처분했다. 1931년 11월 총선에서 노동당의 의석은 52석으로 격감했으며, 국민정부 진영이 대부분을 차지했다.

1939년 9월 제2차 세계대전이 일어나자, 히틀러(A. Hitler)와 유화정책을 고집하던 네빌 채임벌린(N. Chamberlain) 보수당 내각이 1940년 5월 붕괴하고 보수당 처칠(W. Churchill)의 전시 거국내각이 들어섰는데, 노동당 국회의원들이 요직을 차지했다. 그런데 이들은 전면전(total war)을 위해 노동자들을 동원하는 대가로 사회보장제도의 개선과 완전고용의 실현을 요구했으며, 이에 따라 '베버리지보고서'(Beveridge Report, 1942년)와 '고용정책 백서'(1944년)가 발표되었다. 1945년 7월의 총선에서 전쟁 영웅 처칠을 물리치고 노동당은 최초로 과반수의 의석을 차지했다. 애틀리(C. Attlee) 노동당 정부는 전시 거국내각 안에서 이미 구체화시켰던 각종 개혁프로그램을 실시했다. 국유화가 크게 진전했고 세계에서 가장 선진적인 복지제도, 특히 완전 무료의 '국민보건서비스'(National Health Service)가 탄생했다.

그러나 1950년 2월의 총선에서는 46.1%라는 사상 최대의 득표율에도 불구하고 노동당은 다른 모든 당의 국회의원을 합한 것보다 겨우 5석이 많은 다수 의석을 얻었을 뿐이었다. 1950년 6월의 한국전쟁 때문에 국방비를 대규모 증액할 필요가 생겨 1951년도 예산안에서 무료의 국민보건서비스(NHS) 중 틀니와 안경에 대해 환자의 부담을 요구하게 되었는데, 무료의 NHS를 입안 실시했던 애뉴린 베반(Aneurin Bevan) 등 3명의 각료가 이에 반발해 사임했다. 훨씬 큰 다수 의석을 획득하기 위해 국회를 해산하고 다시 실시한 1951년 10월의 총선에서 노동당은 보수당에게 패배했다.

1955년과 1959년의 총선에서도 패배했다가 13년 만인 1964년 10월의 총선에서 2명이 많은 다수 의석을 가진 윌슨(H. Wilson) 정부를 구성했다. 그러나 다수 의석을 증가시키기 위해 1966년 3월 다시 총선을 실시해 다수 의석 97석을 얻었다.

윌슨 정부는 이혼 · 동성연애 · 낙태를 합법화했고, 사형제도를 폐지했으며, 인종차별을 금지하는 법을 제정하고, 11살의 학생을 강제로 인문계와 실업계로 나누던 제도를 철폐하고 종합학교(comprehensive school)를 세웠으며, 모든 성인들에게 대학교육을 개방하는 방송통신대학(Open University)을 설립했다. 그러나 국제수지 적자가 계속되어 1967년 11월에는 파운드화의 가치를 2.8달러에서 2.4달러로 평가절하했고, 파운드화의 가치를 유지하기 위해 노동자들에게 임금억제를 강제적으로 실시했으며, 심지어는 노동조합의 파업권에 일정한 제약을 가하려고 시도하다가 실패했다.

노동당은 1970년 6월의 총선에서 보수당에게 패배했고, 보수당 히스(E. Heath) 수상은 기술도입과 임금억제에 반대하는 노동조합의 권리를 제한하기 위해 1971년 8월 '노사관계법'(Industrial Relations Act)을 제정했다. 이 법에 따르면, 피켓의 수가 제한되고, 동정파업은 불법이며, 불법파업에 대해서는 노조가 손해를 배상해야 했다. 노동조합은 전국적으로 노사관계법의 폐지를 요구하는 시위와 파업을 행했고, 특히 1973년 10월의 석유위기 이후 광부노조가 파업을 선언하자, 히스 수상은 국가비상사태를 선포해 모든 정부기관과 기업에게 주 3일 근무를 명령하면서 1974년 2월 총선을 실시했다. 보수당은 "누가 영국을 다스리는가? 선거에서 이긴 정부인가, 아니면 노동조합인가?"를 구호로 삼았지만, 노동당에게 패배했다. 노동당은 과반수를 차지하지 못한 소수당 정부를 구성해, 국가비상사태를 해제하고 광부노조의 파업을 종결시키고, 노사관계법을 폐기했다. 그 뒤 곧 1974년 10월 다시 총선을 실시해 세 석이 많은 다수 의석을 확보했으나 몇 차례의 보궐선거에서 패배해 1977년 4월부터는 소수당 정부가 되었다.

1974년 2월에서 1976년 3월까지 윌슨이 수상을 하다가 캘러헌(J. Callaghan)에게 물려주었고, 캘러헌 정부는 1976년 12월 파운드화의 가치 하락을 막기 위해 국제통화기금(IMF)의 구제금융을 받게 되었는데, 국제통화기금은 차관조건으로 임금 억제와 재정지출 삭감을 요구했다. 실업자는 1974-79년의 집권기간에 60만 명에서 160만 명으로 급증했는데, 정부의 공공서비스 지출과 실업수당은 오히려 감소했다. 더욱이 정부는 1975-78년에 노동조합과의 '사회협약'(social contract)을 통해 임금인상률을 물가상승률 이하로 묶어 두었는데, 1978년 8월 1일부터 정부가 다시 임금인상 상한선을 물가상승률 이하로 제시하자, 노동자들이 사회협약을 폐기하고 자유로운 단체협상을 부활시킬 것을 요구하면서 대규모 파업을 일으켰다. 1978년 말과 79년 초의 겨울 내내 파업이 끊이지 않아 '불만의 겨울'(winter of discontent)이라고 부른다. 1979년 3월 캘러헌 정부는 국회에서 불신임을 받았고, 5월의 총선에서 대처(M. Thatcher)의 보수당에게 정권을 물려주었다. 그 뒤 1997년 5월 토니 블레어(Tony Blair)가 수상이 될 때까지 18년 동안 노동당은 야당생활을 할 수밖에 없었다.

1997년 5월 1일의 총선에서 노동당은 총 659석 가운데 418석, 그리고 보수당은 1906년 이래 가장 적은 165석을 얻었다. 18년 동안의 보수당 집권에 대한 염증, 보수당의 부패 스캔들, 유로(Euro) 통화에 가입할 것인가를 둘러싼 보수당의 내분 등이 노동당 승리에 크게 기여했다. 2001년 6월의 총선에서도 노동당이 413석을 얻어 블레어가 다시 수상이 되었다. 그런데 2005년 5월의 총선에서는 이라크 침략에 대한 반대여론으로 말미암아 노동당은 57석을 잃었고 보수당과 자유민주당은 각각 31석과 10석을 얻었다. 그럼에도 불구하고 야당의석의 합계보다 67석(2001년에는 167석)이 많아 정권을 유지했다.

2010년 5월 16일의 총선에서 노동당은 258석(91석 잃음), 보수당은 306석(97석 얻음), 그리고 자유민주당은 57석(5석 잃음)을 얻었지만, 어느 당도 과반수(326석)를 얻지 못했으므로, 영국 역사상 처음으로 연합정부—

보수당과 자유민주당 사이—가 생겼다. 노동당은 2007년 6월 블레어의 당수 사임으로 고든 브라운이 당수와 수상이 되었지만, 신자유주의에 너무나 포섭되어 보수당과 의미 있는 차이를 부각시킬 수 없었다. 특히 이번 총선에서는 보수당의 재정적자 축소가 가장 큰 논쟁거리였지만, 노동당도 13년의 집권 동안 사회보장제도를 계속 축소했기 때문에 유권자의 지지를 받을 수 없었다.

17-2-3. 노동당의 당내 민주화과정

노동당에서 당내 민주화의 문제로 제기된 것은, 첫째로 당수와 부당수를 선출하는 방법, 둘째로 국회의원 후보를 지구당(Constituency Labour Party)에서 선출하는 방법, 셋째로 전당대회에서 표결하는 방법에 관한 것이었다.

첫째 문제는 당수와 부당수를 오직 국회노동당(노동당 출신의 국회의원: Parliamentary Labour Party)이 선출해 오던 관행을 개혁하기 위해 제기된 것이다. 좌파의 목소리가 가장 거셌던 1981년 1월의 특별전당대회에서 당수와 부당수를 국회노동당 · 지구당 · 노동조합으로 구성되는 선거인단에서 선출하기로 했으며, 그 구성비율도 노동조합 40%, 국회노동당과 지구당 각각 30%로 하기로 했다. 그러나 노동조합의 권력을 축소시키려는 시도가 계속되는 가운데 1993년 전당대회에서는 그 구성비율을 각각 1/3로 동일하게 하기로 수정했다.

둘째 문제는 현역의원이 자동적으로 재출마하는 것을 막기 위해 제기된 것이다. 1981년 1월의 특별전당대회에서는 현역의원은 매년 의무적으로 지구당 집행위원회의 재신임을 받아야 하고, 새로운 국회의원 후보는 지구당 집행위원회에서 결정한다고 결의했다. 그런데 지구당 집행위원회가 대체로 좌파활동가로 구성되어 있기 때문에, 그들의 세력을 약화시키기 위해

1987년 전당대회에서는 다음과 같이 수정했다. 즉 지구당의 일반당원 과반수가 요청할 때 현역의원은 재신임을 받아야 하고, 이 재신임은 지구당의 일반당원이 60% 이상을 차지하는 선거인단에 의해 표결되어야 한다. 또한 새로운 국회의원 후보도 마찬가지의 선거인단에 의해 선출된다.

셋째 문제는 노동조합의 권력을 약화시키기 위해 제기된 것이다. 전당대회의 투표방법은 1당원 1표제이지만, '가입단체'의 대표는 자기 단체의 당원 전체의 표를 하나의 덩어리, 즉 '블록'(block)으로 투표하는 것이 기존의 당헌 규정이었다. 예를 들면, 전당대회의 안건에 대해 광부노조 안에서 찬성 600표, 반대 450표가 나오더라도, 광부노조위원장은 전당대회에서 노조원(당원이어야 한다) 전체의 표(1,050표+투표에 참가하지 않은 노조원)를 찬성표로 던지게 되어 있었다. 또한 노동당의 당원 전체 중 노동조합원의 비율이 90% 이상이기 때문에, 대규모의 노동조합 몇몇 또는 노동조합위원장 몇몇이 사실상 전당대회를 지배할 수 있었다. 그런데 1993년 전당대회에서는 노동조합위원장의 블록 투표를 폐지하고, 노동조합 안의 찬반 투표를 그대로 계산할 것과, 노동조합이 전당대회에서 차지하는 투표권을 당원의 규모와 관계없이 70%로 제한할 것을 결의했다. 노동조합의 권력을 크게 약화시킨 셈인데, 노동조합위원장의 블록 투표는 사실상 각 노동조합의 결의에 따라 아직도 유효하다.

17-2-4. 노동당의 사회주의는 무엇인가?

노동당은 스스로를 사회민주주의 정당이라고 부르지 않고 사회주의 정당이라고 부른다. 노동당의 사회주의는 어떤 내용을 가지며 구체적으로 어떻게 실현되었는가를 살펴보자.

1918년 2월에 채택한 당헌 제4조에는 '노동자들이 자기의 노동 성과를 공평하게 분배받을 수 있도록, 주요한 기업을 국유화하고 기업의 경영에 노동자를 참여시키는 것'을 노동당의 목표로 규정하고 있다. 이것은 분명히 마르크스의 사회주의와는 다르다. 왜냐하면 마르크스는 임금노동 그 자체를 철폐해야 노동자들이 임금노예로부터 해방할 수 있다고 보았기 때문이다. 마르크스에 따르면, 임금노동자는, 임금수준이 높든 낮든, 노동조건이 좋든 나쁘든, 자본가에게 억눌려 있는 임금노예에 불과하기 때문이다.

노동당의 사회주의는 국유화·산업민주주의·사회보장제도에서 그 모습을 드러내었다. 물론 국유화의 경우, 노동당과는 무관하게 제1차 세계대전 이전에 전신과 전화가 국유화되어 있었고, 두 전쟁 사이에는 방송·런던여객운수·해외항공이 국유화되어 있었다. 1945년 7월의 총선에서 최초로 과반수의 정부를 구성한 노동당은 잉글랜드은행(Bank of England)·민간항공·석탄·해저전신·무선통신·운수·전력·가스·철강의 순으로 국유화를 실행했다. 잉글랜드은행은 중앙은행으로서 국민경제 전체의 이익을 위해 화폐금융정책을 실시해야 하기 때문에 국유화했다. 그러나 철강을 제외한 기타 산업들은 파산 직전에 있었기 때문에, 국가의 자금으로 합리화를 촉진하고 생산성을 향상시키며 규모의 이익을 실현하기 위해 국유화한 것이다. 물론 기업의 주주들에게는 충분하게 보상했는데, 이처럼 적자투성이 산업들을 국유화하는 것은 실업의 감축에는 기여했지만, 국민경제의 계획적 운영에는 큰 도움을 주지 못했다.

또한 국영기업은 공사(public corporation) 형태를 취해 예산과 인사를 독자적으로 관리했으며, 일상적인 경영에서도 정부나 국회의 직접적인 통제를 받지 않았다. 이것은 영국 국민들이 공기업의 모델로 우체국과 영국방송공사(BBC)를 칭찬하고 있었던 것과 무관하지 않다. 그리고 공사의 이사회에는 기업의 사장을 포함한 전문경영인들이 참여했으나, 노동조합은 참여하기를 꺼려했다.

노동조합이 주창한 산업민주주의는 고용주가 노동자의 이익을 침해하는 것을 방지하는 것을 의미했을 뿐이고, 노동조합이 기업 운영에 직접 참여하는 것을 내포하지는 않았다. 노동조합의 논리에 따르면, 국민경제 전체를 계획적으로 운영할 수 있는 제도적 기반이 확립되지 않은 상황에서 노동조합이 경영에 참여한다면, 노동조합은 기업의 성공을 위해 양보를 거듭할 수밖에 없을지도 모른다는 것이다. 그러나 이렇게 생각하면 산업민주주의의 적극적인 측면을 실현할 수가 없다. 노동조합이 기업의 운영방침과 장래계획(투자 · 기술도입 · 노동조직 등)의 결정에 참여한다면, 자기들의 이익을 옹호할 수 있고, 국영기업이 낳을 수 있는 전문경영인의 관료주의적 부정과 부패를 방지할 수 있으며, 더욱이 앞으로 노동조합이 기업 경영 능력을 함양해 자본가나 전문경영인을 대신함으로써 새로운 사회의 정치적 · 경제적 기초단위가 될 수 있을 것이다.

1945-51년의 노동당 애틀리(C. Attlee) 정부는 '빈곤 · 질병 · 무지 · 실업 · 불결'을 없애기 위해 사회보장제도를 세계에서 가장 선진적인 것으로 만들었다. 1945년의 가족수당법, 1946년의 국민보험법, 국민의료법, 산업재해법, 그리고 1948년의 국민부조법 등은 1911년 자유당 로이드 조지(D. Lloyd George)의 국민보험법의 전통을 이어받은 것이지만, 완전 무료의 국민보건서비스는 모든 국민에게 돈이 있느냐를 묻지 않고 필요한 모든 의료서비스를 공짜로 제공하기 때문에, 진정한 '사회주의의 분배원칙'("능력에 따라 일하고, 필요에 따라 소비한다")과 일치하는 것이었다. 무료의 국민보건서비스를 입안해 영국의사협회의 동의를 받아낸 보건부장관 베반(A. Bevan)은 중등학교를 중퇴하고 광산에서 일하면서 자본주의의 온갖 착취와 기아와 불평등을 경험한 노동운동가였으며, 노동당에서 베반좌파(Bevanite)라는 하나의 파벌을 형성했다.

1950년대는 1951년, 1955년, 1959년 세 차례의 총선에서 노동당이 패배했지만, 영국 자본주의의 황금기로서 케인스식의 재정금융정책으로 소득증대와 완전고용 및 소득재분배를 이룩할 수 있다는 신념이 노동당의 지도부와 이론가들 사이에 팽배했다. 이리하여 국유화나 계획화, 그리고 산업민주주의는 필요없다는 수정주의(revisionism)가 크게 대두했고, 이것의 대변자는 휴 게이츠켈(H. Gaitskell, 1955-63년의 당수), 존 스트레이치(J. Strachey)와 토니 크로슬랜드(T. Crosland)였다. 또한 이들은 노동당이 노동조합의 당이 아니라 국민의 당이 되기를 원했다. 왜냐하면 육체노동자의 수가 점차 감소하고 있으며, 중산층은 육체노동자를 좋아하지 않는다고 보았기 때문이다. 이리하여 당수 게이츠켈은 1959년의 총선에서 패배한 뒤 당헌 제4조의 철폐 동의안을 전당대회에 제출했지만, 압도적인 표 차이로 부결되었다.

영국경제가 1960년대 초에 침체하기 시작하자, 케인스식 재정금융정책으로 실업과 저성장을 해결할 수 있다는 수정주의자들의 신념은 무너졌다. 노동당 윌슨 정부는 1966년 산업재편공사(Industrial Reorganization Corporation)를 설립해, 주식매입이나 자금원조를 통해 건실한 기업들을 지원하거나 기업들의 합병을 촉구하거나 기업의 현대화를 지원했다. 그러나 경제기획부(Department of Economic Affairs)를 신설함으로써 전면적인 국가계획을 통해 국내총생산을 1964-70년에 25% 증가시키겠다던 약속은 1966년 7월에 발생한 파운드화 위기 때문에 깨졌다.

1973년 야당인 노동당은 다음과 같은 '가장 사회주의적인' 정책강령을 발표했다. 첫째, 국민기업청(National Enterprise Board)을 설립해, 국민경제에서 주도적인 100대 기업 중 적어도 25개 기업을 국유화한다. 이런 국유화의 이점으로 제시한 것은, (가) 국가가 가격・투자・무역・고용・훈련・수출증진・기술개발을 직접적으로 통제할 수 있다; (나) 기업이 주요 사항을 결정할 때 고려하는 비용과 수익에 '사회적' 비용과 '사회적' 수익을 포함시킬 수 있다; (다) 산업민주주의와 노동자의 참여를 확대함으로써, 경영자와 노동자 사이의 협력을 더욱 강화할 수 있다. 둘째, 나머지 대기업들에게는 장래계획(가격・투자・수출・기술혁신・노동조직의 개편 등)

에 관한 정보를 의무적으로 제출하게 해, 그 장래계획을 국민경제 전체의 발전방향에 맞게 조정함으로써 대기업들과 '계획협정'(planning agreements)을 맺는다.

그러나 이 정책강령은 윌슨 당수와 우파 의원들의 기피로 1974년의 선거강령에서 희석되었고, 집권한 뒤 1975년의 산업법에 의해 국민기업청이 신설되었지만 그 역할은 정책강령보다 훨씬 제한적이었다. 더욱이 1976년 12월 국제통화기금으로부터 파운드화 안정을 위한 구제금융을 받으면서, 국민기업청과 계획협정에 관한 관심은 사라져 버렸다.

1979년, 1983년, 1987년, 1992년의 총선에서 패배하면서 여러 가지 정책문건들이 제출되었지만, 국유화와 산업민주주의는 더 이상 주목을 받지 못했다. 특히 국유화는 이제 엄두도 내지 못하게 되었다. 왜냐하면 대처의 보수당이 철저하게 국영기업과 공익사업을 민영화해 버렸으므로, 이것들을 다시 국영화하는 데는 엄청난 재정지출이 필요하기 때문이었다. 더욱이 정부의 역할은 기업이 안심하고 투자할 수 있는 환경을 마련하는 것으로 후퇴했고, 투자와 생산에 관한 사항은 오직 기업가들의 판단에 맡길 수밖에 없다는 신자유주의를 받아들였다. 토니 블레어가 당수로 선출된 그 다음해인 1995년 4월의 특별전당대회에서 당헌 제4조에 있는 국유화와 산업민주주의는 드디어 폐기되었다.

이제 노동당은 스스로의 기준에 의해서라도 사회주의 정당은 아니다. 오히려 노동당은 노동자계급과 자본가계급 사이의 정치적 매개자가 됨으로써 노동자계급을 자본주의 체제에 묶어 두는 필수불가결한 '안전판'이 되고 말았다.

17-2-5. 노동당의 대외정책

1914년 9월 유럽에서 전쟁이 발발하자, 노동당 안에서는 정부(자유당의 아스퀴스(H. Asquith) 총리가 주도하는 제1차 전시 거국내각)의 전쟁정책을 지지하는 쪽과, 반대하는 쪽으로 나누어졌다. 전자는 국회노동당·노동조합·페이비언협회로서 노동자들에게 국민적 그리고 대영 제국(The British Empire)적 이익에 봉사하라고 강조했으며, 전쟁 동안 파업을 포함해 노동자들의 권리 행사를 중단하기로 합의했다. 후자는 가입단체의 하나인 독립노동당으로서 자본주의를 옹호하기 위한 전쟁에 참가하는 것을 거부하거나, 폭력이 비도덕적이라고 비난하거나, 전쟁을 군국주의와 비밀외교의 표본이라고 비난했다. 그리고 일부의 전쟁반대 노동당원들은 일종의 국제연맹을 창설해 국가 간의 분쟁을 해소하라고 제의하기도 했다.

1930년대 전쟁이 발생할 가능성이 점점 더 커지자, 국회노동당 좌파는 독일 나치즘의 반노동자적 정책을 우려해, 노동당·독립노동당·공산당의 통일전선, 나아가서는 모든 진보주의자들의 인민전선을 주창하면서 독일 나치즘의 타도를 외쳤다. 한편 독립노동당은 반자본주의적이고 평화주의적 근거에서 영국 정부의 전쟁 노력을 반대했다. 그러나 공식적으로 노동당은 1940-45년에 처칠의 전시내각에 참여해 적극적으로 전쟁을 수행했다.

사실상 노동당과 노동조합의 역사에서 노동자들은 항상 '애국자'였다. 콜(G.D.H. Cole)의 설명에 따르면, 노동자들은 한편으로는 세계 전체에 걸쳐 자본가라는 동일한 적에게 착취당하고 있으므로 국제주의자가 될 수밖에 없지만, 다른 한편으로는 수천 년의 역사를 가진 국민의 일원이므로 애국자가 될 수밖에 없는데, 지금까지는 애국자의 길이 국제주의자의 길보다 더욱 긴급했다. 그렇다면, 레닌이 제1차 세계대전을 내란으로 전환시켜 러시아에서 차르(Czar)의 전제정치와 자본가의 독재를 타도하고 사회주의 혁명을 성공시킨 것은 어떻게 평가할 수 있을까? 레닌은 국내에서 전제정치와 자본가적 착취를 없앴다는 점에서는 애국자이면서, 국제적으로는 전쟁을 부분적이나마 끝냈다는 점에서는 국제주의자였던 것이 아닐까?

노동당 정부는 1945-50년에 수많은 식민지의 독립을 허용했으며, 해외 주둔 영국군을 철수시킴으로써 재정지출을 크게 절약했다. 1950년대 말에 급진적인 중산층이 '일방적인 핵무장해제운동'(Campaign for Nuclear Disarmament, CND)을 전개했는데, 이것이 노동당 당원들의 호응을 크게 불러일으켜 1960년의 전당대회는 일방적 핵무장해제를 가결했다. 그러나 당수 게이츠켈의 적극적인 반대 공세로 1961년의 전당대회에서는 부결되었다. 그러나 1983년 6월과 1987년 6월의 총선에서는 일방적인 핵무장해제와 미군기지의 철수가 선거강령에 포함되었다.

유럽공동체(유럽공동시장→유럽공동체→유럽연합으로 발전했다)의 가입에 관해 노동당의 좌파와 우파는 의견을 달리했다. 우파에 따르면, 가입해 유럽 사회주의 운동의 잠재력을 키워야만 '사회주의 유럽합중국'을 건설할 수 있으며, 또한 잠재적으로 더욱 진보적인 유럽 정치가 영국을 진보적인 방향으로 끌고 갈 수 있다는 것이다. 한편 좌파에 따르면, 유럽공동체에 가입하면 영국 정부와 국회의 주권이 점점 유럽공동체의 각료이사회, 집행위원회, 유럽국회로 이전되기 때문에, 영국이 스스로 사회주의화하는 것을 유럽공동체가 저지할 것이라는 것이다. 영국의 보수당 정부가 1963년 1월에, 그리고 노동당 정부가 1967년 11월에 유럽공동체에 가입하려고 신청했지만, 프랑스가 거부권을 행사해 가입하지 못했다. 그 뒤 보수당 정부는 1971년 10월 유럽공동체 가입안을 하원에서 통과시키고 1973년 1월에 가입했다. 그런데 노동당에서는 좌파 특히 토니 벤(T. Ben)의 주장에 따라 1972년 전당대회에서 유럽공동체 탈퇴 여부를 국민투표에 붙이기로 결의했다. 결국 1975년 6월 노동당 정부 아래에서 유럽공동체 탈퇴 여부에 관한 국민투표가 실시되었는데, 총투표자의 67.2%가 탈퇴를 반대함으로써 좌파는 큰 타격을 받았다.

1982년 4-6월의 포클랜드(Falklands) 전쟁에서 보수당 정부는 대영제국에 대한 국민적 향수를 '성공적'으로 동원해 그 다음해의 총선에서 승리할 수 있었다. 노동당은 국민들의 애국적 열정에 호응이라도 하듯, 포클랜드 사람들의 자유와 민주적 권리를 옹호한다는 입장에서 영국 정부가 아르헨티나의 독재 정부에 타격을 가하는 것을 지지했다. 그러나 이런 태도는 사회주의 정당이 취할 태도가 아니었다. 왜냐하면 제국주의적 침략, 국제사회의 약육강식, 군국주의에 수미일관하게 도전하지 않는다면, 국내의 사회주의 건설도 불가능하기 때문이다. 또한 1991년 1-2월의 걸프전쟁에서도 보수당 정부의 적극적인 개입을 노동당은 비난하지 않았을 뿐 아니라 오히려 동조했다. 그리고 블레어 정부는 미국 정부와 함께 2003년 이라크를 침략했다. 블레어를 계승한 브라운 정부와 최근 집권한 보수당의 캐머런 정부 역시 미국 정부의 침략 정책에 동조하고 있다.

17-2-6. 노동당과 세 차례의 세계대공황

20세기와 21세기의 지금까지 세계자본주의는 세 차례의 거대한 공황을 겪었다. 첫 번째는 1929년 10월 뉴욕증권시장의 주가 폭락을 계기로 발생했는데, 1939-45년의 제2차 세계대전과 전후의 복지국가를 낳았다. 두 번째의 세계대공황은 1973년 10월 이후의 석유가격 폭등을 계기로 발생했는데, 지금까지 계속되는 신자유주의를 낳았으며, 세 번째의 세계대공황은 2008년 9월 미국의 거대한 투자은행 리먼브러더스의 파산으로 폭발했는데, 아직도 세계경제는 이것으로부터 회복하지 못하고 있다.

1929년 뉴욕증권시장에 공황이 발생했을 때, 노동당 정부의 스노든 재무부장관은 여전히 자유무역 · 금본위제 · 균형예산 등 정통적인 신고전파적 경제원리에 집착하고 있었다. 사실상 제1차 세계대전을 분수령으로 세계의 경제적 중심은 영국에서 미국으로 옮겨 가고 있었는데, 세계대공황이 추가되어 석탄 · 조선 · 섬유 · 철강 등 핵심수출산업은 국제경쟁력을 잃어버렸으므로, 무역수지의 적자는 확대되고 실업자는 대규모로 증가했다. 이에 따라 취업자, 고용주 및 정부가 기여하는 '실업보험기금'이 바닥이 나서 정부가 실업수당을 주기 위해서는 재정적자를 감수해야 하는데, 재정적자는 무역수지의 적자와 함께 파운드화의 대외가치를 하락시킴으로써 금본위제를 유지할 수 없게 할 위험이 있었다. 결국 노동당 정부는 미국으로부터 대규모의 차관을 얻어 파운드화의 대외가치를 유지하고 금본위제를 고수하려고 했다. 그런데 미국의 중앙은행(연방준비은행)은 국제금융자본가들의 요구를 반영해 차관을 제공하는 조건으로 재정지출의 대규모 삭감, 특히 실업수당의 삭감을 요구했다. 1931년 8월 맥도날드 노동당 수상은 정부 각료들, 노동조합회의 집행위원회, 국회노동당의 반대에도 불구하고 국제금융자본가들의 요구에 굴복해 실업수당을 10% 삭감함으로써 실업자들의 빈곤을 더욱 악화시켰다. 뒤따른 정치적인 혼란 속에서 노동당 정부는 붕괴했다. 대부분의 노동당 좌파(예: 크립스 S. Cripps, 래스키 H. Laski)는 '국가는 지배계급의 도구'라는 레닌의 계급국가론에 경도하게 되었고, 몇몇의 국제금융자본가들이 공적 토론이나 국회의 동의도 없이 경제를 수축시키기로 결정했다든가, 자본가들이 대다수 국민이 선거로 세운 정부를 국회를 통하지 않고 타도했다고 비난했다.

제2차 세계대공황의 개시기에도 노동당이 정권을 잡고 있었다. 1974년 2월과 10월의 총선에서 노동당이 승리한 뒤 1979년 5월에 보수당의 대처에게 정권을 물려줄 때까지 영국경제는 대불황에 빠져 있었다. 1973년 10월에서 1974년 1월까지 석유수출국들(OPEC)이 석유가격을 네 배 인상하고, 선진국 정부들은 1973년 말부터 인플레이션을 억제하기 위해 재정금융긴축정책을 실시했다. 이 결과로, 1972-73년의 벼락경기(boom) 시기에 행한 각종 투기(원자재 · 골동품 · 토지 · 건물 · 증권 · 외환 등에 대한 투기)가 1974년 초부터 몰락하면서 공황이 폭발했던 것이다. 상업, 부동산업, 건설업이 파산하기 시작했고, 석유가격의 폭등으로 자동차 수요가 격감해 자동차공업이 타격을 입었으며, 이어서 섬유, 전기기기, 건축자재, 석유화학공업이 타격을 입었다. 이에 따라 금융기관들도 위기에 빠져 도산하거나 중앙은행인 잉글랜드은행으로부터 구제금융을 받지 않을 수 없었다.

이런 상황에서 노동당 정부는 자본가의 수익성을 향상시킴으로써 경제를 회복시키는 정책을 채택한 것이다. 재정지출을 삭감하고, 사회보장제도를 축소하며, 소득세나 법인세의 부담을 줄이고, 임금상승과 물가상승을 억제했다. 사실상 윌슨 뒤의 캘러헌 수상은 1976년 전당대회에서 케인스식의 재정금융확대정책은 실업을 축소시키지 못할 뿐 아니라 인플레이션을 악화시켜 수출감소와 실업증대를 초래하게 된다고 주장했다. 다시 말해 노동당 정부는 인플레이션 억제를 통해 수출증진과 실업축소를 달성하려고 했으며, 또한 인플레이션을 억제하기 위해서는 임금 상승을 억제해야 한다고 생각했다.

그런데 노동당은 이미 1973년 2월에 노동조합과 사회협약(social contract)을 맺었는데, 이에 따르면 임금상승 억제에는 노동조합이 자발적으로 협조하는 한편, 장래의 노동당 정부는 히드 총리가 만든 노사관계법을 폐지하기로 했다. 이 사회협약에 따라 노동당 정부는 노사관계법을 폐기했고, 노동조합은 1975년 8월 1일부터 1978년 7월 31일까지 3년간 정부의 임금인상 상한선에 얽매여 실질임금의 하락과 실업자 증대를 감수했던 것이다. 정부의 소득정책에 대한 노동자들의 불만이 점점 더 커질 수밖에 없었다. 그런데 1976년 12월에는 파운드화의 대외가치가 폭락했는데, 정부는 평가절하를 하지 않고, IMF에 긴급 구제금융을 신청했다. 국제통화기금은 구제금융을 제공하는 조건으로 사회복지비지출의 삭감, 임금 상승의 억제, 긴축통화정책을 요구했는데, 이런 부대조건들은 사실상 노동당 정부가 스스로 추진하려고 했던 것과 똑같았다. 다시 말해 노동당 정부는 노동자들을 희생하는 정책들을 국제통화기금의 요구이기 때문에 어쩔 수 없이 채택하게 되었다고 변명하려고 국제통화기금에 구제금융을 신청하지 않았나 하는 의심이 들 정도였다. 따라서 영국에서 신자유주의가 등장하기 시작한 것은 엄밀하게 말해 대처 이후가 아니라, 노동당 정부가 1976년 12월 파운드화 위기를 수습하기 위해 IMF의 구제금융을 받은 이후라고 말해야 할 것이다.

어쨌든 정부가 1978년 8월 1일부터 1년 동안 실질임금의 감소를 또 다시 요구하자, 노동자들은 파업으로 대답했으며, 기업과의 자유로운 단체협상을 부활시키기를 원했다. 이렇게 시작된 파업이 1978-79년의 겨울 동안 끝없이 계속되었고, 자유로운 단체협상으로 복귀하는 것을 선거공약으로 내건 보수당의 대처가 1979년 5월 총선에서 승리한 것이다. 그 뒤 18년 동안 노동당은 정권을 잡지 못했다.

제3차 세계대공황에서도 노동당이 집권하고 있었다. 1997년부터 블레어가 수상으로 있다가 2007년 6월 당수의 자리를 사임하자, 고든 브라운이 당수와 수상의 자리를 넘겨받았는데, 세계공황은 2008년 9월에 폭발했다. 브라운은 대처의 신자유주의와 블레어의 제3의 길이 옳다고 믿고 있었기 때문에, 공황 대책으로 주택담보 대출 금융기관의 '국유화' 이외에는 실업자와 빈곤층을 구제하는 공공사업이나 사회보장제도를 확대하지 않았다. 이리하여 공황으로부터 탈출하지 못하다가 2010년 5월 보수당과 자유민주당의 연합정권에게 자리를 물려주게 되었다.

종합하면, 노동당은 자본주의 경제가 위기 또는 불황에 빠지면, 언제나 노동자계급을 희생해 경제를 회복시키려고 노력했다는 점이다. 이것은 물론 노동당이 경제 전체의 계획적 운영, 산업구조의 재편과 현대화, 국제금융자본과 다국적기업의 규제 등에서 장기적이고 종합적인 정책을 수립하지 않았기 때문이라고 말할 수 있다. 그러나 더욱 근본적으로 고찰한다면, 이것은 자본주의 체제를 유지하면서 노동자들의 복지를 증진시킨다는 노동당의 이념 자체의 약점 때문이다. 경제가 고도성장을 계속해 자본가들이 충분한 이윤을 얻는 동안은 노동자의 생활수준이 개선되고 사회보장제도가 확충하지만, 불황이 오면 임금수준이 저하하고 실업이 증가하며 사회보장제도가 축소되는 것을 우리는 자본주의의 역사에서 보아 왔다. 노동자의 운명이 언제나 자본의 운명에 달려 있는 상태가 바로 노동자의 노예상태를 가리키는 것이며, 노동당은 결코 노동자의 노예상태를 철폐할 수 없다는 결론이 나온다.

17-2-7. 토니 블레어의 제3의 길

블레어가 1997년 5월 총선에서 승리해 수상이 되었을 때, 영국의 정치지형은 크게 우경화되어 있었다. 제2차 세계대전 뒤 보수당과 노동당 모두가 합의했던 제3의 길—즉 케인스적 정부개입정책 또는 혼합경제—은 이제 신용을 잃었고, 국영기업이나 공익사업은 거의 대부분 민영화되었으며, 1979년 11월 외환관리규정이 철폐된 이래 기타의 규제가 대폭 철폐되었다. 그리고 경제권력이 국제금융자본, 다국적기업, 국제통화기금, 세계무역기구, 유럽연합 등으로 많이 이전했으며, 노동조합운동은 반노조입법 때문에 거의 힘을 쓸 수 없게 되었고, 복지국가는 크게 축소되었다. 또한 소득(임금과 배당 등)과 물가에 관한 노사정 협의는 거의 불필요하게 되었다. 왜냐하면 노동조합회의(TUC)나 산업별 노동조합이 노동조합들을 총괄하는 힘을 잃었고, 영국산업총연맹(Conferation of British Industries)과 같은 사용자연합도 기업들을 지휘할 능력이 없었으며, 노동자와 기업 사이의 임금협약도 중앙집중적인 단체협상에서 결정되지 않고 있었기 때문이다. 더욱이 노동당 안에서도 노동조합과 좌파의 세력이 크게 약화되었고, 당 지도부의 권한이 크게 강화되었다. 따라서 블레어가 말하는 제3의 길(The Third Way)은 '1950년대의 제3의 길이었던 혼합경제와, 시장숭배의 신자유주의 사이의 중간 노선'을 가리킨다고 말할 수 있을 것이다. 좀 더 분명하게 말하면 블레어의 제3의 길은 신자유주의의 변종이며, 옛날의 노동당 사민주의와 대처주의 사이의 중간 노선이다.

블레어는 21세기 노동당의 5대 목표로 완전고용, 우수한 교육, 세계 최량의 무료 국민보건서비스, 세계를 지도할 영국, 아동빈곤의 완전 퇴치를 들고 있으며, 이것을 달성하기 위한 정치적 수단으로 제휴·공동체·집단행동·협력·연대를 강조하고 있다. 정치적 수단은 전혀 시장경제와는 무관한 것 같은데, 구체적인 형태는 현실적인 행정에서 나타나고 있다.

블레어 수상은 집권 이후 다음과 같은 정책을 실시했다. 첫째로 '복지에서 근로로'(welfare-to-work)를 내세워 18-24세의 장기실업자를 절반으로 감축시켰다. 청년 장기실업자들에게 실업수당을 주지 않고, 정부 보조금을 받는 공장에서 일하든지, 정규 교육이나 훈련을 받든지, 환경보호 등 정부가 지원하는 자원봉사에 참여하든지를 선택하라고 강요한 것이다. 둘째로 일하면 생활급을 받을 수 있도록 했다. 전국최저임금제를 1999년 4월 처음으로 실시했는데, 최저임금은 2005년 10월에는 시간당 5파운드 5펜스였다. 저임금 노동자에게 탁아보조금을 지급하고, 조세공제(working families tax credit)를 제공했다. 셋째로 아동빈곤을 제거하기 위해 아동수당(child benefit)을 크게 인상했다. 넷째로 잉글랜드은행의 독립을 인정했는데, 이것은 통화가치를 유지해 인플레이션을 방지하는 것을 실업구제나 성장촉진보다 더욱 중시한다는 것을 표현하는 것이다. 다섯째로 국회의 상원을 개혁해 1999년 11월 세습적인 상원의원들을 축출했다. 여섯째로 스코틀랜드, 웨일스, 북아일랜드, 런던에 권력을 이양했는데, 이것은 분권화와 민주화를 위한 것이다. 일곱째로 2000년 3월의 예산에서 의료·교육·복지에 관한 지출을 크게 증가시켰다. 여덟째로 마스트리히트조약의 사회조항(Social Chapter)에 서명해 사회의 질을 유럽 수준으로 향상시키겠다는 점을 분명히 했다. 아홉째로 가난한 나라에 대한 부채를 탕감했으며, 후진국에 대한 원조예산을 20년 만에 증액시켰다. 열째로 노동당이 노동조합의 정치헌금에 지나치게 의존하는 것과 당원의 대부분이 노동조합원인 것을 개선하기 위해, 개인당원을 증가시키고 당비를 기업인과 독지가의 기부금, 개인당원의 당비 등으로 다양하게 조달했다.

17-2-8 제3의 길과 신자유주의의 유사성

블레어의 제3의 길은 기본적으로 현상타파적이 아니라 현상추수적이라는 점에서 보수당의 신자유주의를 그대로 계승하고 있다고 비판할 수 있다. 몇 가지 중요한 문제에 관한 관점과 정책을 예로 들어보자.

(가) 1980년대 이래 자본의 세계화가 크게 진행되면서, 빈부격차가 세계적으로 그리고 한 나라 안에서 더욱 심화되었고, 세계경제는 거대한 금융자본의 신속한 이동으로 말미암아 더욱더 불안정하게 되었으며, 세계인구 전체의 자유・평등・연대의 문제와 지구 전체의 환경문제가 더욱 심각하게 등장하고 있다. 제3의 길은 이런 인류의 문제에 전혀 관심을 가지지 않으며 세계화를 비가역적이고 불가피한 경향으로 받아들일 것을 주창한다. 개인과 국가는 세계화 경향에 적응해야 한다는 것이다. 자본은 마음대로 지역과 나라 사이로 이동하기 때문에, 그리고 자본은 언제나 혁신을 도입하는 경향이 있기 때문에, 개인은 자본의 요구에 순응해 교육과 훈련을 계속 받아야만 고용의 불안정성을 극복할 수 있다는 것이다. 따라서 국가는 무엇보다도 모든 사람에게 교육과 훈련의 기회를 충분하고 동등하게 주는 것을 최대의 과제로 삼아야 한다는 것이다. 이런 분석과 처방은 신자유주의와 마찬가지로 현상추수적이고 다수의 국민들이 현재 느끼는 불평등과 스트레스를 더욱 강화하고 있다.

(나) 자본의 세계화로 자본의 이동이 자유롭기 때문에, 자본의 수익성을 보장하는 정책을 정부가 채택하지 않으면 경제성장을 이룩할 수 없다고 제3의 길은 생각하고 있다. 따라서 신노동당 정부는 신자유주의와 마찬가

지로 노동의 유연화 정책을 계속 추진하고 있으며 노동조합과 노동자의 권리를 유럽대륙의 수준으로 상향시키지도 않는다. 이리하여 2000년에는 영국으로 들어온 해외직접투자가 최고의 기록을 달성하면서 경제가 다른 나라에 비해 호황을 누리고 있지만, 열악한 처지에 있는 유색인종과 하층민의 생활수준은 점점 더 비참한 상태로 빠져들고 있다.

(다) 제3의 길은 개인의 권리와 의무를 동시에 강조하면서 공동체 구성원 사이의 협력을 권고하고 있다. 그런데 현실은 노동자계급과 자본가계급 사이에 끊임없이 대립과 갈등과 투쟁이 전개되고 있기 때문에, 국가가 공허한 공동체를 강조하기보다는 노동자계급의 이익을 대변하는 노동조합과 자본가계급의 이익을 대변하는 기업가연합과 밀접하게 상의하는 조합주의(corporatism)가 훨씬 바람직하다. 신노동당은 신자유주의와 마찬가지로 조합주의적 정치를 실천하지 않기 때문에, 개별 정치인과 개별 기업가 사이의 유착이 심화하고 이른바 도덕불감증(sleaze)이 만연하고 있다.

이렇게 볼 때 신노동당의 제3의 길은 구노동당의 사회민주주의와 보수당의 신자유주의를 극복한다는 선전과는 달리 신자유주의적 관점과 정책을 계승하고 있으며 자본주의적 계급사회의 억압과 착취를 제거하거나 경감하려고 시도하지 않는다. 더욱이 신노동당은 점점 더 보수당의 이데올로기에 동화되면서 득표전략에만 치중하고 있다. 블레어는 1997년, 2001년, 2005년의 총선에서 승리한 뒤 2007년 고든 브라운(Gordon Brown)에게 수상과 당수를 넘겼다.

17-2-9. 국민정치를 계급정치로!

영국 노동당이 노동조합의 정당이 아니라 국민의 정당이 되어야 한다는 주장은 이미 1930년대의 램지 맥도날드와 1950년대의 휴 게이츠켈에게서 나온 바 있다. 이제 노동당은 완전히 국민의 정당이 되기 위해 노력하고 있다. 왜냐하면 국민의 정당이 되어야만 선거에서 더욱 많은 표를 얻어 집권할 수 있다고 믿기 때문이다. 과연 이런 믿음이 타당한가?

만약 노동당이 국민의 정당이 된다면, 보수당과의 차이는 사라지고, 선거 결과는 정책 대결보다는 그때그때의 분위기에 달려 있게 된다. 따라서 잘못하면 자유당의 전철을 밟을 수도 있다. 1922년 이전까지 보수당과 함께 양당체제를 구성했던 자유당이 영국 정치에서 자취를 감춰 버린 사실을 우리는 기억해야 한다. 또한 노동당이 과거 선거에서 패배한 원인이 노동조합의 정당이었기 때문이었는가도 분명히 밝혀야 한다. 계급정치파(class politics)에 따르면, 노동당이 노동자계급의 이익을 체계적으로 만족시키지 못하고, 오히려 실질임금을 삭감하고, 실업자를 대규모로 발생시켰기 때문에, 선거에서 패배했다는 것이다.

사실상 영국의 사회계층을 고찰하면, 전문직(과 경영직)과 사무직은 대체로 보수당을 선호하는 경향이 있고, 숙련육체노동자와 반숙련·미숙련 육체노동자는 노동당을 선호하는 경향이 있다. 득표공작이라는 차원에서 보더라도 육체노동자의 이익을 제대로 반영한다면, 노동당은 계속 집권할 수 있다는 계산이 나온다.

그러나 노동당이 사회주의 정당이 되기 위해서는, 노동자를 착취와 억압에서 해방시키고, 계급 그 자체를 철폐하는 것을 목표로 삼아야 할 것이다. 창당 당시부터 계급의 철폐는 노동당의 큰 관심사가 되지 못했지만, 선거강령을 마련하는 횟수가 많아질수록 노동자와 자본가 사이의 계급투쟁은 국가권력을 어느 정당이 잡는가라는 권력투쟁으로 변질되었고, 더욱이 이 권력투쟁은 득표공작이라는 차원으로 구체화되면서, 계급의 철폐라는 근본적인 문제는 영영 사라져 버린 것이다.

자본주의 체제 안에서 노동자들의 이익 또는 민중의 이익을 옹호한다는 것은 분명한 한계가 있다. 자본주의에 내재하는 불황이 주기적으로 발생할 때마다, 자본가계급의 이익을 위해 노동자나 민중의 이익을 희생하지 않을 수 없기 때문이다. 따라서 자본주의라는 체제 그 자체의 변혁을 고심해야 할 것이고, 정치활동을 국회라는 좁은 영역에 국한할 것이 아니라 국회 밖의 대중운동으로 확대시켜야 할 것이다.

17-3. 스웨덴의 노사관계[1]

17-3-1. 스웨덴 모델

1930년대부터 1960년대 말까지 스웨덴 사회민주당과 '생산직 노동조합총연맹'(LO)이 발전시킨 스웨덴 특유의 경제사회운영 모델을 스웨덴 모델이라고 부른다. 스웨덴의 '사회민주당'은 1932년 이래 1976-82년과 1991-94년을 빼고는 2002년까지 계속 집권했기 때문에, 스웨덴을 사회민주주의의 모델이라고 말하는 것에는 아무도 반대하지 않을 것이다. 이처럼 장기간 집권할 수 있었던 것은 노동자계급(블루칼라와 화이트칼라 모두)이 노동조합으로 조직되어 사회민주당과 연대를 맺었고, 사회민주당이 노동조합의 요구를 정책에 반영했기 때문일 것이다.

스웨덴 사회민주당 정부는 경제성장을 위해 거대기업 편향적인 자유주의적 산업정책과 케인스주의적 경기안정화정책을 채택하면서, 경제성장의 과실을 조세를 통해 국가로 흡수해 적극적인 사회보장정책(국민연금, 주택, 공공탁아제도, 교육과 의료의 무료 제공)을 실시했다. 적극적인 사회보장정책은 한편으로는 산업합리화(비능률적인 기업들을 정리한다)와 경제성장을 지원했고, 다른 한편으로는 자본주의적 경제발전에 뒤따르는 사회문제를 완화하는 역할을 담당했다. '사용자연합'(SAF)과 LO 사이의

1 신정완(2000)을 참조하라.

중앙단체교섭에 의거한 협력주의적 노사관계는 순조로운 경제성장을 뒷받침했고, SAF, LO 등 주요 이익단체들과 사민당 정부 사이에 형성된 조합주의(corporatism) 의사결정구조는 스웨덴 모델을 공고하게 했다.

17-3-2. 협력주의적 노사관계

스웨덴에서는 고도로 중앙집권화한 생산직 노동조합총연맹(LO)과 사용자연합(SAF)이 자율적 협상을 통해, 국가의 개입을 될수록 배제하면서 노사간 분쟁사항을 해결함으로써, 장기간에 걸친 산업평화를 달성했다. 이렇게 된 이유에는, 첫째로 스웨덴의 경제성장과 수출을 주도하는 금속・기계공업부문의 사용자연합(VF)과 금속노련이 각각 SAF와 LO를 지배하고 있었는데, 이들은 치열한 국제경쟁에서 이기기 위해 계급협조적 태도를 취했기 때문이다. (LO 중에서 가장 전투적인 노선을 취한 노조는 건설노조였다. 기후조건의 제약으로 건설공사 기간이 짧고 실업기간이 긴 건설노동자들은 공사기간 중에 높은 임금을 요구하지 않을 수 없었는데, 사용자측에서도 공사기간이 짧아 파업이라도 일어나면 큰 피해를 보기 때문에 건설노동자의 요구를 대체로 수용했다.)

둘째로 SAF와 LO는 1938년 12월 스톡홀름 근교의 살트셰바덴에서 다음과 같은 협약을 체결했기 때문이다. (가) 기업단위나 산업단위에서 노사간 교섭으로 해결되지 않는 분쟁사항이 발생할 경우, SAF와 LO로부터 각각 세 사람의 대표로 구성되는 노동시장위원회가 이 문제를 다룬다. (나) 노동쟁의 절차를 제도화하고, 파업이나 직장폐쇄와 같은 극한적인 형태의 노동쟁의가 발생하는 것을 막기 위해 노동쟁의 이전에 상대방에게 미리 알린다.

1956년부터 1983년까지 단체협약은 SAF와 LO 사이의 중앙단체협약이 가장 핵심적이고, 그 다음으로 산업별 단체협약, 그리고 기업별 단체협약의 순서로 진행되었다. 따라서 중앙단체교섭에서 합의한 임금인상률이 산업별 그리고 기업별 교섭에서 하나의 지침으로 작용하는데, 매우 번창하는 산업과 기업은 중앙단체협약의 임금인상률보다 높게 노동자의 임금을 인상했다. 이런 차이를 임금유동(wage drift)이라고 부른다.

17-3-3. 연대임금정책

'연대임금정책'(solidaristic wages policy)은 동일한 노동에 대해서는 각각의 기업의 사정에 관계없이 동일한 임금을 지불하는 정책이다. 이것은 물론 사용자연합(SAF)과 생산직 노동조합총연맹(LO)이 전국적인 차원에서 중앙집권적인 단체협약을 체결하는 것을 전제하고 있으며, LO가 제안한 것이다.

이 연대임금정책에 따르면, 수익성이 낮은 기업들은 손실을 보아 도산하고, 수익성이 높은 기업들은 축적 여력이 생겨 생산을 확대하게 된다. 노동조합이 이 정책을 제안하게 된 것은 노동자계급 내부의 임금균등화를 달성해 노동자계급의 단결을 강화하기 위해서였다. 다시 말해 전통적인 평등주의적 노동조합 이데올로기였다. 물론 전투적인 건설노조가 항상 지나치게 높은 임금인상을 쟁취하는 것에 대한 반발도 여기에 개입했다. 사용자들이 이것을 받아들인 것은 수익성 있는 기업들에 대한 '너무 높은' 임금인상 요구를 제거하기 위해서였다. 그리고 정부는 노동조합들이 경쟁적으로 임금인상률을 높임으로써 인플레이션이 일어나는 것을 막기 위해서였고, 또한 수익성이 낮은 기업에게 기술혁신과 경영효율화를 강요하거나 퇴출을 강요해 산업을 재편하기 위해서였다.

정부는 도산하는 기업에서 방출되는 노동자들이 수익성 있는 산업에 취업할 수 있게끔 '적극적인 노동시장정책'을 실시했다. 구직자에게 취업정보를 제공하고 기업에게는 구직자 정보를 제공하며, 전직 희망자를 재교육시키고, 취업으로 다른 지역에 이주하는 사람들에게 이주와 정착을 지원하며, 공공부문에서 일자리를 크게 창출했다.

그러나 이 연대임금정책과 중앙집권적 단체교섭제도는 1976-82년의 부르주아 정당 집권기간에 붕괴하게 된다. 이것은 물론 기업가측이 기업별 단체교섭과 개인별 임금협상을 요구했기 때문이기도 하지만, 노동자계급의 구성이 생산직·사무직·전문직 등으로 다양화하고, 산업별·기업별 임금지불 능력에 큰 차이가 남에 따라, 노동자 측에서 동일 노동에 대한 동일 임금이라는 제도의 철폐를 요구했기 때문이다.

17-3-4. 공동결정법

1970년대에 들어와 LO는 풀뿌리 노동자들의 '미승인파업'(wildcat strike)을 해결하기 위해, SAF와 협약하기보다는 노동입법에 의존하기로 했으며, 사민당 정부도 노동입법을 통해 노사관계에 개입하려고 했다. SAF와 협약하는 것은 시간이 너무 오래 걸리고 좋은 성과가 나올지도 불확실하기 때문이었다. 또한 사민당 정부가 노동입법에 관심을 가지게 된 이유는, 첫째로 1960년대 후반부터 진행된 노동운동과 학생운동의 급진화, 그리고 사민당 지지 유권자층의 좌경화를 수용해야 했기 때문이고, 둘째로 부르주아 정당 중에서 보수당을 제외한 자유당과 중앙당(농민당의 후신)은 개별기업 수준에서 노동자들의 영향력 증대나 노동조건의 개선에 대해 매우 긍정적인 입장을 가지고 있어, 노동입법을 통한 노사관계 개혁이 낙관적이었기 때문이다.

이리하여 1976년에 '공동결정법'이 제정되었다. 이 법은 오랫동안 '경영대권'으로 간주되어 온 사항들(인사·투자·경영전략)을 단체교섭의 대상으로 삼아 노동자들의 의견을 반영해야 한다고 규정하고 있다. 그러나 입법과정에서 기업가들의 거센 반발에 부닥쳐 "기업과 노동조합 사이에

합의가 이루어지지 않을 때, 기업의 독자적인 행동이 가능하다"고 규정함으로써 공동결정법은 노동자들의 진정한 이익을 옹호할 수 없게 되었다.

공동결정법이 제정되기 전에는, 노동조합은 공동결정이 책임의 분담만을 가져올 우려가 있다고 유보했는데, 1970년대에 불황 · 실업 · 인플레이션이 긴급한 문제로 등장함에 따라 산업민주화의 과제로 공동결정법을 추진해 성립시킨 것이다.

17-3-5. 임노동자기금

1971년 LO 총회에서 다음과 같은 요구가 제출되었다. 첫째로 연대임금정책으로 말미암아 고수익 기업들이 막대한 초과이윤을 얻는 문제를 해결해야 한다. 고수익 기업에 종사하는 노동자들(예: 금속노련)은 연대임금정책이 임금인상을 억제하는 역할만 할 뿐 기업가는 초과이윤을 향유하고 있다고 불만을 제기했다. 둘째로 사민당 정부와 LO는 거대기업 위주의 성장정책을 추진했기 때문에, 거대기업의 주식을 집중적으로 소유한 거대주주에게 주식재산과 경제적 권력이 과도하게 집중되는 문제를 해결해야 한다. 특히 기업의 투자자금을 기업의 사내유보로부터 조달한 경우, 소수 거대 주주의 재산과 권력이 더욱 커졌다. 셋째로 스웨덴 사민주의 세력은 이제까지 분배문제에 치중했는데, 앞으로는 소유문제에서도 큰 영향력을 행사해야 한다. 특히 기업이 얼마만큼 어디(국내 또는 해외)에 투자하는가가 노동자의 운명을 결정하기 때문에, 기업을 노동자가 소유하는 문제를 고려해야 했다.

이리하여 LO의 연구그룹이 만든 '임노동자기금'(wage-earners' fund)을 1976년 LO총회가 만장일치로 수락했다. 이것의 내용은, 기업의 초과이윤에 대한 과세와 노동자들의 추가적인 기여금으로 임노동자기금을 만들고, 이 기금이 기업의 주식을 매입해 대주주가 됨으로써 기업의 투자행위를 노동자들의 통제 하에 두려고 한 것이다. 사민당은 이 내용을 상당히 희석시켰지만, 이 기금문제가 선거 쟁점으로 등장함으로써, 사민당은 1976년의 총선에서 44년간의 장기집권을 마감해야 했으며, 1979년에도 다시 패배했다.

1982년 사민당이 다시 집권하고, 1983년에 입법한 임노동자기금은 1984-90년까지의 한시적인 기금이 되었으며 기껏해야 스웨덴 주식시장에서 10%의 주식을 매입할 수 있을 뿐이었다. 이것마저도 1991년에 집권한 부르주아 연립정권은 폐기했다.

17-3-6. 중앙단체협약의 붕괴

SAF와 LO 사이의 중앙단체협약은 1983년부터 붕괴하기 시작했다. 금속・기계공업 사용자연합(VF)은 1983년 금속노련과 바로 산업별 단체협약을 체결해 버렸다. 1930년대 중앙집권적 단체협약을 가장 강력하게 주장했던 VF가 1980년대에는 그것을 해체하는 주도세력으로 등장한 것이다. 그 배경은 무엇인가?

첫째, 1970년대 이래 진행된 각종 노동입법과 임노동자기금 논쟁을 경과하면서, 스웨덴의 노사관계는 크게 악화되었다. LO가 급진적인 정책을 추구함에 따라 사용자연합은 LO의 권력을 약화시켜야 했기 때문에, LO 권력의 기반인 중앙단체협약을 폐기하고자 한 것이다.

둘째, 연대임금정책은 임금유동 때문에 임금을 억제하는 효과를 거두지 못하고 있었으므로, 사용자연합은 연대임금정책을 폐기하려고 한 것이다.

셋째, 중앙단체협약과 연대임금정책은 그동안 진행된 산업구조의 변화에 잘 부합되지 않는다는 생각이 확산되었다. 중앙단체협약의 해체를 주도한 VF는 극소전자혁명에 따른 국제경쟁조건의 변화에 신속하게 적응하려면, 노동력의 질이나 노동력의 사용방식도 더욱 다양화・차별화・유연화되어야 하므로, 경직성을 띨 수밖에 없는 중앙단체협약과 연대임금정책은 더는 금속·기계공업의 경쟁조건에 부합되지 않는다고 판단하게 된 것이다.

17-4. 한국의 노사관계

17-4-1. 노동조합 조직률

2010년 6월 30일 노동부에 따르면, 2009년 말 기준으로 노조가 관할 행정관청에 제출한 자료를 토대로 분석한 결과 노조 조직률은 10.1%로 2008년에 비해 0.4% 포인트 감소하였다. 노조 조직률은 민주화 열기와 더불어 전국을 휩쓸었던 노동자 대투쟁 직후인 1989년에는 19.8%라는 정점에 달했다가 1997년 이후 계속 낮아져 2004년 10.6%, 2006년 10.3%, 2009년 10.1%로 역대 최저 수준에 이른 것이다. 이 같은 노조 조직률은 영국(28.4%), 독일(22.3%), 호주(22.0%), 일본(18.2%), 싱가포르(19.4%), 타이완(37%), 미국(12.0%)보다 낮다.

노조 수는 대형 사업장의 탈퇴와 전국공무원노조의 노조아님 통보 등으로 2009년 말에는 2008년보다 197개소(4.0%) 줄어든 4,689개소로 조사됐다. 조합원 수도 2만 5,464명(1.5%) 감소한 164만 334명으로 집계됐다.

상급단체별로는 한국노총 소속 조합원이 74만 335명으로 전체 조합원의 45.1%로 가장 큰 비중을 차지하고, 다음이 민주노총 58만 8,394명(35.9%), 미가맹 31만 1,605명(19.0%) 순으로 나타났다. 이는 2008년 한국노총 43.5%, 민주노총 39.5%, 미가맹 17.0%였던 데 비해 한국노총과 민주노총의 격차가 더 커진 것이다. 또한 한국노총이 중소규모 사업장 위주로, 민주노총이 대규모 사업장 위주로 편성돼 있음이 확인됐다.

상급단체 미가맹 노조 소속 조합원은 2008년에 비해 2만 8,939명(10.2%)이나 증가하여 2000년 초부터 나타난 증가세를 계속 이어나가고 있다. 노조 조직 형태별로는 기업단위 노조가 92.9%로 여전히 지배적이었다. 한국노총은 전체 조합원의 59.8%(44만 2,673명)가 기업별 노조 소속으로 기업별 노조가 주류인 반면, 민주노총은 전체 조합원의 80.5%(47만 3,817명)가 초기업단위 노조 소속으로 나타나 차이를 보였다. 또 부문별 조직률은 민간부문 8.9%(조합원수 137만 4,000명), 교원 20.6%(8만 2,000명), 공무원 56.8%(18만 4,000명)로 민간에 비해 공무원과 교원의 조직률이 현격히 높은 것으로 나타났다.

17-4-2. 비정규직 노동자 현황

노동부가 2010년 전국 1만 1,054개 표본사업체 및 소속 근로자 약 78만 명을 상대로 조사해 2010년 12월 30일 공개한 '고용형태별 근로실태조사' 결과에 따르면, 정규직의 시간당 정액급여는 1만 2,278원인 데 비해 비정규직은 8,109원으로 정규직의 66.0% 수준에 머물렀다. 이는 2007년 66.4%였던 데 비해 격차가 0.4%포인트 늘어난 것이다.

비정규직의 4대 사회보험 가입률도 열악했다. 정규직과 비정규직의 고용보험 가입률은 각각 95.7% 대 54.7%, 건강보험은 97.1% 대 52.7%, 국민연금은 96.9% 대 50.2%였고, 작업 중 사고 발생시 보험 혜택을 받을 수 있는 산재보험만이 97.1% 대 93.7%로 큰 차이가 없었다.

2010년 10월에 한국노동연구원에서 한국복지패널 6,314가구(3차년도; 2008년)를 대상으로 연구·발표한 자료에 따르면, 비정규직의 빈곤율이 근로시간 차이로 말미암아 정규직의 3배가 넘는다. 25-59세 비정규직 근로자의 빈곤율은 11.3%로 정규직(3.3%)의 약 3.4배 수준이다. 빈곤율은 최저생계비의 150% 미만 임금으로 생활하는 비율을 말한다. 비정규직과 정규직을 포함한 전체 임금 근로자의 빈곤율은 10.3%였다.

또 비정규직 중 시간제 근로자의 빈곤율은 15%로 한시적 근로자(10.8%)보다 상대적으로 높았고, 정규직 중 상용직의 빈곤율은 1.9%였으며 임시 일용직은 17.6%를 기록했다. 근로소득을 보면 정규직은 월평균 273만 원이고 비정규직은 월평균 149만원으로 정규직의 54.6% 수준이었다. 그리고 정규직은 주당 49.4시간, 비정규직은 이보다 4시간 적은 45.4시간 일하는 것으로 조사됐다.

정부는 2007년 7월 300인 이상 기업을 대상으로 적용했던 비정규직법을 2008년 7월부터는 100인 이상 기업으로, 2009년 7월부터는 5인 이상 기업으로 시행 범위를 확대하였다. 해당 기업은 비정규직을 2년 이상 고용하면 정규직으로 전환시켜야 하며, 동종업무 비정규직에 대한 불합리한 차별을 하지 않아야 한다. 그러나 기업주가 1년 미만의 단기계약을 요구하거나 외주화를 부추기는 등 편법으로 대응하고 있다.

17-4-3. 근로손실일수

파업으로 인한 근로손실일수는 1987년 694만 7,000일로 최고를 기록한 뒤, 1995년 39만 2,581일, 1997년 44만 4,720일로 최저수준을 기록했다가 IMF 외환위기 영향으로 다시 상승세로 돌아섰다. 그러나 2003년 129만 8,663일, 2005년 120만 567일에 이어 2009년 62만 7,000일, 2010년 51만 1,000일로 감소하는 추세다.

특히 우리나라의 파업성향(근로자 1,000명당 근로손실일수)은 1987년 755.8일에서 2005년 77.2일, 2010년 30.2일로, IMF 외환위기를 전후해 잠시 증가한 것을 제외하면 지난 20년간 지속적으로 감소했다.

17-4-4. 실업률

우리나라의 공식 실업률은 경제협력개발기구(OECD) 회원국 가운데 가장 낮은 수준을 유지하고 있으나 사람들이 느끼는 실업률(체감실업률)은 이보다 훨씬 높은 것으로 나타났다. 단시간근로자 등 불안정 고용상태에 있는 사람들이 자신을 실업자로 생각하고 있지만 공식 통계는 이를 전혀 반영하지 못하고 있는 탓이다.

LG경제연구원은 2007년 7월 26일 「체감실업률 지표로 본 최근 고용사정」 보고서에서, "2007년 상반기 한국의 공식 실업률은 3.4%로 체감실업률과는 괴리가 있다"며 "미국 노동통계청(BLS)의 실업률 지표 중 하나인 U6를 적용한 체감실업률은 8.1%로 공식 실업률의 두 배 이상으로 높아진다"고 밝혔다.

미국 노동통계청에서는 실업자를 6단계(U1-U6)로 구분해 실업률 통계를 내고 있다. 이 중 한국을 포함한 주요 국가들이 실업자로 분류하는 기준은 U3인데, 'U3 실업자'는 경제활동인구 중 i) 조사대상 주간에 일을 하지 않았고, ii) 지난 4주 동안 구직활동을 했으며, iii) 일할 의사가 있는 사람을 가리킨다. 여기에다 '일자리를 구하지 못해 구직 활동을 포기한 구직단념자'를 넣으면 U4가 되고, 한계 근로자(비경제활동인구 중 취업을 희망했고 1년 동안 실제로 구직활동을 했던 사람)를 포함시키면 U5가 되며, 또 여기에다 불완전 단시간 근로자까지 더하면 U6 실업자가 나온다. 실업자 범위를 가장 넓게 잡은 U6 실업률이 체감실업률에 가장 가깝다.

LG경제연구원에 따르면, 2000년대 들어 한국의 공식 실업률과 체감실업률 사이의 괴리를 초래한 가장 큰 요인은 불완전 고용이었다. 1990년 초반에는 전체 취업자 가운데 단시간 취업자가 차지하는 비중이 1.5% 내외에 불과했으나 2007년 상반기에는 세 배 가까이 증가해 4.4%로 확대됐다. 이 때문에 한국의 U6 실업률은 1995년 3.7%였으나 2005년 7.8%로

10년 만에 4.1%포인트 상승했다. 이는 OECD 회원국의 이 기간 중 평균 상승폭인 0.8%포인트를 훨씬 뛰어넘었고, 통일 이후 임시직이 급증한 독일에 이어 비교대상국 중 두 번째로 높은 것이다. 공식 실업률(U3) 대비 U6 실업률의 배율은 한국의 경우 OECD 평균치뿐 아니라 프랑스·미국·독일·이탈리아보다 높은 것으로 나타났다.

이처럼 공식 실업률 통계의 한계를 보완하자는 주장이 힘을 얻고 있는 가운데, 한국노동연구원의 '확장실업률' 지표 또한 주목할 만하다. 확장실업률은 통계청이 집계하는 공식 실업자에다, 구직활동을 아예 포기해 버린 실망실업자와 당장 구직활동을 하지는 않지만 도서관이나 학원 등에서 흔히 볼 수 있는 취업준비자를 더한다. 여기에 취업자 가운데서도 기업의 경제적 이유로 단시간 근로를 하고 있지만 추가로 취업을 희망하는 이들(부분 실업자)을 보태는 방식으로 확장실업자 수를 추산한다. 이런 계산법에 의해 추산한 2009년 7월 확장실업자 수는 245만 1,000명이며 실업률은 9.5%로, 같은 달 공식 실업자 수 92만 8,000명과 공식 실업률 3.7%와 비교하면 큰 차이가 난다.

17-4-5. 최저임금제도

1988년에 도입한 최저임금제도는 4대 보험, 고용안정서비스 등과 함께 사회안전망으로서 큰 역할을 담당하고 있으며, 미조직된 저임금노동자의 임금을 인상시키는 효과를 가지고 있다. 2005년 4월의 최저임금법 개정으로 노동시간이 단축되더라도 동일한 최저임금을 받게 되었다.

최저임금위원회(사용자 위원, 노동자 위원, 공익위원 등 각각 9명으로 구성)는 2010년 7월 2일에 모여 2011년 1월 1일부터 12월 31일까지 적용될 최저임금을 노동계의 반대를 무릅쓰고 월급 90만 2,880원(주당 40시간 기준), 시급 4,320원으로 결정했다. 이는 보건복지부가 해마다 발표하는 최저생계비(2011년 4인 가족 기준 133만원)에도 크게 못 미친다.

세계 각국의 최저임금 결정방식에는 위원회 방식(한국・일본・영국・캐나다 등), 법률 방식(미국 등), 정부결정 방식(프랑스・네덜란드・스페인 등), 단체협약 방식(독일・이탈리아・덴마크 등) 등이 있는데, 생활임금을 줄 수 있도록 지역별・업종별로 최저임금수준이 달라야 하고, 또한 사회보장제도에 의해 보완되어야 할 것이다.

17-4-6. 노동운동의 장래

사실상 한국의 노동운동은 1987년 6월의 민주화 대투쟁으로부터 큰 동력을 얻었다. 그러나 민주주의는 투표권의 행사로 끝나는 것이 아니라 모든 국민이 국가적 관심사에 동참하는 것이므로, 경제가 몇몇 재벌 총수와 정부 관료에 의해 독점적으로 운영되어서는 안 되며, 직접적인 생산자들(생산직・사무직・전문직 노동자 모두)이 적극적으로 참여할 수 있어야 한다. 또한 이것만이 성과의 분배뿐 아니라 '고통의 분담'을 보증할 수 있다. 따라서 민주적인 노동조합운동의 활성화가 무엇보다 긴급하다. 그리고 '새로운 사회'로의 전환은 어떤 마술 지팡이에 의해 한꺼번에 이루어지는 것이 아니라 끊임없이 새로운 대안을 제시하고 성취시키는 과정에서 주체적인 능력과 객관적인 조건의 성숙을 통해 달성된다는 점을 기억해야 할 것이다.

지금 한국노총과 민주노총은 앞으로의 긴급한 과제로서 산업별 노조의 건설, 노동자의 정치세력화, 양대노총의 통합을 들고 있다. 기업별 노조에서는 노사관계가 항상 대립과 갈등, 투쟁 일변도여서 기업가와의 타협과 협상의 여지가 거의 없다. 또한 기업별 노조는 고립되고 분산적이어서 노동자계급 전체의 투쟁(예: 사회개혁 투쟁)을 도모하기가 어렵다. 그리고 기업별 노조는 비정규직・실업자・미조직노동자의 문제를 다룰 수가 없다. 특히 노조 전임자에 대한 임금 지급이 금지되고 복수노조가 허용되면, 기업별 노조는 급속히 와해될 것이다. 왜냐하면 조합비만으로 노조 전임자에게 임금을 지불할 수 있기 위해서는 조합원이 최소한 1,000명 이상이 되어야 할 것이기 때문이다.

이미 몇몇 산업에서는 산업별 노동조합이 만들어졌다. 민주노총에는 2009년 12월 현재 16개의 가맹 조직, 28개 산별 노조가 활동 중인데, 가맹 조직 명칭과 조합원 수는 다음과 같다. 건설산업연맹(5만 5,662명), 공공운수연맹(14만 4,785명), 공무원노조(10만 9,438명), 교수노조(997명), 금속노조(15만 3,258명), 대학노조(7,542명), 민주일반연맹(2,894명), 보건의료노조(3만 9,221명), 비정규교수노조(1,200명), 서비스연맹(1만 5,363명), 사무금융연맹(6만 1,634명), 언론노조(1만 2,816명), 여성연맹(3,616명), 전교조(7만 1,995명), 화학섬유연맹(1만 2,387명), IT연맹(860명), 지역본부(직가입노조)(9,930명).

노동자의 정치세력화에서 지금 큰 주목을 받고 있는 것은 민주노총을 기반으로 하는 '민주노동당'이다. 민주노동당은 2002년의 지방선거와 대통령선거를 앞두고 민주노총이 진보세력과 결합해 만든 정당이다. 민주노동당은 특히 국가보안법 폐지, 조세개혁, 사회보장제도 개혁 등 사회경제적 민주화 요구를 통해 정치적 역량을 키워 나갈 방침이다. 2004년 4월의 총선에서 민노당은 지역구에서 2명(울산과 창원), 전국구에서 8명(정당 득표율이 12.9%였으므로), 합계 10명의 국회의원을 배출함으로써 열린우리당과 한나라당에 뒤이어 제3당이 되었다. 그런데 민노당에서 민중민주계열(이른바 평등파)의 당원들이 탈퇴하여 2008년 3월 16일 '진보신당'을 창당함으로써, 민노당은 2008년 5월의 총선에서 지역구 2석, 전국구 3석, 합계 5석을 얻었을 뿐이다. 그리고 진보신당은 보궐선거에서 국회의원 1석을 확보했다.

민노당이 선거에 몰두해 득표전략에만 집착한다면, 노동자 대중을 이끌고 '비합법적인' 거리 투쟁에 나서서 노동자 대중의 열기를 북돋우는 사업에는 관심을 쏟지 못함으로써 오히려 득표에도 손실을 보는 사태가 벌어질 수 있다는 점을 명심해야 할 것이다.

김대중 정부는 종업원지주제, 노동자의 경영참여, 사회보장제도를 강화함으로써 참여적·협력적 노사관계를 확립하겠다고 약속했지만, 전혀 실시되지 않았다. 더욱이 구조조정과정에서 정부는 노동조합을 정책결정·집행과정의 동반자로 생각하지 않고 '올바른' 구조조정의 걸림돌로 생각해 탄압했다.

노무현의 참여정부도 마찬가지로 노동자를 탄압하면서 한국노총이나 민주노총과도 상의하지 않은 채 비정규직을 확대하는 법안을 국회에서 통과시켰다. 더욱이 비정규직의 노동조건을 개선하기 위해서는 정규직의 희생이 필요하다는 점을 강조하고 있는데, 이것은 기업 측과 동일한 생각이다.

2004년과 2005년에는 노동운동에 대한 사회적 신뢰를 떨어트리는 사건들이 거듭 발생했다. 예컨대 기아자동차 노조의 종업원 채용 비리, 민주노총 대의원대회를 둘러싼 폭력사태, 항운노조의 부정사건 등이 그것이다. 이런 사건을 틈타 정부와 사용자 그리고 보수언론은 노동운동을 전면적으로 공격하고 있기 때문에 한국 노동운동은 위기에 부닥쳤다고 말할 수 있을 것이다.

2007년 12월의 대통령 선거에서 당선된 이명박 대통령은 건설회사의 사장직을 수행한 경험을 바탕으로 노동자계급을 억압하고 착취하는 것에만 신경을 썼다. 국제경쟁력을 올리기 위해 그리고 물가 인상을 억제하기 위해, 노동자의 임금수준은 억제되어야 하며 노동조합의 활동에 대해서는 공권력으로 탄압하는 것이 당연하다고 생각한다. 예컨대 2009년 5월 쌍용자동차 노동조합이 회사 측의 정리해고에 반대하여 파업 투쟁을 전개하자, 회사 측은 직장을 폐쇄했고, 노동자들이 공장을 점거하자, 공권력을 대규모로 동원하여 '위험한' 군사작전을 펼쳐 노동자들을 '검거'했다.

노동운동의 이런 위기를 극복하기 위해 무엇을 해야 할 것인가? 학자와 활동가 대부분은 대기업 노조의 이기주의와 정파주의, 비정규직에 대한 정규직의 연대의식 저하, 일부 대기업 노조 간부의 부정부패 등을 비판하면서 대기업 노동조합의 내부 혁신과 정파대립의 자제, 비정규직의 조직화와 그들과의 연대, 산별 노조운동 등을 통해 위기를 극복하자고 주장한다.

그런데 이런 위기 극복방법은 매우 도덕적인 성격을 가지고 있으며 실효성이 거의 없다. 한국의 노동조합은 조직률이 10%에 지나지 않는 소수 집단이고 기업별로 조직되어 있으므로, 노동조합은 기업 노조원의 경제적 이익에 관심을 가질 수밖에 없기 때문이다. 더욱이 기업들이 자신들의 생존을 위해 정규직을 해고하고 비정규직을 채용하는 상황에서는 정규직과 비정규직 사이의 연대는 어려울 수밖에 없다.

따라서 지금의 노동운동의 위기를 실질적으로 극복하기 위해서는 한국 경제 전체의 개혁과 노동운동 전체의 개혁에 모든 노동자가 동참함으로써 일자리를 더욱 많이 창출하고 노동자들의 단결을 강화할 수 있는 구조 개혁을 수행해야 할 것이다. 예컨대 재벌 개혁, 중소기업과 자영업에 대한 중점 지원, 투기적 외국자본에 대한 규제, 산별 지역별 노조의 건설, 비정규직에 대한 정부 정책의 개혁, 최저임금 수준의 인상 등을 들 수 있다.

18 국가에 의한 경제 재편

18-1. 신자유주의의 등장

1974-75년의 공황과 그 뒤의 장기불황을 겪는 과정에서, 제2차 세계대전이 종결된 이후의 '국민적 합의'(즉 혼합경제 · 완전고용 · 복지국가)를 무너뜨리는 신자유주의(또는 신보수주의)가 나타났는데, 이 사상이 지금까지도 세계를 지배하고 있다.

신자유주의(neo-liberalism)는 1979년 5월에 집권한 영국의 대처 보수당 정부가 적극적으로 실천했고, 1981년 1월에 집권한 미국의 레이건 공화당 정부도 마찬가지의 노선을 채택했다. 영국의 보수당은 1997년 4월까지 집권했고, 미국의 공화당은 1992년 12월까지 집권했지만, 그 뒤의 영국 노동당이나 미국 민주당도 그리고 다른 나라의 사회민주당도 신자유주의를 상당히 많이 받아들이고 있는 실정이다. 영국에서는 1979-97년의 보수당 정권을 물리친 노동당, 독일에서는 1982-98년의 기독교민주당 정권에 승리한 사회민주당과 녹색당의 연합, 그리고 프랑스에서는 1997년 6월에 집권한 사회당이 '제3의 길'을 추구하고 있지만 내용에서는 신자유주의를 크게 벗어나지 못했다(17-2-7과 17-2-8을 참조).

신자유주의는 경제에 대한 국가 개입을 줄여야 하며, 따라서 복지국가를 해체하고 국영기업(또는 공기업)은 민영화해야 한다고 주장한다. 또한 경제성장을 도모하고 고용을 증가시키기 위해서는 국가경쟁력을 향상시켜 수출을 증대해야 한다고 주장한다.

정부에게 사회복지비의 지출을 삭감하라고 요구하는 것은 다음과 같은 근거에 의거하고 있다. 첫째로 국민의 조세부담을 줄인다는 의미를 가지고 있는데, 사실상 신자유주의는 고소득층에 대한 조세를 삭감함으로써 고소득층의 근로의욕·투자의욕을 자극하려고 했다. 둘째로 사회복지비 지출로 실업자가 실업수당을 받거나 소득보조를 받기 때문에, 노동자가 자본가의 지휘와 명령에 복종하지 않을 수 있다는 것이다. 따라서 노동자들의 규율을 강화하고 자본의 독재를 확립하기 위해서는 사회복지비 지출을 삭감해야 한다. 셋째로 사회복지비 지출은 노동생산성의 향상이나 국제경쟁력의 강화, 기업의 수익성 개선에는 직접적으로 도움을 주지 않는다는 것이다. 넷째로 사회복지비의 지출 확대로 학교·병원·법률상담소·양로원·탁아소 등이 점점 비영리 공공기관으로 전환했기 때문에, 민간자본의 영리활동 분야가 축소되었다는 것이다.

그러나 실업자 특히 청년층의 장기 실업자가 급증하고 있는 상황에서는, 그리고 인구의 노령화가 진행하고 있는 상황에서는 사회복지비의 지출을 삭감하는 데도 한계가 있을 것이다. 장기불황이 계속되면서, 생산재에 대한 수요는 점차 줄어들고, 실업의 증대와 임금수준의 저하로 소비재에 대한 수요도 줄어들고 있는데, 정부까지 복지국가를 해체하고 재정금융의 긴축정책을 실시하기 때문에, 국내시장은 크게 축소되었다. 따라서 신자유주의는 국가경쟁력을 강화해 해외시장을 개척하는 것에 역점을 두고 있다.

신자유주의 정부는 자본의 해외진출을 돕기 위해 외환관리규정을 철폐하고 자본수출의 자유화를 실시했다. 또한 후진국을 포함한 모든 나라에게도 무역과 외환 및 자본이동의 자유화를 요구함으로써, 결국에는 우루과이 라운드를 타결하고 1995년 WTO체제를 출범시켰다. 이리하여 선진국의 기업들(산업기업이든 금융기업이든)은 세계 각국을 자유롭게 이동하면서 최대의 이윤을 획득하고 있다. 이른바 자본의 세계화(globalisation of capital)가 진전하고 있는 것이다.

그러나 모든 나라가 국가경쟁력을 강화해 세계시장을 개척함으로써 일국 경제를 부흥시킬 수는 없다. 첫째로 새로운 기술을 최초로 발명해 사용하는 기업은 세계시장을 개척할 수 있을 것이지만, 어느 한 기업 또는 어느 한 나라가 항상 최초의 기술개발국이 될 수는 없기 때문이다. 둘째로 국가경쟁력을 높이기 위해 노동의 유연화를 통해 임금비용의 저하를 도모하는데, 이것은 노동자의 삶의 질을 저하시켜 정치적 · 사회적 혼란을 야기할 수도 있고, 또한 국내시장을 더욱 축소함으로써 세계시장의 규모를 점점 더 축소시키는 경향이 있기 때문이다. 정규직보다는 임시직 · 일용직 · 시간제 노동자 · 파견노동자를 증가시키는 것은 임금비용을 감소시킬 뿐 아니라 고용의 안정성을 파괴하게 된다.

18-2. 영국 신보수주의(또는 신자유주의)의 실패

1973년 10월의 제1차 석유파동을 계기로 폭발한 세계적인 공황은 영국 경제의 장기적인 쇠퇴과정을 촉진했고, 영국은 일국적인 공황 극복과정에서 혼합경제 · 완전고용 · 복지국가라는 제2차 세계대전 이후의 국민적 합의를 무너뜨렸다.

1974-79년의 노동당 정부도 노동조합과의 사회협약(social compact or

social contract)을 통해 노동조합의 임금인상 요구를 억제하고 복지제도의 확충을 제한했지만, 1979년 5월 이래 네 차례(1983년 6월, 1987년 6월, 1992년 4월을 포함)에 걸쳐 집권한 보수당 정부는 전후의 일반적인 상식—완전고용, 복지국가, 정부보조, 정부규제, 국유화, 노동조합—을 타파하는 새로운 사상체계를 제시하면서 영국경제를 운영했다. 전후의 일반적인 상식을 지지하고 있던 '보수주의'(또는 '자유주의')를 비판하고 있다는 점에서 현재의 보수주의(또는 자유주의)를 '신보수주의'(neo-conservatism) 또는 '신자유주의'라고 부른다. 물론 신보수주의와 신자유주의를 구별할 수도 있는데, 후자는 하이에크(F. Hayek)처럼 모든 것을 시장에 맡기라고 주장하는 데 반해, 전자는 시장이 효율성과 공정성을 달성하기 위해서는 '작지만 강력한 정부'가 필요하다고 생각한다.

18-2-1. 통화주의

1979년 5월에 집권한 대처 정부는 극심한 경기침체와 고율의 인플레이션이라는 전형적인 스태그플레이션(stagflation)을 해결해야만 했다. 대처 정부는 인플레이션을 '제1의 공공의 적'(public enemy no.1)이라고 선언했고, 인플레이션은 정부의 적자 지출에 의한 통화량 증가 때문이라고 분석했다. 이리하여 정부의 적자 지출(public sector borrowing requirements, PSBR)을 줄여 통화량 증가를 억제함으로써 인플레이션을 잡는다는 통화주의적 정책을 추구했다.

실업 해소와 인플레이션 억제 중 후자를 정책의 최고 목표로 삼은 것은 세 가지 이유 때문이었다. 첫째로 인플레이션을 억제하면 국제경쟁력이 생겨 수출이 증가함으로써 국내 산업이 부흥하고 실업이 해소된다고 생각했기 때문이다. 국제경쟁력을 강조한 것은 영국 경제는 무역의존도가 높기 때문에 수출시장의 확대가 경제성장에 필수불가결하다는 사실 때문이었다. 둘째로 영국 파운드화의 대외가치를 유지하기 위해서였는데, 보수당 정부는 파운드화의 대외가치가 영국의 경제력을 세계에 과시하는 중요한 지표라고 주장했다. 그러나 이것은 파운드화의 환율을 유지하지 않으면, 런던금융시장(The City)이 세계금융시장으로 역할을 할 수 없다는 사실과, 외환투기가 대규모로 발생해 영국경제를 혼란에 빠뜨렸던 역사적 경험을 반영하는 것이었다. 셋째로 실업의 해소가 노동조합에게 새로운 힘을 준다고 생각했기 때문이다. 노동조합의 힘을 꺾지 못하면, 정부가 산업의 재편성(예: 효율성이 낮은 국영 탄갱의 폐쇄)을 시도할 수도 없고, 기업가들이 경영권을 행사하지 못해 노동조직을 개편하거나 노동강도를 강화할 수 없으며, 임금인상을 규제할 수 없다고 믿었다. 결국 인플레이션 억제를 제1의 정책 목표로 삼음으로써, 노동조합의 힘을 약화시키기 위해 대규모 실업을 '당분간'(또는 장기간) 유지시킬 것을 의도하고 있었다.

인플레이션은 실물 측면 때문이 아니라 화폐 측면 때문이라고 파악하는 통화주의에 의거해, 대처 정부는 초기에 '중기금융전략'(Medium-Term Financial Strategy, MTFS)을 세우고 통화량(M_3: 현금통화+예금통화) 증가 목표를 설정해 금융재정긴축정책을 실시했다. 물론 대규모 실업이 존재하는 상황에서 금융재정긴축정책을 실시하는 것에 대해 각계 각층이 비판했지만, 대처 정부는 이에 대해 통화주의의 교리로 대처했다. 그러나 예상과는 달리 정부의 적자 지출과 M_3 증가 사이에는 긴밀한 상관관계가 나타나지 않았으므로, 통화량 지표를 M_0(현금통화)나 M_4(M_3+주택조합예금)로 변경시켜 봤지만, 여전히 긴밀한 상관관계가 없었고, 또한 통화량 증가와 인플레이션 사이에도 체계적인 인과관계가 없었다. 따라서 보수당 정부는 정부의 적자 지출 → 통화량 증가 → 인플레이션이라는 통화주의적 사고방식을 일찍부터 사실상 폐기했다.

그럼에도 불구하고 통화주의의 교리를 내세우면서 금융재정긴축정책을 강행한 것은 '사회의 기강'을 잡는다는 다른 목적 때문이었다. 기업으로

하여금 노동조합의 요구에 굴복하지 않도록 하며, 경영의 합리화와 효율화를 도모하도록 하고, 사회보장제도를 축소하고 수혜자의 자격 요건을 강화함으로써 국민들의 근로정신을 진작시키려 한 것이다. 그러나 이런 긴축정책은 1979/80년 겨울의 제2차 석유파동에 따른 세계적 불황과 동시에 작용함으로써, 수많은 기업이 단기 유동성 부족과 수익성 저하로 도산했고, 실업자가 대량 발생했다.

도산 위기에 직면한 기업가들은 실업 위험에 시달리는 노동자들에 대한 발언권을 강화했으며, 이에 따라 노동조직의 개편과 노동강도의 강화가 뒤따랐고 노동생산성이 향상되었다. 그렇지만 능률적인 대기업들이 단기 유동성 부족으로 대량 도산함으로써, 영국의 산업기반은 크게 약해졌다. 이로 말미암아, 그 이후 국내수요가 증가했을 때 국내공급이 이를 충족시킬 수 없어 수입이 증가하고 무역수지가 악화되었으므로, 정부는 파운드화의 환율을 유지하기 위해 다시 긴축정책을 채택하지 않을 수 없었다.

18-2-2. 공급중시 경제학

1980년대 중반에 신보수주의 정부는 통화주의의 교리를 버리고 공급중시 경제학(supply-side economics)의 교리를 받아들이기 시작했다. 다시 말해 보수당 정부는 조세삭감을 통해 부자들에게 '일할 유인'을 주고 기업에게 '투자 유인'을 주려고 했던 것이다. 특히 정부는 1987/88년의 예산에서 조세제도를 대폭 개혁했는데, 그 요점은 부유층과 대기업의 조세부담을 상대적으로 더욱 경감시키는 것이었다. 물론 조세부담의 경감이 가능했던 것은 1980년대 초부터 시작된 국영기업과 공익사업의 매각에 의해 정부수입이 크게 증가했기 때문이다. 정부 재정은 1979-86년에 매년 100억 파운드 정도의 적자를 나타내었으나, 1987년에는 적자 규모가 29억 파운드로 대폭 축소되었고, 1988-90년에는 매년 각각 73억, 80억, 40억 파운드의 흑자를 나타내었던 것이다.

개인소득세의 경감은 고소득층일수록 컸는데, 이것이 고소득층의 '일할 의욕'을 증진시켰는지는 알 수 없다. 다만 개인소득세의 경감으로 개인의 소비지출이 크게 증가했다. 더욱이 금융기관의 영업 규제 해제(Big Bang, 예컨대 모든 금융기관이 장기주택담보금융 mortgage을 실시하게 되었음)에 따라 모든 금융기관이 경쟁적으로 소비자와 주택구매자에게 차입을 권유함으로써 신용이 또한 대폭 증가했다. 이리하여 개인의 소비지출이 더욱 크게 증가함으로써, 주로 은행지점망의 증설, 슈퍼마켓의 건설 등과 관련된 투자가 증대했다. 다시 말해 경제성장률이 상승했지만, 이것은 건실한 기초를 가지지 못한 단기적인 현상이었다.

다음으로 법인소득세의 경감이 투자증대를 자극했는가? 일반적인 원리에 따르면, 기업은 조세감면으로 수익성이 상승하리라 기대함으로써 금융기관이나 주식시장에서 자금을 더 많이 조달해 투자한다는 것이다. 그러나 이런 원리는 영국기업의 투자 관행을 제대로 반영하고 있지 않다. 영국기업들은 투자자금을 금융기관으로부터 차입하거나 증권시장에서 주식을 발행해 조달하기보다는 자기의 유보이윤(사내유보)에 의존한다는 특징이 있다. 1949-77년에 기업은 실물투자 중 오직 8%를 신주발행에 의해 조달했으며, 1984년에는 오직 4%를 신주발행에 의해 조달했으므로, 투자의 90% 이상을 사내유보로부터 조달한 것이다. 이 때문에 1987년 10월의 세계적인 증권시장 공황도 영국의 상공업에는 거의 영향을 미치지 않았던 것이다. 다시 말해 기업이 법인세의 경감에 힘입어 자본시장으로부터 투자자금을 더 많이 조달하리라고 생각하는 것은 잘못이라는 점이다.

공급중시 경제학에 의거한 신보수주의 정책은 점점 더 큰 애로에 부닥쳤다. 왜냐하면 조세를 더욱 삭감하기가 어려워졌기 때문이다. 다시 말해 재정수입을 확대할 수 있는 방법이 없을 뿐 아니라 재정지출을 확대하라는 국민들의 요구는 더욱 커졌기 때문이다. 국영기업과 공익기업의 매각에 의한 재정수입은 사실상 단 한 번의 수입에 불과하며, 탈세와 절세의 구멍을 막아 세수를 증대시키는 데도 한계가 있었다. 반면에, 실업자 특히 15-24세의 젊은 실업자는 결코 감소하지 않았으며, 국민보건서비스(National Health Service, NHS)는 국민들의 기대 상승과 의학의 발달 및 인구의 노령화에 따라 더욱 큰 자금이 필요했고, 공공부문 업무의 일부(예: 청소·세탁·급식)를 외부 민간기업에 하청함(contracting-out)으로써 서비스의 질이 악화했다는 비난이 크게 일어났다.

18-2-3. 규제 완화

보수당은 1979년 5월의 총선에서 소득정책을 폐기하겠다고 공약했다. 왜냐하면 노동자들이 노동당 정부의 소득정책을 반대하면서 1978/79년 겨울에 대규모의 파업을 단행했기 때문이다. 노동당 정부는 1975년 이래 노동조합과 사회협약을 맺음으로써 임금인상을 규제해 실질임금을 인하시킨 것인데, 노동자들이 '이제는 그만'(enough is enough)이라고 외치면서 자유로운 단체협약을 요구한 것이다. 이에 대해 대처는 노동자들에게 사회협약을 폐기하고 자유로운 단체협약을 부활시키겠다고 공약한 것이다.

그러나 자유로운 단체협약을 부활한 것은, 사실상 하나의 우연한 사건이 아니라, 보수당이 '시장이 가장 효율적이고 공평하다'라는 신고전파 경제학의 원리, 그리고 시장의 실패보다는 정부의 실패가 더욱 큰 문제라는 신보수주의(신자유주의)를 받아들였기 때문이다.

물론 정부의 실패를 강조하면서 정부의 개입이나 규제를 반대하는 신보수주의가 국민들의 인기를 끌게 된 것은, 케인스주의가 1973년 이래의 스태그플레이션을 해결하지 못했다는 점과, 1985년 고르바초프의 페레스트로이카(perestroika) 이래 공개되기 시작한 소련경제의 난맥상 때문이었다.

신보수주의는 1945년 이래 보수당이나 노동당이나 모두가 인정하고 있었던 산업에 대한 보조금 지급, 정부 규제 및 국유화의 필요성을 부정했다. 그러나 낙후한 지역에 대한 보조금 지급의 예를 보면 알 수 있듯이, 보조금 자체를 철폐한 것이 아니라 보조금의 규모를 줄이고 보조금을 받을 사업 대상을 엄격하게 심사한다는 특징이 있다. 노동당 정부의 보조금 지급방식은 지급 기준을 충족시키면 무차별적으로 모든 사업에 지급하는 것이었는 데 반해, 신보수주의적 방식은 엄격하게 심사함으로써 정부의 재량권을 확대했는데, 정부의 재량권 확대는 신자유주의로부터 비난을 받았다.

또한 웨스트랜드(Westland)라는 민간 헬리콥터회사의 정리(사실상은 다른 회사와의 합병) 과정에서 국방부와 상공부 사이에 정리방법을 둘러싸고 대규모 암투가 있었고, 이 사건이 1985년 말과 1986년 초에 신문 지상에 크게 보도된 바 있는데, 이것도 정부 규제가 사라지는 것이 아니라 새로운 형태를 띠게 되었다는 것을 가리킨다.

그러나 보수당 정부는 1979년에 외환관리 규정을 완전히 철폐함으로써 자본이동을 자유화했다. 그 결과 영국의 개인투자자나 기관투자자는 세계 각국의 외환 · 채권(회사채와 공채) · 주식을 자유롭게 매매할 수 있게 되었다. 이런 자본이동 자유화가 세계적으로 확대함과 더불어, 컴퓨터와 정보통신의 발달, 그리고 금융기법의 혁신(예: 파생금융상품의 등장)으로 말미암아 세계금융시장의 규모와 힘은 크게 증가하게 되었다.

세계금융시장(외환 · 채권 · 주식시장을 가리킴)의 규모가 한 나라의 경제력(예: GDP · 수출액 · 외환보유액)에 비해 너무나 거대하기 때문에, 국제적인 자금이동은 한 나라의 경제정책을 무의미하게 만들 수 있으며 또한 한 나라의 경제를 파국으로 몰아 갈 수 있다. 1985년 이래 미국의 달러는 계속 약세를 면하지 못하고 있으며, 1987년 10월에는 세계적인 증권거래소 공황이 발생했고, 1992년 9월에는 영국이 유럽연합의 환율조정장치(Exchange-Rate Mechanism, ERM)로부터 이탈하지 않을 수 없었으며, 1993년 8월에는 유럽연합은 각 통화 간 환율 변동폭을 기준치의 상하 15%로 확대하지 않을 수 없었고, 1995년에는 멕시코가 페소화 위기로 큰 혼란을 겪었다. 그리고 1997년에는 아시아의 각국이 외환위기를 겪었고, 1998년에는 중남미와 러시아가 외채위기를 겪었다.

신보수주의는 세계금융시장의 규모와 힘을 '자연스러운' 현상으로 인정하면서 어떻게 하면 세계의 자본을 영국으로 유인할 수 있는가에 고민했다. 신보수주의에 따르면, 화폐자본의 투기적인 세계적 이동은 각국 경제의 변화와 각국 정부의 정책 의도를 반영하는 것이므로 각국의 잘못을 즉시 지적해 교정하는 역할을 한다. 따라서 예상 밖의 대규모 혼란은 투기적인 자본이동 때문이 아니라, 각국 정부가 경제의 실상을 투명하게 외부에 발표하지 않아 '작은 잘못을 즉시 고칠 수 있는 기회'를 놓쳤기 때문이다. 이런 관념에 따라, 보수당 정부는 연간 인플레이션 목표를 최고 2.5%로 잡고, 이자율을 재무부장관과 잉글랜드은행 총재 사이의 월례회의에서 결정하며, 재정적자와 공공채무잔액의 GDP에 대한 비율을 유럽통화연합의 수렴기준(convergence criteria)에 의해 제한하고 있다.

결국 신보수주의(신자유주의)는 산업자본이나 상업자본과 같은 생산적인 자본의 이익보다는 금융자본의 이익을 중시하는 입장을 취하고 있으며, 영국의 보수당 정부는 거대한 세계적인 금융자본이라는 물신(物神)에 경배함으로써 더욱 많은 자본을 자기의 영토로 끌어들이려고 경쟁하고 있다.

그러나 자본의 가치증식의 유일한 원천이 생산에 있다는 사실에 비추어 볼 때, 세계금융시장의 거대화는 아직도 생산영역이 자본을 유혹할 만큼 수익성이 높지 않아 모든 자본이 화폐 형태를 취해 이곳저곳으로 이동하고 있다는 것을 표현하는 것이며, 그리고 세계적인 금융혼란의 빈발은 금융자본이 주어진(또는 한정된) 잉여가치 중 더 많은 몫을 분배받기 위해 매우 모험적인(따라서 실패하기 쉬운) 투기에 종사하기 때문이라고 보아야 할 것이다. 물론 기업의 모든 부채가 증권화하기 때문에, 그리고 증권가격은 '현실적으로 기능하고 있는 자본'의 총액과는 전혀 무관하게 변동하기 때문에, 금융자산의 크기는 크게 증가할 수 있다. 그러나 금융자산의 가공적(또는 허구적) 성격은 기업의 경영 성과가 나쁠 때 금융자산의 가격이 폭락한다는 사실에서 그대로 나타난다. 더욱이 금융거래의 컴퓨터화, 대차대조표에 기록하지 않는 파생금융상품의 거래, 황금만능주의는 대형 금융사고의 잠재성을 내포하고 있기 때문에, 금융거래의 감독업무는 중요하다고 보아야 한다. 2007년 하반기부터 미국의 비우량 주택담보대출의 부실화로 세계금융시장이 큰 위기에 빠져 있다(14-4를 참조하라).

18-2-4. 민영화

민영화(privatisation)라는 이름 아래 보수당 정부는 통신(1984), 가스(1986), 항공(1987), 석유(1987), 철강(1988), 수도(1989), 전력(1990), 석탄(1994), 철도(1994) 등을 민간에 매각했다. 그리고 병원·학교·지방자치단체 등 공공부문의 보조기능(예: 세탁·취사·청소·쓰레기 수집)을 민간기업에 맡겼다. 그리하여 공기업부문에 종사하는 노동자들은 1981년의 187만 명에서 1996년에는 41만 명으로 대폭 줄었다.

그런데 민영화에는 하나의 근본적인 조건이 있다. 매각대상 공기업이 수익성이 없다면 민간에게 매각될 수 없다는 점이다. 따라서 민영화는 수익성 있는 공기업에 국한될 수밖에 없고, 수익성을 보장하기 위해 독점상태를 용인하거나 헐값에 매각해야 했다. British Gas는 독점적 공급자로서 민영화되었고, 수도사업과 배전회사는 지역독점의 형태로 민영화되었다. British Telecom은 하나의 회사로 민영화되었지만, 원거리통신에 대한 규제를 철폐했기 때문에 경쟁자의 출현은 가능했다.

민영화한 기업들은 주주자본주의(shareholder capitalism)에서 주주가치를 향상시키기 위해 이윤·배당·주식가격에 모든 관심을 쏟았다. 단기적인 성과에 집착함으로써 장기적인 투자를 소홀히 했다. 대규모의 해고를 통해 비용을 절감했음에도 불구하고 가격은 더욱 인상되고 서비스의 질은 더욱 저하되었다. 민영화된 기업들은 예상 밖의 큰 이윤(windfall profit)을 얻었다. 정부는 민영화된 독점기업들의 기본운영 지침을 제정하고 가격결정방식을 결정하기 위해 새로운 공공의 규제기구를 설치하지 않을 수 없었다. 통신 분야에는 Oftel(Office of Telecommunication), 가스 분야에는 Ofgas, 수도 분야에는 Ofwat, 철도 분야에는 Ofrail이 바로 그것이다. 물론 예상 밖의 큰 이윤에 대해서는 특별세(windfall tax)를 부과했다.

그런데 민영화의 큰 약점이 철도에서 나타났다. 보수당 정부는 철도선로·기차역·신호망은 Railtrack에 매각하고, 기관차와 차량은 3개의 임대회사에게 매각하며, 노선망(routes)의 운영과 기타 서비스는 다수의 철도운영회사(Train Operating Companies, TOPs)에 매각했다. 민영화 이후, 정시에 운영되는 비율이 낮아졌고, 사고율의 증가, 편법 요금인상, 서비스의 질 하락, 투자 소홀 등의 문제가 발생했다. 특히 회임기간이 긴 철도선로·신호망에 대한 투자를 소홀히 함으로써, 1999년 런던 패딩턴 역에서 31명이 사망하는 영국 사상 최초의 대형 철도사고가 발생했으며, 그 뒤 2001년 10월 8일 Railtrack은 파산하지 않을 수 없었고 이에 따라 공적 소유의 비영리법인 Network Rail이 2002년 10월 인수하게 되었다.

민영화를 실시하면서 보수당 정부는 '인민자본주의'(people's capitalism)라는 장밋빛 환상을 국민들에게 심어 주었다. 국민 모두가 주식을 소유하면서 주식 소유로부터 이득을 얻을 뿐 아니라 기업체의 주인이라는 긍지를 가지게 된다는 것이다. 민영화 대상 기업의 종업원뿐 아니라 일반 국민들에게 주식을 실질가격보다 싸게 판매했으므로, 이들이 주식소유자가 된 것은 사실이었지만, 이들은 그 주식을 곧 팔아 자본이득을 취했기 때문에 주식 소유는 분산되기는커녕 집중 경향을 다시 나타내었다.

그러나 민영화에 의해 신보수주의 정부는 막대한 재정 수입을 얻게 되었고, 이것을 바탕으로 개인소득세와 법인세를 경감시킬 수 있었다. 그런데 국유·공유재산의 매각은 재정수입을 한 번만 증가시키는 것이므로, 1988년에 흑자로 돌아섰던 재정은 1991년부터 다시 적자를 나타내기 시작했으며, 1992년에는 조세부담을 증가시킬 수 없어 사상 최대의 적자(300억 파운드)를 나타내었다.

참조 18-A

캘리포니아의 전력 비상사태

(http://www.h21.hani.co.kr: 2001-02-07)

캘리포니아 주는 1998년 전력산업에 대한 규제를 풀면서, 전력산업을 여러 개의 민영화된 발전회사와 판매회사로 분할해 경쟁을 도입하고, 이들 간의 입찰을 통해 전력 가격을 결정하도록 구조조정했다. 그리고 이런 규제 철폐로 말미암아 소비자의 전기요금이 올라가는 것을 막기 위해, 발전회사가 전기판매회사에게 공급하는 전기도매가격은 자유롭게 결정하도록 하는 한편, 전기판매회사가 소비자에게 공급하는 전기소매가격은 2002년까지 5년간 동결했다. 그러나 구조개편 이후 1996-99년 전력 피크수요는 5,522메가와트 늘어난 반면, 공급은 672메가와트 늘어나는 데 그쳤기 때문에, 2001년 초에 전력 부족과 전기값 폭등이 일어났다.

민영 발전회사들이 높은 환경비용 때문에, 그리고 다른 주로부터 값싼 전기를 공급받을 수 있으리라는 기대 때문에, 신규투자를 꺼린 것이다. 민영 발전회사로서는 막대한 재원이 들어가는데다 건설비와 투자비의 회수에 장시간이 소요되는 새 발전소를 건설하기보다는 기존 발전소를 최대한 가동해 수익을 올리려 한 것이다. 다른 한편 캘리포니아의 양대 전력회사인 남캘리포니아에디슨사(SCA)와 태평양가스전기사(PGE)는 발전시설을 다른 주의 발전회사에 팔고 전기소매회사로 변신했다. 그런데 2000년 봄부터 천연가스와 유가의 폭등으로 발전회사가 전기공급가격을 무려 8배나 올렸으나, 전기소매회사는 소비자가격을 전혀 올릴 수 없었다. 이 때문에 거액의 손실이 누적됐고, 결국 2001년 초 이들이 채무불이행 상태에 빠져 전기를 살 수 없게 되자 전력 비상사태가 벌어진 것이다. 소매가격 규제가 풀린 캘리포니아 샌디에이고에서는 2000년 4월 9일 킬로와트당 2.7센트였던 전기요금이 6월 29일에는 52센트까지 폭등했다.

또 한 가지 문제가 되는 것은 전력회사들이 가격 담합이나 시장조작을 통해 소비자에게 큰 부담을 줄 수 있다는 점이다. 이미 캘리포니아 주 지사는 이 문제에 언급하면서 "일부 발전소들이 전기요금이 천문학적으로 올라갈 때를 기다리며 전력생산을 줄이고 있었다는 증거를 확보하고 있다"고 말했다. 대규모 설비산업인 전력산업의 특성상 새로운 기업이 자유롭게 참여하기가 어려워 경쟁이 제한적일 수밖에 없는데, 이것이 담합 등에 의한 가격조작 가능성을 높인다.

18-2-5. '강한 정부'와 패권국

실업자는 격증하고 사회보장제도는 축소되면서 도시에서는 유색인종의 폭동이 일어나는 가운데, 신보수주의 정부는 안으로는 '법과 질서'를 유지하는 '강한 정부'를 주창하고, 밖으로는 옛날의 '대영 제국' 같은 패권국의 재건을 희망했다.

그러나 보수당 정부가 법과 질서를 유지하기 위해 지출한 정부 재정은 범죄의 감소에 거의 기여하지 않은 것으로 나타났다. 물론 범죄가 감소한 것은 사실이지만, 이것은 다음과 같은 이유 때문이라는 것이다. 첫째, 실업자의 수와 범죄 건수 사이에는 정(+)의 상관관계가 있는데, 실업자의 수가 줄어들었기 때문이다. 둘째, 범죄의 대부분은 15-24세가 범하고 있는데, 이 인구가 1989년의 450만 명에서 1993년에는 400만 명으로 줄어들었기 때문이다. 셋째, 자동차 관련 범죄가 총범죄의 25%를 차지하는데, 자동차 장비의 현대화로 범죄 기회가 줄어들었기 때문이다.

물론 강한 정부는 노동조합을 약화시키기 위해 모든 노력을 경주했다. 피케팅을 제한하고, 클로즈드 숍(closed shop)의 설립을 어렵게 했으며, 2차적인 쟁의 행위(예: 지원파업·동정파업)의 면책성을 제한했고, 노조 대표자의 불법 행위를 노조에게 배상하도록 했으며, 노조원만의 고용을 명시하는 계약을 불법화했고, 노조 간 분쟁과 정치적 분쟁을 노동쟁의로 더는 인정하지 않았으며, 노조 간부를 비밀투표에 의해 정기적으로 선출하게 했고, 비밀투표에서 노조원 과반수의 지지를 얻어야 파업을 할 수 있게 했으며, 노조의 정치자금 모금도 노조원 과반수의 지지를 얻도록 했다.

대외관계에서 특징적인 사건은 아르헨티나와의 전쟁이었다. 보수당 정부는 포클랜드(Falklands) 섬의 영유권을 둘러싸고 1982년 4-6월에 아르헨티나와 전쟁을 했다. 전쟁을 해야 할 만큼 중요한 섬은 아니었지만, 대영제국의 꿈을 국민들에게 부활시키기 위해 막대한 인적·물적 자원을 희생했던 것이다. 1983년 6월의 총선 직전에 거대한 전승기념 행사를 열었고, 대처는 총선에서 다시 승리했다.

유럽연합(European Union, EU)과의 관계에서도 신보수주의는 패권주의적 경향을 나타냈다. 유럽연합에 의해 영국 의회의 주권이 상실하는 것에 대해 크게 우려했으며, 유럽연합의 예산분담금에 대해 항상 불만을 표시했고, 지역개발자금을 영국에 더 많이 배분해야 한다고 주장했다. 따라서 보수당 안에서 유럽연합과의 관계를 둘러싸고 의견이 대립했다. 수상이던 존 메이저(John Major)의 경쟁 상대인 존 레드우드(John Redwood)는 공공연히 "영국은 유럽에 집착하지 말고 미국과 특별한 관계를 유지해야 한다"고 했고, 이에 대해 메이저는 오히려 유럽연합 전체와 미국 사이에 범대서양 자유무역지역(Transatlantic Free Trade Area)을 설치할 것을 제안했다. 그러나 두 사람 모두 미국과의 우호관계를 통해 유럽에서 세력을 누리려는 전통적인 영국식 패권주의를 드러낸 것으로 평가할 수 있을 것이다.

18-3. 한국경제의 구조조정

18-3-1. IMF가 요구한 구조조정

김대중 정부(1998년 2월-2003년 2월)는 1997년 12월 이후 IMF 신탁통치 기간에 IMF의 구조조정 요구를 충실히 집행했고, 2000년 10월에는 제2차 구조조정을 실시했다. IMF는 한국경제가 특징적으로 지니고 있는 여러 가지 제도(예컨대 은행중심의 금융구조, 정부-은행-기업 사이의 밀접한 상호관계, 강력한 정부 개입)가 1997년 12월의 공황을 야기했다고 파악하기 때문에, 한국경제 시스템(흔히들 '아시아 모델'이라고 부른다)을 완전히 '영미 시스템'으로 개혁할 것을 요구했는데, 먼저 금융개혁의 내용을 보면 다음과 같다.

첫째, 금융부문을 더욱 투명하게 하고, 시장지향적으로 만들며, 감독하기 쉽도록 한다. 둘째, 자원의 효율적 배분을 위해 자본시장에 대한 규제를 근본적으로 없애고, 주식시장의 매력을 강화하기 위해 인수와 합병에 대한 제한을 제거한다. 셋째, 기업이 국제자본시장에서 직접 자본을 조달할 수 있도록 자본시장을 자유화한다. 그리고 외국인의 국내 화폐시장과 채권시장에 대한 투자를 허용한다. 외국인 주식투자한도의 확대, 외국은행의 국내은행 주식 매입 한도의 철폐, 외국인의 국내 단기금융상품 매입의 무제한 허용, 외국인의 회사채 시장 무제한 참가, 외국인 직접투자에 대한 제한 철폐. 넷째, 한국은행을 독립시켜 물가안정을 그 주된 임무로 하는 법률 개정을 조기에 실시한다.

다음으로, IMF는 기업의 개혁을 다음과 같이 요구했다. 첫째, 기업경영의 투명성을 높이기 위해, 상장회사는 완전한 공개, 독립적인 외부감사, 결합재무제표의 작성 등을 실시해야 한다. 둘째, 부채의존을 감소시키기 위해, 계열기업 사이의 상호지급보증이 결합재무제표에 의해 더욱 투명해져야 한다. 셋째, 시장규율을 강화하고 만연된 도덕적 해이를 제거하기 위해 정부개입 없이 파산이 이루어질 수 있도록 파산절차를 법규화해야 한다. 정부는 개별기업을 구제하기 위해 지원이나 조세특혜를 주던 과거의 정책을 중단해야 하며, 또 건전한 기업이 불건전한 기업을 합병하도록 강요해서는 안 된다.

이런 IMF의 요구를 정부는 그대로 받아들여 외환거래와 자본거래의 자유화를 단행했으며, 증권시장에서 외국투자자들이 주식과 회사채를 마음대로 매매할 수 있게 했다.

그 결과로 '외국인이 보유하고 있는 주식의 비중'은 1997년 말의 IMF 위기 이래 크게 증가했다. 외국인이 주요한 기업과 금융을 지배하게 되면, 한국경제 전체의 발전 방향을 국민의 뜻에 따라 결정하기가 점점 더 어려워진다. 또한 외국인이 배당이나 이윤을 얻어 그것을 국내에 재투자하지 않으면 국부 유출의 문제가 생긴다. 더욱이 외국인들이 주식을 한꺼번에 팔아 외화를 외국으로 송금한다면, 우리 경제는 주가 폭락, 외환 부족, 그리고 환율 폭등이라는 최악의 상태에 다시 한 번 부닥칠 수 있다.

18-3-2. 4대부문의 구조조정

가. 기업부문의 구조조정

가장 중요한 사항은 재벌 개혁이고, 그 다음이 부실기업 정리였는데, 정부는 이 두 가지 과제를 깨끗하게 해결하지 못했다. 정부가 어느 정도 성과를 올린 것은, 기업경영의 투명성을 높이기 위해 이사회와 주주총회의 기능을 활성화했고, 결합재무제표의 작성을 의무화했으며, 소액주주권한을 강화하고 집단소송제를 도입했으며, 기업구조조정 투자회사(CRV)제도를 도입하고, 기업의 부채비율을 축소했다는 점이다. 그러나 정부주도로 추진된 재벌들 사이의 '대규모 사업교환'(Big Deal)은 효과를 거두지 못했다. LG반도체를 인수한 현대전자는 이름을 하이닉스로 바꾼 뒤 해체위기에 빠졌으나 채권단의 워크아웃 노력에 힘입어 현재 정상적인 궤도에 올라섰다.

나. 금융구조조정

외환위기 이후 정부는 줄기차게 제도개혁을 추진해 왔지만, 금융기관의 내실이 크게 건전해졌다고는 말하기 힘든 실정이다. 강도 높은 퇴출과 짝짓기로 금융기관의 숫자는 표 18-1에서 보는 바와 같이 크게 줄었다. 그러나 '은행 대형화=은행 효율화=경쟁력 강화'라는 공식이 반드시 옳지는 않을 것이다.

다. 공공부문의 구조조정

김대중 정부는 19개의 공기업에서 일률적으로 20%의 고용감축을 단행했고, 국정교과서(1998), 종합기술금융회사(1999), 대한송유관(2000), 포항제철(2000), 한국통신(2002), 한국중공업(2000), 담배인삼공사(2002)를 민영화했다. 노무현 정부는 네트워크 기간산업의 민영화는 보류했지만 공공부문의 경영평가를 수익성 원리에 따라 실행했다.

라. 노동부문의 개혁

참여적 · 협력적인 노사관계를 확립한다는 목표는 이미 오래전에 사라졌다. 구조조정에 대한 노동조합의 쟁의를 '불법'으로 몰아 탄압했기 때문이며, 또한 노사정위원회를 사용자와 정부의 이익을 위해 이용했기 때문이다. 또한 비정규직의 처절한 상황을 개선하지 못할 비정규직법을 국회에서 통과시켰기 때문이다(17-4-2를 보라).

표 18-1. 금융구조조정 현황(2004년 11월 말 현재) (단위: 개)

금융권별	1997년 말 총기관수 (A)	인가 취소	합병	해산·파산, 영업이전 등	계 (B)	비중 (B/A)%	신설 등	현재 기관수
은행	33	5	10[1]	-	15	45.5	1	19[2]
비은행	2,068	157	156	506	819	39.6	88	1,337
종금	30	22[3]	7[4]	-	29	96.7	1	2
증권	36	5	4[5]	3	12	33.3	18	42
보험	50	10	6[6]	3	19[7]	38.0	19	50
투신	31	6	2	-	8	26.7	23[8]	45
상호저축은행	231	102[9]	27	1	130	56.3	12	113
신용협동조합	1,666	2	108	498	608	36.5	9	1,067
리스	25	10	2[10]	1	13	52.0	6	18[11]
합계	2,101	162	166	506	834	39.7	89	1,356

주: 1) 하나[(하나+보람)+서울)], 조흥(조흥+충북+강원), 농협(농협+축협), 우리[한빛(상업+한일)+평화], 신설 국민[국민(국민+장기신용)+주택].

2) 우리금융지주회사 편입 3개 은행(우리, 경남, 광주), 신한금융지주회사 편입 3개 은행(신한, 제주, 조흥) 감안 시 15개.

3) 16개사는 한아름금고로 계약이전+인가취소, 2개사는 인가취소, 4개사는 계약이전.

4) 현대종금+강원은행(1999. 2), 한외종금+외환은행(1999. 1), LG종금+LG증권(1999. 11), 현대울산종금(2001. 3), 리젠트종금+동양현대종금(2001. 6), 동양증권+동양현대종금(2001. 11), 우리은행+우리종금(2003. 7).

5) 삼성증권+삼성투신증권, 리젠트증권+일은증권=브릿지증권, 굿모닝증권+신한증권=굿모닝신한증권

6) 서울보증(대한+한국), 현대생명(현대+조선), 금호은행(금호+동아), 동양생명(동양+태평양), SK생명(SK+국민+한덕).

7) 2001년 12월 매각된 대한화재, 2002년 2월 매각된 국제화재 및 2002년 12월 매각된 대한생명 제외.

8) 구 증권투자회사법에 의하여 설립된 자산운용사 13개사 포함, 겸영기관 제외.

9) 계약이전 25개사 포함.

10) 한빛리스(한일리스+상은리스), 한국캐피탈(한국캐피탈+경남리스).

11) 산은캐피탈을 포함한 수치임.

자료: 재정경제부.

18-3-3. 재정위기

선진국의 정부는 1970년대 중반까지 사회보장제도를 확대하고, 사회기반 시설을 정비하며, 국방과 치안 및 사법을 유지하고, 불경기를 호경기로 전환시키는 과정에서 거대한 재정적자를 보게 되었다. 특히 1990년 소련이 붕괴하기 이전에는 냉전에 대처하는 국방비 부담(예컨대 미국의 Star Wars 프로그램)이 매우 컸다.

그러나 정부 부채가 증가하기 때문에 여러 가지 문제점이 발생했다. 첫째, 정부 채무에 대한 이자 지급액이 증가해, 매년의 정부 예산 중 상당한 부분을 이자 지급에 충당함으로써 정부 활동이 축소되거나, 정부 활동을 축소하지 않기 위해 세금을 더 많이 거두어야 했다. 납세자들은 당연히 세율 인상에 반대했다. 둘째, 정부 부채의 증가는 이자율을 인상하는 경향이 있었다. 정부가 국채를 발행해 중앙은행에 인수시키면 통화가 증발해 인플레이션이 야기되기 때문에 이자율이 올랐고, 정부가 국채를 시중에 팔아 자금을 조달하면 시중의 자금이 모자라 이자율이 올랐다. 이자율이 올랐으므로, 투자자들은 투자를 꺼려했고, 주식가격은 하락해 주식 발행을 통한 자금 조달도 쉽지 않았다. 이런 재정위기가 1980년 이후 납세자의 조세 저항을 야기해 사회보장제도의 축소를 촉진한 것이다.

우리나라에서도 1997년 12월의 외환위기 이후 국가채무가 크게 증가했다. 재정경제부에서는 중앙정부채무에 국채, 차입금(국내차입금+정부차관), 국고채무부담행위를 넣는다. '국내차입금'은 한국은행 등 국내 금융기관, 민간기금 등으로부터 차입하는 금액이고, 국제기구 · 외국 정부 · 외국 금융기관으로부터 차입하는 것은 '정부차관'이 된다. '국고채무부담행위'는 국가가 각종의 시책을 수행할 때 공법상 또는 사법상 각종의 채무를 부담하게 되는데 이 가운데 금전적 채무를 부담하는 행위를 가리킨다.

우리나라의 연도별 국가채무는 표 18-2와 같다. 1996년 말에는 36.8조

표 18-2. 연도별 국가채무 현황 (단위: 조 원)

구 분	2001	2004	2008	2009(D)	2010(E)	증감(E－D)
국가채무(A+B－C) (대 GDP 비율)	122.1 (19.6%)	203.7 (26.1%)	309.0 (30.1%)	359.6 (33.9%)	400.4 (34.7%)	40.8 (0.9%p)
중앙정부 채무(A)	113.1	196.1	297.9	346.1	381.4	35.3
- 국 채	87.8	182.9	289.4	337.5	374.5	37.0
- 차입금	22.5	10.7	5.3	5.4	3.6	△1.8
- 국고채무부담행위	2.8	2.5	3.2	3.2	3.3	0.1
지방정부 채무(B)	21.3	18.2	19.0	25.6	29.1	3.5
지방정부의 대 중앙정부 채무(C)	12.3	11.2	8.4	12.1	11.2	△0.9

주: 2010년의 통계는 2010년 11월 현재 시점에서의 전망치임.
자료: 재정경제부.

원으로 국내총생산의 8.8%에 불과했지만, 2004년 말에는 203.7조 원으로 국내총생산의 30.7%에 달했고, 2008-2009년 금융위기의 영향으로 2009년 말에는 359.6조 원(33.9%)으로, 그리고 2010년 말에는 400.4조 원(34.7%)으로 급속히 증가했다.

우리나라의 국가채무 규모는 국제적으로 비교하면 아직 큰 편이 아니다. OECD의 발표에 따르면, 2010년 6월 현재 국가채무/국내총생산의 비율은 한국 33.8%, 일본 192.9%, 미국 83.0%, 영국 72.3%, 독일 76.2%, 프랑스 86.3%, OECD 평균 90.3%로서 우리나라는 매우 낮은 편이다. 그러나 이 수치가 옳지 않다고 주장하는 사람들이 많다.(참조 18-B를 보라)

금융위원회의 발표에 따르면, 1997년 11월부터 2010년 5월까지 IMF 외환위기를 극복하기 위해 투입한 공적 자금의 잔액은 168.6조 원으로 그 내역은 다음과 같다.

첫째, 재원별로는 채권(예금보험공사채권과 자산관리공사채권) 발행이 102.1조 원, 회수자금을 재투입한 것이 42.5조 원, 공공자금이 19.7조 원,

참조 18-B

심각한 정부부채, 숨긴다고 될 일 아니다(장상환, 미디어오늘, 2010년 12월 30일)

이명박 정부 들어와 정부부채가 급증했다. 재정수지가 크게 악화하고 공공기관에 부채를 떠넘긴 결과다. 재정수지가 크게 악화한 것은 경기회복을 위한 재정지출 확대의 영향도 있었지만 결정적으로 감세로 세수가 감소했기 때문이다. 2008-10년간 세금 감면에 의해 GDP 대비 2.8%, 재정지출에 의해 3.2%, 합계 GDP 대비 6.1%의 재정이 악화되었는데 이는 OECD 국가 중 최고로 높은 수치다.

재정수지가 악화되면서 정부 부채는 눈덩이처럼 증가했다. 공식 국가채무는 2007년 299조 원에서 2009년 359조 원으로 늘어났고, 2010년에는 407조 원으로 늘어날 것으로 전망된다. 이 정부 들어와 3년 만에 100조원 이상 늘어났다. 공식 국가채무 통계는 IMF 기준을 따른 것으로 2009년 GDP 대비 35.3%로 G20 평균 국가채무인 GDP 대비 75.1%의 절반에 불과하다. OECD 기준 2009년 국가채무규모는 GDP 대비 33.2%로 OECD 평균 90%의 1/3 수준이다. 아직 심각한 수준이 아닌 듯 보인다. 기획재정부도 반복해서 한국의 국가채무 문제는 별 문제가 없다고 공언하고 있다.

그러나 정부가 발표한 공식 국가채무는 정부 부채 실상을 제대로 반영하지 못하고 있다. 정부는 국제통화기금의 1986년 재정통계지침에 따라 국가채무 통계를 작성하는데 그 뒤 2001년 새 재정통계지침이 발표되었다. 새 지침에 따라 부채 주체가 정부 부처에서 일반정부, 즉 정부 부처와 공공기관으로 확대되었다. 일반정부란 비시장적인 공공서비스를 제공하는 주체로서, 여기에는 중앙정부, 지방정부, 산하 비영리 공공기관이 해당된다. 이 기준에 따르면 모든 기금의 채무와 286개 공공기관 중 공기업 22개를 제외한 모든 준정부기관, 기타 공공기관들의 채무도 정부부채로 계산되어야 한다. 지방정부 준정부기관들의 부채도 당연히 포함된다.

또한 부채 계산방식이 현금주의에서 발생주의로 개편되었다. 현금주의 방식은 돈을 빌린 시점을 기준으로 부채를 계산하는 데 반해, 발생주의 방식은 경제적 행위 시점 이후 발생하는 모든 채무를 산정한다. 이에 따라 용어도 채무(debt)에서 부채(liabilities)로 바뀌었다. 선진국들은 새 지침에 의해 정부부채통계를 작성하고 있다. 한국 정부는 아직 새 지침을 적용하지 않고 있는데 2012년부터 발생주의 방식을 적용할 예정이다.

이렇게 정부의 정부부채 작성지침이 낡은 것이다 보니 정부 부채의 크기를 둘러싸고 계속 논란이 벌어지고 있다. 2008년 한국재정학회가 국회 예산결산특별위원회에 제출한 보고서에서는 국제비교를 위한 일반 정부 총부채가 2007년 688조 원, GDP 대비 76.3%에 이르는 것으로 추계했다. 기업특별회계, 공공기관 관리 기금, 공기업을 제외한 준정부기관, 민간투자사업이 안고 있는 채무 등을 모두 합해 540조 원을 산출하고 여기에 통화안정증권 채무와 주택공사, 도로공사 등 법률에 의해 정부가 보증하는 공기업 채무의 절반씩을 정부부채에 포함하여 산출한 결과다.

한나라당 이한구 의원은 올해 기획재정부 국정감사에서 2009년 '사실상의 국가부채'가 1,637조 원에 이른다고 주장했다. 정부가 감당해야 할 책임이 있는 준정부기관 및 공기업 부채 310조 원과 4대 공적연금 책임준비금 부족액 769조 원 등을 합치면 그렇게 된다는 것인데 다소 과장된 부분이 있다.

비교적 합리적인 재정학회 추계방식에 따르면 2009년 정부부채는 2007년 688조 원보다 120조 원 이상 늘어나서 810조 원 이상에 달한 것으로 추정된다. 공식 국가채무 증가액 60조 원, 준정부기관 부채 증가액 30조 원, 공기업 부채 증가액 66조 원의 절반인 33조 원 등이 늘어난 결과다. 2009년 GDP의 76.2% 이상으로 2008년 OECD 평균 78.4%에 육박하는 수준이다. 정부는 국가채무는 문제없다면서 사태를 방관할 것이 아니라 국제통화기금의 새 지침에 의한 정부부채 작성을 앞당겨야 한다.

급증한 정부부채 때문에 새해 지방정부 예산과 복지예산에도 주름살이 잡히고 있다. 심화되는 양극화 문제에 대응하기 위해서는 보수정치세력도 복지지출을 늘려야 하니 사회복지 확충이 여야 정치적 경쟁의 핵심 의제가 될 수밖에 없다. 그러나 지향할 복지체제의 성격을 둘러싼 논쟁도 복지체제를 뒷받침할 재정방안이 포함되지 않으면 공허할 뿐이다. 새해에는 감세의 타당성과 복지 확대의 문제와 함께 급증한 정부부채 대응책이 우리 사회의 핵심 의제가 되어야 할 것이다.

자체조달 재원 및 차입금 등의 기타자금이 4.3조 원이다.

둘째, 투입된 곳으로는 은행이 86.9조 원, 제2금융권은 79.4조 원(이 중 종합금융회사 22.8조 원, 증권·투신 21.9조 원, 보험 21.2조 원, 신협 5조 원, 저축은행 8.5조 원), 해외금융기관 등 2.4조 원이다.

셋째, 투입된 형태에서는 출자가 63.5조 원, 출연 18.6조 원, 예금대지급 30.3조 원, 자산매입 등 17.8조 원, 부실채권매입 38.5조 원이다. 출자는 예금보험공사와 정부가 부실 금융기관에 출자해 현재 주식으로 보유하고 있는 금액이며, 출연은 부실 금융기관을 인수한 금융기관에게 예금보험공사가 자산을 초과한 부분을 메워 준 돈이고, 예금대지급은 망한 금융기관을 대신해 예금보험공사가 예금자와 투자자에게 내준 돈이며, 부실채권매입은 자산관리공사가 금융기관으로부터 매입한 부실채권인데, 일부는 팔아 자금을 회수한다.

넷째, 연도별 추이를 보면 외환위기 직후부터 대규모 부실 금융기관의 정리가 어느 정도 일단락된 2001년 말까지 공적자금 총액 168.6조 원의 92%에 해당하는 155.3조 원이 지원되었고, 이후 2002-2006년에는 잔액이 매년 2.2-3.9조 원씩 늘어나다가 2007-2009년에는 매년 0.1-0.2조 원씩 증가했다.

제 5 편

21세기 자본주의의 역사적 경향

19 자본의 세계화 경향

19-1. 자본의 국제화와 세계화의 차이

자본은 자기를 증식하는 가치(self-valorising value)로 정의된다. 100원의 자본은 200원으로 되어 만족하는 것이 아니라 또다시 300원으로 되기를 원하며 이런 가치증식과정을 끝없이 계속하려고 한다. 자본의 가치증식욕은 무한하다. 이 특성 때문에 자본은 가치증식방법 또는 활동공간을 내포적으로 그리고 외연적으로 끊임없이 확대하는 것으로 나타나는데, 마르크스는 이 점을 다음과 같이 지적하고 있다.

> 부르주아지는 생산도구들을 끊임없이 혁신하지 않고서는 살아갈 수 없으며, 따라서 생산관계들과 사회관계 전체가 끊임없는 혁명을 겪게 된다. … 생산상의 끊임없는 혁신, 모든 사회적 조건의 부단한 동요, 항구적인 불확실성과 격동이 부르주아 시대가 이전의 모든 시대와 다른 점이다. …
>
> 부르주아지는 생산물의 판로를 계속 확대해야 하기 때문에 세계 전체를 누비고 다닌다. 부르주아지는 어느 곳에서나 뿌리를 내려야 하고, 어느 곳에서나 정착해야 하며, 어느 곳에서나 연고자를 두어야 한다.
>
> 부르주아지는 세계시장의 개척을 통해 모든 나라의 생산과 소비에 범세계

> 적인 성격을 주게 되었다. … 오래된 국민적 산업들은 이미 파괴되었거나 나날이 파괴되고 있다. … 국산품에 의해 충족되었던 낡은 욕구 대신 새로운 욕구가 등장하는데, 이 욕구의 충족을 위해서는 멀리 떨어진 나라들과 풍토들의 생산물이 필요하다. 지방적·국민적 고립과 자급자족 대신 국민들 사이의 전면적인 교류와 상호의존이 등장한다. … 개별 국민의 지적 창작물은 세계 전체의 공동재산이 된다. …
>
> 상이한 이해관계·법률·정부·조세제도를 가지고 있던 독립적인 지역들 또는 가벼운 관련을 맺고 있던 지역들이 하나의 정부·법률·전국적 계급이익·국경·관세를 가진 하나의 국가로 통합되었다(『공산당선언』).

자본은 가치증식을 위해 국내공간을 이용하고, 그 뒤 국경을 넘어 타국에 침투하며, 궁극적으로는 세계 전체를 자기의 활동공간으로 삼게 된다. 세계가 다수의 국민국가로 분할되어 있고, 각각의 국민국가가 자기 자신의 독특한 법률제도를 가지면서 무역·외환·자본이동에 제약을 가하고 있는 상황에서 자본이 국경을 넘어 활동하는 것은 국내에서 활동하는 것에 비하면 여러 가지 새로운 문제를 야기한다. 왜냐하면 자본이 해외로 진출하기 위해서는 자기 출신국의 국가(State)와 타국의 국가로부터 일정한 형태의 허가를 얻어야 하기 때문이다(국가의 개념에 관해서는 5-2 참조).

따라서 자본이 자기 출신국 밖으로 확장하는 것을 특별히 자본의 국제화(internationalisation of capital)라고 부른다. 다음에서 보는 바와 같이, 자본은 다양한 형태를 취하면서 국제화를 추구하고 있는데, 이 국제화의 목적은 어디까지나 가치증식이므로 국제화하는 자본의 출신국과 외국자본의 침투를 받아들이는 나라 사이에는 이익이 상반될 수 있다. 마르크스주의 역사에서 '제국주의'(imperialism)라는 이론이 이런 문제를 다룬다.

그런데 자본의 가치증식욕은 무한하기 때문에, 자본은 자기의 팽창에 걸림돌이 되는 모든 장애물을 제거하려고 할 것이다. 예를 들면 각국 정부가 규제하고 있는 무역·외환·자본이동이 자유화되기를 바라며, 세계의 모든 국민국가에서 조세제도 · 산업보호정책 · 경쟁촉진제도 · 환경규제 · 노동법 · 사회보장제도 등이 균일화되기를 바랄 것이다.[1] 이렇게 되어야만 자본은 세계 전체를 자유롭게 이동하면서 어느 곳에서든 차별받지 않고 정착할 수 있기 때문이다. 이 경우 자본은 출신국이라는 국적을 가질 필요가 없을 것이고 어느 나라에서든 가치증식을 자유롭게 추구할 수 있을 것이다. 이런 상태가 엄밀한 의미에서 자본의 세계화(globalisation of capital)다. 다시 말해 자본의 국제화는 다수의 국민국가가 존재하는 것을 전제한다면, 자본의 세계화는 세계가 하나로 통일되는 것을 전제한다. 그런데 일반적으로 자본의 국제화와 세계화를 엄밀하게 구분하지 않고 동의어로 사용하고 있다.

최근 세계화에 관한 논의가 크게 등장하고 있다. 우루과이 라운드의 타결과 더불어 탄생한 WTO체제(1995)는 각 국민국가에게 무역 · 외환 · 자본이동의 자유화는 물론 정부의 산업지원 철폐, 정부구매 입찰에 외국인 참가 허용, 지적 재산권의 보호, 독과점 규제 · 환경 규제 · 노동법의 동일화 등등을 추진하고 있기 때문이다. 물론 이런 작업들이 자본의 세계화에 필요하지만, 국민국가가 사라지거나 통합되어 '세계국가'로 되지 않는 상황에서는 자본의 세계화는 하나의 내재적인 경향으로 남아 있을 가능성이 크다. 왜냐하면 각 국민국가는 국민들의 생활을 보호해야 할 의무가 있고, 따라서 자국 출신 자본 또는 자국에 정착하고 있는 자본의 축적과 팽창에 개입할 수밖에 없기 때문이다. 또한 각 국민국가들 사이에 이익이 대립하는 경우에는 자본의 세계화 경향은 주춤할 수밖에 없기 때문이다. 더욱이 자본축적과정에 내재하는 노사대립 · 무정부성 · 과잉축적경향 · 공황 등을 완화하기 위해서는 공권력이 개입할 수밖에 없기 때문이다. 자

1. WTO에서 논의하고 있는 Competition Round, Green Round, Blue Round나 EU의 Social Charter가 여기에 속한다.

본은 공권력(국민국가든 세계국가든)에 의존하지 않고서는 축적할 수 없는데, 아직 세계국가의 형성이 불투명한 상황에서는 자본이 국민국가(출신국이든 활동국이든)의 개입을 벗어나 자유롭게 활동할 수는 없다.

19-2. 자본의 국제화

자본은 가치증식을 위해 여러 가지 형태를 취할 수 있는데, 이런 형태상의 차이에 따라 산업자본과 상업자본 및 금융자본으로 구별한다. 그리고 각 자본의 순환형태는 다음과 같이 나타낼 수 있다.

> 산업자본의 순환: $M—C(MP,\ LP)\ ---P---C'—M'\ (M+m)$
> 상업자본의 순환: $M—C—M'$
> 금융자본의 순환: $M---M'$
> (M: 화폐 C: 상품 MP: 생산수단 LP: 노동력 P: 생산과정
> C' : 잉여가치를 내포한 상품 M' : 가치증식한 화폐 ---: 유통의 중단)

산업자본의 경우, 자본가는 시장에서 생산수단(기계와 원료)과 노동력을 구입하고, 고용한 노동자로 하여금 생산과정에서 새로운 그리고 가치증식한 상품을 만들어 내도록 하며, 이 상품을 팔아 원래의 가치(자본가치)와 잉여가치를 얻게 된다. 상업자본의 경우에는 자본가는 상품을 구매해 판매하는 과정에서 매매차익을 상업이윤으로 획득하게 된다. 금융자본가는 화폐자본을 일정 기간 대부하고 만기일에 원금과 이자를 얻거나, 주식을 구매해 배당을 얻고 주식매매차익을 자본이득으로 얻는다.

위와 같은 자본순환에 운동공간이라는 새로운 요소를 도입할 수 있다.

왜냐하면 세계가 다수의 독립적인 국민국가로 구성되어 있는 상황에서는, 그리고 각 국민국가가 무역과 외환 및 자본이동에 제약을 가하고 있는 상황에서는, 자본이 한 나라 안에서 활동하는 것과 국경을 넘어 활동하는 것은 서로 다르기 때문이다. 예를 들면 자본이 왜 국경을 넘어 활동하는가가 새로운 연구 대상이 될 것이다.

역사적으로 보면, 상업자본이 국제무역이라는 형태로 가장 먼저 활동영역을 국제화했다. 자국에서 공산품을 구매한 뒤 외국에 팔아 이윤을 얻거나, 외국으로부터 원료를 구매한 뒤 자국에 팔아 이윤을 얻었다. 물론 중개무역도 있었는데, 외국으로부터 상품을 구매한 뒤 다시 외국에 팔아 이윤을 얻는 것이었다. 이런 국제활동을 가리켜 상업자본의 국제화라고 부를 수 있을 것이다.

상업자본가(또는 상인)가 자국의 상품을 외국에 판매하려는 것은 국내가격과 외국가격 사이의 차이를 이윤으로 획득하기 위해서다. 그러나 상품을 외국으로 수송하는 데 필요한 운임과 보험료, 그리고 외국 정부가 부과하는 관세를 국내가격에 더한 것보다 국외가격이 높아야만 그 상품을 외국시장에 판매하려 할 것이므로, 상품의 수출도 쉬운 일이 아니다. 예컨대 영국은 면방직공업을 최초로 기계화함에 따라 값싼 면제품을 외국시장에 대량으로 수출하게 되었으며, 수입금지나 관세장벽 등으로 영국산 면제품의 침투를 막지 못한 영국 식민지의 면방직공업은 괴멸했다.

기계제 대공업이 확립되면 생산능력이 거대하기 때문에, 제품의 판로문제 또는 상품가치의 실현문제(realisation problem)가 크게 대두할 수밖에 없으며, 상품시장의 개척을 둘러싸고 각국 자본가들과 그들의 후원자인 각국 정부는 상호간에 경쟁과 투쟁의 관계를 맺게 된다. 특히 세계적인 불황으로 상품시장이 크게 축소하는 경우에는 무역전쟁이 일어나고, 심지어는 경제대국이 식민지와 종속국을 하나의 경제블록으로 묶어 자기의 영향권 아래에 두려고 함으로써, 국제무역은 더욱 축소하고 무역전쟁이 무력전쟁으로 전개할 수도 있다.

그 다음으로 금융자본이 국제대부업무에 종사해 타국의 정부나 기업에게 자금을 대부함으로써 이자를 취득했다. 물론 여기에서도 외국으로부터 예금을 흡수해 이것을 자국이나 외국에 대부하는 경우도 있었다. 이런 국제활동을 금융자본의 국제화라고 부를 수 있을 것이다. 국제대부도 국내금리보다 국외금리가 높아야만 가능한데, 외국에 대한 대부는 국내대부보다 큰 위험을 지니고 있으므로 쉬운 일이 아니다.

힐퍼딩(R. Hilferding)에 따르면, 국제대부는 상품수출을 촉진하는 방법으로 시작되었다고 한다. 상품시장을 확보하거나 개척하기 위해 경쟁하는 자본가들은 자기의 상품을 구매하려는 외국인에게 대부를 알선함으로써 고객을 확보했을 뿐 아니라 상품수출 규모를 크게 증가시킬 수 있었다. 만약 브라질 정부에게 철도 건설에 필요한 자재를 판매하려는 영국의 산업자본가가 브라질 정부에게 영국계 은행의 차관(연이자율 10%)을 얻어준다면, 그리고 만약 브라질의 외환취득액이 매년 10억 파운드라고 한다면, 브라질은 매년 10억 파운드를 차관 이자로 지불할 수 있기 때문에 100억 파운드의 차관을 얻어 100억 파운드의 영국 자재를 수입할 수 있을 것이다.

그러나 금융자본의 국제화는 국제대부라는 형태 이외에 국제적인 주식투자·외환투기 등등의 형태도 띨 수 있다. 특히 화폐 형태로 있는 금융자본은 국민국가의 특별한 규제(예: 외환관리규정)가 없는 한 유리한 투자처를 찾아 이곳저곳으로 자유롭게 이동할 수 있기 때문에, 한편으로는 이자율의 국제적인 균등화가 쉽게 달성되고, 다른 한편으로는 특정 대상(또는 나라)에 대해 자금을 집중적으로 투자하거나 자금을 갑자기 회수함으로써 불균등발전이 더욱 확대되기도 한다.

마지막으로 산업자본이 국제화하는 것을 보게 되는데, 이것은 외국에서 생산을 조직하는 것을 의미한다. 산업자본이 외국에서 원료를 채취하거나 공산품을 생산하기 위해 공장을 세우는 것이 여기에 속한다. 산업자본의 국제화는 현지의 노동자를 현지의 생산과정에 고용해야 하기 때문에 국제무역이나 국제대부와는 다른 차원의 문제점을 가진다. 임금노동자(즉 가진 것이라고는 자기의 노동력뿐이므로 노동력을 팔아야만 살아갈 수 있는 노동자)의 부족 문제가 산업자본의 국제화과정에서 최초의 가장 심각한 문제였고, 이것을 해결하기 위해 시초축적(primitive accumulation)의 폭력적 방법이 동원되곤 했다. 예컨대 토지를 국유화해 농민들을 도시로 추방하거나, 원주민을 수용소에 가두어 노동규율을 가르쳤다.

산업자본의 국제화는 처음에는 선진국의 산업자본이 후진국에서 공업원료를 채취하기 위해 직접투자를 행한 것인데, 그 뒤 자연적인 원료 대신 인공적인 원료가 다수 개발되고 제조업부문에서 공정분할이나 제품차별화가 진행하면서 산업자본이 세계 각국에 직접투자를 하게 되었고, 나아가서는 거대한 판매시장을 겨냥해 선진국에 자회사를 건설하게 되었다 (9-3을 참조).

참조 19-A

국경은 사라지는가?

런던에 있으면서 가족을 데리고 자동차로 유럽대륙을 네 차례나 여행한 적이 있다. 야영장(캠핑 사이트)에 가서 텐트를 치고는 그 동네를 구경하고, 그 다음 다른 곳으로 옮겨 가서 다시 텐트를 쳤다. 유럽 곳곳에 야영장이 있고 수도시설과 화장실 시설이 잘 되어 있으며 값도 매우 쌌다. 다니는 루트는 런던에서 도버나 포크스톤으로 가서 페리나 호브크라프에 차를 싣고 프랑스의 깔레나 됭케르크에 도착한다. 그 뒤는 벨기에의 브뤼셀, 룩셈부르크의 룩셈부르크, 독일의 칼스루에, 스위스의 바젤, 오스트리아의 찰츠부르크와 비엔나를 거쳐 이탈리아의 베네치아와 로마까지 갔다가 다시 위로 올라와 피사와 토리노를 거쳐 프랑스의 니스 등 남프랑스를 본다. 그리고 파리로 와서 다시 깔레에서 페리를 타고 영국해협을 건너는 것이다. 대체로 16일이 걸리고 6,000킬로미터를 달리게 된다.

지금 내가 이야기하고 싶은 것은 국경에 관한 것이다. 자동차로 여행을 하면 국경을 몇 개나 넘게 되는데, 국경의 관리들이 여권조차 제대로 보지 않는다는 점이다. 그냥 무사통과다. 물론 화물을 실은 수송차량들은 통관서류 때문에 길게 줄을 서 있었다.

우리는 지금 '세계화'라는 이야기를 많이 듣고 있는데, 원래의 의미는 "국경이 없어진다"는 뜻이다. 세계 전체가 마치 하나의 나라처럼 되는 것이다. 기업은 세계 각국에서 마치 자기 나라에서처럼 마음대로 영업할 수 있으며, 세계 각국에 대해 자기 나라에서 장사하듯 자유롭게 상품을 사고팔 수 있게 된다. 따라서 세계화는 무역과 외환과 자본이동의 자유화를 반드시 수반해야 한다. 그리고 각국이 산업지원·환경규제·노동법·사회보장·독과점규제 등등에서 동일한 법규를 가져야만 기업은 차별대우를 받지 않고 세계 각국에 정착할 수 있다. 환경 라운드나 노동 라운드 등이 바로 이것을 가리킨다.

이렇게 세계화가 진행하면, 기업활동에는 '국경'이 없어진다. 이런 세계화가 반드시 모든 사람들에게 이익을 줄 것인가. 그렇지 않다. 국내의 약소기업은 무한경쟁에 부닥치면서 정부의 보호나 지원을 받을 수 없어 도산하게 된다. 우리나라의 농업이 이런 운명에 놓여 있다. 자본은 자유롭게 이동하지만 노동자는 그렇게 자유롭게 자리를 옮길 수 없다. 언어 장벽이 있고, 정든 고향이 있으며, 문화적·종교적 이질성을 견뎌 낼 수가 없다. 세계화를 위해 영어 교육을 초등학교부터 실시하려는 이유도 여기에 있다.

그런데 세계화가 낳는 더욱 큰 어려움은 국내의 빈곤문제나 실업문제나 지역적 불균등발전을 누가 해결할 수 있을 것인가에 있다. 기업이 자기 마음대로 이익이 가장 많이 나는 곳으로 이동하고, 각국 정부가 이런 이동을 국가적 차원에서 규제하지 못하게 된다면, 어느 나라에는 빈곤이 확산하고 실업이 증가하는 문제가 분명히 발생하게 마련이다. 그렇기 때문에 각국 정부는 자국 기업을 국내에 묶어 두고 외국기업을 국내로 유치하기 위해 온갖 정책을 실시하고 있는데, 이런 정책은 노동자나 국민 전체보다는 기업에게 더욱 유리할 것이다. 우리나라에서 외자를 유치하기 위해 실시했던 '수출자유지역'을 생각하면 곧 알 수 있다. 노동자에게 노동조합 결성권이나 단체협약권이나 노동쟁의권을 빼앗았고, 환경이나 안전에 관한 규제를 완화했으며, 다른 나라로 기업을 옮길 때 체불임금조차 제대로 받지 못한 것이다.

세계화는 기본적으로 선진국의 다국적기업을 위한 것이다. 물론 우리나라의 재벌기업들도 세계화 덕택에 세계 곳곳에 침투할 기회를 얻은 것은 사실이다. 그러나 세계 차원의 정치적·경제적·인종적·문화적 문제를 민주적으로 그리고 공평하게 해결할 수 있는 '세계정부'가 성립하지 않은 상황에서는, 국민국가가 기업의 세계화가 야기하는 국내의 빈곤문제·실업문제 등에 더욱 큰 관심을 쏟아야 할 것이다. 다시 말해 세계화의 지금 단계에서는 국경이 사라지지 않으며, 우리나라 국민은 우리나라 정부로 하여금 우리의 경제적 문제들을 해결하라고 요구할 수밖에 없는 것이다.

참조 19-B

GNP를 GDP로 바꾼 이유

우리나라 사람들이 외국에 자유롭게 관광하러 가고 외국인도 우리나라에 자유롭게 올 수 있다. 이런 과정에서 한국인·미국인·일본인이라는 구별보다는 동일한 '사람'이라는 점이 더욱 두드러지게 된다. "세계인이 되자"라는 구호도 이 점을 강조하는 것이라고 생각된다.

경제생활도 이와 같은 현상을 점차 띠어 가고 있다. 외국의 각종 상품이 우리나라 구멍가게에도 나타났고, 외국 기업이 우리나라에서 한국 기업과 마찬가지로 활동하며, 외국 은행과 보험회사까지도 우리나라에서 영업을 시작했다. 우리나라 신발과 장난감이 미국시장과 일본시장 및 유럽시장에서 인기를 끌고 있고, 우리나라에서 생산한 반도체가 세계를 석권하고 있으며, 우리나라의 기업들도 세계 각국에 공장을 세우거나 지사를 설치하고 있다.

이렇게 되면, 한국경제의 동향을 측정하는 방법이 달라지지 않을 수 없을 것이다. 이전에는 '대한민국 국적을 가진 경제주체'의 경제활동을 집계함으로써 한국경제의 동향을 파악했다. 예를 들면, 외국에 진출한 한국계 기업의 경제활동을 한국경제의 성장 동향에 포함하고, 한국에 있는 외국 기업의 경제활동은 한국경제의 성장 동향에 포함하지 않았다. 그런데 지금과 같은 개방화·자유화의 시대에는 경제주체의 '국적'을 따져 한국경제의 동향을 파악하는 것이 의미를 상실하게 된 것이다. 오히려 국적과는 관계없이 한국이라는 영토 안에서 수행되는 모든 경제활동을 집계하는 것이 한국경제의 진정한 모습을 파악하는 방법이 된 것이다.

이리하여 우리나라에서도 국적을 따지는 국민총생산(Gross National Product, GNP)보다는 영토를 단위로 하는 국내총생산(Gross Domestic Product, GDP)을 주요 경제지표로 삼게 되었다. 사실상 수출입이나 대외투자 등 국제거래가 큰 선진국들은 이미 오래전부터 GNP 대신 GDP를 사용하고 있었고, 경제정책에서도 기업의 국적을 따지지 않았다. 예컨대 선진국들은 외국 자본을 국내의 후진지역으로 유치하기 위해 각종 특혜를 주고 있었던 것이다.

국내총생산이라는 개념을 중시하는 것은 여러 가지의 의미를 가진다. 먼저 미국자본이든 일본자본이든 국내에서 공장을 짓고 일자리를 창조하면 한국자본과 구별되지 않는다는 것을 가리킨다. 우리는 일본 제국주의의 지배를 받았고, 미국에 정치적·경제적·군사적으로 종속했기 때문에, 외국인에 대한 피해의식이 강한 편이다. 그러나 따지고 보면, 한국기업이라고 해서 우리에게 특별히 잘 해주는 것도 없다. 상품의 질을 외국 제품보다 높게 해 주는 것도 아니고, 상품 값을 외국 제품보다 싸게 해 주는 것도 아니며, 노동자에 대한 대우를 한국 사람끼리라고 해서 더욱 잘 해주는 것도 아니다. 걸핏하면, 한국기업은 국민들에게 희생을 강요한다. 비싸더라도, 품질이 나쁘더라도, 국산품을 애용하라고 강조하며, 요사이는 '신토불이'라는 그럴듯한 용어까지 등장했다.

또 한 가지 지적하고자 하는 것은 한국기업이라고 해서 애국심이 있다고 말할 수는 없다는 점이다. 미국기업이든 일본기업이든 한국기업이든 기업은 이윤을 얻으려고 노력한다. 중국이나 동남아에 공장을 세우는 것이 유리하면 그곳에 공장을 세우지 한국에 공장을 세우지는 않는다. 현지생산을 위해 그리고 연구인력을 이용하기 위해 한국기업은 선진국에 대한 투자도 증가시킬 것이지만, 이것을 보면서 황영조 선수가 올림픽 마라톤에서 우승하는 것과 같은 감격을 느끼지는 못할 것이다. 한국계 기업은 국내보다 해외에서 더 큰 이윤을 얻는다면 계속 해외에서 활동할 것이고, 따라서 한국 국민에 대해서는 아무런 기여를 하지 않을 것이기 때문이다.

이렇게 본다면, 정부가 기업에게 각종 지원을 제공하는 것이 이상하게 들릴 것이다. 이윤 전망에 따라 투자를 결정하는 것이지, 국민들에게 일자리를 만들어 주기 위해, 또는 국민들을 잘 살게 하기 위해 행동하는 것이 아닌 기업에게 정부가 지원할 필요가 어디에 있을까? 더욱이 몇몇 가족만이 재산을 향유하고 있는 재벌에게 정부가 관대한 이유가 어디에 있을까?

주요 경제지표를 GNP에서 GDP로 바꾸는 것은 '국민' 개념보다는 '주민' 개념을 강조하는 것이고, 따라서 정부 정책이나 기업 활동은 주민의 후생이라는 관점에서 판단되어야 한다는 것을 함축하고 있다.

19-3. 1980년대 이래 자본의 국제화

1973년 10월의 제1차 석유파동으로 1945년 이래의 세계적인 장기호황이 끝났는데, 장기호황의 시기에 세력을 강화한 노동자계급은 1930년대에 필적하는 생산 감소와 실업 증가에 강력히 저항했다. 그러나 1979/80년 겨울의 제2차 석유파동으로 선진국 경제가 다시 타격을 받으면서, '국민경제의 부흥'이나 '국제경쟁력의 강화'라는 애국주의적 이데올로기가 크게 부활했고, 이리하여 노동자계급의 세력은 대폭 약화하고 신보수주의적 또는 신자유주의적 정부가 사회민주주의적 정부를 대체하게 되었다. 1979-97년의 영국 보수당 정권, 그리고 1981-92년의 미국 공화당 정권이 바로 그 예다.

신보수주의적 정부는 자본의 수익성을 높일 수 있는 온갖 정책을 실시했다. 첫째는 노동법을 개정해 노동조합의 권리를 제한했다. 둘째는 교육과 보건에 관한 지출을 삭감함으로써, 민간자본이 수익을 얻으려고 교육과 보건 분야에 진출하게 했다. 셋째로 실업수당의 지급이나 저소득층에 대한 보조를 엄격히 심사하고 수혜액을 낮춤으로써 노동참여를 강요했다. 넷째로 수익성 있는 공기업을 민영화함으로써 자본의 투자대상을 넓혔다. 다섯째로 위생・안전・환경・독과점에 관한 규제를 완화했다. 여섯째로 자본의 해외이동에 관한 규제를 철폐함으로써 국내자본의 해외투자를 자유화했다. 일곱째로 자국 자본의 대외 진출을 촉진하기 위해 정부는 무역・외환・자본이동의 자유화를 타국들에게 강요하고, GATT, IMF 등 국제기구를 통해 세계적인 차원의 협상을 개시하여 우루과이 라운드의 타결과 WTO의 설립을 달성했다.

세계적인 불황에서 자본은 필사적으로 시장 개척에 노력하지 않을 수 없었다. 먼저 상업자본의 경우를 보자. 거대 기업의 '종합상사' 형태가 상품의 수출과 수입에서 큰 역할을 했는데, 현재에는 대규모 도매상이 세계적으로 판매망과 구매망을 구축함으로써 시장을 통하지 않고 내부거래를 통해 거래비용을 절약하는 경우가 많다.

다음으로 금융자본의 경우를 보자. 1973년의 유가 인상으로 석유수출국(OPEC)은 거대한 석유달러를 얻게 되었고, 자국의 경제개발에 사용하고 남은 달러를 선진국의 은행에 예금했다. 선진국의 은행은 이 석유달러를 대부해야 했는데, 선진국 경제는 불황으로 자금 수요가 크지 않았으므로 후진국 중 유망한 나라들에 집중적으로 대부했다. 후진국의 정치지도자에게 뇌물까지 주면서 거의 강요하다시피 대부했기 때문에, 1980년대의 외채위기는 당연한 것이었다. 물론 이른바 '신흥공업국'(NICs)도 석유달러의 환류(recycling)에 의해 탄생한 것이지만.

후진국이 외채위기에 직면하자, 선진국의 금융자본은 후진국에 대한 대부보다는 증권투자에 몰두하게 되는데, 모든 채무증서가 증권으로 매매대

상이 되었다. 컴퓨터에 의한 자금 이전의 신속성과 수익전망에 관한 정보 보급의 신속성은 시장의 안정성을 유지하기보다는 불안정성을 더욱 증폭시켰다. 1987년 10월 뉴욕 주식시장의 붕괴는 대수롭지 않는 풍문 때문에 세계의 금융시장이 마비될 수 있다는 것을 보여 준 사건이었다. 금융자본은 이제 완전히 투기성 자금(hot money)으로 각국의 금리·환율·물가·경제성장률·주식가격·정치상황 등등의 변화에 관한 예상에 의거해 세계 전체의 공간을 누비면서 세계경제를 불안정하게 만들고 있다.

마지막으로 산업자본의 국제화를 살펴보자. 불황에 따라 판매시장이 축소하고 국제경쟁이 치열하게 됨에 따라, 산업자본은 원가절감에 노력했다. 생산과정을 혁신하기 위해 컴퓨터화와 로봇화가 크게 진전했기 때문에, 생산공정을 과학적으로 분할하여 각종 부품의 생산을 여러 나라에 효율적으로 배치했으며, 또한 완제품을 질적으로(예컨대 고급과 저급으로) 구분해 각국 수준에 맞게 현지에서 생산했다.

그런데 직접투자는 선진국에서 후진국으로 가기보다는 선진국에서 선진국으로 가는 것이 오히려 주된 경향이었다. 그 이유는 무엇인가에 대해 여러 가지 설명이 있다. 선진국들은 소득수준과 생활습관이 비슷해 시장이 넓다는 것이 하나의 설명이지만, 이 설명은 선진국의 제조업체들이 교차적으로 상대국에 동일한 제품을 생산하는 공장을 건설하는 것을 해명할 수가 없다. 예를 들면 미국의 자동차회사가 유럽에 공장을 세우고, 유럽의 자동차회사가 미국에 공장을 세우고 있는 것이 현실이기 때문에, 시장이 넓다는 것만으로는 교차투자를 설명할 수가 없다. 왜냐하면 미국의 자동차회사가 미국에서 자동차를 생산해 다른 선진국들에게 수출할 수도 있기 때문이다.

선진국 사이의 직접투자를 노동에 대한 전략으로 설명하는 것이 주요한 견해로 등장하고 있다. 기업은 중간재 시장과 지식시장을 내부화(internalisation)함으로써 거래비용을 줄이기 위해 노력하는데, 만약 국내에서 기업을 확장한다면 자본은 점점 더 강해지고 전투적인 노동과 대립할 가능성이 크다. 따라서 해외로 확장함으로써 자본은 더 분할되고 덜 조직된 노동과 대면하게 되며, 노동을 더욱 쉽게 통제할 수 있다. 더욱이 해외로 진출할 때는 처음부터 새로운 기술을 가지고 나가기 때문에, 신기술 도입에 따른 노자대립을 회피할 수 있다. 이처럼 노동에 대한 전략으로 산업자본이 국제화하기 때문에, 국제적인 하청도 매우 중요한 국제화 형태로 등장하게 된다.

19-4. 다국적기업의 동향

자본의 국제화가 진전함에 따라 국경을 넘어 활동하는 기업들이 크게 증가했는데, 이런 기업을 다국적기업 또는 초국적기업(multinational or trans-national corporation)이라고 부른다. 다국적기업은 광업 · 제조업 · 금융업 · 무역업 · 건설업 · 도소매업 등에 종사하고 있으며, 해외직접투자 · 국제하청 · 지적재산권 사용허가(licensing) · 합작투자 · 경영참가 등으로 국제적인 관련을 맺고 있다.

『포춘』(*Fortune*, 2010년 7월 8일자)지에 따르면, 세계에서 가장 큰 규모의 다국적기업(금융업 포함) 500개('Global 500')의 2009년도 총수입(revenue)액과 총이윤은 각각 23조 달러와 1조 3,800억 달러에 이르렀다. 500대 다국적기업을 출신별로 보면, 미국 139개, 일본 71개, 중국 48개, 프랑스 39개, 독일 37개, 영국 29개, 한국 10개[2] 등으로, 다국적기업은 출신

2 10개의 한국계 다국적기업은 다음과 같다. ( ) 안의 숫자는 순위를 가리킨다. 삼성전

국에 본부를 두면서 세계로 진출하고 있다. 다국적기업을 국적이 없는 기업이라든가 국적을 초월한 기업으로 간주하는 것은 현실적으로 옳지 않다.

해외직접투자(FDI)는 제2차 세계대전 이전에는 제1차 산품 특히 원료 분야에 집중했으나, 1950년대 말부터는 제조업 분야로 방향을 전환해 1960년대 이래 지배적인 분야가 되었다. 그러나 1980년대에는 서비스 분야(금융·무역·도소매)가 크게 증가했으며, 1980년대 중반에는 총 해외직접투자 잔액의 거의 40%가 서비스 분야였다. 1990년에는 제1차 산품에 대한 것은 10% 정도이고, 제조업이 40%, 서비스업 분야가 50%였고, 2001년에는 각각 10%, 21%, 63%를 기록하였다.

이리하여 총 해외직접투자 잔액의 투자지역별 구성에도 큰 변화가 생겼다. 1914년에는 선진국 대 개발도상국의 비율이 37% : 63%였고, 1938년에는 34% : 66%였지만, 1960년에는 67% : 33%, 1985년에는 75% : 25%로 역전되었다. 이후 중국·브라질을 비롯한 개발도상국에 대한 해외직접투자가 증가하면서 1998년에는 선진국 대 개발도상국의 비율이 71% : 29%로 늘었고 급기야 2010년에는 47% : 53%로 역전되었다. 이는 2008-2009년 세계금융공황으로 선진국의 경제 상황이 상대적으로 신흥경제권 국가들에 비해 부진했던 탓이다.

UNCTAD에 따르면, 순유입액으로 계산한 해외직접투자잔액은 2007년 1조 9,788억 달러로 역대 최고 수치를 기록하였고, 2010년에는 1조 1,220억 달러를 기록 중이다. 이는 4,000억 달러에도 미치지 못하던 1995년 이전에 비해 크게 늘어난 수치로 각국 출신의 다국적기업이 세계적인 규모의 활동을 크게 증가시키고 있다고 말할 수 있다. 2010년 말의 잔액에서 차지하는 비중을 보면, 미국이 1,861억 달러로 1위를 차지하였는데, 중국

자(32), LG(67), 현대자동차(78), SK홀딩스(104), 포스코(272), GS홀딩스(300), 한국전력(306), 삼성생명(316), 한화(358), 현대중공업(375).

이 홍콩을 포함하여 계산할 경우 1,636억 달러로 2위를 기록하였다. 그런데 OECD가 2010년에 발표한 보고서를 바탕으로 2008년의 해외직접투자액을 대내유입액과 대외유출액으로 구분해 살펴보면, 미국의 대내유입액이 3,197억 달러, 대외유출액이 3,320억 달러를 기록하는 등 OECD 전체의 대내유입액은 1조 211억 달러, 대외유출액은 1조 6,308억 달러로 대외유출액이 대내유입액을 초과했다. 특히 일본은 대외유출액이 1,279억 달러로 대내유입액 119억 달러를 크게 능가했다. 반면 개발도상국은 당연하게도 대내유입액이 대외유출액보다 컸는데, 대표적으로 중국의 경우 대내유입액이 1,477억 달러로 대외유출액 534억 달러를 크게 초과했다.

또한 각국의 무역에서 다국적기업(모국 출신과 타국 출신 포함)의 내부거래가 차지하는 비중은 높은 편으로, 미국의 경우 2007년 수출총액에서 48.8%, 수입총액에서 36.8%였고, 2008년에 각각 46.3%와 36.5%를 차지했다. 이렇기 때문에 각국의 무역정책은 다국적기업의 내부거래 증가와 이전가격(transfer price)의 조작으로 그 유효성이 약화될 수밖에 없었다. 그러나 대내유입 해외직접투자액이 국내총고정자본 형성에서 차지하는 비중은 나라마다 다르지만, 전체적으로는 그렇게 크지 않다.

19-5. 자본의 세계화 경향과 노동자계급

자본의 국제화가 진행함에 따라 노동자계급은 큰 타격을 입고 있다. 첫째로 자본은 세계 전체를 상대로 최적 입지를 찾아 움직이기 때문에 취업의 불안정성이 증가했는데, 기업이 컴퓨터화와 자동화로 해고를 증가시키고 있는 상황이므로 자본의 국제적인 이동성의 강화는 노동자계급의 취업에 큰 타격을 주고 있다. 둘째로 자본은 세계로 자유롭게 이동하고 있으나, 노동은 법적인 규제나 문화적인 요소 때문에 세계로 자유롭게 이동할 수 없기 때문에, 노동은 불리한 입장에 있다. 셋째로 후진국의 노동자들은 선진국 노동자들보다 적은 임금을 받더라도 자본주의적 발전을 통해 조그마한 이익을 얻을 수 있다고 생각하기 때문에, 자본의 국제화는 세계 전체의 노동자계급의 삶의 질을 저하시킨다.

그런데 위와 같은 주장에 대해 다음과 같은 반론도 있다. 자본의 국제적 이동이 그렇게 손쉬운 것은 아니라는 것이다. 투자에 따른 고정비용이 적은 산업의 경우(예: 의류 · 신발 · 장난감)에는 자본은 새로운 지역으로 쉽게 이동할 수 있지만, 생산설비 등 고정자본의 투자가 큰 산업(예: 화학 · 제약)이나 장기간에 걸쳐 하청기업망을 설립할 필요가 있는 산업(예: 전자 · 자동차)에서는 자본을 손쉽게 이동할 수 없다는 것이다. 그러나 자본은 가치증식 조건이 불리한 지역을 어느 정도의 시간이 지나면 어쨌든 벗어나려고 노력하는 것은 당연할 것이다.

이처럼 노동자계급의 생존 조건이 악화하기 때문에, 노동조합의 세력도 크게 약화했다. 단체협약은 점차 기업단위로 분산하고 있으며, 노동자계급의 분절화(fragmentation)에 따라 노동자계급의 단결성과 정치적 역량도 약화하고 있고, 이에 따라 노동자계급의 연대성에 의해 억제되었던 각종 갈등(예: 인종적 · 성적 · 종교적 갈등)이 표출하고 있다.

19-6. 국제화와 국민국가의 개입 능력

자본의 국제화가 반드시 국민국가의 자율성 또는 개입능력을 축소시키는 것은 아니다. 오히려 각국 정부는 자기 나라 기업의 국제경쟁력을 강화시키고 자본(자국 자본이든 타국 자본이든)의 수익 활동에 적합한 사회환경을 만들기 위해, 케인스주의적 복지국가와 사회민주주의적 정책을 포기하고 신자유주의적 또는 신보수주의적 정책을 채택하고 있다. 따라서 자본과 국민국가 사이의 세력관계가 자본의 우위로 역전했다거나 국민국가가 쇠퇴하고 있다는 주장은 올바른 평가가 아니다. 사실상 다국적기업 대부분은 출신국에 강력한 기반을 두고 있으며, 출신국의 경영자에 의해 운영되고 있다. 그리고 우루과이 라운드나 WTO 협상과정이나 미·일·EU 무역마찰에서 보는 바와 같이 다국적기업은 자국 정부의 지원을 받으면서 세계로 확장하고 있다. 따라서 자본과 국민국가 사이의 관계를 대립·갈등의 관계로 파악해서는 안 된다. 오히려 국민국가가 자본의 가치증식 조건(정치적·경제적·이데올로기적 조건)의 변화에 대응해 어느 시기에는 사회민주주의적으로 변형하고 다른 시기에는 신보수주의적으로 변형한다고 보아야 할 것이다.

더욱이 신보수주의적 정책(예: 통화주의, 공급중시경제학, 규제완화, 민영화)이 각국 경제는 물론 세계경제의 안정적 성장을 달성하지 못하고 있기 때문에 자본의 가치증식 방식 특히 자본의 세계화 경향에 대해 국민국가의 개입이 앞으로는 증가할 가능성이 크다. 다시 말해 대다수의 국민에게 경제적 안정을 줄 수 없는 정부는 선거에서 패배할 수밖에 없으며, 따라서 국민국가는 자본의 국제화가 야기하는 각종의 부정적 측면을 개선하기 위해 개입하지 않을 수 없을 것이다.

이렇게 볼 때, 자본의 국제화와 자본의 이동성 증대 때문에 각 국민국가의 개입능력이나 자율성이 약화한 것이 아니라, 오히려 그 반대로 각 국민국가가 자본의 국제화와 자본의 이동성을 증대시키기 위해 개입을 의도적으로 축소시켰다고 말해야 할 것이다(5-4를 보라).

19-7. 국가경쟁력 향상 전략의 함정

지금 세계의 모든 정부들이 '국가경쟁력'의 향상을 외치고 있다. 다른 나라보다 제품을 값싸게 그리고 질 좋게 만들어 더 많이 수출함으로써 산업생산을 증가시키고 고용을 유지하거나 확대하려고 한다. 쉽게 말해, 각국 정부는 다른 나라의 시장을 빼앗아 자기 나라의 경제를 살리려고 하는 것이다.[3] 물론 이 과정에서 미국 등 강대국은 자국 산업을 보호하기 위해 수입을 규제하거나, 타국 정부에 정치적·외교적 압력을 넣어 시장을 개방하라고 요구하기도 한다. 세계경제가 전체적으로 불황에 빠져 있기 때문에 시장쟁탈전이 더욱 가열되게 마련이지만, 국가경쟁력 향상 전략은 세계 전체는 물론이고 한 나라의 경우에도 고용과 소득을 장기적으로 증가시키지는 못할 것이다.

모든 학생이 1등이 될 수 없는 것과 마찬가지로, 모든 나라가 경쟁력에서 1등이 될 수는 없다. 1등만이 세계시장을 지배하기 때문에, 모든 나라가 다투어 1등이 되고자 하지만 모두가 1등이 되는 상황은 결코 오지 않는다. 이것이 바로 문제의 핵심이다.

국가경쟁력에서 1등을 하려면 예컨대 새로운 기술을 개발하는 것이 필요할 것이다. 기술 1등국은 시장을 쟁취하면서 고용과 소득을 증가시킬 수 있을 것이지만, 1등국이 아닌 나라들은 뒤진 기술에서 오는 불리함을 다른 방법으로 메우면서 경쟁하려 할 것이 분명하다. 예를 들면 임금을 삭감하거나 동결함으로써 제품의 원가를 인하해 국가경쟁력을 높이려고 할 것이다. 이렇게 되면 기술 1등국의 국민들은 소득이 증가하지만, 기타

3 이것이 이른바 '근린궁핍화정책'(beggar-my-neighbour policies)이다.

의 모든 나라의 국민들은 임금삭감으로 소득이 감소하기 때문에, 세계 전체의 구매력은 줄고 따라서 세계시장의 규모가 축소할 것이다. 이리하여 결국에는 기술 1등국조차 판매시장을 확대할 수가 없게 되고 기술 1등국의 소득도 증가할 수가 없게 된다. 세계시장의 규모가 줄어들면, 각국 간의 경쟁은 더욱 치열해지고, 무역전쟁이 일어나고 나아가서는 국가 간 무력분쟁도 일어날 수 있다. 사실상 1930년대의 대공황이 제2차 세계대전을 야기한 것도 바로 이런 경로를 통한 것이었다.

더욱이 새로운 기술을 어느 한 나라가 오랫동안 독점한다든가 어느 한 나라가 계속 새로운 기술을 개발함으로써 기술 1등국의 위치를 오랫동안 차지할 수가 없다는 사실이다. 예컨대 미국이 기술 1등국이었다가 그 다음에는 일본이 기술 1등국이 되었고 또 그 다음에는 독일이 기술 1등국이 되는 것처럼, 지금의 기술 1등국이 나중에는 기술 3등국이 될 수도 있는 것이다. 이렇게 되면 옛날의 기술 1등국도 임금삭감의 방법으로 국가경쟁력을 향상시키려 할 것이 아닌가? 결국 세계시장이 점점 더 축소하고 세계 모든 나라의 국민들은 임금삭감과 생활수준 저하에 직면하게 될 뿐이다.

결론적으로 말해 세계의 모든 나라가 국가경쟁력의 향상을 통해 시장을 확대하면서 잘살 수 있다고 생각하는 것은 잘못이다. 1등이 아닌 수많은 나라의 국민들은 더욱 못 살게 되며, 이것 때문에 1등국의 경제도 호황을 계속 누릴 수가 없다.

국가경쟁력을 향상시키는 방법으로 기술개발과 임금삭감을 예로 들었지만, 그 밖에도 정부는 여러 가지 방법을 채택하고 있다. 기업가들의 비용을 줄여 주기 위해 환경보호나 안전에 관한 규제를 없애거나, 노동운동을 탄압하기 위해 노동법을 개악하거나, 노동운동이나 시민운동을 탄압하기 위해 집시법을 개악하거나, 세금 부담을 줄여 주기 위해 교육이나 중소기업이나 저소득층에 대한 정부 지원을 줄이거나, 대기업의 투자 의욕을 자극하기 위해 재벌에 대한 규제를 완화하기도 한다.

그런데 우리 정부가 이런 방법들을 채택하는 것에도 한계가 있다. 왜냐하면 외국의 정부나 기업들이 위와 같은 방법들은 한국의 기업들에게는 이득을 주지만 자기들에게는 손해를 주게 된다고 항의하거나 국제기구에 소송을 제기하기 때문이다. 바로 이런 이유 때문에 WTO는 세계 모든 나라가 준수해야 하는 노동법이나 환경법이나 공정거래법을 만들려고 노력하고 있는 것이다. 흔히들 말하는 블루라운드, 그린라운드, 경쟁라운드가 바로 그것이다.

국가경쟁력을 강화함으로써 경제를 회복시키려는 전략은 결국에는 성공할 수가 없다. 좀 더 세계적인 안목을 가지고 지금의 위기를 극복하는 새로운 전략을 세워야 할 것이다.

19-8. 경제의 금융화와 미국 제국주의

1980년대 이래의 세계화에서는 세계적 규모의 금융활동이 특징적이다. 그리하여 경제의 '금융화'(financialisation)라는 용어까지 나타났다. 경제의 금융화의 핵심은 금융부문의 자산과 이윤이 상대적으로 비금융부문의 자산과 이윤보다 점점 더 빠르게 증가한다는 사실과, 비금융부문의 이윤 중 금융활동에서 나오는 비중이 점점 더 증가한다는 사실이다. 이런 사실은 1980년대에 크게 진전되었다.

1980년대에 일어난 미국의 금융서비스혁명이 국내적으로 그리고 국제적으로 경제의 금융화에 크게 기여했다. 이 혁명은 다섯 가지 특징을 가지고 있는데, (가) 금융 분야에서 가격경쟁・시장진입에 관한 장벽들을 제거함으로써 경쟁을 강화했다. (나) 새로운 기술과 인간 능력을 사용하여 새로운 유형의 거래(파생상품 derivatives, 유로커런시마켓 Eurocurrency market 등)를 개발함으로써 혁신을 강화했다. (다) 다국적 거대 금융기관이 세계시장을 지배하게 되었다. (라) 소수의 거대한 금융시장이 국제적으로 통합되고 서로 경쟁하는 지구적 거래체계가 발달했다. (마) 금융규제가 제거되기보다는 더욱 정교해지고 더욱 제도화되며 더욱 법제화되었다.

미국이 정치적·경제적·군사적으로 세계의 최강국이고 뉴욕증권시장이 국제금융시장의 중심이므로 위의 금융서비스혁명이 세계로 확산되면서 세계금융시장의 미국화가 일어났다. 선진국이나 후진국을 묻지 않고 모두가 금융의 자유화, 개방화를 추진했으며, 이것이 이른바 경제의 금융화를 일으킨 배경이었다. 또한 금융화의 계기를 자본의 세계화의 진전과 관련시키면서 금융부문의 경쟁 강화와 혁신에서 찾을 수도 있다. 왜냐하면 경제관계의 세계화과정에서 환율과 금리의 공간적·시간적 차이가 예측할 수 없게 발생함으로써 여기에 관련된 위험(risk)을 경감하는 금융상품들(예: 파생상품)이 경쟁적으로 등장한 것이 금융자본(이자·배당·자본이득·수수료를 얻어 증식하고 있는 자본)을 크게 증가시켰기 때문이다. 그리고 생산 분야에서 수익성 있는 투자처를 찾지 못한 자본이 금융적·투기적 활동에서 이득을 보려고 한 결과가 금융화의 진전으로 나타났다고 해석할 수도 있다. 산업자본으로 기능할 수 있는 최소 규모가 점점 더 증가하고 있는 상황에서 그리고 산업자본의 이윤율이 점점 더 저하하고 있는 상황에서는 소규모의 자본은 점점 더 신용기관이나 투기펀드로 모여 위험한 금융적 투기에 종사하게 된다. 이런 의미에서 1970년대 후반에 비금융법인의 이윤율이 폭락한 것과 그 이후에 낮은 수준을 벗어나지 못하고 있는 것이 금융화의 진전에 크게 공헌한 하나의 요인이라고 말할 수 있다.

세계적인 규모로 경제의 금융화가 진행되었는데, 거기에서 미국의 은행

제도와 금융제도는 제국주의적 사슬의 맨 꼭대기에 앉아 있다. 제국주의를 경제적인 의미에서 국제적 가치의 체계적인 수탈이라고 말한다면, 미국의 산업자본과 금융자본은 (가) 해외직접투자에 대한 이윤, (나) 해외대부에 대한 이자, (다) 국제무역에 의한 부등가교환, (라) 달러를 국제통화로 사용하는 것에서 생기는 화폐주조이익(seigniorage)의 형태로 세계 각국의 기업가와 주민들을 수탈했다.

그런데 끊임없이 재발하는 세계적인 금융공황을 고찰하면, 세계금융시장은 자기 혼자에게 맡겨 둔다면 붕괴할 수 있는 무질서한 제도라는 것이 분명하다. 따라서 세계금융질서를 규율하고 통제하는 권력이 필요한데 이 역할을 사실상 미국이 수행하고 있는 것이다. 1979년의 볼커 충격(Volcker shock, 볼커가 미국연방준비제도이사회 의장이 되면서 금융긴축정책을 통해 이자율을 대폭 인상한 것을 가리킨다) 이후 세계적인 규모의 금융공황이 끊임없이 일어났다. 1983년의 멕시코 외채위기를 비롯해 다수의 후진국의 외채위기, 1987년 10월의 미국과 세계의 증권시장 공황, 1980년대 말 미국 저축대부조합(Savings & Loans Association)의 대규모 파산, 1990년대 초 일본 금융제도와 경제의 붕괴, 1992년과 1993년의 유럽통화제도의 위기, 1994-95년의 멕시코 페소 위기, 1997년 아시아 전역의 금융공황, 1998년 8월 러시아 정부의 지불정지, 1998년 9월 미국 헤지펀드 LTCM (Long Term Capital Management)의 부도 위기, 2002년 아르헨티나의 금융・외환위기, 2007년 미국의 비우량 주택담보대출 증권의 가격폭락에 따른 세계 전체의 금융위기 등.

그런데 주목해야 할 것은 이런 금융위기를 미국 정부와 IMF는 종속국들을 규율하는 기회로 삼아 재산을 수탈했다는 점이다. 이리하여 금융공황의 부담은 미국의 금융자본이 수익성의 저하나 도산의 형태로 짊어지는 것이 아니라 주변국과 피지배계급이 실업・빈곤・불평등의 확대로 짊어질 수밖에 없었다. 그렇지만 경제의 금융화는 미국 제국을 유지하는 데 큰 역할을 하고 있다. 거대한 재정수지 적자와 무역적자, 가계부채와 대외부채의 증가, 비생산적인 군비지출의 확대와 끊임없는 전쟁에도 불구하고, 외국의 정부와 기업과 개인들이 달러와 달러표시증권을 대규모로 구매하고 있기 때문에, 미국 경제와 미국 사회가 지탱되고 있는 것이다.

2001년 이후 주택투기로부터 시작하여 주택담보대출(모기지)이 거대한 규모로 증가하고 주택담보대출에 기반을 두는 모기지 담보증권(MBS)과 채권파산보험(CDS)이 세계적인 규모로 유통되었다. 그런데 이런 금융적인 활황(boom)은 일반대중이 모기지의 원리금을 상환할 수 없게 되자 갑자기 중단되고, 2007년 7월부터 시작된 금융위기는 2008년 9월에는 금융공황으로 발전하면서 1930년대 이래 최대의 세계대공황이 발생했다(14-4 참조).

20 디지털 혁명의 국내외 파급효과

지식 · 자료 · 기술을 포함한 정보를 디지털 형태로 처리하고 저장하며, 네트워크(인터넷)를 통해 전달하는 것은 정보기술(information technology, IT)의 획기적인 발전인데, 이것이 사회 전반에 '혁명적인' 영향을 미쳤다고 디지털 혁명, 정보혁명 또는 지식혁명이라고 부른다.

디지털 혁명은 경제적인 측면에서 여러 가지 효과를 내고 있다. 첫째로 공장이나 사무실, 제조업 · 유통업 · 금융업 · 방송업 등이 정보기술을 도입하면서 거대한 혁신을 달성하고 있다. 또한 중소기업이 벤처기업으로서 혁신과 고용창출에 큰 역할을 하게 되었으며, 기업 안의 경영시스템에서도 중간관리층이 사라지고 경영이 위계적이 아니라 수평적이고 유연하게 되었다. 둘째는 정보기술에 관련된 분야들이 성장산업으로 등장하고 있으며, 정보를 상품으로 매매하는 산업도 크게 발달하고 있다. 셋째는 정보기술의 발달은 노동자계급에게 희망과 고통을 동시에 안겨 주고 있다.

20-1. 생산과정과 유통과정의 혁명

정보기술을 도입한 제조업에서는 설계・엔지니어링・부품구매・제조의 기능을 통합적으로 조정함으로써 제품개발 비용과 시간을 대폭 단축하고 제품개발과 출하 사이의 시간도 크게 단축시켰다. 또한 프로그램을 바꾸면 기계의 목적과 기능을 바꿀 수 있는 자동화기계(programmable automation)와 컴퓨터지원생산(computer aided manufacture, CAM)이 널리 사용되면서 범용기계설비에 의한 다품종 소량생산이 크게 발달했다. 그리고 정보기술을 통해 생산・판매・재고관리를 통합함으로써 적기생산(just-in-time)을 실시하게 되었다.

유통업에서는 전자상거래가 등장함으로써 기존의 중개업・유통업은 사라질 운명에 있고, 유통에 종사하는 사무직・판매직 노동자의 대부분이 직장을 잃을 위험에 처해 있다. 그런데 전자상거래는 온라인 서점의 경우에서 보는 것처럼 소비자가 지불하는 가격을 하락시키기 때문에, 더욱 더 성장하고 있다. 금융업에서도 국제적인 네트워크가 건설되어 자본이동이 가속화하고 있으며, 인터넷 뱅킹이 은행원의 수를 대폭 감축시키고 있다. 특히 디지털 혁명은 풍부한 자료를 신속하게 제공함으로써 주식시장의 활성화와 투기화에 결정적인 역할을 했다. 사무실은 전자우편・화상회의・전자결제제도 등에 의해 급변하고 있다.

초국적거대기업들은 자동차산업・컴퓨터산업・통신산업 등 주요 산업을 여전히 지배하고 있지만, 중・소규모의 벤처기업들은 고도로 기술집약적인 제품을 생산해 대기업들의 틈새시장을 확보하거나, 고도로 전문화된 정보상품을 생산함으로써 벤처자본(venture capital)을 끌어들이고 있다. 예컨대 이탈리아 북부의 의류산업이나 미국 실리콘 밸리의 소프트웨어산업이 그러하다. 그리고 기업 안의 경영조직에서는 수직적이고 관료적인 위계제도가 약화하고, 중간관리층의 중요성이 사라지고 있지만, 의사결정구조는 인터넷이나 화상회의 등을 통해 더욱더 집중화하고 있다. 기업 사이에는 국내외적으로 하청계열화가 강화되어 유기적 네트워크가 건설되고 있는데, 세계적인 차원에서 생산비용이 가장 낮은 지역들에 유기적인 생산네트워크를 건설하고 가장 넓은 시장에서 제품을 판매하고 있다.

20-2. 정보기술산업의 발달

정보기술의 발전에 관련되어 있는 여러 가지 산업이 크게 발달하고 있으며, 자료・기술・지식 등 정보가 상품으로 개발되어 벤처자본을 유인하고 있다. 반도체를 비롯한 각종 컴퓨터 장비 등 하드웨어, 이를 작동시키는 소프트웨어, 그리고 데이터의 통신에 도움을 주는 전자통신과 네트워크 기술 등이 발달하고 있다. 예컨대 CD-ROM산업, 멀티미디어PC, 게임기, 전자신문, 전자도서관, 전자홈쇼핑, 사이버교육, 사이버의료 등이 발달하고 있다.

상품으로 제조되어 판매되는 정보재(information goods)는 다음과 같은 특징을 가진다. 첫째로 생산자의 입장에서는 처음 그것을 발명하기는 매우 어렵지만, 일단 발명된 뒤에는 그것을 모방하기가 매우 쉽다. 그리고 최초의 한 단위를 생산하는 데는 엄청난 비용이 들지만 그 다음 단위부터는 복사(copy)비용이 들 뿐이다. 둘째로 소비자의 입장에서는, 사용하기 전에는 그것의 유용성을 정확하게 평가하기 어렵고, 시간에 따라 그것의 유용성이 급속히 감소하며, 소비자들이 마음대로 복사할 수 있고, 소유자에게 아무런 피해 없이 여러 사람이 함께 나누어 쓸 수 있다.

이런 특성을 가진 정보재를 상품화하는 경우에는 다른 모든 상품의 경우와 마찬가지로 마케팅 비용이 든다. 다시 말해 이 정보재가 얼마나 유용한가를 널리 알려 소비자가 구매하도록 충동해야 하기 때문이다. 그러나 이 마케팅 비용보다는 정보재의 재산권을 설정하는 비용과 돈을 지불하지 않고 정보재를 이용하는 소비자를 차단(lock-out)하는 비용이 훨씬 더 든다. 예컨대 유전자를 몇 개 변형한 종자를 자기의 사유재산이라고 주장하려면 큰 비용이 들 것이고, 정품을 복사하는 것은 매우 쉽기 때문에 '불법복사'를 단속하는 비용도 매우 클 것이다. 최근 우리나라에서 경찰이 학교 등 공공기관을 방문해 불법복제 소프트웨어를 단속하고 있는데, 이 비용을 정보산업체가 부담한다면 도저히 수익을 올리지 못할 것이다. 그러므로 정보상품의 가격은 정보재의 상품화 비용과 정보재의 생산에 드는 인적·물적 비용을 합계한 것보다 커야 한다. 이리하여 특허와 저작권을 중심으로 하는 지적 재산권제도가 확립되었고, 이것에 의거해 정보상품의 생산자는 정보상품을 독점가격으로 판매해 독점이윤을 얻고 있다.

20-3. 디지털 혁명과 노동자계급

디지털 혁명은 노동자를 단순하고 반복적인 짜증나는 노동으로부터 해방시킬 수 있는 요소를 지니고 있다. 노동과정에서 노동자의 지적 능력을 향상시키고, 일하면서 생각하고 생각하면서 일하게 함으로써 일이 흥미있는 정신적·육체적 활동이 되게 할 수가 있다. 그러나 이윤추구를 목적으로 자본가는 정보기술을 도입하면서 기본적으로 낭비제거·비용절감·품질개선·노동자의 세력약화·노동강도의 강화를 도모하기 때문에, 디지털 혁명은 노동자에게 엄청난 고통을 주고 있다.

산업의 정보화에 따라 대규모의 실업이 발생했다. 공장이나 사무실에서 자동화는 생산직과 사무직 노동자의 수를 크게 감소시켰으며, 유통업에서는 전자상거래의 확대에 의해, 그리고 금융업에서는 인터넷 뱅킹에 의해 판매직과 사무직의 일자리가 크게 축소하고 있다. 그 대신 기술직과 전문직의 일자리가 증가했지만 생산직·사무직·판매직의 일자리 감소를 능가할 수 없었다. 왜냐하면 자본가들은 적은 수의 고급 인력을 뽑아 이들의 노동강도를 강화함으로써 더 많은 일을 시키기 때문이다.

산업이 점점 더 고급의 기술을 채택함에 따라, 일반 노동자는 점점 더 열악한 직업에 종사하지 않을 수 없다. 미국의 경우에는 맥도날드, 켄터키 프라이드 치킨, 피자 헛 등 패스트 푸드(fast food) 식당에서 일하는 노동자가 크게 증가했고, 상품을 집집마다 배달하는 택배산업에도 노동자가 크게 증가했다. 이에 따라 전문직·기술직 노동자와 일반직 노동자들 사이의 소득 격차도 크게 벌어졌다.

또한 산업의 정보화로 상품의 생산과 유통을 '유연하게' 조절할 수 있게 됨에 따라, 자본가는 노동자에게 변형근로제를 요구하고 임시직·시간직 등 비정규직을 증가시켰다. 또한 하청과 외주가 증가했다. 이에 따라 노동자는 언제 직장을 잃을지 모르는 불안한 생활을 하게 되었다.

실업자가 많은 가운데, 기술직·전문직과 생산직·사무직·판매직 사이의 소득 격차가 심화하며, 정규직보다는 비정규직이 증가하기 때문에, 노동자계급의 세력은 크게 약화했다. 노동조합과 기업 사이의 단체협약보다는 기업과 노동자 각자 사이의 임금계약이 더욱 성행하게 되었으며, 성과급으로 노동자 사이의 경쟁을 촉구하면서 노동자를 통제하고 있다.

20-4. 디지털 혁명의 국제적 효과

디지털 혁명은 정보기술의 선진국과 후진국 사이에 큰 간격(digital divide)을 만들었다. 정보기술의 후진국은 새로운 정보기술의 혜택을 전혀 받지 못하거나 엄청난 외화를 들여 새로운 정보기술을 수입해야 할 형편이다. 또한 유전자를 변형한 농산물과 가축의 종자가 결실이 좋고 병충해에 강하며 영양이 많은 경우, 그 종자의 재산권을 선진국 기업이 소유한다면, 그 종자는 인류 전체를 위해 봉사하지 못할 것이다.

여기에 지식·자료·기술을 포함하는 정보를 상품으로 전환시켜 이윤 추구의 대상으로 삼는 것의 문제점이 있다. 물론 새로운 정보상품을 발견하거나 발명하는 데는 막대한 비용이 들기 때문에, 정보상품 첫 단위의 가격은 매우 높아야 마땅하지만, 다음 단위부터는 비용이 거의 들지 않아 가격이 0이 될 수 있다. 따라서 후진국 국민의 생활을 개선하고 세계 전체의 균형발전을 도모하기 위한 국제적 연대는 정보혁명의 이익을 후진국에게 무료로 나누어 주는 계획을 세워야 할 것이다.

21 한국경제의 개혁: 과거 정권의 교훈과 이명박 정부

21-1. '더불어 사는 사회'

흔히 이야기하듯이, 우리나라 경제는 '압축성장'을 이룩했다. 사회가 경제와 정치와 문화의 영역으로 구성된다고 보면, 압축성장은 경제영역과 정치·문화영역 사이에 큰 불균형을 동반했다. 예컨대 경제성장의 고도화가 군사독재의 심화, 반공이데올로기의 강화, 그리고 노동운동의 탄압과 나란히 진행했다. 이 때문에 시민들은 고도의 경제성장 속에서도 부르주아적 자유와 민주주의적 권리를 누리지 못했다. 또한 압축성장은 경제영역의 부문들 사이에도 불균등발전을 야기했는데, 예컨대 생산부문에서는 재벌과 같은 강력한 독점자본이 지배하면서 분배부문의 사회복지제도는 거의 발전하지 못했다. 이런 생산부문과 분배부문 사이의 불균등발전은 재벌 중심의 수출지향적 경제발전전략을 더욱더 강화시킬 수밖에 없었다. 이런 불균형과 불균등발전은 결국 정부·대자본가·중소자본가·노동자·농민·지식인·일반시민·빈민 사이에 갈등과 대립과 투쟁을 일상화함으로써 사회가 끊임없이 혼란에 빠져 엄청난 '사회적 비용'을 지불하지 않을 수 없었고 정상적인 시민생활은 거의 불가능하게 되었다. '앞만 보고 달린 40년'을 되돌아볼 때, 지금 우리에게 필요한 것은 경제·정치·문화 영역 사이의 불균형과 경제영역 안의 불균등발전을 시정함으로써 우리 사회의 갈등과 투쟁을 최소화하는 것과, '더불어 사는 사회'를 이룩하는 것이다. 이것이 앞으로의 경제개혁의 핵심이고 경제개혁의 철학이다.

이명박 정부가 경제영역에서 '거대한' 개혁을 실시할 때 반드시 지녀야 할 기본적인 철학적 원칙들은 무엇일까? 모두가 쉽게 이해할 수 있도록 박정희 정부로부터 노무현 정부에 이르기까지 과거 정부의 '잘못'으로부터 우리가 지금 얻어야 할 교훈을 중심으로 논의해 보자. 과거의 역사를 되새기는 이유는 지금의 우리가 물려받은 유산(정치·경제·문화 등 모든 영역의 유산)을 제대로 파악해야만 우리의 현재의 위치를 올바르게 이해할 뿐 아니라 앞으로의 개혁에 올바른 방향을 제시할 수 있기 때문이다.

21-2. 박정희 정부(1961년 5월-1979년 10월): 정치적 민주주의의 탄압과 부정·부패[1]

젊은 군인들에 의한 쿠데타는 1950년대와 1960년대에는 후진국에서 유행했다. 미국 정부의 원조로 현대적 군사교육을 받은 군인들이 '상대적으로

1 김수행·박승호(2007)를 참조하라.

유능했기' 때문에, 또는 군인들이 가장 강력한 '무장세력'이었기 때문에, 군인들은 '동맹국'인 미국 정부의 지지만 얻는다면 쉽게 정권을 장악할 수 있었다. 또한 그 당시에는 정부의 엘리트가 사회의 모든 인적·물적 자원을 '합리적으로' 사용해 '근대화' 또는 경제적 '이륙'(take-off)을 달성해야 할 뿐 아니라 모든 부문에서 '무식한 대중'을 지도해야 한다는 엘리트주의가 하나의 큰 조류를 형성하고 있었다. 이 엘리트주의는 군사독재체제뿐 아니라 '현실의 사회주의'(the existing socialism)의 특성이었기 때문에, 그 당시에는 이론적으로도 군사독재체제를 사회주의('노동계급의 해방'을 목적으로 한다)와 구별하지 못하는 경우가 많았다. 물론 5.16 군사쿠데타의 초기에 미국 정부는 박정희가 여수·순천사건에 관여한 '빨갱이'(the red)라고 비난하면서 박정희 정권을 자기의 '괴뢰'로 '길들이려고' 했기 때문에, 그리고 박정희 정부가 국민들의 지지를 받기 위해 '경제개발 5개년계획'을 정력적으로 추진했기 때문에, 군사독재체제를 사회주의와 혼동하게 된 측면도 있었다.

그러나 모든 권력이 박정희와 몇몇 심복에게 집중되면서 '정치적 민주주의'는 사라졌다. 언론·출판·집회·결사·학문·양심의 자유라는 시민의 기본권리는 부정되었고 선거제도 자체가 유명무실하게 되었다. 이런 독재체제 아래에서 모든 국내자원과 국외자원을 정부가 '마음대로' 조달하고 배분했기 때문에 온갖 부정과 부패가 생길 수밖에 없었는데, 그것이 공개될 수도 없었고 따라서 중단될 수도 없었다. 거대한 국내외자원의 조달과 배분, 정부공사의 발주, 부정축재자의 처리, 외자도입의 허가 등등에서 큰 비리가 있었고, 1969년 5월 9일에는 재무부가 "차관업체 83개 중 45%가 부실기업"이라고 발표할 정도였다. 한일국교 정상화 교섭도 전혀 공개되지 않았고, 1972년 7월 4일에는 남북공동성명을 발표해 통일에 대한 국민들의 염원을 자극한 뒤 12월에는 '유신헌법'을 공포해 박정희 영구집권체제를 마련했다.

"박정희 군사독재체제가 경제성장에 도움을 주었다"는 주장은 박정희 독재 아래 얼마나 많은 부정과 부패가 있었고 얼마나 많은 사람들이 고통을 받았는가를 생각하지 않고 하는 말이다. 걸핏하면 위수령이다 계엄령이다 하여 민주인사들이나 학생들을 체포·구금하고 대학의 문을 닫았으며, 부르주아적 기본 자유는 전혀 용인하지 않았고, 독서회사건·간첩단사건 등등을 조작하여 고문·투옥·살인까지 행했다. 박정희 한 사람에게 모든 권력과 결정권이 집중되어 있었기 때문에, 그의 부하 김재규는 박정희만 없애면 세상이 잘 되리라고 판단했지만, 박정희가 죽자 세상은 오히려 오리무중에 빠졌다. 박정희의 독재체제는 어느 세력에게도 집권할 수 있는 역량을 키울 기회를 주지 않았던 것이다. 이리하여 또다시 군부가 미국 정부의 후원을 받으면서 권력을 장악했다.

박정희 정부로부터 우리가 배워야 하는 가장 중요한 철학은 '정치적 민주주의'의 확장이 경제뿐 아니라 정치와 문화 등 사회 전체를 한 걸음 전진시킨다는 점이다. 박정희 정부는 정치적 민주주의라는 사회기본질서를 파괴함으로써, 국민들로부터 기본적인 자유를 박탈해 국민들의 창의성·자발성·헌신성을 고무하지 못했고, 다수의 우수한 인적 자원을 활용하지 못했으며, 권력의 집중으로 부정·부패는 더욱 거대하게 되면서 은폐되었다. 그런데 1960년대와 1970년대에 경제성장률이 높았기 때문에, 독재의 위와 같은 '사회적 손실'을 과소평가하는 경향이 나타났고, 드디어 '수구적인' 기득권층은 박정희를 '숭배'하기까지 한다. 그러나 다음과 같은 사실에 주목해야 한다. 즉, 노동자·농민·자영업주·일반시민·학생이 정치적 민주주의가 확립된 상황에서는 10의 희생과 고통으로 매년 10%의 경제성장을 달성할 수 있었을 텐데, 박정희 정부의 독재 때문에 30의 희생과 고통으로도 겨우 매년 10%의 경제성장을 달성할 수밖에 없었다는 것이다.

박정희 숭배는 서유럽에서 부활하고 있는 '히틀러 숭배'와 비슷한데,

서유럽에서는 일부 '미친' 극우파가 그런 경향을 나타내고 있지만 우리나라에서는 사회적으로 잘 알려진 인사들이 그런 경향을 보이고 있다는 점이 다르다. 다시 말해 우리나라에서는 정치적 권력을 가진 사람이나 재산을 많이 가진 사람이나 학식이 많은 사람은 일반 시민들을 '지배'할 수 있으며 일반 시민과는 '다른 대접'을 받아야 한다는 사상이 기득권층뿐 아니라 일반 시민들에게도 상당히 널리 유포되어 있다는 점이다.

이런 사상을 제거하고 정치적 민주주의를 확장하는 것은 이명박 정부 아래에서도 경제철학의 기본이 되어야 한다. 모든 시민과 단체가 아무런 제약을 받지 않고 자기의 주장을 적극적으로 표현하면서 우리 사회의 온갖 문제를 제기할 때, 부정과 부패는 사라지고 사회적 정의감과 연대감이 생기면서 '더불어 사는 사회'는 진전할 것이다. 역대 정부가 부정과 부패를 해소하지 못한 근본 이유는 정치적 민주주의를 제한했기 때문이다. 예컨대 대통령의 가족과 친인척의 비리를 '폭로'할 수 있었다면 부패와 부정이 크게 감소했을 것이다.

이명박 정부는 공무원과 교수에 의한 노동조합 결성도 정부와 대학의 민주화와 부정·부패의 제거라는 관점에서 인정해야 할 것이다. 또한 인터넷세상의 긍정적인 측면을 적극적으로 활용한다면, 정치적 민주주의는 크게 확장될 수 있으며 모든 시민과 단체는 부르주아적 자유와 권리를 만끽하면서 우리 사회를 깨끗하고 건강하고 평등한 사회로 만들 수 있을 것이다.

물론 흔히 말하는 '수구세력'은 자기들의 기득권을 옹호하기 위해 정치적 민주주의의 확장을 반대할 수도 있다. 예컨대 국가보안법의 폐지, 정치자금법의 제정, 사립학교법의 개정, 소파(SOFA)의 개정, 재벌 개혁 등등을 반대하는 세력이 거대할 수 있다. 2007년의 대통령 선거에서도 '개혁들'에 대해 거대언론과 재벌 등 기득권 세력이 큰 거부감을 나타낸 바 있기 때문에, 정치적 민주주의의 확장은 박정희 시대의 과제가 아니라 지금 당장의 개혁 과제로 등장하고 있다. 더욱이 미국 정부나 미국 자본의 이익을 축소하는 사항들에 관해서는 미국 정부, 미국인 기업가, 기타 외국의 정부와 기업가, 친미주의자, 사대주의자 등의 연합세력이 정부를 혼란에 빠뜨릴 수 있으므로, 이명박 정부는 항상 거대한 일반대중을 '열렬한' 지지기반으로 확보할 필요가 있다. 만약 이명박 정부가 기득권 세력과 타협하면서 정치적 민주주의를 확장하지 않는다면, 모든 개혁은 '물 건너간다'는 사실을 명심해야 할 것이다. 야당시절 그렇게도 '개혁적이었던' 김대중이 대통령으로 당선되자마자 IMF·미국 재무부 등 외세 및 기득권층과 타협함으로써, 자기가 항상 외쳤던 '민중의 이익'을 배반하면서 부정과 부패의 나락으로 떨어진 역사적 사실로부터 우리 사회의 구조와 동학(dynamics)을 읽지 않으면 안 된다.

21-3. 전두환 정부(1980년 5월-1988년 2월): '체제적으로 필연적인' 노동운동의 탄압비용

광주민주화운동을 폭력으로 진압한 '원죄' 때문에, 그리고 수출지향적 경제발전에서 장시간 저임금 노동이 가장 중요한 국제경쟁력이라는 전제 때문에, 전두환 정부는 자기의 협력파트너로 재벌을 선택할 수밖에 없었고, 이에 따라 노동자들의 기본권리인 단체결성·단체협약·단체행동은 큰 탄압을 받았다. 물론 전태일 열사가 노동조건의 개선을 요구하면서 분신·자살한 것이 1970년 11월 13일이므로, 노동운동에 대한 탄압은 박정희 시절부터 계속된 것이지만, 중화학공업화의 진전에 따라 동일한 공장에서 함께 일하는 노동자들의 수가 증가함으로써 노동운동은 하나의 자연적인 추세가 되었다는 점에서 노동운동에 대한 탄압은 그 강도를 더욱 강화할 수밖에 없었다.

자본주의체제에서는 자본가계급과 노동자계급의 이해대립과 투쟁은 '필연적'이다. 자본주의가 역사적으로 성립하기 위해서는, 재산은 일부의 사람들에게 집중하고 대다수의 사람들은 자기의 노동력을 팔아 생계를 유지할 수밖에 없는 사회구조가 형성되어야 한다. 이런 구조에서 유산계급이 무산계급인 노동자를 고용해 이윤을 얻는 것, 그리고 이윤을 다시 재투자해 더욱 큰 이윤을 얻는 것이 자본주의 경제다. 이윤이 어디에서 발생하는가? 자본가들 사이의 '경쟁'을 당분간 고려하지 않는다면, 자본가계급 전체가 노동자계급 전체의 '노동'으로부터 이윤을 창조하지 않으면 안 될 것이다. 흔히들 '부가가치'는 이윤과 임금으로 '구성'된다고 말하지만, 사실상 부가가치는 노동자의 '노동'이 창조한 가치이고 이 가치가 이윤과 임금으로 '분배'되는 것이다. 따라서 노동자의 노동시간이 길어질수록 그리고 노동강도가 강화될수록, 부가가치는 더욱 커지며, 자본가가 노동자에게 주는 임금이 적어질수록 이윤 몫은 그만큼 더 커질 것이다. 자본가가 노동자에게 '장시간 저임금 노동'을 강요하는 이유가 여기에 있으며, 노동자는 처음부터 '임금노예'이기 때문에 어떤 조건에서라도 노동하지 않으면 굶어죽게 마련이다. 이처럼 자본주의 사회는 처음부터 '불평등한' 사회이고, 노동자들이 단결하여 노동조건을 개선하려는 것은 매우 자연적이고 필연적이다. 이 자연적이고 필연적인 노동운동은 법률이나 무력으로 탄압한다고 사라지는 것이 아니기 때문에, 미리미리 정부가 자본가계급과 노동자계급 사이에 개입하여 두 거대세력이 타협에 의해 작은 것부터 차례차례 합의하는 '관행'을 확립해야 하는 것이다. 이것이 이른바 '협력적 노사관계'다.

"역사가 어떤 방향으로 진행한다"는 것이 이론적 연구나 선진국의 현실에 의해 예견되는 경우에는, 그 진행 방향을 폭력이나 기타의 수단에 의해 저지하려고 하는 것은 엄청난 '사회적 손실'을 야기할 뿐이다. "앞을 내다보면서 정치·경제·문화의 문제에 대응해야 한다." 대통령 '직선제'를 허용하지 않으려고 발버둥이를 치다가 1987년 6월 항쟁에서 어쩔 수 없이 항복했고, 계속 탄압을 받아온 노동자들이 1987년 7, 8, 9월의 노동자 '대투쟁'을 통해 사회 전체를 뒤흔들었던 역사적 경험을 항상 명심할 필요가 있다.

전두환 정부가 민주화운동과 노동운동을 탄압하기 위해 지불한 비용은 탄압으로 얻은 이익을 훨씬 능가한다. 매일같이 벌어지는 시위로 말미암아 시위자들이 입은 손실(학생들이 잃은 공부시간, 노동자들이 잃은 노동시간, 부상자와 사망자로 말미암은 손실); 노동자들을 '의식화'하려고 '위장취업'한 다수의 대학생들이 입은 손실; 시위를 막기 위한 전투경찰과 장비로 말미암은 손실(국민의 세금을 전투경찰과 최루탄 등 장비에 '비생산적으로' 지출한 것); 시위로 말미암아 기업체와 상점 및 일반시민이 입은 손실; 정부의 모든 부서가 시위를 막는 데 정신을 빼앗김으로써 입은 손실; 모든 탄압이 실패한 뒤 폭발한 대중운동이 짧은 시간에 가한 온갖 손실; 탄압과 투쟁 가운데 국민들이 입은 엄청난 감정적 상처(증오·적개심·분노·슬픔) 등은 '역사적으로 필연적인' 과정을 무력으로 탄압하기 때문에 생긴 '사회적 비용'이다.

이명박 정부도 당연히 노사관계의 문제에 직면할 수밖에 없다. 그러나 협력적 노사관계를 확립하는 것이 가장 핵심적인 과제이며, 이를 위해서는 먼저 노동자와 사용자의 권리와 의무를 '동등하게' 규정해야 한다. 또한 정부는 기업과 노동조합의 갈등과 대립을 '대화'를 통해 조정하기 위해 '노사정위원회'를 적극적으로 활용할 필요가 있다. 단일 기업 안에서는 기업과 노동조합이 첨예한 당면과제 때문에 타협이 매우 어렵지만, 노사정위원회에서는 경제 전체의 차원에서 객관적으로 상호 관심사를 토론할 수 있으며 합리적인 해결책을 찾을 수 있다. 우리나라에서는 국가주도로 노동관련 법률의 제정과 개정을 통해 노사관계 일반을 규제하는 것이 가장 타당하기 때문에 노사정위원회의 역할은 그만큼 더 중요하다. 개별기업과 개별노동조합이 자율적으로 노동조건을 결정하는 '자율주의'는 아직 확립되기가 어렵다. 왜냐하면 노사협상의 역사가 짧아 노동자의 권리에 대한 기업의 인식이 부족하기 때문이고, 대기업의 노동조합은 강력하여 대기업으로부터 큰 양보를 얻을 수 있지만 중소기업의 노동조합은 그런 위치에 있지 못하여, 자율주의는 노동자들 사이에 노동조건의 차이를 매우 크게 할 것이기 때문이며, 현재 비중이 높아지고 있는 '비정규직'의 문제를 제대로 다룰 수 없기 때문이다. 또한 전국적인 차원에서 사용자총연합과 노동조합총연맹 사이의 협상에 의해 노사관계를 조정하는 것도 어렵다. 왜냐하면 아직 사용자 측이 개별사용자→산업별 사용자연합→사용자총연합으로 조직되어 있지 않으며, 노동조합 측도 기업별 노동조합→산업별 노동조합→노동조합총연맹으로 조직되어 있지 않기 때문이다.

이명박 정부가 직면하는 둘째의 문제는 '사회복지제도'의 확충인데, OECD 회원국 중에서 우리나라가 국내총생산이나 정부지출에서 차지하는 사회복지비 비중이 가장 낮다는 의미에서 사회복지제도의 확충은 '역사적으로 필연적'이라고 말할 수 있다. 교육과 보건에 대한 공공지출의 증대, 실업자와 노인 및 저소득층에 대한 지원 확대는 세계 10위권의 경제대국으로서 '경제적 정의'의 면에서도 반드시 실현해야 할 것이다. '선성장, 후분배'의 슬로건은 50년 전부터 지금까지 계속 기득권층이 주창하고 있는데, 이제는 대중이 '폭동'을 일으킬지도 모를 상황에 부닥치고 있다. 돈이 없기 때문에 학교를 다니지 못하고, 돈이 없기 때문에 병원에서 치료를 받을 수 없는 상황, 실업자와 노인 및 저소득층이 노숙을 하고 자살을 하는 상황은 사회의 기본질서를 파괴할 만한 '시한폭탄'이다. 그런데 문제는 이런 상황이 시장지상주의 아래에서는 더욱더 악화한다는 점이다. 왜냐하면 기업은 앞으로 국내외의 경쟁에 대처하기 위해 더욱더 노동절약적인 기술을 채택할 것이므로, 고용이 증가할 가능성은 거의 없고 따라서 저소득층은 더욱 증가할 것이기 때문이고, 노인인구는 자연적으로 더욱 증가할 것이기 때문이다. 1950년대부터 서유럽에서 '복지국가'가 확립되는 것은, 기본적으로 자본에 의해 고용되는 노동자의 수가 계속 감소하는 경향을 나타내었기 때문이다. 따라서 한편에서는 학교・병원・도서관・유치원・탁아소・양로원의 확충을 통해 일자리를 만들어 내고 다른 한편으로는 실업자・노인・저소득층에 대한 지원을 확대한 것이다. 사회복지비 지출을 확대하라고 요구하면, 당장 "그것에 필요한 돈은 어디에서 나올 수 있는가?"라고 반문한다. 세금을 더 많이 내든지, 탈루세원을 포착하든지, 정부세출 중 불요불급한 부분이나 '비생산적인' 부분을 삭감하든지, 어떤 방법을 채택하더라도 사회복지 문제는 반드시 해결해야만 한다.

21-4. 노태우 정부(1988년 2월-1993년 2월): 물에 물 탄 '재벌 개혁'

김영삼과 김대중의 '욕심' 때문에 군정이 연장된 셈인데, 노태우 정부는 '보통사람' 즉 중산층의 인기를 얻기 위해 주식투기 붐과 신도시 아파트 투기 붐을 일으켰다. 그러나 얼마가지 않아 주식가격은 하락하기 시작하고 땅 값과 아파트 값은 폭등하고 물가는 상승하기 시작했다. 이제 중산층도 '돈벌이'에 지쳐 버렸고 서민들은 물가 상승, 주거비 폭등으로 생활이 더욱 어려워졌다. 더욱이 수출은 둔화하고 수입은 급증해 무역수지 적자가 몇 년 만에 처음 나타났다. "국제수지의 흑자기조가 '완전히' 정착했으므로 이제 문제는 남아도는 외화를 어떻게 '낭비'할 것인가에 있다"고

떠들던 정부는 당황했다. 1990년 5월 이후부터는 정부 스스로 "우리 사회는 총체적 위기에 빠졌다"고 말할 정도로 경제적 · 정치적 혼란이 심화되었다.

노태우 정부는 이 '총체적 위기'의 주범을 찾지 않을 수 없었고, 이번에는 자기의 열렬한 지지자인 재벌을 희생양으로 몰아세웠다. (1989년에 정부는 경제적 혼란의 주범은 노동운동이고, 사회적 혼란의 원흉은 통일운동과 민주화운동이며, 정치적 무능의 원인은 여소야대에 있다고 판단했다. 이리하여 6공의 '공안통치'가 그 모습을 드러내면서, 노동운동 · 통일운동 · 민주화운동을 무자비하게 탄압했고, 민주당과 공화당을 흡수해 새로 민자당을 만든 것이다. 그러나 태평성대는 오지 않았다.) 노태우 정부는 재벌들이 토지투기 · 주식투기 등을 통해 엄청난 불로소득의 획득에만 몰두하고 생산적 투자나 기술혁신을 게을리 했기 때문에, 수출상품이 가격과 품질 면에서 경쟁력을 잃어 수출이 정체하고 무역수지 적자가 발생했다고 진단한 것이다. 재벌에 대한 이런 비난이 대중의 공감을 얻는다고 생각해, 대통령이 직접 나서서 국민들에게 담화문을 발표하고 재벌 총수들을 불러 부동산 매각을 강요했다. 혹시 '괘씸죄'에 걸려들까 봐 겁이 난 재벌들은 '비업무용 토지'를 상당 부분 매각했다. (이 시기에 '토지의 공(公)개념'을 둘러싼 논의가 한창 있었다.) 또한 정부는 재벌들에 대한 금융기관의 여신한도를 설정하고 재벌의 계열기업들 사이에 출자를 제한하는 등 그 당시에는 '개혁적인' 조치를 취했다. 그러나 이런 조치는 우리 경제를 '인질'로 삼고 있는 재벌의 독점적 경제력을 약화시키지도 못했고, 재벌의 투자 형태를 크게 바꾸지도 못했으며, 재벌총수의 독재나 소유권과 경영권의 '세습'에는 전혀 영향을 미치지 못했다.

정부가 먼저 주식투기와 토지투기를 조장한 상황에서 재벌들이 투기를 통해 불로소득을 얻는다고 비난하는 것은 정당하지 못할뿐더러 투기를 막을 수도 없다. (김대중 정부는 말기에 로또복권을 도입해 우리 사회를 완전히 노름꾼들의 한탕주의 사회로 만들어 버렸는데, 이렇게 해놓고는 국민의 근로정신 부족이나 무사안일주의나 종교적 기복사상을 탓하는 것은 전혀 말이 되지 않는다.) 사실상 그 당시 재벌들은 미국의 수입제한조치, 후진국으로부터의 경쟁, 임금인상 등에 시달렸다. 그런데 그들은 이런 시련을 극복할 새로운 기술의 개발과 도입, 새로운 상품의 개발, 새로운 시장의 개척에 노력하지 않았다. 왜 그랬을까? 재벌은 국내에서 독점가격으로 독점이윤을 획득할 수 있었고, 외국의 고급품·사치재를 수입·판매해 큰 이윤을 얻을 수 있었으며, 토지투기와 주식투기 및 제2금융권을 통해 손쉽게 이윤을 증대시킬 수 있었기 때문이다. 따라서 정부가 재벌로 하여금 '생산부문'에 투자해 '부가가치'를 증진하도록 유인하기 위해서는 유통부문(매매과정에서는 새로운 부가가치가 창조되지 않으며, 이미 창조된 부가가치가 분배될 뿐이다)에서 투기나 독점으로 큰 이윤을 얻는 것을 억제할 수 있는 정책(예: 공정거래법의 강화)을 실시해야만 했다.

노태우 정부가 재벌문제를 제대로 해결하지 못한 것은 재벌문제의 핵심을 잘못 파악했기 때문이다. 첫째로 재벌이 야기하는 문제로 가장 심각한 것은 재벌이 우리 '사회'를 지배한다는 점이다. 재벌은 경제를 독점할 뿐 아니라 정치에도 강력한 영향력을 미치고 문화까지 지배함으로써 자기의 '이데올로기'를 우리 사회에 강요하고 있다. 재벌은 특정한 하나의 경제부문을 독점할 뿐 아니라 '문어발처럼' 여러 부문에 진출하여 이들 경제부문도 독점하고 있다. 또한 신문이나 방송을 지배해 '여론'을 형성하고, 문화재단이나 학술연구소를 통해 학문·문화에도 큰 영향을 미치며, 스포츠 팀을 통해 여가활동까지 지배하고 있다. 이처럼 재벌이 우리 사회를 지배하는 독재적인 권력이기 때문에, 재벌은 정부의 '개혁'에 면종복배할 수 있는 것이다. 정부는 재벌들이 '투자 스트라이크'를 단행한다면 우리 경제가 큰 혼란에 빠지며 따라서 정치권력을 유지하기가 어렵다는 것을 알기 때문에, 재벌 '개혁'에 머뭇거리기 일쑤다. 노태우 정부가 총체적

위기의 원인을 재벌에서 찾다가 곧 마음을 바꿔 '모든 국민들의 과소비와 무사안일주의'가 위기의 원인이라고 후퇴하면서 '범죄와의 전쟁'을 선포한 것은 잘 알려진 사실이다. 이 점은 김영삼·김대중 정부에서도 마찬가지였다. 재벌은 개혁의 대상이 아니라 세계경제에서 우리나라를 대표할 '챔피언'으로 격상되어 버렸다.

더욱이 재벌의 지배력을 총수 한 사람이 휘두를 수 있다는 사실이 둘째의 문제점이다. 이 사실은 우리 사회를 총수 한 사람이 마음대로 운영하는 위험성을 내포하고 있다. 재벌 총수 한 사람의 판단과 결정이 재벌의 장래를 좌우하고, 나아가 우리 경제의 장래 그리고 우리 사회의 장래를 좌우한다는 기막힌 사실을 우리가 명심해야 할 것이다. (이 사실은 대우재벌의 총수 김우중에 의해 분명히 드러난 바 있다.) 그런데 이런 재벌 총수의 막강한 권력이 아무런 견제도 없이 자기 아들에게 그대로 '세습'된다는 사실은 더욱 더 심각한 문제다. IMF 위기로 나아가는 1997년 1월부터 재벌들이 도산하기 시작할 때, 도산 원인 중 가장 큰 이유 중의 하나가 '재벌 2세나 3세의 경영능력 부족'이었다는 점을 회고할 필요가 있다.

결국 재벌 개혁은 '민주주의의 확장'이라는 관점에서 실시되어야 한다. 재벌과 재벌 총수가 경제·정치·문화 영역에서 거대한 권력을 행사하는 것은 비민주주의적이고 독재적이며, 재벌의 소유권과 경영권이 '세습'된다는 것도 왕정시대의 왕위상속과 비슷하기 때문이다.

재벌옹호자들은 "재벌 총수가 자기의 개인재산을 자기 마음대로 사용하는 것에 왜 시비를 거는가?"라고 대응한다. 그러나 30-40개의 산업기업과 금융기업으로 구성된 재벌의 재산이 총수의 개인재산이라고 주장하는 것은 전혀 옳지 않다. 첫째, 재벌을 구성하는 각 기업의 주인은 그 기업의 주식을 가진 다수의 주주인데, 재벌 총수와 그의 특수관계인(일가친척과 친지)이 가진 지분은 재벌 전체 주식의 10%도 되지 않기 때문에, 재벌의 재산이 총수의 개인재산이라고 말할 수 없다(16-5-2 참조). 물론 재벌의 계열기업들은 '순환출자'를 통해 다른 계열기업들의 주식을 대규모 보유하고 있고, 이 계열기업들의 소유지분을 총수가 '관리'하기 때문에, 총수가 계열기업 전체를 지배하게 된 것이지만, 이것은 재벌 전체의 재산이 총수의 개인재산이라는 것을 가리키는 것은 결코 아니다. 둘째, 재벌의 각 기업들은 특히 금융기관으로부터 대규모의 대출을 받았고 아직 상당한 부분을 갚지 않았기 때문에, 재벌의 재산 중 금융기관에 상환해야 할 부채를 빼면 '순자산'은 마이너스이거나 별로 크지 않을 수 있다. 재벌의 재산이 총수의 개인재산이 아니라는 점이다. 1997년에 도산한 재벌들의 부채/자기자본 비율은 1,000%에 달하는 경우도 있었고, 자기자본이 마이너스인 경우도 있었다. IMF는 구조조정과정에서 재벌들에게 부채/자기자본 비율을 200%까지 인하할 것을 강요했고, 일부 재벌들은 이 비율을 충족시키기 위해 알짜 기업들을 헐값에 파는 경우도 있었다. 셋째, 재벌 총수가 처음 기업을 시작할 때 얼마의 자기자본을 투자했는지는 모르지만, 이윤을 얻어 재투자를 계속함으로써 현재와 같은 대규모의 자본을 가지게 되었으므로, 최초의 자기자본은 현재의 자본 규모에 비하면 무시할 수 있을 정도로 작았을 것이다. 그런데 이윤은 기본적으로 노동자가 창조한 부가가치 중 임금을 제외한 부분이므로, 현재의 대규모 자본은 사실상 노동자가 창조한 것이라고 말할 수 있다. 물론 최초로 투자한 자본의 소유자가 자본주의 사회에서는 당연히 이윤을 자기의 것으로 소유하게 되지만, 이윤을 자본가가 자기 노동에 의해 창조한 것이라거나 현재의 자본이 자본가의 자기 노동에 의거한 사적 재산이라고 말하는 것은 옳지 않다.

결국 재벌의 재산은, 재벌기업들에 투자한 다수의 주주가 사회의 각계각층에 있다는 의미에서, 재벌의 자본축적에 노동자·금융기관·중소기업·정부 등이 협력했다는 의미에서, 그리고 재벌 총수의 최초의 투자금액은 매우 적었다는 의미에서, 총수의 개인재산이 아니라 '사회적 재산'이라고 말할 수 있을 것이다. 이런 관점으로부터 재벌 개혁의 실마리가 풀려야 하며, 재벌의 경제적·정치적·문화적 권력을 축소하고 재벌의 소유권과 경영권의 '세습'을 금지해야 할 것이다.

21-5. 김영삼 정부(1993년 2월-1998년 2월): 세계화와 황당한 '패권주의'

김영삼 정부가 처음으로 "우리나라 경제를 세계화하겠다"고 선언했다. 이 선언은 한국경제를 세계경제로 진입시키겠다는 것과, 세계경제를 위해 한국경제를 개방하겠다는 것을 동시에 의미했다. 조금 더 구체적으로 분석하면, 이 선언은 김영삼 정부가 우리나라 기업의 세계 진출을 돕겠다는 것과 외국기업의 한국 진출을 허용하겠다는 것을 가리켰다. 이른바 무역거래·외환거래·자본이동의 자유화와 개방화가 1994년의 우루과이 라운드의 타결과 1996년의 OECD 가입과 더불어 적극적으로 실시되었다. 이와 같은 자유화와 개방화가 적절한 '감독'과 '급격한 자본유출에 대한 대응책'을 마련하지 않고 급속도로 진전되었기 때문에 1997년 말의 외환위기를 겪게 된 것이다.

자유화와 개방화가 빠른 속도로 진전된 것은 IMF, WTO 등 국제기구와 미국 정부의 압력 때문이기도 했지만, 김영삼 정부와 재벌 모두가 '너무나 자신만만했기' 때문이다. 그 당시 김영삼 대통령이 미국·일본·중국을 방문하면서 행한 연설에는 매우 적극적이고 자신만만한 이야기가 많이 포함되어 있었는데, 그런 이야기는 우리 국민들 사이에 그 당시 유행하던 다음과 같은 이야기와 일맥상통했다. 예컨대 중국의 동북지방(이른바 만주)이 옛날에 우리 영토였으므로 '수복'해야 한다든가, 일본의 천황은 백제의 후손이고 일본사람은 과거에 우리로부터 문화를 배운 '야만인'이었다든가, 우리도 원자폭탄을 제조할 수 있는 과학자를 가졌는데 그를 미국 정보기관이 죽였다는 이야기, 그리고 우리는 OECD에 가입해 선진국 대열에 설 것이고, 동남아 사람들은 우리나라 기업들의 유순한 노동자로 될 것이며, 중국은 우리나라의 큰 시장으로 등장할 것이고, 남북통일이 되면 우리나라가 아시아의 최대 강국이 될 것이고 환태평양시대의 주역이 될 것이라는 예측들이 그것이다.

정부는 자유화와 개방화를 계기로 아시아에서 정치적·경제적·군사적으로 '강대국'이 되려고 노력했으며, 재벌로 하여금 '한국을 대표하는 챔피언'이 되도록 지원했다. 이런 황당한 '패권주의'가 국민들을 기쁘게 한 것은 사실이다. 왜냐하면 우리나라는 역사적으로 오랫동안 외세의 침략과 지배에 시달려 왔으므로, 정부와 재벌이 우리나라를 강대국으로 만들려 하는 것에 대해 국민들이 만족하지 않을 수 없었기 때문이다. 여기에서 재벌의 국제경쟁력 제고를 위해 모든 국민이 희생해야 한다는 전체주의적 사상과, 외국시장에 침투해 현지 노동자를 착취하는 것은 불가피하다는 제국주의적 사상이 국민들에게 '매우 당연한' 것으로 받아들여지게 된 것이다. "우리도 남들처럼 잘 살아보세"라는 오래된 구호가 발전해, 재벌이 앞장서서 외국시장을 개척해 우리나라를 세계 제일로 만들어 달라는 요망사항으로 전환하고, 그렇게 되면 우리가 꿈에도 그리던 '자립적인 민족경제'가 확립된다고 본 것이다. 이런 강대국화 논리를 믿고 4.19 세대나 6.3 세대 그리고 민중민주운동가들의 다수가 김영삼 정부에 자진해 참여했다.

김영삼 정부는 미국으로부터 최신의 군사장비를 도입했고, 미군과 함께 팀 스피리트라는 전쟁연습을 실시했으며, 남북관계를 긴장시켰고, 미국과 북한 사이의 적대관계를 완화하는 데 기여하지 못했다. 정부는 미국 정부의 국방정책에 순응하면서 군사력을 증강함으로써, 북한을 '흡수 통일'하고 일본・중국・러시아에 대한 발언권을 높일 뿐 아니라 동남아시아를 '지배'하겠다는 '허황한 꿈'을 가지고 있었던 것처럼 보인다. 남북이 서로 대치하고 있는 상황에서 남한이 군사력을 증강하면 북한도 군사력을 증강할 수밖에 없는 '경쟁의 쳇바퀴'가 작동하게 마련이다. 무슨 자원이 그렇게 많아, 인명을 살상하고 재산을 파괴하는 무기에 그렇게 많은 자원을 '비생산적으로' 낭비한단 말인가! 또한 연구하고 일해야 할 한창 나이의 청년들을 강제적으로 징집해 2년여 동안 '썩히는' 것이 얼마나 크게 인적 자원을 낭비하는 것이며 우리나라의 국제경쟁력을 얼마나 크게 저하시키는 것인지를 생각해 본 적이 있는가! 우리도 강대국이 되면 옛날의 일본이나 현재의 미국처럼 제국주의적 정책을 실시하겠다고 생각하는 것은 과거의 경험으로부터 전혀 교훈을 얻지 못한 사상이다. 오랫동안 국내 권력자와 외세의 지배에 시달려 온 우리나라 국민들이 이상하게도 "강한 사람에게는 굽실거리고 약한 사람에게는 군림하는" 노예근성을 상당히 지니고 있는 것처럼 보인다. 예컨대 우리나라의 일반 국민이 미국 백인과 아시아계 외국노동자를 대하는 태도를 비교해 보라.

이명박 정부는 한반도의 평화정착에 노력하면서 병역복무기간의 단축뿐 아니라 의무병역제를 직업군인제로 전환하는 방법까지 고려해 보아야 할 것이다. 더욱이 국민들이 가지고 있는 사대주의와 패권주의를 동시에 제거하기 위해 정부가 솔선수범해야 할 것이다.

현재 대규모로 진행하는 세계화(globalisation)는 선진국 출신의 산업자본・금융자본・상업자본이 IMF, WTO 등 국제기구와 자국 정부를 앞장세워 세계 각국의 시장을 개방하는 과정이다. 본국에 본부를 둔 다국적기업(산업・금융・상업에 종사하는)이 세계 각지에 지점망을 두어 지구적 차원에서 경영하는 것이 세계화의 구체적 실례인데, 다국적기업은 이윤창출의 기회가 더욱 큰 나라나 지역에 투자한다. 예컨대 노동조합의 세력이 약하고, 임금수준이 낮고, 노동자의 기능수준은 높고, 정치적・사회적으로 안정적이고, 자본에 대한 정부의 규제는 없으면서 지원은 많고, 독과점과 환경에 대한 규제가 약한 나라로 해외투자가 집중할 것이다. 또한 외국자본을 유치하려는 각국 정부는 '외국기업가가 신뢰할 수 있는 기업하기 좋은 환경'을 외국기업가에게 제공하려고 경쟁할 것이다. 이렇게 되면, 세계의 노동계급의 노동조건은 점점 더 '하향평준화'할 것이고, 세계의 환경은 파괴될 것이며, 시민들의 자유는 축소할 것이고, 각국 사이의 불균등발전은 더욱 심화할 것이다.

그런데 이런 경향이 어느 정도 '가능성'으로부터 '현실성'으로 전환될 수 있을까? 시애틀로부터 도하에 이르는 세계적인 시민운동이 보여 준 바와 같이, 위와 같은 형태의 자본의 세계화에 대해 세계의 노동계급과 시민 및 대내지향적 자본분파는 반대하며, 주기적으로 선출되는 각국 정부도 자국 유권자들의 다수가 반대하는 유형의 세계화를 계속 추진할 수가 없을 것이다. 따라서 자본의 세계화는 '이론적으로' 상상하는 것보다 훨씬 좁은 범위에서 진행되고 있다. 예컨대 해외직접투자는 선진국에서 노동시장의 '유연성'(기업가가 채용과 해고를 마음대로 할 수 있고 임금수준을 마음대로 결정할 수 있는 정도)이 매우 높은 후진국으로 이동하지 않고, 오히려 그 대부분이 선진국에서 선진국으로 이동하고 있다. 외국자본을 유치하는 요소로서 노동시장의 유연성은 노동자의 자질이나 시장의 크기나 정치적 안정성보다 훨씬 덜 중요하다는 것이다. 지금 당장 우리가 경험하고 있는 바와 같이, '북핵 위기'를 평화적으로 해결하는 것이 외국자본을 유치하는 가장 중요한 정책이며, 노동자들의 권리를 축소하는 것은 큰 의미가 없다. 이른바 '경제자유구역'을 건설하여 노동자의 노동삼권을 제약하고 법인세를 부과하지 않으며 모든 정부 규제를 없애겠다는 구상은 참으로 어리석기 짝이 없다. 외국자본을 유치하는 이유가 무엇인지가 분명하지 않으며, 우리나라 경제가 노동자를 노예로 외국인에게 팔아야만 하는 수준이 아니라 세계 제10위권이라는 사실을 망각하고 있다. 또한 우리가 명심해야 하는 것은 WTO에서는 세계 각국의 환경규제, 노동법, 독과점규제 등을 동일하게 통일하려고 시도하고 있다는 사실이다. 이른바 그린라운드(Green Round), 블루라운드(Blue Round), 경쟁라운드(Competition Round) 등이 그것인데, 이것이 하나씩 타결되면 각국 정부가 타국보다 '더욱 유리한 투자조건'을 제공하여 외국자본을 유치하기는 더욱 어려워질 것이다.

다른 한편으로, 세계화에 관해 매우 '환상적인' 관념들이 유포되고 있다. 세계화가 진행되면서 국민국가는 세력을 잃고 사라지리라고 예측하는 사람들은 부시 정부의 패권주의 또는 제국주의를 보면서 생각을 바꾸어야 한다. "세계가 하나의 평화로운 나라로 될 것이다"는 '희망사항'이고, 현실은 미국이라는 세계 최강국의 정부(또는 국민국가)가 세계를 '자기의 마음대로' 지배하는 상황이다. 미국 정부는 세계화의 '복음'을 외치면서 국제기구 모두를 동원해 각국 정부에게 시장 개방을 '강요'함으로써 미국 출신의 다국적기업이 세계경제를 지배하도록 했고, 이런 경제력과 핵무기 등 군사력을 바탕으로 세계를 지배하는 '제국'(Empire)이 되고 있다. 우리나라와 맺은 온갖 불평등조약이나 한반도의 위기도 궁극적으로는 미국제국의 국가이익 때문이다. 그러나 로마제국이나 대영제국이 영구히 존속할 수 없었던 것처럼 미국제국도 당연히 영원할 수 없으며, 미국제국의 패권주의에 대한 도전이 증가하면 할수록 미국제국의 수명은 단축될 것이다. 이라크에 대한 무력 침략을 둘러싸고 유엔 안전보장이사회의 5대 상임이사국 사이의 갈등과 대립은 미국제국의 패권주의를 견제하는 중요한 실례로 되고 있다.

21-6. 김대중 정부(1998년 2월-2003년 2월): '신자유주의적' 공황 대책

자본주의 경제에 '고유한' 경기순환의 국면들은, 회복 → 호황 → 벼락경기(boom) → 경제위기(economic crisis) → 공황(crash) → 불황 → 회복이라고 분류하는 것이 옳을 것이다.

20세기에 세계자본주의는 두 차례의 거대한 공황을 겪었다. 첫째는 1929년 10월 뉴욕증권시장의 주가 폭락을 계기로 발생했는데, 1939년 말 제2차 세계대전이 발발할 때까지 계속되었다. 두 번째의 세계대공황은 1973년 10월 이후의 석유가격 폭등을 계기로 발생했는데, 이 대공황을 극복하는 사상체계로 '신자유주의'(neo-liberalism)가 등장한 것이다.

신자유주의는 서유럽 각국마다 그 내용이 조금씩 다른데, 영국의 경우에는 1974/75년의 세계대공황을 극복하는 과정에서 등장한 각종의 시장지상주의적 경제사상을 가리킨다. 신자유주의는 케인스주의적 정부개입이나 정부규제를 배격하고, 사회복지제도의 해체, 노동운동의 규제, 공기업의 민영화 또는 사유화, 조세감면 등등을 주장하는데, 신자유주의의 핵심은 자본가계급의 이윤추구욕심(또는 가치증식욕)을 충족시킴으로써 경제를 불황으로부터 회복시킨다는 것이다. 정부가 노동조합의 권리를 축소함으로써, 자본가가 노동자를 마음대로 해고할 수 있게 되고 임금수준이나 노동시간의 결정에서 자본가가 더욱 큰 발언권을 가지게 되며; 정부가 사회복지비 지출을 감축함으로써 자본가계급에게 조세부담을 경감하고; 수익성 있는 공기업을 사유화함으로써 자본가계급에게 투자대상을 제공하며; 환경・독과점・안전에 관한 규제를 약화함으로써 기업의 자유를 확대하고 기업의 비수익성 비용을 감축하며; 기업의 해외 진출을 적극 지원함으로써 세계시장을 개척하게 한다. 신자유주의는 강대국 사이의 갈등, 그리고 강대국과 약소국 사이의 대립을 강화하면서 자본의 무정부적 활동을 촉진하기 때문에, 세계금융시장에 혼란을 일으키고 세계경제의 안정적 성장을 저해하고 있다.

1997년 12월에 폭발한 한국의 공황도 자본주의체제에 고유한 것이었다. 흔히들 주류경제학자들은 한국의 공황이 재벌이나 금융기관의 도덕적 해이(moral hazard) 때문이거나 정경유착(cronyism) 때문이라고 이야기하는데, 이런 분석은 미국·영국·독일에서 발생한 공황을 설명할 수가 없다. 따라서 자본주의 일반의 경향을 공황의 '원인'으로 보면서 한국의 특수상황은 공황을 '강화하거나 약화시키는 요인'으로 분석하는 것이 옳을 것이다.

김영삼 정부가 들어서고 세계화가 새로운 구호로 나타나면서, 대기업 특히 재벌은 대규모 설비투자를 행하기 시작했다. 동남아와 중국 기업들의 추격을 받고 있던 노동집약적 산업과, 일본·독일·미국의 기업에 밀리던 기술집약적 산업에서 대규모 설비투자가 일어난 것이다. 기업들은 사내유보자금이 부족하기 때문에 은행·제2금융권·증권시장으로부터 거대한 자금을 조달했고, 금융개방에 힘입어 외국기업이나 외국은행으로부터도 대규모의 자금을 차입했다. 외국투자자들은 한국경제의 기적이 계속되리라고 기대해 우리나라의 기업·은행·제2금융권에 거대한 자금을 대부했으며 증권시장에도 투자했다.

그런데 대규모의 설비투자가 완성되면서 생산물이 세계시장에 등장하기 시작할 때, 세계시장의 가격과 판매량이 국내 대기업의 예상보다 훨씬 낮았기 때문에, 대기업들은 수익성 악화에 직면하게 되었고 과잉투자·과잉설비·과잉채무에 시달리게 된 것이다. 1996년 하반기부터 전경련에서 고비용·저효율 경제구조 때문에 경제위기가 오고 있다고 외치기 시작했지만, 호황이 계속되는 상황에서 과잉투자가 일어나고 과잉채무 때문에 기업이 수익성의 악화를 경험하는 것은 자본주의 경제의 무정부성 때문이므로 어느 자본주의국에서도 일어나게 마련이다. 1997년 초부터 한보철강, 삼미특수강, 진로, 대농, 한신공영, 기아, 쌍방울, 해태, 뉴코아 등 대기업이 퇴출(매각·합병·법정관리·화의를 포함)하기 시작했다. 대기업들의 퇴출은 은행과 제2금융권에게 부실채권을 누적시키고 손실을 확대했기 때문에, 금융기관은 도산 위험성에 직면해 새로운 신용을 제공하지 않고 이미 제공한 대출을 회수하기 시작했는데, 이에 따른 신용경색 또는 자금부족 때문에 기업의 퇴출이 더욱 증가하면서 금융기관의 부실은 더욱 심화했다.

이런 상황에서 외국은행들이 대출 기한의 연장을 거부하고 대출의 상환을 요구하며, 외국투자자들이 증권시장에서 증권을 팔아 외화를 본국으로 송금한 것은 '당연한' 사건이었다. 외환보유고가 바닥이 나서 기업·은행·제2금융권이 외채상환일에 외채를 갚을 수 없는 상황이 발생했고, 외환부족·환율폭등·도산격증이라는 형태로 공황이 폭발한 것이다. 이에 정부는 1997년 11월 21일 IMF에 특별 구제금융을 요청했고 12월 3일에 받게 되었다.

이처럼 1997년의 공황을 자본주의의 기본 속성에 의해 설명할 수 있다. '도덕적 해이'나 '정경유착(또는 연줄주의)'이라는 한국경제의 '특수성'을 도입하지 않더라도, 자본가들 사이의 무한 경쟁, 무정부적인 과잉투자와 과잉채무, 자본가의 예측을 빗나간 현실, 수익성 악화, 산업기업의 도산과 금융기관의 부실화라는 자본주의의 일반성에 의해 공황을 설명할 수 있다. 그렇다고 해서 경제정책을 장악하고 있던 정부가 아무 책임이 없다고 이야기하는 것은 아니다. 정부의 개입방식이 공황의 발발 시기나 강도에 영향을 미칠 수 있기 때문이다. 몇 가지 예를 들어보자. 김영삼 정부는 세계화를 앞세우면서 자유화와 개방화를 실시했는데, 이 과정에서 '산업정책'을 포기함으로써 대기업들의 과잉중복투자를 조정하지 못했다는 점(예: 한보철강과 삼성자동차의 승인), 금융거래(특히 대외단기자본거래)를 제대로 감독하지 못했다는 점이다. 또한 국민소득 1만 달러의 달성을 과시하려는 욕심에서 원화의 가치하락을 막기 위해 외환보유고를 많이 지출했다는 점, 원화의 가치상승 때문에 수출은 감소하고 수입이 증가했다는 점, 정부가 '대마불사'라는 고정관념을 심어 줌으로써 대기업은 과잉투자에 매진하고 금융기관은 과잉대출을 꺼려하지 않았다는 점 등이다. 이런 요인들은 공황의 '원인'이 아니라 공황의 발발 시기와 강도에 영향을 미치는 '제도적 환경'이라고 보아야 할 것이다.

내가 여기에서 1997년의 공황의 원인을 장황하게 설명하는 것은, 김대중 정부의 신자유주의는 "공황의 원인을 약화시킬 수 없다"는 것을 보이기 위해서다. 위에서 밝힌 공황의 원인인 '자본가들 사이의 무한 경쟁, 무정부적인 과잉투자와 과잉채무, 자본가의 예측을 빗나간 현실, 수익성 악화, 산업기업의 도산과 금융기관의 부실화'는 '경제를 시장이나 자본가에게 맡기면' 약화되기보다는 더욱 강화되기 때문이다. 이렇게 본다면, 1929년의 공황을 겪으면서 자유방임사상이 후퇴하고 케인스주의적 개입정책이 등장한 것은 당연한 사건이었다.

공황의 발생 가능성을 감축시키기 위해 정부가 채택할 수 있는 정책을 몇 가지 소개하면 다음과 같다. 첫째, 정부가 대기업들과 함께 산업 전체의 장래를 '계획'하면서 거대한 비용이 드는 연구・개발에 선두적인 역할을 한다면, 우리 산업의 국제경쟁력이 향상할 뿐 아니라 장래의 불확실성을 상당히 감소시킬 것이며, 따라서 경제의 안정적 성장에 기여할 것이다. 둘째, 사적 이윤을 추구하는 부문보다 공공성을 강조하는 부문이 더욱 커진다면, 기업들 사이의 무한 경쟁이나 무모한 과잉투자와 과잉부채가 사라질 것이다. 이것은 공기업의 사유화를 반대하는 이유의 하나가 된다. 셋째, 공적 자금을 지원한 금융기관을 다시 사유화하기보다는 공영화하는 것도 금융기관의 공공성을 강화하는 하나의 방법이다. 사실상 IMF의 권고에 따라 우리나라 금융제도가 은행 중심에서 증권시장 중심으로 전환되었지만, 증권시장의 한탕주의와 불안정성을 보완하기 위해서는 금융기관의 공공성을 실질적으로 강화할 필요가 있을 것이다. 넷째, 국제투기자본인 핫머니를 규제하는 정책을 수립해야만 급격한 외자 유출에 따른 외환부족과 공황을 회피할 수 있을 것이다. 자본이동의 자유화가 세계 전체로 확대하면서 국제금융위기가 아시아, 라틴아메리카, 러시아 등으로 확대되었으므로, IMF나 BIS에서도 국제금융질서의 안정성을 도모하는 정책을 고안하고 있는 중이다. 다섯째, 국내시장이 세계시장보다 정부의 개입 효과에 따라 더욱 안정적이라면, 국내시장의 규모를 확대할 수 있는 정책을 실시하는 것이 공황의 가능성을 약화시키는 방법이 된다. 빈부격차를 줄이는 소득재분배정책, 교육과 보건 서비스를 확대하고 노인과 저소득층의 소득을 보조하는 사회복지정책, 비정규직 노동자들에게 정규직과 동일한 '혜택'을 제공하는 노동정책 등은 우리 사회의 삶의 질을 높일 뿐 아니라 국내시장의 크기를 확대할 것이다.

21-7. 노무현 정부(2003년 2월-2008년 2월): '좌파 신자유주의'

2002년 12월의 대통령 선거에서는 부산상업고등학교를 나온 노무현 후보가 경기고와 서울대 법대를 나온 한나라당의 이회창 후보를 이겨 대통령에 당선되었는데, 국회의 과반수를 차지하고 있던 한나라당을 비롯한 보수기득권 세력은 노무현 대통령을 얕잡아 보아 흔들기를 계속했다. 그러다가 여소야대의 국회는 2004년 대통령을 탄핵하기에 이르고, 탄핵을 반대하는 국민들의 열정에 힘입어 4월의 총선에서 여당인 열린우리당이 국회의석 과반을 차지하는 이변이 일어났다.

노무현은 지금까지의 대통령 중에서는 권위주의를 인정하지 않는 가장 민주적인 대통령이었다. 정부 각 기관이 '토론'을 통해 새로운 정책을 제출하고 비판하는 태도를 취하게 되었으며, 국가정보원은 옛날의 무소불위의 중앙정보부와는 전혀 다른 '단순한' 대외관련 정보기관이 되었고, 대통령은 5년 내내 한국 최대의 언론권력과 힘겨운 싸움을 계속했으며, 미국과의 관계에서도 한반도의 이익을 옹호하는 입장을 상당히 견지했고, 2007년에는 북한의 김정일과 만나 남북 경제협력과 긴장완화를 논의했다.

그러나 노무현 후보를 지지한 이른바 '개혁세력'은 좀 더 많은 것을 요구했다. 국가보안법을 '철폐'하고, 사립학교법을 '제대로' 고치며, 모든 비정규직을 정규직으로 전환하고, 부동산 가격의 상승을 억제하며, 양극화를 해소할 것을 주문한 것이다. 그런데 국회의 열린우리당은 개혁세력의 이런 요구를 감당할 정도로 개혁적이지 못했고, 노무현 정부도 2005년 4월 6일에 내놓은 '선진통상국가'에서 보듯이 선진국의 신자유주의를 '역사적 필연'으로 받아들였다. 2007년 한 해 동안 노무현 정부는 우리 정부의 정책적 주권을 제약하고 우리의 농업과 중소기업을 몰락시킬 '한미자유무역협정'(한미FTA)을 추진하면서 개혁세력과 크게 대립했고, 개혁세력의 지지를 완전히 잃게 되었다.

다른 한편으로 보수기득권층은 처음부터 노무현을 싫어했다. 고등학교 출신이고 상업학교 출신이어서 이미 '출신 성분'에서 낙제 점수를 받았으며, '혈맹이고 우리의 구세주인' 미국 정부와 정정당당하게 정책을 논의하는 것이 자신들의 숭미사대주의(崇美事大主義)와 전혀 코드가 맞지 않았고, 북한을 '흡수통일'해 북한 인민을 장시간 저임금의 3D업종에서 착취해도 시원찮은데 북한에 '묻지마 원조'를 해 주는 것이 자신들의 처세철학—"약한 사람은 밟고 강한 사람에게는 굽실거리기"—과 정면으로 부닥쳤기 때문이다.

여기에서 노무현 정부는 개혁세력으로부터도 비난받고 보수기득권세력으로부터도 외면당하는 외톨이 신세가 된 것이다. 노무현은 보수기득권층이 자신을 싫어하기 때문에 자신이 '좌파'라고 믿었고, 개혁세력이 자신을 비난하기 때문에 자신이 '신자유주의자'라고 믿은 것이다. 이리하여 '좌파 신자유주의'라는 새로운 단어를 창조했는데, 보수기득권층과 개혁세력의 지지 모두를 잃은 것의 결과가 이명박 후보에 대한 '묻지마' 지지로 나타난 것으로 보인다.

21-7-1. 한미자유무역협정의 핵심

한미자유무역협정을 체결하는 한미 정부 사이의 협상이 일단 2007년 4월 2일 마무리되었다. 재경부장관과 대통령은 공개적으로 한미FTA의 손익을 계산해 발표하고, 손실을 입을 분야와 사람을 낱낱이 열거하면서 각종 지원을 아끼지 않겠다고 공약했다. 그러나 이 공약은 사실상 속임수에 불과하다. 언제까지 국제경쟁력 없는 분야를 지원할 수 있을 것인가? 그리고 이렇게 지원하려고 마음먹었다면, 미리 그 분야들을 '현대화'해서 국제경쟁에서 살아남을 수 있도록 했어야 옳을 것이다. 그런데 정부는 지금까지 농민・축산업자・수산업자・중소기업가에게 국제경쟁력을 향상시키는 구조개혁을 시도한 적이 없으며 걸핏하면 임기응변적으로 개인들에게 금전적 지원을 한 것이 전부였다. 모두가 스스로 알아서 장래를 개척하라고 '자유방임'한 것이고, 이것이 또한 현재 유행하는 신자유주의 정신에 맞는다. 이제 와서 정부가 유치산업을 지원한다면, '투자자-국가 소송제'에 의해 미국 투자자가 한국 정부를 피고로 국제중재기관에 소송을 제기해 엄청난 보상을 청구할 것이기 때문에 한국 정부가 유치산업을 지원할 수도 없다.

한미자유무역협정은 한국경제가 "선진경제로 도약하는 발판이 될 것이다"는 이야기는 그 협정으로 말미암아 한국경제의 '비능률적인' 분야들이 사라질 것이라는 이야기와 같다. 결국 한국 정부가 한미자유무역협정을 맺은 것은 그리고 투자자-국가 소송제를 채택한 것은 한국 정부가 자기 손으로 국제경쟁력 없는 분야들을 잘라내기가 어려우니까 한미자유무역협정을 핑계 삼아 그 분야들을 없애려고 계획했기 때문이다. 국제경쟁력 없는 분야들에 종사하는 사람들에게 몇 달 동안 소득을 보조하다가 끊어버리면 그 분야들과 종사자들이 사라지면서 경제 전체의 경쟁력은 높아질 것이다. 그러나 농민 · 어민 · 축산업자 · 중소기업가 등은 직업을 잃고 시들시들 죽어갈 것이다. 다른 한편으로 한국의 부유층은 미국으로부터 수입한 양질의 값싼 농산물 · 축산물 · 수산물 · 공산품을 즐기게 되며, 한국과 미국의 대기업들은 수출 증대로 큰 이익을 얻을 것이다. 계급관계에서 본다면, 국내적으로나 국제적으로 보수대연합이 탄생하게 된다. 국내에서는 재벌과 부유층과 친미주의자들의 보수대연합이 탄생하며, 국제적으로는 한국의 보수대연합이 미국의 부시를 중심으로 하는 보수대연합과 결합하게 된다.

내가 한미자유무역협정을 반대하는 이유가 여기에 있다. 한국이 미국과 같은 '깡패 자본주의' 나라가 되는 것을 원하지 않기 때문이다. 일인당 국민소득이 4만 달러로 세계 제일의 부자 나라인데도, 총가구의 20-30%가 빈곤선 아래에서 살며, 대도시에는 대규모의 빈민굴이 있어 낮에도 다닐 수가 없고, 마약과 살인과 매춘이 판을 치며, 약값과 병원비가 너무 비싸 돈 없는 환자는 죽을 수밖에 없는 나라가 되어서는 안 되기 때문이다. 미국을 선진국의 모범으로 삼아 선진국이 되자고 주장한다면 참으로 한심스러운 일이다.

물론 정부는 미국 정부에 '퍼주기 협상'으로 '조공'을 바쳐 남북한의 경제협력과 평화협정을 도모하려고 시도할 수도 있다. 그러나 미국과 한국의 보수대연합은 남북한 문제를 자본주의와 공산주의라는 이데올로기적 관점이나 비용-수익의 회계적 관점에서 파악하기 때문에, 남북한 문제를 분단된 민족의 통일이라는 관점에서 파악하지 않는다. 또한 보수대연합은 '국가보안법'이 힘을 발휘해야 비판적이고 양심적인 백성들을 억압할 수 있기 때문에 북한과 평화협정을 맺기를 원하지 않는다. 따라서 한미자유무역협정을 통해 미국세력권에 더욱 포섭됨으로써 남북한 문제를 해결하려고 시도하는 것은 큰 성과를 얻을 수 없을 것이다. 그리고 사실상 북미관계와 남북관계의 개선은 한미자유무역협정과는 전혀 다른 차원—북한의 핵문제를 둘러싼 6자회담에서 진행되고 있다.

21-7-2. 성장과 분배의 상호관계

"성장이냐 분배냐"를 둘러싸고 논쟁이 벌어졌다. 성장과 분배의 상호관계에 관해서는 경제이론의 차원과 경제정책의 차원에서 달리 연구되어야 한다. 경제이론은 자본주의 사회에서 성장과 분배가 어떤 관계를 맺고 있는가를 논리적이고 현실성 있게 설명하면 충분하지만, 경제정책은 어떤 특정한 목적을 가지고 성장이나 분배 중 어느 하나에 자원을 집중하려고 하기 때문이다. 그렇지만 성장과 분배의 상호관계를 경제이론적으로 올바르게 파악하지 않고서는 경제정책이 자기의 목적을 달성할 수 없을 것이다. 또한 경제정책을 수립하고 실천하는 데는 온갖 이익집단이 정치적으로 개입하기 때문에 갈등과 타협의 과정에서 성장이나 분배 중 어느 하나에 자원을 집중할 수 없는 경우도 생길 수 있다.

가. 경제이론의 차원

우리는 그림 21-1과 같이 산업자본을 중심으로 성장과 분배의 상호관련을 도식화할 수 있다.

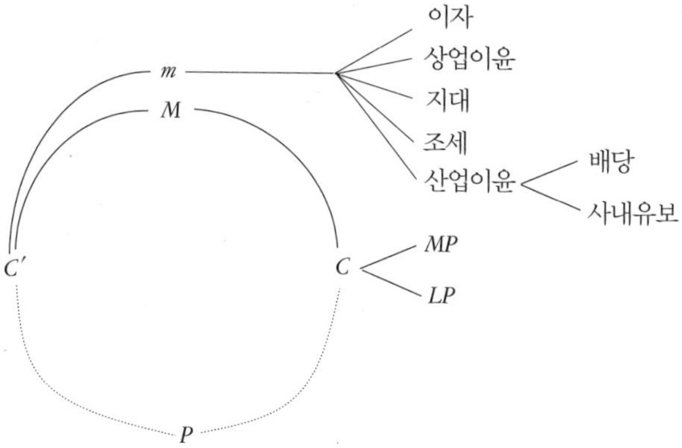

그림 21-1. 성장과 분배

> 산업자본의 투자→생산수단과 노동력의 구입→노동자가 생산과정에서 상품을 생산하고 새로운 가치를 창조한다→상품이 판매됨으로써 창조된 가치가 화폐로 실현된다→실현된 부가가치가 임금과 잉여가치로 분배되고, 또한 잉여가치가 이자·상업이윤·지대·조세·산업이윤 등으로 분배된다→산업이윤이 배당과 사내유보로 분배된다→사내유보의 재투자→기업의 생산능력 확장과 고용인구의 증가→생산량 증대→판매량 증대 등등의 연관을 통해 경제성장이 달성된다.

경제성장을 촉진하는 데 가장 중요한 문제는 흔히들 말하듯이 산업자본이 더욱 큰 산업이윤을 얻는 것과 그것을 산업에 재투자하는 것이다. 이 문제는, 위의 도식에 따르면, 다음과 같은 항목들을 포함한다. i) 노동자들이 더욱 큰 가치를 창조해야 한다. ii) 이 창조된 가치가 화폐로 실현되어야 한다. iii) 이 실현된 가치 중 임금보다 잉여가치가 증가해야 한다. iv) 잉여가치 중 산업이윤이 증가하려면 이자·상업이윤·지대·조세 등을 줄여야 한다. v) 산업이윤 중 주주에게 배당되는 몫보다 사내유보가 증가해야 한다. vi) 증가한 사내유보가 산업에 다시 투자되어야 한다.

위의 항목 중 iii), iv), v)가 직접적으로 분배문제에 속한다. 따라서 경제성장은 분배문제를 항상 자기 가슴에 품고 있다고 말할 수 있다. 노동자들이 창조한 부가가치 중 될수록 임금 몫을 줄이고 잉여가치 몫을 늘릴 것, 잉여가치 중 산업이윤의 몫을 늘릴 것, 그리고 산업이윤 중 배당 몫을 줄이고 사내유보 몫을 늘릴 것 등이 바로 그것이다. v)에 관해 말한다면, 산업이윤이 주주들의 단기적인 요구에 따라 배당으로 더 많이 분배된다면 산업에 재투자될 부분은 축소할 수밖에 없다는 문제점이 있다. 특히 한국에 들어온 외국의 금융자본(예: 각종 펀드)은 배당을 많이 받는 것, 그리하여 소유주식의 가격이 더욱 상승하는 것에 큰 관심을 가지며, 기업의 장기적인 확장이나 기술혁신에는 거의 관심을 가지지 않기 때문이다.

그러나 더욱 중요한 문제는 다음과 같은 것이다. 즉, 사내유보가 크게 증가하면 산업자본이 큰 규모로 축적되며 생산능력이 크게 확대된다. 그러나 아무리 상품을 많이 생산하더라도 팔리지 않으면 헛수고일 뿐 아니라 자본을 낭비하게 된다. 상품이 판매되어야 창조된 부가가치와 잉여가치가 화폐로 실현될 수 있기 때문에, 경제성장에서는 상품들의 판매시장을 확대하는 것이 매우 큰 문제다. 그런데 iii)처럼 임금 몫을 줄인다면 노동자계급의 소비지출이 줄어들어 소비재의 판매시장 나아가서 소비재의 생산에 필요한 생산재의 판매시장이 축소됨으로써 창조된 잉여가치가 화폐로 실현될 수 없을지도 모른다. 그리고 이렇게 예상되는 경우에는 산업자본가들은 사내유보를 산업에 다시 투자하지 않고 예컨대 금융자산(다른 기업의 주식・채권 등)에 투자하려 할 것이다. 따라서 위의 항목 중 ii)와 vi)가 또한 분배문제와 연결되어 있다고 볼 수 있다.

이제 경제성장에서 중요한 항목 중 몇 개를 자세히 살펴보자. 첫째 더 큰 부가가치와 잉여가치를 창조해야 한다. 노동자들이 노동을 통해 가치를 새로이 창조하고 이 부가가치가 임금과 잉여가치로 분배된다. 따라서 더 큰 가치와 잉여가치를 창조하려면 새로운 업종들이 개척되면서 더 많은 노동자들이 고용되어야 한다. 그런데 최근 성장하고 있는 업종 중에는 노동자들이 '직접적으로' 가치와 잉여가치를 창조하지 않는 업종들이 있다. 재화를 생산하는 제조업 이외에도 서비스를 생산하는 여러 업종(예: 통신・운수・창고・택배・항공・철도・지하철)에서도 노동자들은 가치와 잉여가치를 생산한다. 그러나 판매용 재화나 서비스를 직접적으로 생산하지 않고 재화나 서비스를 오직 매매하는 업종(예: 백화점・전자상거래・도소매・핸드폰 대리점)에서는 노동자들이 가치와 잉여가치를 직접적으로 생산하지 않는다. 그들은 자기들의 노동을 통해 자기들이 매매하는 상품들의 판매를 촉진함으로써 생산업체들이 더욱 많은 잉여가치를 생산하도록 도와주기 때문에, 그들은 '간접적으로' 가치와 잉여가치를 생산하는 셈이다. 또한 사회 전체의 금융거래를 원활하게 하는 금융업이나 증권업 등등도 가치와 잉여가치를 직접적으로 생산하지 않고 다른 '생산적인' 업종에게 자금을 공급하거나 금융비용을 줄여 줌으로써 간접적으로 가치와 잉여가치의 생산에 기여한다.

이처럼 잉여가치를 직접적으로 창조하는 업종과 창조하지 않는 업종은 분업관계를 통해 일정한 '균형'을 이루고 있다. 만약 잉여가치를 직접적으로 창조하지 않는 업종에 더욱 많은 자본이 투자되면서 이 균형이 깨어진다면, 사회 전체의 이윤율이 저하되고 이 업종의 기업들은 과잉경쟁・무한경쟁으로 도산하기가 쉽다.

더 많은 '생산적인' 노동자들이 더 큰 잉여가치를 창조하게 하려면, 노동자들의 임금수준을 저하시키고 노동시간을 연장하며 노동강도를 강화하고 노동생산성을 향상시켜야 한다. 이 과정에서 기업가와 노동자 사이에 당연히 이익의 대립이 생기고, '계급투쟁'의 진행이 기업의 잉여가치 획득을 제약하게 된다. 노동자계급의 저항을 약화시키기 위해 기업가는 노동절약적 생산방법(예: 기계화・자동화・정보화)을 채택하고 노동자를 정규직에서 비정규직으로 전환시키려 한다. 그런데 이 전략은 노동자들을 해고시키고 임금수준을 낮추며 노동자들의 자발적인 헌신과 창의성을 저해하기 때문에, 시장을 축소하는 문제와 노동생산성을 정체시키는 문제를 내포하고 있다.

둘째로 분배문제에서 갈등과 투쟁이 생긴다. 자본주의가 성립할 때 이미 생산수단의 '분배'는 끝났다. 생산수단을 가진 사람은 자본가가 되었고 생산수단을 가지지 않은 노동자들은 자기의 노동력을 팔아 살 수밖에 없었다. 따라서 자본주의에서 경제성장을 주도하는 산업자본가가 직면하는 분배문제는 다음과 같은 세 가지 형태다. i) 노동자들이 생산과정에서 새로 창조한 가치가 임금과 잉여가치로 분배되는 것. ii) 이 잉여가치가 다시 이자・상업이윤・지대・조세로 분배되면서 산업이윤을 남기게 되는 것. iii) 이 산업이윤이 배당과 사내유보로 분배되는 것. 이 세 형태의 분배문제에는 갈등과 투쟁이 뒤따르기 마련이다. i)의 분배문제에서는 노동자계급을 억압하기 위해 모든 유산자계급과 정부가 한 편이 될 수 있고, ii)의 분배문제에서는 유산자계급 사이 그리고 유산자계급과 정부 사이에 갈등이 생기며, iii)의 분배문제에서는 산업의 확대에 관심을 가진 집단과 금융자산의 가치증식에만 관심을 가진 집단(금융자본가계급) 사이에 대립이 생긴다.

만약 산업자본가들이 산업의 확대를 뒷받침하는 사내유보가 낮다고 불평한다면, 그것은 노동자계급에 대한 불만뿐 아니라 금융자본가, 상업자본가, 토지소유자, 정부 모두에 대한 불만을 표현한다고 보아야 한다. 만약 정부가 사내유보를 높임으로써 투자를 활성화하고 경제성장을 촉진하려고 한다면, 임금수준의 억압 못지않게 이자・상업이윤・지대・조세・배당을 경감해야 할 것이다.

그런데 분배는 금년에 새로 창조된 가치를 여러 경제주체들이 나누어 가지는 것에 국한되지 않고 오랫동안 소득을 저축하여 이룬 재산을 재분배하는 것도 포함한다. 예컨대 독점적인 건설업체가 아파트를 높은 가격으로 판다면 이 건설업체의 독점이윤의 원천은 구매자들의 금년의 소득뿐 아니라 그들의 저축과 재산이다. 또한 사채업자가 폭리로 서민을 수탈하거나 온갖 복권판매업이 서민들의 주머니를 터는 것도 금년의 소득보다 더욱 클 것이다.

셋째로 잉여가치의 실현과 사내유보의 재투자를 위해서는 생산물의 판매시장이 커야만 한다. 산업자본이 사내유보를 많이 가져 재투자함으로써 경제가 성장한다. 그렇다면 재투자는 끝없이 진행될 수 있는가? 호황기에는 모든 사내유보를 재투자해도 모자라 자본을 차입해 투자하는데, 나중에 가서 판매시장이 포화상태에 빠진 것을 보면서 파산하기 일쑤다. 결국 재투자는 판매시장이라는 장애물에 걸린다는 이야기다.

판매시장을 생산재시장과 소비재시장으로 크게 나누면, 기계나 원료 등 생산재를 구매하는 사람은 기업가이고, 소비재를 사는 사람은 기업가와 노동자인데 노동자는 기업가로부터 임금을 받지 않으면 소비재를 살 수 없기 때문에, 생산재와 소비재를 구매하는 자금의 원천은 결국 기업가로부터 나온다고 말할 수 있다. 산업이윤율과 사내유보율이 높으면 기업가가 공장 규모를 확대하려고 기계와 원료를 더 많이 구입하고 노동자를 더 많이 고용하므로, 생산재와 소비재의 판매는 활기를 띠고 경제 전체가 호황을 누리게 된다. 다시 말해 높은 산업이윤율과 사내유보율은 기업가에게 공장 규모를 확대할 수 있는 능력과 확대하려는 의지를 제공하며, 그 결과로 상품들의 판매시장이 확대되면서 잉여가치의 창조와 실현이 순조롭게 진행된다.

그러나 생산능력의 확대와 판매시장의 확대는 이율배반적이다. 자동화 등 기술집약적인 생산방식을 도입하면 생산능력은 확대되지만 노동자들의 수는 절대적으로나 상대적으로 감소하기 때문에 임금소득의 증가에 의한 판매시장의 확대는 달성되지 않는다. 물론 자동화를 도입한 기업은 제품의 판매가격을 낮춤으로써 시장을 더욱 많이 차지할 것이지만, 관점을 넓혀 모든 기업이 동시에 자동화를 채택한다면 판매시장이 오히려 축소된다. 특히 최근 무한경쟁에서 이기기 위해 '국가경쟁력'을 강화하려고 기업과 정부가 함께 노동자계급의 임금수준을 압박하고 있지만, 모든 나라가 거의 비슷한 신자유주의적 정책을 채택하고 있기 때문에 세계시장은 축소하고 무한경쟁은 더욱더 강화되고 있는 것이다. 왜냐하면 개별기업에게는 임금지불 총액은 '비용'이므로 절감해야 할 항목이지만, 판매시장의 관점에서 보면 노동자들의 임금 총액은 소비재를 살 수 있는 구매력을 이루기 때문이다.

임금지불 총액을 감축해 이윤을 증가시키고 이윤을 재투자해 생산능력을 확대하는 과정에서 결국 판매시장의 부족이라는 장애물에 걸리게 된다. 다시 말해 생산능력과 노동자들의 임금총액 사이에는 일정한 균형조건이 있는데, 생산능력에 비해 임금총액이 적다면 경제 전체가 과잉생산공황에 빠지는 것이다. 물론 여기에서 말하는 '과잉'은 주민들의 욕망이나 필요에 비해 상품들이 너무나 많다는 뜻은 아니며, 자본의 가치증식욕을 만족시키지 못할 정도로(다시 말해 이윤율을 저하시킬 정도로) 상품들이 많다는 뜻이다.

나. 경제정책의 차원

"작은 빵을 지금 당장 갈라 먹기보다는 빵을 키워서 갈라 먹자"는 구호는 1961년 박정희 시절부터 나왔는데, 아직도 그대로 외치고 있다. 빵이 수천 배나 커졌는데도 기업가들은 여전히 그 구호를 외치고 있는데 영원히 그 구호를 버리지 않을 것이다. 왜냐하면 '키운 빵'을 골고루 나누어 줄 주체가 자본주의 사회에는 없어 그 구호가 집행되지 못할 것을 빤히 알고 있기 때문이다. 정부, 기업, 노동자 어느 누구도 그런 '공권력'을 가지고 있지 않다. 물론 모든 생산수단을 공동으로 소유하고 공동으로 노동하는 새로운 사회에서는 그 구호가 실제로 실천에 옮겨질 수 있다. 왜냐하면 사회 전체가 빵의 '처분권'을 가지고 있기 때문이다.

요사이 경기를 부양시키기 위해서는 분배보다는 성장을 우선해야 한다는 주장이 나오고 있는데, 우리나라에 대단한 사회보장제도가 확립되어 있는 듯 착각하고 있다. 학교와 병원이 모두 무료이고 저소득층을 위한 무료의 장기임대아파트가 있고 실업수당·연금 등이 지급되어 인간다운 생활을 보장하는 복지사회에서는 심각한 불황시기에 그런 주장이 나올 수도 있을 것이지만, 그 주장이 옳다는 뜻은 아니다.

정부는 불황의 원인을 진단함과 동시에 우리 사회를 어떤 사회로 발전시킬 것인가에 대한 청사진을 제출해야 한다. 현재 불황의 원인이 소비지출의 감소에 있고 정부가 앞으로 복지사회를 건설하려고 한다면, 정부는 아파트에 대한 투기를 억제해 아파트 가격을 인하하고, 재정자금으로 공공사업을 대규모로 실시하여 실업자를 줄이고, 기초생활보호 대상의 범위를 늘리고 지원수준을 높이며, 신용불량자를 구제하고 악덕 사채업자에게 시달리는 중소기업과 가계를 살려내야 할 것이다. 이렇게 되면 소비지출의 확대 → 경기 회복 → 기업의 수익 전망 호전 → 기업의 투자 확대와 고용 증가 → 호경기→ 조세수입의 증가 → 국가채무의 감축으로 이어질 것이다. 이것은 또한 국내시장을 확대하는 방법이기도 하다. 한국경제는 너무나 크게 수출에 의존하기 때문에 불확실한 해외시장의 동향에 따라 한국경제는 좌우되고 있다. 그러나 위와 같이 서민대중의 소비능력을 증대시켜 국내시장을 확장한다면 한국 경제는 상당한 정도로 안정적인 성장을 계속할 수 있을 것이다.

국가채무의 증가에 대해 유산자계급과 외국자본이 반대하기 때문에 정부가 위와 같은 정책을 과감하게 실시하지 못하는 측면도 있지만, 1997년 12월의 외환위기 이후 기업과 금융기관의 부실운영을 뒤처리하는 데는 그토록 거대한 공적 자금을 쏟아 부은 정부가 서민들의 소비지출의 확대와 그것을 통한 경기 회복에는 왜 이렇게도 신중한지 알 수가 없다. 그리고 국가채무가 증가한다면 고소득층과 재산보유자에게 세금을 좀 더 많이 부과하는 것이 올바른 길이다. 지구적 표준(global standard)에서 보더라도 한국의 부자들은 너무 낮은 세금을 내고 있다는 사실을 명심할 필요가 있다(10-5-2 참조).

어려울 때 서로 도우면서 함께 사는 세상을 만들어 가는 '훈련'이 우리에게는 절대적으로 필요하다. 영국의 경우 제2차 세계대전의 처참한 상황에서 복지사회를 만드는 '사회적 합의'가 형성되었는데, 우리의 경우에는 지금과 같은 경제적 불황이 복지사회의 건설을 생각하는 큰 계기가 될 수 있을 것이다. 빈곤·착취·사기·범죄·자살·대박은 이 사회를 병들게 하며 모든 국민(부유하든 가난하든)을 괴롭히기 때문이다. 남북통일을 예상한다면 더욱 더 협력과 연대의 정신이 필요하므로, 정부는 협력과 연대를 실현할 수 있는 조세정책, 금융정책, 노동정책을 수립해 집행해야 한다.

자본의 세계화가 급속하게 진전하면서 외국자본의 세력이 상당히 증가했다. 상장주식의 시가총액에서 외국자본의 지분이 40% 정도이기 때문에, 국내에서 창조된 잉여가치와 국내의 재산 중 상당한 부분이 배당이나 투기이익으로 해외로 유출되고 있다. 이것도 당연히 분배문제에 속하며, 재투자되는 사내유보의 규모를 줄이고 있다. 외국투기자본에 의한 국내기업의 인수·합병과 과도한 배당을 규제해야 한다.

21-7-3. 외국자본의 규제

주식시장과 채권시장이 외국투자자에게 개방되었기 때문에, 단기적인 투기성 자금의 유출입이 심해졌다. 증권시세를 좌지우지하는 것은 외국자본인데, 이런 외국투기꾼들이 금융시장, 증권시장, 외환시장의 불안정을 더욱 부추기고 있다. 그런데 심각한 문제는 외국투기자본이 들어오는 것보다는 한꺼번에 몰려 나가는 데 있다. 국내에서 활동하는 외국투기자본이 예컨대 약 500억 달러라고 하고, 이 규모의 자본이 갑자기 원화를 외화로 환전해 국외로 탈출하려고 한다면, 정부의 외환보유고로서는 환율 폭등과 외환 부족을 도저히 감당할 수가 없어 또다시 외환공황에 빠지게 될 것이다. 따라서 단기적인 투기성 외국자본의 유출을 통제하는 조치를 미리 마련해야 한다.

가. 외국자본의 비중

1997년 말의 외환위기 이후 한국의 자본시장과 외환시장이 개방되었고, 외국자본은 제조업·은행업·보험업·투자업무·부동산업에서 한국기업을 인수·합병하거나 주식보유를 통해 배당이나 매매차익을 얻거나 부동산의 매매를 통해 이익을 챙겼다. 표 21-1은 주요 제조업 기업의 외국인 지분율을 보여 주고 있으며, 표 21-2는 일반은행의 외국인 지분율을 나타내고 있다.

외국인들의 주식보유 비중이 높아지면서, 기업과 금융기관은 배당을 높여 주가를 상승시키거나 안정시키는 것에 신경을 쓰지 않을 수 없다. 물

표 21-1. 주요 국내기업의 외국인 지분율 (단위: %)

기업	97.11	98.12	99.12	00.12	01.12	02.12	03.12	04.12	05.12
삼성전자	24.2	49.3	45.3	53.7	60.0	54.8	60.1	54.1	53.8
현대자동차	23.6	15.1	15.4	27.8	47.4	48.6	54.8	55.8	48.5
한국전력	10.6	19.9	22.4	26.1	26.5	25.1	29.0	30.5	30.0
POSCO	20.8	38.1	43.0	48.9	62.0	61.5	66.5	69.3	67.8
하이닉스	7.2	4.5	10.3	35.6	7.7	0.8	1.0	5.5	18.8
LG필립스LCD	-	-	-	-	-	-	-	52.1	54.0
SK텔레콤	26.0	33.6	31.6	33.7	32.3	41.3	48.6	48.4	49.0
LG전자	-	-	-	-	-	23.8	33.6	39.9	41.2
KT	-	0.03	18.7	19.4	37.2	41.6	45.5	49.0	46.3
기아자동차	-	-	5.2	8.2	11.6	15.4	31.3	36.5	28.3

자료: 한국개발연구원(2006).

표 21-2. 국내 일반은행의 외국인 지분율 (단위: %)

<table>
<tr><th colspan="2">은행</th><th>1998</th><th>1999</th><th>2000</th><th>2001</th><th>2002</th><th>2003</th><th>2004</th><th>2005</th></tr>
<tr><td rowspan="2">국민[1]</td><td>국민</td><td>25.5</td><td>50.3</td><td>57.2</td><td rowspan="2">71.1</td><td rowspan="2">70.2</td><td rowspan="2">73.6</td><td rowspan="2">76.1</td><td rowspan="2">85.4</td></tr>
<tr><td>주택</td><td>45.1</td><td>66.4</td><td>66.4</td></tr>
<tr><td colspan="2">우리금융[2]</td><td>-</td><td>0.05</td><td>16.3</td><td>0</td><td>0.7</td><td>4.5</td><td>11.7</td><td>11.4</td></tr>
<tr><td rowspan="2">신한 지주[3]</td><td>신한</td><td>27.8</td><td>45.2</td><td>40.4</td><td>48.6</td><td>49.0</td><td rowspan="2">40.4</td><td rowspan="2">62.8</td><td rowspan="2">57.1</td></tr>
<tr><td>조흥</td><td>5.8</td><td>0.4</td><td>0.2</td><td>0.3</td><td>3.1</td></tr>
<tr><td rowspan="2">하나 금융[4]</td><td>하나</td><td>18.1</td><td>26.2</td><td>32.2</td><td>52.0</td><td>-</td><td>-</td><td>-</td><td rowspan="2">78.2</td></tr>
<tr><td>서울</td><td>0.2</td><td>-</td><td>-</td><td>-</td><td>28.7</td><td>37.2</td><td>-</td></tr>
<tr><td colspan="2">SC제일[5]</td><td>0.1</td><td>50.99</td><td>50.99</td><td>50.99</td><td>50.99</td><td>48.56</td><td>48.56</td><td>100</td></tr>
<tr><td colspan="2">외환[6]</td><td>34.9</td><td>23.0</td><td>34.2</td><td>34.1</td><td>27.9</td><td>71.0</td><td>72.0</td><td>74.2</td></tr>
<tr><td colspan="2">한국씨티[7]</td><td>25.7</td><td>30.7</td><td>48.6</td><td>53.2</td><td>61.0</td><td>85.8</td><td>-</td><td>99.9</td></tr>
<tr><td colspan="2">대구</td><td>5.6</td><td>1.7</td><td>0.8</td><td>3.8</td><td>20.1</td><td>31.4</td><td>55.9</td><td>57.8</td></tr>
<tr><td colspan="2">부산</td><td>8.8</td><td>9.8</td><td>7.0</td><td>10.6</td><td>12.0</td><td>38.5</td><td>59.3</td><td>60.1</td></tr>
<tr><td colspan="2">전북</td><td>1.02</td><td>0.04</td><td>0.05</td><td>0.05</td><td>0.1</td><td>0.44</td><td>12.1</td><td>29.0</td></tr>
</table>

주: 1) 2001년 11월 국민+주택 합병.
2) 1999년 상업+우리 합병=한빛(우리), 2001년 우리금융지주로 출범.
3) 2001년 9월 신한지주회사 설립, 2003년 11월 신한지주가 조흥 인수.
4) 2002년 9월 서울+하나 합병.
5) 1999년 12월 뉴브리지캐피탈에 매각, 2005년 1월 SCB가 제일 인수.
6) 2003년 말 론스타가 외환 인수.
7) 2004년 씨티가 11월 한미 인수.

자료: 한국개발연구원(2006).

론 한국인 주주라고 해서 주가의 안정이나 상승에 관심을 가지지 않는 것은 아니지만, 외국인 주주들의 대규모 등장은 '주주자본주의'(shareholder's capitalism)를 촉진시키고 있는 것은 사실이다. 주식가격의 유지에 대한 강박감, 적대적 인수・합병에 대한 우려 등으로 기업과 금융기관이 장기적인 안목에서 자금을 운용하기보다는 단기적인 수익성에 집착하는 경향이 생긴다. 또한 정부가 기업과 금융기관에게 정부의 경제정책에 협조해 줄 것을 요청할 때 외국인 주주들이 그 요청에 동의하는 것을 기대하기가 어렵다. 금융기관이 기업에 대한 대출보다는 가계금융에 치중하는 것도 그 하나의 예다. 따라서 정부는 외국인 주주들의 '호의'에 의존하기보다는 합리적인 '규제들'을 확립함으로써, 외국인 주주들이 한국경제의 안정과 발전에 기여하게 해야 할 것이다.

나. 재벌기업의 경영권 방어

(http://h21.hani.co.kr: 2005-03-29)

2005년에는 SK-소버린 사태 등 외국자본의 지배력 확대에 따른 폐해가 부각되면서 투기성 외국자본에 대한 규제와 재벌기업의 경영권 방어가 한국경제의 주요 이슈로 떠오른 적이 있다. 2002년 진보적인 경제학자 중심의 연구모임인 대안연대회의가 외국 투기자본 문제를 본격적으로 제기한 뒤 삼성경제연구소가 외국자본의 부작용을 지적하고 나섰고, 한국은행도 '투기성 외국자본의 문제점과 정책과제'라는 보고서를 통해 외국자본에 대한 규제를 강화해야 한다고 주장했다. 대한상공회의소도 보고서를 내고 "국내 기업을 대상으로 한 외국자본의 약탈적 이익 챙기기"를 지적했다. 한국은행은 보고서에서 i) 외국인 투자촉진법에 사후적으로 외국인 투자를 조사하고 투자 철회를 명령할 수 있는 권한을 부여하는 조항을 신설하고, ii) 문제의 소지가 있는 투기성 외국자본을 선별하며, iii) 금융업에 대한 외국자본의 적격성 심사를 강화해야 한다고 주장했다.

헤지펀드와 사모주식펀드 등 투기성 외국자본의 국내 상장주식 보유 비중은 2004년 10월 말 현재 163조 원(전체 상장주식 시가총액의 42.5%)으로 헝가리, 핀란드, 멕시코에 이어 세계에서 네 번째로 높다. 대한 상의에 따르면, 2004년 말 기준으로 외국인들은 국내 53개 주요 기업에 대해 국내 최대주주보다 많은 지분을 가지고 있고, 단일 외국인 지분율이 5% 이상인 기업만 해도 150개에 달한다.

한국은행은 "투기성 외국자본의 무리한 투자자금 조기 회수로 국내 기업의 성장성이 저해되고, 무리한 인력 감원, 핵심자산 매각, 고액 배당, 유상감자 시도 등이 일어나 해당 기업의 수명이 단축되는가 하면, 설비투자가 감소하고 국부가 유출되고 있다"고 지적했다. 국내 금융기관이 외국자본에 팔린 뒤 공공성이 훼손되고 산업에 대한 자금공급 기능도 크게 위축됐다. 물론 이런 대다수 행동은 현행법상 적법하게 이뤄지고 있다. 외국자본에 대한 규제가 대부분 사라졌기 때문이다. 우리나라는 김영삼 정부 때 OECD 가입과 외환위기를 거치면서 자본시장을 전면 개방했는데, 외국자본에 대한 규제수준이 유럽은 물론 영국과 미국에 비해서도 완화된 상태다. 또 IMF의 적대적 인수합병 허용 요구를 받아들이고 부실기업 구조조정을 촉진한다는 명분으로 경영권 보호장치를 대부분 폐지해 버렸다. 여기에는 "적대적 인수합병을 자유화하면 '시장규율'이 형성돼 경영권 위협을 받는 기업들의 투명경영을 유도할 것"이라는 이른바 '외부감시기능론'이 깔려 있었다. 그런데 투기성 외국자본에 의한 적대적 인수합병의 폐해가 심각해지자 국내기업의 경영권 방어장치 도입이 필요하다는 점을 뒤늦게 깨닫고 있는 것이다.

투기성 외국자본 규제와 경영권 방어수단을 둘러싸고 전경련·대한상의·삼성경제연구소 등 재계 쪽이 주장하는 대책과, 대안연대회의·정부·한국은행이 제기하는 방안은 뚜렷이 구분된다. 재계에서는 i) 경영권 방어를 위해 대주주가 보유한 보통주 지분에 대해 더 많은 의결권을 부여하는 '차등의결권제' 도입(매우 적은 지분으로 총수일가가 기업집단을 지배하고 있기 때문에 사실상 차등의결권을 행사하고 있는 것이나 마찬가지라는 견해도 있다), ii) 출자총액한도(순자산의 25%까지만 다른 국내 회사 주식 취득을 허용하는 제도) 폐지, iii) 계열금융회사 의결권 제한 폐지 등을 요구하고 있다. 이 기회에 외국자본의 지배문제를 빌미로 출자총액 제한이나 금융계열사 의결권 제한 문제를 해결해 보겠다는 것이다. 반면에 대안연대회의·정부·한국은행 쪽은 i) 우호적 기관투자자의 '관계투자'를 통한 투자기업 경영권 보호, ii) 투기성 외국자본에 대한 대항 세력으로서 연기금이 국내 기업에 대한 우호지분을 확보, iii) 정부 등이 인수합병 거부권을 행사할 수 있는 특별주식을 보유하는 '황금주' 도입 등을 제안하였다.

다. 조세피난처

론스타 등 외국계 펀드들이 막대한 시세차액을 내면서도 국세청에 세금을 내지 않는 것은 우리나라가 세계 62개국과 맺은 조세협약(이중과세방지협약) 때문이다. 우리나라는 미국·영국·벨기에·말레이시아 등과는 '거주지 과세 원칙'(OECD 모델)에 의거해 이중과세방지협약을 맺었고, 일본·독일·캐나다 등과는 '소득발생국 과세 원칙'(UN 모델)에 의거해 이중과세방지협약을 맺었다. 그러므로 과세를 하지 않는 조세피난처의 경우 이중과세의 우려가 없기 때문에 조세협약도 필요 없고 따라서 소득발생국의 과세가 가능하다. 그런데 2004년 제일은행을 매각해 1조 1,500억 원의 차익을 챙긴 뉴브리지캐피탈은 본사를 라부안이라는 조세피난처에 두고 있지만 라부안이 우리와 조세협약을 맺고 있는 말레이시아의 영토이기 때문에 뉴브리지캐피탈에 대해 과세할 수 없는 것이다.

『프레시안』(2005.3.29)은 「세계의 부자들과 조세피난처」에서 다음과 같이 보도하고 있다. 호주 출신 미디어 재벌 루퍼트 머독이 조세회피지 상장을 통해 1천억 달러의 세금을 내지 않았다고 폭로한 영국의 일간 『가디언』이 이번에는 27일자(현지시간) 일요판 『옵서버』를 통해 "머독을 포함한 세계적 부자들이 절세를 위해 조세회피지에 빼돌린 재산이 무려 11조 5,000억 달러(약 1경 1,700조 원)에 달한다"고 폭로했다. 이들은 이 같은 방법을 통해 연간 2,550억 달러(약 260조 원)의 세금을 내지 않고 있는 것으로 추정된다.

이 같은 조사결과는 회계사와 경제연구자들의 모임인 조세정의네트워크(TJN)가 국제결제은행(BIS), 메릴린치, 맥킨지 등의 자료에 의거해 추정한 숫자다. 그러나 11조 5,000억 달러에 달하는 조세회피 재산에는 다국적기업들의 조세회피지 은닉재산은 포함되지 않은 것으로, 이들의 은닉재산까지 합할 경우 그 규모는 더욱 급증할 것이다.

이번 보고서의 공동저자인 리처드 머피는 "조세회피재산을 수량화하는 시도는 이번이 처음"이라며 "조사의 신뢰도를 높이기 위해 이미 공개된 자료와 세계 최고의 권위를 자랑하는 기관들이 제공하는 정보만을 이용했다"고 밝혔다. 『옵서버』는 이 같은 조사결과를 보도하며 "TJN의 이번 조사는 신뢰도가 높다"면서 "세계 최고의 부자들이 이 같은 탈법적 절세 등을 통해 연간 벌어들이는 자산만 연간 8,600억 달러에 달하는 것으로 집계됐다"고 전했다.

『옵서버』는 "호주의 머독, 영국의 소매업 재벌 필립 그린, 인도의 철강왕 라크슈미 미탈 그리고 한스 라우징 같은 세계 최대 부자들은 모두 조세회피지를 광범하게 활용하고 있다"고 폭로하면서 "시민단체들은 환경과 무역에 대한 규제를 추진하듯 조세회피도 공격 대상으로 삼으려 하고 있다"고 전했다. TJN의 대표 존 크리스텐슨은 "조세회피가 증가한다는 것은 이 시대의 명확한 위기 중의 하나"라면서 "최근 몇 년 사이 이 시대의 가장 근본적인 변화 중 하나는 돈과 부자들의 기동성이 매우 뛰어나게 되었다"고 지적했다. 그는 "이 때문에 부자들은 점점 일반 사회와의 접촉을 기피하는 한편 납세 의무를 느끼지 못하는 경향이 증가하고 있다"며 이들의 반(反)사회성을 꼬집었다.

이에 앞서 3월 24일 『가디언』은 "호주 출신의 세계적 미디어 재벌 머독이 버뮤다 증권시장 상장으로 5억 파운드(약 9,650억 원)에 달하는 자본이득세와 2,200만 파운드(약 425억 원)의 인지세 등 1조 원 이상을 합법적으로 회피할 수 있게 됐다"며, "머독은 버뮤다 상장 협상을 마무리한 뒤

한 달 만에 맨해튼 센트럴파크 맞은편에 있는 2,200만 파운드의 방 20개짜리 3층 호화저택을 사들였고, 다시 며칠 뒤에는 중국 베이징에서 또 한 채의 저택을 매입했다"고 폭로했다.

조세회피지를 통한 탈세는 2005년 국내에서도 큰 문제가 되었다. 한 예로 미국계 투자펀드 뉴브리지캐피탈이 제일은행 매각으로 5년 만에 투자원금 5,000억 원의 두 배가 넘는 1조 2,000억 원의 차익을 챙기고도 말레이시아의 조세회피지를 거쳐 투자하는 방식을 통해 양도세를 한푼도 내지 않았다. 이에 앞서 2004년 말 한미은행을 씨티은행에 팔아 6,000억 원의 차익을 남긴 칼라일펀드 역시 말레이시아의 조세회피지를 거쳐 투자하는 방식을 통해 세금을 내지 않았다.

이 같은 조세회피지를 통한 탈세는 당초 헤지펀드 등 국제투기자금이 세금을 내지 않기 위해 카리브해의 인구 24만 명의 초미니국가 바하마를 비롯해, 영국 식민지 버뮤다·캐이맨 등 소득세를 받지 않는 국가나 지역에 법인을 설립한 데에서 시작되었으나, 최근에는 세계적 부자들과 다국적기업들이 앞다퉈 세금을 내지 않고 이곳을 이용하고 있어 국제적 문제가 되고 있다. 이처럼 조세회피지 붐이 거세게 일자 말레이시아 등 아시아에도 조세회피지가 잇따라 만들어져, 구미자본의 아시아 투자의 전초기지 역할을 하고 있으며, 아시아의 재벌그룹들 가운데도 이곳을 이용하는 경우가 급증하고 있는 것으로 알려지고 있다.

조세회피지를 통한 탈세에 대한 국제적 비난여론이 높아지면서 이것을 규제해야 한다는 주장이 확산되고 있으나, 미국 금융당국이 "금융자유화에 역행한다"는 이유로 이에 반대하고 있어 별다른 진전을 보지 못하고 있다. 미국이 이처럼 규제를 반대하는 것은 헤지펀드의 90%를 미국이 운용하는 등 미국이 국제금융자유화의 최대수혜자이기 때문이다.

21-8. 이명박 정부(2008년 2월-2013년 2월)의 과제

21-8-1. 과거 정부의 유산

앞에서 본 바와 같이 역대 정부들은 사실상 개혁의 과제와 개혁의 철학에 관해 우리에게 많은 것을 교훈으로 남겨 주고 있다. 이 역사적 교훈에 따라 이명박 정부가 수행해야 할 과제를 몇 가지 적어보면 다음과 같다.

박정희 정부는 "정치적 민주주의를 확대해야만 부정과 부패 · 폭력 · 사회적 낭비가 없어진다"는 교훈을 우리에게 남겼다. 아직도 부정과 부패 · 폭력 · 사회적 낭비가 매우 큰 정치적 · 사회적 · 경제적 문제로 등장하고 있기 때문에, 이명박 정부는 정치적 민주주의를 확대하는 것에 전력을 다해야 할 것이다. 이명박 정부의 가장 큰 지지세력인 보수기득권 세력은 박정희체제를 '흠모'하는 경향이 있으며 독재적인 방법을 사용해 자신들의 부와 명예를 유지 확대하려는 성향이 있다는 점을 이명박 정부는 명심해야 할 것이다. 정치적 민주주의의 확대를 통해 부정과 부패와 폭력을 척결하는 것은 매우 단순하고 기본적이기 때문에, 이것에 실패하면 이명박 정부는 곧 국민적 저항을 받을 것이다.

전두환 정부는 "필연적으로 발생할 수밖에 없는 갈등과 투쟁(예: 민주화운동과 노동운동)은 탄압할 것이 아니라 미리 조정할 필요가 있다"는 교훈을 남겼다. 지금 한창 문제로 등장하고 있는 비정규직의 차별이나 양극화의 심화는 반드시 해소되어야 할 과제이기 때문에, 이명박 정부는 미리 해소할 준비를 해야만 한다. 건설회사 사장을 역임했기 때문에 잘 알고 있을 터이지만, 기업이나 국가가 돈이 없어 이 중대한 과제를 처리할 수 없다고 말하는 것은 대통령의 '직무유기'에 속할 것이다. 돈이 왜 없는가? 불요불급한 지출을 줄이면 되고, 아니면 부자들에게 세금을 더 내게 해도 될 것이 아닌가?

노태우 정부는 "재벌 개혁의 핵심은 재벌의 정치적·경제적·문화적 권력을 축소하는 것과 재벌 총수의 세습제를 타파하는 것이다"는 사실을 보여 주었다. 삼성재벌에 대한 특검 수사가 시작되었고 이명박은 재벌의 생리를 어느 대통령보다 더 잘 알고 있기 때문에, 재벌의 부정과 부패를 낱낱이 폭로하고 새로운 형태의 대기업 조직을 만드는 데 진력해야 할 것이다. 이것에 성공한다면 대기업 사장 출신을 대통령으로 뽑은 이득을 한국 사회가 만끽하게 될 것이다.

김영삼 정부는 "세계화가 진행되는 과정에서도 각국 정부는 주권과 국익을 보호하는 조치를 취해야 하며, 대외적인 패권주의는 한반도의 평화정착에 매우 부정적인 영향을 미친다"는 교훈을 남겼다. 미국 오바마 정권이 군사력에 의지해 세계를 지배하려는 군국주의적 대외정책을 채택하고 있기 때문에, 숭미사대주의에 사로잡힌 이명박의 지지세력이 한국군대를 세계의 모든 분쟁지역에 파견할 뿐 아니라 북한에 대한 침략전쟁이라도 시도할지 모른다는 우려가 나오지 않을 수 없다. 그러나 오바마 정권은 미국 국민뿐 아니라 세계의 모든 인민들로부터 매우 낮은 지지도를 얻고 있다는 사실에 주목해야 한다. 오바마 정권의 '하수인'이 된다면, 우리는 미국의 덕을 보는 것이 아니라 세계에서 고립될 수밖에 없다. 이명박 정부는 세계의 어느 정부와도 '동등한 지위'에서 주권과 국익을 보호하는 노력을 해야 할 것이고, 한반도의 평화정착과 세계평화에 기여함은 물론 세계경제의 안정적 성장에 기여하기 위해 동북아의 협력관계를 공고히 해야 할 것이다.

김대중 정부는 1997년 12월의 공황에 대처하는 과정에서 공황의 '원인'을 제거하려는 노력보다는 오히려 공황의 발생 가능성을 더욱 증대시키는 '신자유주의적' 조치를 취했다. 이명박은 개별 기업과 국민경제 전체가 다르다는 사실에 주목한다면, "경제를 시장이나 자본가에게 맡기면 국민경제가 만사형통한다"는 신자유주의 교리를 자신의 경영 경험에 비추어 비판하지 않을 수 없을 것이다. 대기업이 자기 마음대로 이윤을 추구한다면, 중소기업은 죽을 수밖에 없고 비정규직 노동자들이 증가할 것이며 노동운동은 사라질 것이고 부동산투기나 주식투기는 끝없이 진행될 것이기 때문이다. 그리고 협력적 노사관계를 확립하기 위해 '노사정위원회'를 정상적으로 운영해야 할 것이다. 자본가계급의 대변인인 전국경제인연합회와 경영자총연합, 노동자계급의 대변인인 민주노총과 한국노총, 공익위원들, 그리고 정부의 대표가 한자리에 모여 나라의 큰 문제들을 토론해 해결하는 것은 매우 바람직할 뿐 아니라 국민들에게 정부에 대한 신뢰감을 갖게 할 것이다. 그러나 노사정위원회의 정부 대표는 총리 수준으로 격상할 필요가 있다.

끝으로 노무현 정부는 "국민들의 지지를 한번 잃어버리면 그 뒤에는 아무것도 할 수 없다"는 무시무시한 교훈을 남겼다. 보수기득권층은 노무현 후보를 크게 반대했지만 범개혁세력이 그를 지지했기 때문에 그가 대통령으로 당선된 것인데, 노무현 정부가 범개혁세력이 바라는 것을 수행하지 못했기 때문에 완전히 외톨이가 되어 버린 것이다. 국가보안법을 철폐하고 사립학교법을 제대로 개정하라고 그렇게 지원했는데도 불구하고 아무것도 하지 못했고, 아파트 가격의 상승이 문제되기 시작할 때 아파트의 원가를 공개하라는 요구를 거부한 것, 비정규직법안이 오히려 비정규직을 양산할 것이므로 수정하라고 요구한 것을 거부한 것, 한미자유무역협정을 추진한 것 등이 노무현 정부를 무너뜨리고 만 것이다. 이명박 정부도 이렇게 될 가능성이 매우 크다. 아파트나 땅 값을 올리면 보수기득권층의 표를 집결할 수 있을 것이라고 생각하지만, 이 정책을 보수기득권층도 얼마 가지 않아 곧 반대하게 될 것이다. 왜냐하면 보수기득권층 모두가 아파트를 몇 채 가지고 있는 사람이 아니기 때문이며, 점점 심해지는 빈부격차를 보수기득권층이라고 모두가 희희낙락하고 있지는 않기 때문이다. 보수기득권층의 양심과 이성이 이명박 정부를 신뢰하지 않게 되면 이명박 정부는 노무현 정부의 전철을 밟게 될 것이다. 이명박의 정직성에 대한 의심이 상당한 수준에 이르고 있기 때문에, 조금이라도 불성실한 행동을 한다면 범개혁세력은 물론이고 보수기득권 세력도 등을 돌릴 가능성이 크다는 점을 명심해야 할 것이다. 이런 의미에서 이명박 정부는 신자유주의적 자본주의를 개혁하려는 사상들을 연구하면서 국제적 안목을 넓힐 필요가 있을 것이다.

21-8-2. 2007년 12월의 대통령 선거

2007년 12월의 대통령 선거는 이명박 후보의 주가조작 관련설과 범여권의 후보 단일화 등이 큰 사건으로 등장하면서 대통령 후보들은 선거 공약에 신경을 크게 쓰지 않는 것처럼 보였고 유권자들도 후보들의 선거 공약이 무엇인지도 모르면서 "누구를 지지한다"고 아무렇게나 이야기하는 것 같았다. 현실이 너무나 답답하고 신경질 나게 하기 때문에 유권자들이 후보들을 제대로 분석하지 않았다.

그러나 우리나라에서 대통령만큼 중요한 인물은 없다. 미국의 부시가 극우보수주의자(네오콘)들을 요직에 앉혀 미국 사회와 세계를 '엉망'으로 만든 것과 마찬가지로 우리의 대통령도 한국 사회를 그렇게 만들 수도 있다. 특히 우리 사회는 세계의 경찰로서 세계를 지배하려는 미국 정부의 제국주의적 간섭에 너무나 크게 '열려 있기' 때문에 우리의 대통령은 미국 정부와의 관계를 어떻게 '개선하는가' 하는 중차대한 과제를 추가적으로 안고 있다.

새로운 대통령이 어떤 철학을 가져야 '정의롭고 평등하며 평화로운 사회'를 이룩하는 일에 공헌할 수 있는가를 한 번 따져 보자. 경제는 사회의 일부이기 때문에 사회가 '정의롭지' 않고 부정과 부패가 판을 친다면 경제는 '엉망'이 될 수밖에 없다. 또한 사회가 '평등하지' 않고 빈곤화와 양극화가 지나치다면 갈등과 투쟁으로 경제가 '순조롭게' 성장하거나 발전할 수 없다. 그리고 사회가 '평화롭지' 않고 전쟁위험에 사로잡혀 있다면 투자와 소비가 줄어들 수밖에 없다.

한국 사회에서는 박정희와 영국의 대처를 숭배하는 경향이 강하다. 그러나 국제적 표준(스탠더드)에 따르면 그들은 '깡패'이고 '조폭'이다. 그렇기 때문에 박정희는 자기의 '심복'인 중앙정보부장의 총에 맞았고 대처는 같은 당(보수당)의 국회의원들로부터 배척을 받아 당수 자리와 수상 자리를 빼앗겼던 것이다. 박정희 정권은 국민의 대부분을 차지하는 서민의 정치적·경제적·문화적 삶을 넉넉하게 하는 것을 정책의 목표로 삼은 것이 아니라, 서민의 입과 눈과 귀를 막고 묵묵히 노예처럼 자본가들·기업가들·권력자들을 위해 희생하라고 총칼로 위협함으로써 재벌 중심의 비민주적이고 부패한 한국 사회를 확립한 것뿐이다. 이런 사회에서는 경제가 지속적이고 순조롭게 발전할 수가 없었고, 드디어 노동자·농민·빈민·학생·종교인·지식인의 항거에 의해 박정희 정권은 무너진 것이다. 유럽에서는 독일 경제를 1930년대의 불황으로부터 회복시켰다는 점에 근거해 히틀러 정권을 찬양하는 사람들은 대체로 파시스트로 불려 '정신이상자'로 분류되고 있다는 점을 명심해야 할 것이다.

2007년 12월 대선의 몇몇 후보는 아직도 재벌 중심으로 한국 경제를 회복시켜야 한다고 주장한다. 그러나 민간에 의한 독점은 국가에 의한 독점보다 훨씬 더 문제점이 많다는 것이 영국 대처의 민영화에서 충분히 입증되었다. 정부는 주기적으로 선거를 통해 심판을 받기 때문에 국가독점체가 자기 마음대로 가격을 올리거나 서비스 질을 낮추는 것에는 한계가 있지만, 민간독점체가 가격을 올리고 서비스 질을 낮추더라도 소비자들은 어떻게 대항할 방법이 없다. 이리하여 전화·수도·가스·철도 등의 민영화 이후 영국 정부는 민간독점체의 소비자 수탈을 막기 위해 공공의 규제기구를 추가로 설치하지 않을 수 없었다. 특히 민간철도회사는 단기적인 수익성과 주식가격을 올리는 것에 열중함으로써 철도선로나 신호망의 보수와 대체에 투자하지 않아 큰 열차사고가 났고, 이리하여 민간철도회사는 파산하고 다시 철도는 국영화되었다. 그리고 우리나라의 재벌은 총수가 '황제경영'을 하고 있지만, 재벌의 전체 기업의 주식 중 총수 일가의 지분은 삼성의 경우 1%도 되지 않는다. 재벌은 사실상 총수 일가의 것이 아니라 한국 국민 전체의 것이라고 볼 수 있다. 그럼에도 불구하고 이 거대하고 중요한 기업체들을 '능력'도 없는 총수가 황제경영을 하는 것은 한국 경제를 엄청난 위험에 빠뜨리고 있으며, 또한 삼성의 비자금 의혹 사건에서 보듯이 총수 자리를 자식에게 무리하게 승계하느라고 온갖 불법과 비리를 저지를 수가 있다. 재벌체제를 심각하게 검토하겠다는 후보가 차기 대통령이 되어야 할 것이다.

지금 한국 사회에서 서민들이 가장 뼈아프게 느끼는 것은 빈곤·실업·양극화·자살 충동 등이다. 이 문제들을 "수출 증진을 통해 경제성장률을 높임으로써 해소하겠다"고 공약하는 후보들은 전혀 이 문제에 관심이 없는 사람들이다. 수출을 증진하려면, 임금수준을 인하하고 정규직을 비정규직으로 바꾸며 외국과 자유무역협정을 맺어 농산물 시장 등 모든 시장을 개방해야 한다. 서민의 생활을 희생해야만 수출이 증가하게 되는데, 이렇게 되면 내수시장이 점점 더 좁아져서 더욱더 수출 증진을 외치지 않을 수 없다. 이리하여 수출의 증가와 서민의 불행이 악순환을 이루고 있는 것이 IMF 이후의 한국 사회다. 서민의 불행을 조금이나마 들어주기 위해서는 정부가 부자와 대기업으로부터 세금을 거두어 모든 서민에게 '기본소득'을 줌으로써 생활을 보장해야 한다. 도대체 세계 10위권의 경제대국이 그렇게도 정의감과 동정심이 없는지 기가 막힐 지경이다. 갓난아기를 포함해 한 사람의 평균소득이 2만 달러(약 2,000만 원)라고 떠들어대는데, 가족이 네 명인 가정 중 연간 소득이 세금 빼고 8,000만 원 되는 집이 얼마나 될까? 소득불평등이 심각하다는 이야기인데 부자가 세금을 내어 서민의 고통을 어루만져 준다면 매우 아름다운 사회가 탄생할 것이다. 차기 대통령은 마음이 너그럽고 성질이 인자해야 하는 이유가 여기에 있다. 노동자들이 세계 최장의 노동시간, 세계 최저의 임금수준, 세계 최고의 산업재해를 견디지 못해 노동운동을 한다고 모두를 '빨갱이'로 몰아 감옥에 넣은 박정희나, 광부노조의 '버릇'을 고친다고 362일 동안 파업하게 내버려 두어 광산업과 광부들의 가정을 파괴한 영국의 대처 같은 '깡패'는 이제 더는 숭배의 대상이 되어서는 안 된다.

우리나라는 세계에서 마지막으로 남은 분단국가다. 빨리 평화적으로 교류하고 통일하는 것이 분단의 상처를 다스리는 방법이고 전쟁 위험을 없애는 수단이다. 세계의 최대 강국인 미국이 북한과 화해하려는 이 기회를 틈타서 우리는 한반도에서 평화체제를 구축하려고 모든 노력을 쏟아야 한다. 노동자의 피와 땀으로 어렵게 벌어들인 달러를 왜 터무니없이 비싼 살상무기의 구매에 사용해야 하는가, 한창 공부하고 연구해야 할 청년을 왜 군대에 보내야 하는가 등을 깊이 생각하는 후보가 대통령이 되어야 한다. 동북아의 평화와 세계평화를 위해 차기 대통령은 북한과 더불어 세계를 향해 '영구적인 평화국가'를 선언하고, 전쟁 준비에 지출하는 모든 비용을 남한과 북한의 서민을 위해 사용하자고 합의하면 어떨까?

"나는 서민을 위해 일하겠다"는 후보가 대통령이 될 수밖에 없다. 왜냐하면 선거에서는 한 사람이 한 표를 행사하기 때문이며 서민이 유권자의 대다수를 차지하기 때문이고, 서민이 IMF 위기를 겪으면서 1997-2007년에 큰 상처와 고통과 설움을 받았기 때문이다. 그런데 이상하게도 재벌과 부자를 더 잘 살게 하겠다는 후보가 '여론조사'에서 더 높은 지지율을 얻었고, 선거에서 대통령으로 당선되었다.

22 새로운 대안 사회의 모색

22-1. 한국의 우파 · 좌파 · 중도파

지금 우리 사회는 살기가 매우 어렵다. 취직이 하늘의 별따기고 생계형 사업도 망하기 일쑤다. 그리고 한편에서는 해외로 여행하는 사람들이 사상 최고수준에 이르고 있는데, 다른 한편에서는 경제협력개발기구(OECD) 회원국 중에서 자살률이 가장 높다.

이런 대량실업과 양극화에 관해 국민들이 가장 자주 듣고 가장 그럴 듯하다고 믿는 주장은 다음과 같은 것이다. 기업이 투자를 하지 않으니까 새로운 일자리가 생기지 않으므로, 기업이 투자할 수 있는 환경을 만들어 주어야 한다. 이리하여 "기업하기 좋은 나라를 만들자"는 구호가 나오고, 노동조합의 권리를 제한하고 노동자를 마음대로 해고하며 임금수준을 낮추기를 제안한다. 이런 '우파적' 주장은 주로 대기업들이 펴는데, 그들의 이익을 대변하는 연구기관들과 거대언론들, 기업편향적인 관변연구단체들과 정부관리들이 앵무새처럼 이 우파적 주장을 되뇌고 있다. 이런 선전공세에 거의 모든 국민은 세뇌되었지만, 사실상 이런 대책은 1997년 말의 외환위기부터 지금까지 거의 10여년 동안 실시된 것이었고, 그 결과는 실업률의 감소나 빈곤층의 해소가 아니라 양극화를 추가로 보탰다. 모든 사람의 생활수준이 비슷하게 낮았을 때에는 그다지 못 느꼈던 좌절감이 생활수준의 거대한 격차 앞에서 더욱 커졌다.

이런 우파의 신자유주의에 반대하면서 정부가 적극적으로 시장에 개입하여 실업과 소득 불평등을 제거하라고 요구하는 사회민주주의가 있다. 주요한 금융기관들과 산업들을 국유화함으로써 경제를 계획적으로 운영하며 교육과 의료를 무료로 하고 공공임대주택을 제공하며 실업수당과 노후연금을 지급하면서, 이윤추구에 지배되는 사적 영역을 줄이고 국민 모두의 이익을 도모하는 공공영역을 넓혀 복지국가를 건설하려고 한다. 서유럽의 선진국 국민들이 제2차 세계대전의 참화에서 벗어나면서 '사회적으로 합의한' 복지국가를 이제 우리나라에서도 세워보자는 아이디어다. 이 사상은 수출에 목매고 있는 한국경제를 개혁한다는 의미가 있다. 국내시장이 좁으니까 수출시장을 개척해야 하고, 수출시장을 개척하려니까 원가절감을 위해 임금수준을 깎아야 하며, 임금수준을 깎으니까 국내시장이 더욱 좁아져 수출시장에 더욱 의존할 수밖에 없다는 '수출시장 개척과 서민들의 불행'이라는 악순환에 우리나라 경제는 묶여 있기 때문이다. 정부가 남북한 사이의 평화체제를 확립해 엄청난 국방비와 정보비를 줄이고 탈세를 막으며 부유층의 부동자금에 더욱 큰 세금을 부과하면서 복지국가를 건설하게 되면, 국내시장은 거대하게 팽창하면서 위의 악순환을 끊을 수가 있다. 이런 사회민주주의가 사회과학적 의미에서 그리고 국제적인 표준에서 '중도'다.

이 중도에서 조금 왼쪽으로 가면, 이 사회에서 머리수로 소수인 자본가들이 이 세상을 자기 마음대로 지배하는 것에 대한 불만이 나타난다. 왜 실업자가 양산되는가? 자본가들이 이윤을 증가시키기 위해 노동자를 해고하고 고용을 늘리지 않기 때문이다. 최근 몇 년 동안 기업들은 엄청난 이윤을 보았지만 그 이윤을 투자에 사용하지 않고 임원들끼리 나누어 먹든지 주주들에 대한 배당을 크게 높였다. “기업하기 좋은 환경”을 만들어 이윤을 많이 얻게 했더니 자본가들은 그 이윤으로 노동자들을 고용하기보다는 자기들끼리 돈 잔치를 벌인 것이다. 만약 한국경제를 운영하는 원리가 ‘사적 이윤의 획득’이 아니라 ‘국민들의 생활 향상’이라고 한다면, 실업은 사라지고 소득 불평등은 문제가 되지 않을 것이다. 실업자를 없애는 간단한 방법이 있다. 예컨대 국회가 법정 노동시간을 하루 8시간에서 하루 4시간으로 줄이면 지금의 실업자들은 모두 사라질 것이다. 왜 이것을 못하는가? 이렇게 되면 자본가들이 이윤을 얻을 수 없다고 외치면서 국회의원들을 설득하기 때문이다. 이렇게 되어 “자본가들이 한국경제를 자기 마음대로 지배하는 것”이 문제의 중심에 서게 된다. 이것이 이른바 ‘좌파’다.

22-2. 하일브로너의 견해

경제학의 대가인 하일브로너(R.L. Heilbroner, 뉴욕의 New School for Social Research의 명예교수)는 『21세기 자본주의』(1993)에서 자본주의의 역동성과 문제점에 관한 이전의 논의들(특히 스미스, 마르크스, 케인스, 슘페터의 논의)을 섭렵하면서, 21세기의 자본주의는 ‘참여경제’(participatory economy)로 전진하리라는 시나리오를 제시하고 있다.

하일브로너는 인류역사상의 경제제도를 전통(tradition), 명령(command) 그리고 시장(market)에 의거한 것으로 분류한 뒤, 시장에 의거한 자본주의가 가장 혁신적이고 역동적이었음을 지적한다. 왜 그런가? 자본을 증식시키려는 욕구가 끊임없는 창조적 파괴(creative destruction)를 달성하기 때문이다. 핀을 예로 들면, 단순한 핀을 색깔 있는 머리를 가진 핀으로 만들고, 다시 안전핀으로, 그리고 종이 집게로, 나아가서 지퍼와 나일론제 접착포로 만든 것을 보면 알 수 있다. 그러나 자본증식욕 그 자체가 또한 자본주의에 온갖 문제점을 야기하고 있다고 그는 말한다.

첫째는 상품가격이 오르리라 예상하면 상품을 팔지 않고 퇴장시키기 때문에 가격 상승을 더 부추긴다. 다시 말해 경쟁과 시장이 균형을 달성하기보다는 불균형을 확대할 수 있다. 둘째로 바람직스럽지 않는 외부효과에 대해 책임을 지지 않는다. 철강공장이 연기를 뿜어냄으로써 이웃 사람들에게 세탁비용과 건강위험을 야기하지만, 이런 외부효과는 철강공장의 비용계산에는 들어가지 않는다. 셋째로 효율성의 추구가 노동자들을 '소외'시키고 인간의 생활을 질적으로 저하시킨다.

하일브로너는 이런 문제점들을 이전의 위대한 경제학자들은 자기 나름으로 파악했으며, 따라서 "자본주의가 자기 자신의 도전할 수 없는 업적에 의해 승리하리라고 기대한 사람은 하나도 없었다"고 지적한다.

스미스(A. Smith)는 노동자들이 분업에 따라 단순한 반복적인 일에 종사함으로써 정신적으로 쇠퇴하기 때문에 자본주의는 결코 완전할 수 없다고 말했고, 마르크스(K. Marx)는 노동자계급이 생산력의 발전에도 불구하고 정신적 · 물질적 궁핍화(이것은 반드시 빈곤화를 의미하지는 않는다)에 직면해 자본주의 체제를 타도한다고 말했다. 케인스는 시장에 맡겨 두면 완전고용이 실현되지 않기 때문에 정부개입에 의한 '투자의 사회화'를 주장하고 이에 따라 '금리생활자들의 안락사'를 전망했다.

그리고 슘페터(J. Schumpeter)는 자본주의의 경제적 성공이 오히려 사유재산과 부르주아적 가치체계에 대한 회의를 일으키고, 따라서 자본주의의 생명력인 기업가들이 '사회주의적 경영자'의 지위에 만족하게 된다고 보았다. 또한 기타의 자본주의 찬양자들(예컨대 마샬이나 하이에크)도 항상 자본주의 체제에 대해 일정한 우려를 표명했다.

이처럼 경제학자들이 자본주의에 대해 공통의 불안감을 가지는 이유를 하일브로너는 두 가지를 들고 있다. 하나는 자본주의에서 미시적 질서와 거시적 질서를 동시에 성공적으로 유지하는 것이 매우 어렵다는 점인데, 이 점은 여러 가지 형태를 띠고 나타난다. 예컨대 개별 자본가의 장래 전망이 낙관과 비관 사이로 왔다갔다하는 데 따라 투자와 기술혁신이 결정되어 사회 전체가 영향을 받으며, 소득 분배의 불균등이 생기고, 신용상태가 매우 변하기 쉬우며, 독점 경향이 있고, 인플레이션 경향과 디플레이션 경향이 번갈아 발생하는 것 등이다.

다른 하나는 자본주의를 정치적·도덕적으로 정당화하는 것이 어렵다는 점이다. 우선 자본주의에서는 자본가와 노동자 사이에 처음부터 재산의 불평등이 있는데, 이 불평등을 제거하면 자본가가 노동자를 마음대로 일을 시킬 수 없게 된다. 그렇지만 이 불평등 그 자체를 정치적·도덕적으로 옳다고 주장할 수는 없다. 또한 소유와 경영의 분리가 심화됨에 따라, 아무런 생산적인 노동을 하지 않는 사람들이 자본을 소유하고 있다는 단순한 사실에 의거해 타인 노동의 결과를 취득하는 것은 도덕적으로 정당하지 못하다는 것이다.

21세기에 들어가서도 자본주의의 이런 문제점들은 사라지지 않을 것이다. 더욱이 자본의 가치증식 운동이 범세계적으로 추진되기 때문에 한 나라의 경제는 이전보다 더욱 심한 혼란과 불균형에 직면하게 될 것이다. 그런데 이런 문제점들은 민간영역이 야기하는 것들이기 때문에, 이것들의 해소·약화·저지는 결국 공공영역, 즉 정부에 의해 추진되지 않을 수 없다. 정부는 경제확장의 부족을 정부투자와 정부소비의 확대에 의해 상쇄할 수 있으며, 인플레이션 압력에 대해서는 노사정의 협조에 의해 임금과 물가를 동시에 통제할 수 있고, 조세와 보조금을 통해 소득분배의 불균형을 개선하며, 바람직하지 못한 외부효과를 낳는 생산을 억제할 수 있고, 국제적인 자본의 운동에 대해서도 제약을 가할 수 있다.

물론 지금은 정부 개입에 대해 많은 비판이 나오고 있지만, 200년의 자본주의 역사를 뒤돌아볼 때 이 비판은 정당화될 수 없다고 하일브로너는 말한다. 왜냐하면 민간부문의 엄청난 확대와 그것이 낳은 문제점들을 정부가 수습하기 위해 개입한 것에 불과하기 때문이고, 또한 정부의 역할 증대는 결코 서방세계에서 사회적·정치적 자유를 축소하지 않았기 때문이다.

결론 부분에서 하일브로너는 2개의 질문을 제기하고 있다. 어떤 유형의 자본주의가 21세기에 성공할 수 있을 것인가? 그리고 자본주의 이후의 사회는 어떤 특징을 가지게 될 것인가?

첫째의 질문에 대해 그는 다음과 같이 말한다. 이데올로기적 열정을 좀 더 적게 가지면서 고도의 정치적 실용주의를 발휘하는 자본주의, 다시 말해 공공서비스를 잘 발달시키면서 사회적 응집력을 키우는 자본주의가 21세기에 성공할 수 있을 것이다. 이런 자본주의는 노동자들에게는 고용과 소득을 보장하며, 경영자들에게는 능률 향상을 위한 재편성 권한을 보장하고, 정부에게는 국민경제의 성장을 조정하는 역할을 보장하게 될 것이다.

두 번째의 질문에 대해 자본주의 이후의 사회의 협동 형태는 관습·전통도 아니고 중앙집권적 명령도 아니며 시장 압력이나 시장 유인에 복종하는 것도 아니라고 답하면서, '참여'(participation)를 강조하고 있다. 즉 "모든 시민이 경제생활의 모든 사항의 결정에 토론과 투표를 통해 참여하는 것이다." 이것은 오직 이기심에 의한 의사결정을 대체하며, 또한 부나 지위에서 기득권을 가진 사람들이 일방적으로 결정하는 것을 대체한다. 그러나 이것이 사회 통합의 원리가 되기 위해서는 사회적·경제적 평등이 먼저 실현되어야만 한다. 따라서 '참여하는 사회'가 21세기에 도래하리라고 보지는 않으며, 그것으로 나아가려는 운동이 점점 증대하게 될 것으로 전망하고 있다.

22-3. 메자로스와 밀리반드의 견해

1917년 이래 70여 년 간 이른바 사회주의 체제를 유지한 소련이 다시 자본주의로 역전함에 따라 여러 가지의 중요한 논쟁점이 제기되었다. 첫째는 과연 소련이 마르크스가 말한 사회주의를 실현했던가? 둘째는 자본주의에서 사회주의로 이행하는 과정에 관한 논의가 주로 자본가로부터 생산수단을 수탈하는 것에만 집중한 것이 아니었던가? 셋째로 자본의 국제화가 진행하는 과정에서 '일국사회주의'가 과연 가능할까? 넷째로 '새로운 사회'를 실현하기 위한 대중운동은 어떤 형태를 취해야 할 것인가?

최근 메자로스(István Mészáros, 1995)와 밀리반드(Ralph Miliband, 1994)는 매우 솔직하게 위의 문제들에 대답하고 있다. 메자로스에 따르면, '자본제도'의 핵심은 위계적인 사회적 분업, 즉 직접적인 생산자들에 대한 지배에 있다. 따라서 자본의 인격화는 자본주의 사회에서는 자본가이지만 현실사회주의(그는 '포스트 자본주의'라고 부른다)에서는 권력층이었다. 그러므로 자본제도를 초월하는 '새로운 사회'는 연합한 생산자들이 진정한 자주경영을 실시하면서 '능력에 따라 일하고 필요에 따라 분배받는' 사회일 것이다.

밀리반드도 거의 동일한 의미로 '새로운 사회'를 정의하고 있다. 즉, 새로운 사회는 민주화와 평등화라는 2개의 기본적인 목적을 가지고 있으며, 경제활동수단의 주요 부분을 사회화하는 것은 또 다른 목적이면서 위의 두 목적을 실현하는 필수 불가결한 수단이다. 반면에 1917년 소련에서 그리고 1945년 이후 여러 나라에서 탄생한 '공산주의'는 중앙집중적인 명령경제와 공산당 일당 독재를 특징으로 지녔으며, 직접적 생산자들은 의사결정과정에 전혀 참여할 수 없었다.

그렇다면 자본을 어떻게 철폐할 것인가? 메자로스에 따르면, '자본제도'는 사회의 신진대사를 통제하는 하나의 방식이므로 '타도하거나 철폐할 수 있는 것'이 아니라 '대체하거나 지양할 수 있을' 뿐이다. 따라서 자본의 지양을 하나의 '행동'으로 보아서는 안 되며 장기간에 걸친 재편과정으로 보아야 한다. 더욱이 자본은 국가와 임금노동과 하나의 통일체를 이루고 있으며 국제적인 경제 · 정치 · 사회 · 문화의 연계에 의해 지지되고 있기 때문에, 자본의 지양은 장기간에 걸친 재편과정일 수밖에 없다. '정치적' 혁명은 긴급한 과제의 수준에서는 성공할 수 있지만, 오직 '사회적' 혁명과 적극적인 재편작업만이 불가역적인 구조변혁과 장기적인 업적을 보장할 수 있다.

밀리반드는 경제의 변혁을 추진하는 과정에서는 다양한 공공부문(중앙정부와 지방정부가 담당하는 부문)이 출현해 주된 영역을 차지하고, 그 다음으로 상당한 영역이 협동조합에 의해 장악되며, 그리고 주로 중소기업으로 구성되는 사적 부문이 잔존하게 된다고 한다. 그런데 이들 경제단체들은 '자유로운 생산자 연합'에 접근하도록 해야 하며, 탈상품화를 통해 인민들의 필요를 충족시키도록 계획이 수립되어야 할 것이다. 따라서 자본주의 경제와 '새로운' 경제의 차이는 경제적일 뿐 아니라 정치적 · 사회적 · 도덕적이며 사회질서의 모든 구조에 영향을 미친다.

마지막으로 자본의 국제화는 자본의 지양에 어떤 장애를 야기하는가? 메자로스와 밀리반드 모두 자본의 국제화가 크게 진행한 지금의 상황에서는 '일국 사회주의'는 유토피아라고 평가한다. 특히 밀리반드는 '새로운' 정권의 출현을 반대하는 세력으로 정부 안의 고급공무원 · 군인 · 경찰 · 정보요원, 그리고 사회의 보수세력들(예: 보수당 · 교회 · 언론 · 방송 · 기업)을 열거한 뒤, 이런 국내의 반대보다는 국제화한 자본이 국민정부에 가하는 제약과 강력한 외국정부 · 국제기구(예: IMF, World Bank, WTO)의 영향력이 훨씬 더 중요하다고 말한다. 따라서 혁명적 좌파의 국제조직이 어느 때보다 심각하게 요구된다는 것이다.

그런데 메자로스나 밀리반드는 자본의 국제화가 국민국가를 약화시키고 있다기보다는 국민국가들 사이의 헤게모니 쟁탈전을 야기해 세계를 지배와 종속의 구조로 재편하고 있다고 분석한다. 따라서 혁명 전략은 국민국가를 기반으로 추진해야 하며, 혁명적 국민국가가 경제·정치·사회·문화의 모든 분야에서 자율적으로 의사 결정할 수 있도록 지역통합(예: EU)을 완화시키는 것이 바람직하다고 본다.

물론 이런 논의들은 자본의 팽창이 한계에 부닥치고 있으며 신자유주의적 정책들이 국민들의 생활을 더욱 불안정하게 하고 있다는 정세분석에 의거한 것이다. 그러나 자본을 지양함으로써 사회의 모든 물질적·주체적 능력을 최고도로 발휘할 수 있으며, 따라서 인간의 필요를 충족시킬 수 있다는 '새로운 사회'에 대한 신념은 위와 같은 형태로 구체화할 수 있을 것이다.

22-4. 베네수엘라의 '사회주의' 혁명

22-4-1. 개념으로서 '사회주의'

리보위츠(Lebowitz, 2006)가 『21세기형 사회주의를 지금 건설하자』를 써서 차베스가 이끌고 있는 베네수엘라의 볼리바르 혁명[1]을 찬양하고 이것

1 차베스는 베네수엘라의 독립운동가 볼리바르(Simon Bolibar, 1783-1830)를 너무나 존경해서 자기가 수행하고 있는 혁명을 볼리바르 혁명이라고 부르고, 제헌의회에서 통과된 헌법에서는 나라 이름을 '베네수엘라의 볼리바르공화국'(Bolivarian Republic of Venezuela)으로 바꿨다.

에 세계의 이목을 이끌었다.[2] 그런데 여기에서 말하는 '사회주의'는 자본주의적 요소를 완전히 청산한 뒤 '자기 발로 서 있는 새로운 사회'(이것을 나는 '공산주의'라고 부른다)가 아니라, 새로운 사회인 공산주의로 나아가기 위해 자본주의를 청산하면서 공산주의적 요소를 확립해 나가는 과정에 있는 이행기 사회다. 이것은 마르크스가 봉건사회로부터 자본주의로 오는 이행기를 시초축적(primitive accumulation)이라고 불러 구분한 것과 같은 이치다.[3]

따라서 지금 베네수엘라는 자본주의를 청산하면서 새로운 사회로 나아가는 이행기에 있다는 점과, 그렇기 때문에 자본가적 기득권층이 자본주의적 제도와 사상의 철폐에 엄청난 힘으로 저항하고 있다는 점을 명심해야만 한다. 차베스가 대통령에 당선된 것이 1998년 12월이지만, 2007년 여름에도 여전히 혁명 반대 세력이 신문 · 방송 · 텔레비전을 독점하고 있으며, 경제계 · 문화계 · 학계도 여전히 옛날의 기득권층이 잡고 있다. 물론 라틴 아메리카를 자기의 전통적인 세력권이라고 선언한 바 있는 미국 제국주의가 아직은 명시적으로 차베스 정권을 무력으로 공격하고 있지는 않지만, 앞으로 어떤 개입을 개시할지는 아무도 모른다.

볼리바르 혁명은 국내외의 혁명 동조 세력을 규합해서 국내외의 혁명 반대 세력을 진압하는 것이 지금의 가장 긴급한 과제이며, 이 투쟁과 진압 과정에서 볼리바르 혁명이 지향하는 새로운 사회의 '청사진'이 점점 더 분명하게 형성되리라고 생각한다. 지금의 혼돈상태를 보면서 차베스 혁명의 성격을 규정하려는 것은 매우 어려운 과제인 것 같다.

2 리보위츠와 그의 부인 하네커(Harnecker)는 카라카스에서 살면서 베네수엘라 혁명을 국내외의 지도층 인사와 대중에게 교육하고 전파하는 프로젝트(정부가 지원한다)를 수행하고 있다.

3 김수행 · 신정완 편(2007)의 제1장을 참조하라.

22-4-2. 차베스가 집권하는 과정

차베스가 1998년 12월의 대통령 선거에서 내건 공약은 다음과 같았다. "빈민을 대변하겠다" "국회를 해산하고 제헌의회를 열어 헌법을 개정하겠다" "부패를 제거하겠다" "나라의 부를 더욱 균등하게 분배하겠다." 이 공약을 믿고 인구의 60-80%를 차지하는 빈민들이 차베스에게 투표함으로써 차베스가 대통령으로 당선된 것이다. 이 공약에 '사회주의적인 것'이 있는가? 그러나 이 공약은 지금 존재하는 베네수엘라의 정치적 · 경제적 · 사회적 구조를 전면적으로 개혁함으로써 새로운 사회로 가는 길을 열 수가 있다.

베네수엘라에서는 석유산업이 국내총생산의 30% 이상과 수출총액의 80% 이상을 차지하고, 석유산업에서 거두어들이는 정부 세입이 정부 재정수입의 50% 이상을 차지하므로, 누가 정권을 잡는가가 이 나라의 운명을 좌우하는 중대한 사항이었다. 그런데 두 개의 거대한 보수정당—민주행동당(AD)과 기독교민주당(COPEI)—이 1958년 푼토 피호(Punto Fijo) 협약을 맺어 번갈아 집권하면서, 기득권층의 이익을 옹호하고 서민에게는 전혀 관심을 쏟지 않은 것이다. 석유 세입의 분배를 둘러싸고 정부 · 정치계 · 언론계 · 경제계 · 학계 · 노동계 사이에 이익 복합체(complex)가 형성되고, 부정과 부패가 일반화되었는데, 다른 한편에서는 빈곤층이 거대하게 증가하고 빈부 격차가 극심해지며 실업자가 증가하고 서민들은 기본적인 의료 · 교육 · 주택 서비스를 받을 수 없는 상황이 전개된 것이다. 이런 총체적 위기가 사회의 큰 문제로 제기되었는데도 어느 누구도 이 문제를 다루기를 꺼려한 것이다.[4] 이러다가 1989년 2월 민주행동당의 페레스 대

4 선거를 주기적으로 실시하면서도 사회의 큰 문제가 전혀 해결되지 않는 현상은 여러 나라에서 관찰되는데, 이것은 "민주주의가 무엇인가?" 하는 문제를 심각하게 제기하고 있다.

통령이 IMF의 긴축정책을 받아들여 아무런 사전 통보도 없이 버스와 전철 요금을 두 배 올린 것에 항의해 빈민들이 봉기했고, 군인들이 달동네 주민들을 무차별 총살함으로써 카라카스에서 2,000명 이상을 죽인 사건('카라카소' Caracazo)이 발생했다. 인구의 대부분을 차지하는 빈민은 정치에 무관심해지지 않을 수 없었고, 투표의 기권율이 60%나 달하면서 '구세주'를 기다리는 현상이 두드러지게 되었다.

차베스(Hugo Chávez, 1954년생)는 육군사관학교를 나와 지역부대를 지휘했고 육군사관학교의 교관(역사와 정치)을 지내다가 1992년 2월 쿠데타를 일으켰으나 실패해 2년 동안 감옥생활을 했다.[5] 그는 마르크스・엥겔스・레닌을 연구한 마르크스주의자가 아니라, 베네수엘라의 독립운동가 볼리바르, 교육운동가 로드리게스(Simon Rodriguez, 1769-1852), 그리고 농민운동가 사모라(Ezequiel Zamora, 1817-59)를 연구한 민족・민중운동가다. 그는 기득권층의 과두체제를 약화시켜야 베네수엘라가 살아남을 수 있고, 그렇게 하기 위해서는 인구의 대부분을 차지하는 빈민을 각성시켜 정치세력화할 필요가 있다는 것을 일찍부터 통감했다.[6]

차베스는 1994년 3월 감옥에서 나오자 군인과 시민의 정치운동 단체로 '제5공화국 운동당'(MVR)을 만들어 선거에 참여했는데, 선거운동의 기본 방향은 군인과 민간인이 협력해 빈민들의 생활을 개선하고 빈민들을 정치세력화하는 것이었다. 차베스는 1998년 12월의 대통령 선거에서 빈민들

5 이 쿠데타 계획에서는 차베스가 군인을 동원하고 좌파정당인 급진정의당(La Causa Radical)이 대중을 동원하기로 했는데, 급진정의당이 거사일에 나타나지 않았기 때문에, 차베스는 무저항 항복을 선언하고 국방부에서 동료 쿠데타군인과 국민들에게 "이 쿠데타에 대해 내가 모든 책임을 지겠다" "지금은 어쩔 수 없다" 등의 발언으로 빈민들에게 새로운 희망을 주게 되어 전국민적 관심을 끌었다. 감옥 생활을 2년에 마친 것도 새 대통령이 빈민들의 인기를 얻기 위해 그를 사면했기 때문이다.

6 영국 『가디언』의 베네수엘라 특파원이었던 Gott(2005)는 차베스와 볼리바르 혁명을 사건 중심으로 잘 설명하고 있다.

의 거대한 지지에 힘입어 제1차 투표에서 56.2%를 얻어 당선되었다.[7]

차베스는 1999년 2월 대통령에 취임했을 때의 상황을 다음과 같이 묘사했다. "나를 반대한 세력이 거의 대부분의 주 정부·지방정부·국회·대법원을 차지하고 있었다. 예산은 이전 정부가 짠 것이었는데, 공무원에게 줄 봉급도 없었다. 석유가격을 배럴당 14달러로 계산해 세입을 짰지만 실제로는 7달러였기 때문이다. 그런데 우리의 승리로 국민들의 기대는 매우 높아졌으므로 대통령궁[8] 주위에는 실업자와 빈민들이 몰려와 '차베스를 만나 하소연하겠다'라고 하여 나의 자동차가 지나갈 수 없었다"(Harnecker 2005: 74).

이리하여 차베스는 군인을 동원해 민간과 연대하면서 빈민들의 문제를 해결하기 시작했다. 1999년 4월부터 실시한 '플랜 볼리바르 2000'(Plan Bolivar 2000)이 그것이다. 군인들이 도로·병원·학교·가옥을 건설하거나 보수하고, 빈민들에게 의료서비스를 제공하며, 농업과 어업의 근대화에 앞장서고, 직장이 없는 예비군들에게는 협동조합을 만들라고 요구해 협동조합을 지원했다. 이것은 1989년 2월의 카라카소 사건에 대해 군인들이 빈민들에게 용서를 빈다는 의미도 있지만, 차베스가 지금 당장 동원할 수 있는 인적 자원이 군인뿐이었다는 것을 가리킨다. 사실상 1999년 12월에 허리케인이 베네수엘라를 급습해 달동네의 산비탈이 무너지면서 빈민 2만여 명이 죽고 10만 명이 집을 잃었는데,[9] 이것을 복구하면서 북부 도시의 빈민들에게 농토와 가옥을 주면서 인구가 희박한 동부와 남부로 이전시킨 것도 군인이었다.

7 민주행동당과 기독교민주당이 공천한 살라스 로메르(Salas Roemer)는 39%를 얻어 2위를 차지했다.

8 대통령이 거주하는 곳이 Miraflores Palace인데, 카라카스 시내 한복판에 있다.

9 이 재앙을 보면서 베네수엘라 가톨릭교회의 최고 신부는 "이것이 바로 차베스를 대통령으로 뽑은 것에 대한 하나님의 심판이다"라고 말했다. 가톨릭교회가 얼마나 차베스 정부를 싫어하는가를 단적으로 표현하고 있다.

그 뒤 차베스는 2001년 12월에는 전국적으로 볼리바르 서클(Bolivarian Circle)을 조직해 국민들 특히 빈민들을 정치에 참여하게 만들었다. 서클의 회원들은 주로 빈민촌인 바리오(barrio)에서 활동하면서 바리오의 상하수도 · 주택 · 의료 · 전기 · 노인복지 · 환경 · 취업 · 교육 · 범죄 · 질서유지 · 스포츠 · 운동장 · 문화시설 등의 문제를 공동체 주민들과 토론하면서 각종 프로젝트를 세우고, 그 프로젝트를 실행할 자금을 플랜 볼리바르 2000으로부터 받아 주면서 공동체 주민들이 스스로 그 프로젝트를 완성하게 도와주었다.

그러나 볼리바르 서클은 법적 근거가 없었기 때문에 2006년 4월에는 법적 근거를 가진 주민자치위원회가 새로 설치되어 공동체의 공동사업을 볼리바르 서클로부터 물려받았다. 현재 주민자치위원회는 도시에서는 200-400가구가 모여 결성하고 농촌에서는 훨씬 적은 수의 가구가 모여 결성하는데, 국영석유회사인 페데베사(PDVSA, 하루 300만 배럴의 석유를 생산하고 연간 650억 달러의 수익을 얻고 있는 라틴 아메리카에서 두 번째로 큰 회사)로부터 받는 정부 세입의 약 1/3을 사용하고 있다고 한다. 이것은 참여민주주의의 표본이라고 말할 수 있는 것 같다. 왜냐하면 주민들이 정부의 정책 수립과 집행 과정에 집단적으로 참여하고 있기 때문이다.

이 볼리바르 서클과 주민자치위원회가 빈민들을 단결시켜 차베스 정권을 유지하고 있는 셈이다. 빈민들의 지지에 의해, 차베스가 1998년 12월에 대통령에 당선되었고, 1999년 4월에는 "제헌의회를 선거로 구성할 것인가?"에 대한 국민투표에서 88%의 찬성투표를 얻었고, 7월의 제헌의회 의원선거에서는 차베스 지지자가 131석 중 119석을 차지했다. 제헌의회가 제정한 혁명 헌법(베네수엘라 볼리바르공화국 헌법)은 12월의 국민투표에서 71.21%의 찬성투표를 얻었고, 혁명 헌법에 의한 6년 임기의 대통령 선거(2000년 7월)에서 차베스가 59%의 지지율을 얻어 다시 대통령에 당선되었고, 차베스 지지자들이 국회에서 다수를 차지했으며 주지사와 시장의 다수를 차지했다.

그 뒤 2001년 국회가 대통령에게 국회의 동의 없이 입법할 수 있는 '대통령 특별 입법권'을 승인했기 때문에, 차베스는 49개의 개혁법을 제정했다. 그중 '토지개혁법'에 따르면, 개인은 5,000헥타르 이상의 토지를 가질 수 없고, 오랫동안 내버려 둔 토지는 정부가 수용해 재분배할 수 있으며, 달동네에서도 10년 이상 거주한 사람들을 토지의 소유자로 인정했다. 그런데 농촌의 대토지소유자들은 석유 붐 시기에 도시의 상업과 공업에 투자하기 위해 농촌을 떠났기 때문에 수적으로 적으며, 농업은 국내총생산의 6%를 차지할 뿐이기 때문에, 농지개혁은 큰 문제가 되지 않는 것 같다.[10] 그리고 '석유산업 국유화법'에 따르면, 이전의 정부가 약속한 민영화는 완전히 폐기되고 정부의 개입이 훨씬 강화되었는데, 국영석유회사는 외국회사와의 합작투자에서 반드시 51% 이상의 주식을 소유해야 하고, 유전 사용료의 최소한도는 30%이며, 국영석유회사는 해외투자보다는 국내의 사회개발프로젝트(예: 실업자를 고용하는 협동조합이나 빈민을 위한 학교와 병원)에 더욱 많은 돈을 지출해야 한다. 석유회사를 민영화해서 그 주식의 상당한 부분을 해외투자자에게 팔아 이익을 보려던 기존의 경영진과 노동조합은 크게 실망하지 않을 수 없었다.

22-4-3. 혁명 반대 세력의 막강한 힘

자본가적 기득권층은 차베스 정부를 반대할 뿐 아니라 축출하려고 노력했다. 첫 번째 사건은 2002년 4월 11일(목)에 일어난 우익 군부쿠데타였는데, 차베스 혁명에 반대하는 정당・경제단체・노동조합・신문・방송・텔

10 이것은 브라질이나 아르헨티나에 비해 베네수엘라가 새로운 사회로 나아가는 길에 하나의 큰 장애물이 없어진 것을 의미한다.

레비전 · 지식인 · 미국 정부 등이 모두 배후 지원세력이었다. 대통령궁에 억류된 차베스는 '조건부 사임'을 제의했다. "나의 사임서는 국회에 제출되어야 한다" "헌법은 존중되어야 한다" "대통령궁에 있는 사람들의 신체적 안전은 보장되어야 한다" "국외 탈출은 모두에게 보증되어야 한다" 등의 네 가지였다. 쿠데타 세력은 '조건부 사임'을 거부했고 차베스는 사임을 취소했다. 4월 12일(금) 새벽 4시 쿠데타군은 차베스를 대통령궁에서 떨어진 군사기지로 이송하고, 차베스가 "대통령직을 사임했다"는 거짓정보를 언론에 발표하면서 새 대통령으로 이번 쿠데타에 가담한 상공회의소 회장 카르모나(Pedro Carmona Estanga)를 선임했다. 카르모나는 민주주의를 옹호한다고 말하면서 국회와 대법원을 폐쇄하고 선출된 주지사와 시장을 파면하며 헌법을 폐기하고 베네수엘라의 이름에 볼리바르라는 단어를 뺀다고 선언했다. 차베스는 부인과 딸에게 연락해 자기가 사임하지 않은 것을 알렸고, 이것이 CNN과 Radio Havana에서 방송되었다. 대통령을 기소해야 하는 검찰위원장[11]은 조사과정에서 차베스가 사임하지 않은 것을 알고 이 사실을 텔레비전에서 증언했다. 4월 13일(토) 달동네 빈민들이 봉기하고 차베스 지지군인들이 등장함으로써 차베스는 석방되고 새 대통령과 쿠데타 가담인사들이 체포되었다. 4월 14일(일) 차베스는 감금되었던 군사기지에서 대통령궁으로 되돌아옴으로써 쿠데타는 막을 내렸다. 그런데 2002년 8월 대법원은 쿠데타 가담자들(군인과 민간인)에게 무죄를 판결하고 모두 석방했다. 대법원에까지 차베스 반대파가 다수를 차지했던 것이다.

두 번째 사건은 2002년 12월에서 2003년 3월까지 경제계가 차베스 정권을 경제적으로 몰락시키기 위해 생산중단과 공장폐쇄 등 '자본파업'을

11 베네수엘라의 국가기구는 5부로 구성되어 있는데, 행정부 · 입법부 · 사법부 · 검찰위원회 · 선거위원회가 그것이다. 2007년 12월 2일에 국민투표에 부쳐진 헌법개정안에는 주민자치위원회가 제6부로 승격하게 되어 있었다.

단행한 것인데, 생산 감소와 물가 상승 및 실업 증대 등 경제는 말이 아니었다. 경제계는 특히 토지개혁법, 석유산업 국유화법, 빈민지원제도를 크게 반대했다. 국영석유회사인 페데베사의 경영진과 어용노동조합(CTV)[12]의 간부들이 결탁해 석유공장의 생산을 거의 마비시켰다. 그러나 정부는 퇴임기술자들을 불러들이고 미숙련노동자들을 교육시켜 2003년 2월경에는 생산을 거의 회복했으며, 2003년 3월에는 파업에 참가한 경영진 전체와 노동조합원 등 1만 8,000명(종업원 전체는 4만 명이었다)을 해고했다. 물론 이 해고를 통해 국영석유회사의 과잉고용 문제는 해결되었지만, 이 자본파업 동안 서민들은 석유부족·전기부족·식량부족·교통마비 등으로 큰 고통을 겪으면서 점점 더 정치의식을 쌓게 되었다. 자본파업 때 대형 슈퍼마켓도 문을 닫았으므로, 정부는 서민들에게 생필품을 공급하기 위해 빈민촌마다 미션 메르칼(Mision Mercal)[13]이라는 슈퍼마켓을 건설해 국내 중소기업의 공산품과 식량을 세금 없는 가격으로 싸게 팔았다.

그 뒤 곧 차베스를 지지하는 노동자들은 UNT(National Union of Venezuelan Workers)라는 전국노동자연합을 새로 만들어 어용노동조합(CTV)에 대항했다. UNT는 미조직된 비공식부문의 노동자를 많이 흡수하면서 진정한 노동운동을 시작했지만, 차베스 정부에 대한 태도에서는 정파들 사이에 의견이 달랐다. UNT에는 5개의 정파가 가입하고 있는데, 가장 큰 정파는 치리노(Orlando Chirino)가 이끄는 C-CURA(United Autonomous

12 어용노동조합(Confederation of Venezuelan Workers, CTV)은 1936년 창립되었는데, 2002년 4월의 군사쿠데타에도 가담하고 2002년 12월-2003년 3월의 자본파업에도 참가했다. CTV는 '노동귀족 노동조합'(bosses' union)으로서 경영진과 집권정당과 가까이 지내면서 예컨대 석유회사의 막대한 이윤을 서로 갈라먹고 있었는데, 차베스가 석유회사의 민영화를 거부하고 이익금의 대부분을 정부로 이전하라고 하니까 큰 수입원천을 잃어버리게 되어 차베스 정권 축출운동을 벌인 것이다.

13 미션(Mision)은 '군사작전'을 가리키는데, 차베스는 사회지원프로젝트의 건설을 미션이라 불렀다.

Revolutionary Class Current)이고 이 정파가 다른 4개의 소수정파를 합한 것보다 조합원이 더 많다. 소수의 4개 정파는 무조건 차베스 정부를 지지해야 한다고 주장하지만, 치리노 정파는 노동운동은 차베스 정부에 대해서도 자율적인 태도를 취해야 한다고 주장한다.

차베스 정권을 축출하려는 세 번째의 시도는 2004년 초부터 시작된 차베스에 대한 탄핵운동이었다. 혁명 헌법에는 "등록한 유권자의 20%의 동의를 얻으면 대통령에 대한 탄핵 국민투표를 요구할 수 있다"라는 규정이 있다. 국가의 선거위원회는 2004년 6월 차베스 반대세력이 대통령 탄핵 국민투표에 필요한 서명을 받아 왔다고 발표하고 국민투표일을 8월 15일로 정했다. 국민투표에서 투표자의 59.25%가 탄핵을 반대함으로써 차베스는 대통령직을 유지할 수 있었다. 차베스는 탄핵 반대표를 증가시키기 위해 정당 대신에 투표홍보단(electoral patrol)을 조직했는데, 각 투표홍보단은 10명의 활동가로 구성되며 각 활동가는 10명의 유권자를 설득하는 방식을 취했다.

탄핵 국민투표 이후에는 2006년 12월에 차베스가 다시 대통령에 당선되었고, 2007년 5월 27일에는 정부가 극우텔레비전 RCTV의 방송전파 사용권을 재인가하지 않자 차베스 반대세력이 전세계적으로 차베스 정부의 '독재성'을 부각시키려 노력했다. 그러나 워낙 RCTV가 차베스와 정부에 대한 끊임없는 허위 보도, 미풍양속을 해치는 선정성과 폭력성 등으로 이미 정평이 나 있었기 때문에 이제 RCTV 문제는 조용해진 것 같다. 현재 이 채널에서는 베네수엘라 사회텔레비전(TVes)이 공영 방송을 하고 있지만, 전체 채널로 볼 때 아직도 여전히 거대 자본가에 의한 과점적 지배가 계속되고 있다.

차베스 정부는 2007년 8월 헌법개정안을 국회에 제출했는데, 그 핵심은 대통령의 연임 제한을 철폐하고 임기를 6년에서 7년으로 연장하는 것, 하루의 노동시간을 8시간에서 6시간으로 단축하는 것, 중앙은행에 대한 대통령의 통제력을 강화하는 것, 주민자치위원회를 국가기구의 제6부로 승격하는 것 등이다. 그러나 이 헌법개정안은 12월 2일의 국민투표에서 51% : 49%로 부결되었다. 그리고 2010년 9월 26일의 국회의원 선거에서는 야당이 165석 중 65석을 차지함으로써 여당인 통합사회당(PSUV)과 좌파정당이 2/3 의석을 차지하지 못하게 되었고, 득표 면에서는 야당이 오히려 더 많은 표를 얻었다. 2012년 12월에 있을 대통령 선거에서 여당 후보의 당선이 확실하다고 미리 말할 수 없을 것 같다.

22-4-4. 혁명을 추진하는 과정

차베스 정부는 빈민문제에서는 큰 업적을 올리고 있다. 정부는 2003년부터 빈민들의 생활수준을 향상시키고 능력을 개발하기 위해 여러 가지의 미션을 실시했다. 미션 바리오 아덴트로(Barrio Adentro)는 제1차 · 2차 · 3차 진료기관을 쿠바 의사(약 2만 명)와 함께 무료로 운영하는 곳이다. 미션 부엘반 카라스(Vuelvan Caras)는 실업자에게 직업교육을 실시하는 곳인데, 여기를 졸업한 사람들은 협동조합(정부나 국영기업이 지원한다)에 취업해 자기의 능력을 함양하게 된다. 빈민에 대한 교육사업으로는 미션 로빈슨(Robinson, 문맹퇴치와 초등교육), 미션 리바스(Ribas, 학업을 중도에 포기한 사람들을 위한 재교육 프로그램. 중고등과정), 미션 수크레(Sucre, 무료 전문대 과정), 미션 구아이카이푸로(Guaicaipuro, 원주민 교육) 및 볼리바르대학(무료 종합대학)이 있다. 이 밖에도 미션 비비엔다(Vivienda, 주거문제), 미션 사모라(Zamora, 농지문제), 미션 메르칼(슈퍼마켓), 미션 코뮤니카시온(지역 공동체의 텔레비전과 라디오 등 지원), 미션 쿨투라(지역 문화사업 지원) 등이 있다.

빈민문제의 해결에서 특징적인 것은 빈민이 실제로 문제 해결에 참여한다는 점이다. 카라카스의 카티아(CATIA) 지역 텔레비전 방송국은 동네 주민들이 스스로 카메라를 들고 나서서 사진을 찍고 프로그램을 만들어 동네에다 방송하고 있다. 이 지역 방송국은 거대 방송의 상업주의·선정주의·엘리트주의·폭력성을 타파하기 위해 7명의 언론활동가가 만든 것인데, 동네 주민들의 민주 역량을 향상시키면서 동네를 변화시키고 있다. 이 방송국은 차베스 정부가 철도가의 허름한 양철집을 장기 대여해 주었고, 기타 경비는 미션 코뮤니카시온이나 기업으로부터 받은 프로젝트로 조달한다.

그러나 차베스 정부는 노동조합과 노동자로부터 적극적인 협력을 얻지 못할 뿐 아니라 그들을 혁명의 또 다른 주체세력으로 육성하지도 못하고 있다. "베네수엘라에는 마르크스가 말한 종류의 의식적이고 전투적인 노동자가 없기 때문에 마르크스주의를 받아들이지 않는다"라고 차베스가 말한 바 있다. 가장 큰 노동조합연맹(CTV)이 대기업의 정규직 노동자를 중심으로 하는 어용노조이면서 노동조합 이기주의에 빠져 비공식부문(행상이나 소규모의 개인서비스업)의 노동자나 비정규직 등을 포함한 노동계급 전체나 사회 전체의 이익을 돌보지 않는다는 점을 비판하면서, 공장경영에 이해당사자들(주주 대표, 노동자 대표, 소비자 대표, 공동체 대표 등)이 모두 참가해야 한다고 차베스는 주장했다. 차베스의 이런 생각은 2002년 12월-2003년 3월에 일어난 자본파업을 계기로 조금 수정되어, 몇 가지 형태의 공동경영(cogestion, co-management)이 나타났지만, '진정한 의미'의 공동경영은 전혀 아니다.

첫째로 국영석유회사(페데베사)와 국영전력회사(CADAFE) 등의 노동자들이 2002년 12월 이후의 자본파업에 반대하면서 생산을 계속한 것에 대한 감사의 표시로 차베스 정부가 각 회사의 이사회에 두 명의 노동조합 대표를 참석하게 했는데, 이것이 하나의 형태의 공동경영이다. 노동조합이 자기의 대표 두 사람을 국영회사의 운영에 참여하게 한다는 의미에서 정부와 노동조합의 공동경영이라고 말할 수 있다. 그러나 이런 형태의 공동경영에서는 노동조합이 경영자 측(정부가 임명한 다수의 이사들)과 다른 의견을 가질 경우에는 노동조합의 의견이 이사회를 통과하기가 어렵다. 따라서 전기회사 카다페에서는 노동조합 대표 한 명이 이사회에 참석하기를 거부했다. 다른 한편으로 경영자 측은 노동조합 대표들이 과거의 관행—노동조합 이기주의, 취업을 알선하고 금품을 받는 것 등—을 계속하고, 경영진에게 온갖 경영상의 문제점을 제기하면서 경영의 투명성을 요구하는 등 경영진을 압박한다고 노동조합을 비난했다. 이리하여 차베스 정부는 석유와 전력과 같은 '전략적인' 산업에서는 위와 같은 공동경영까지도 이제는 곤란하다는 입장을 나타내고 있다.

원래 UNT의 대표 치리노는 이런 형태의 정부-노동조합의 공동경영을 완전한 노동자 자주관리로 나아가는 이행 형태로 간주하고, 정부가 점점 더 국영기업의 경영을 노동조합에 맡김으로써 관료주의적 국가자본주의적 생산관계를 공동체적 사회주의적 생산관계로 전환시킬 것을 요구했던 것이다. 지금 오히려 반대 방향으로 가고 있다고 치리노는 우려한다.

둘째 형태의 공동경영은 정부가 사기업을 국유화하면서 노동자들을 경영에 참여시킨 경우로 인베팔(INVEPAL, 종이 생산)과 인베발(INVEVAL, 밸브 생산) 등이 여기에 속한다. 인베팔의 탄생은 다음과 같은 역사를 가진다. 사적 기업 베네팔(VENEPAL)이 1990년대 말부터 자금 사정이 어려웠는데 2002년 말의 자본파업에 동조함으로써 경영이 더욱 어렵게 되었다. 이리하여 2004년 파산을 선고받고 900명의 노동자를 해고했는데, 그 중 350명이 이 기업을 인수하겠으니 정부가 지원하라고 요구했다. 2005년 1월 차베스 정부는 막대한 자금을 투자해 그 기업을 국유화하고 노동자들과 함께 공동경영하면서 이름을 INVEPAL(Venezuelan Endogenous Paper Industry)로 바꿨는데, 그때까지 펄프를 칠레에서 수입하던 것을 국내에서 조달함으로써 내생적 발전(desarrollo endogeno, endogenous development)이라는 국가계획에 기여하게 된 것이다. 이제 노동자들은 노동조합이 아니라 '협동조합'을 구성해 이 기업 주식의 49%(정부가 51%)를 소유하고 있다. 그런데 이 협동조합이 새로운 노동자를 고용하면서 모두를 임시직 계약노동자로 취급해 자기들의 협동조합에 참가시키지 않는 사건이 발생해 큰 논쟁이 벌어졌다.

인베발의 경우도 거의 비슷하다. 사적 기업 CNV가 2002년 12월 자본파업에 참가해 공장을 폐쇄하면서 330명의 노동자들에게는 임금과 사회보장기여금 등을 보상하지 않았다. 약 65명의 노동자들은 기업주에게 보상을 요구하고 기업의 문을 열어 다시 고용하라고 노동법원과 노동부를 찾아다니면서 2003년부터 2005년 4월까지 투쟁했다. 이즈음에 차베스가 2005년 1월 브라질의 포르투 알레그레에서 열린 세계사회포름에서 베네수엘라의 사회주의화를 선언했고, 또 인베팔의 국유화도 이루어졌으므로, 정부는 기업주와 협의해 기업의 모든 채무를 정부가 떠안는 조건으로 2005년 4월 CNV를 국유화하고 이름을 INVEVAL(National Endogenous Valve Industry)로 바꾸면서 노동자들과 공동경영하게 된 것이다. 여기에서도 정부가 주식의 51%를 소유하고 노동자들이 협동조합을 만들어 주식의 49%를 소유하고 있다. 그러나 인베발은 밸브 생산량의 상당한 부분을 구입하던 국영석유회사 페데베사가 공개 입찰 방식으로 구매처를 정하는 바람에 경영에 어려움을 겪고 있다.

치리노는 인베팔과 인베발의 공동경영을 다음과 같이 비판하고 있는데, 이 비판은 차베스 정부에서도 대체로 수긍하고 있는 것처럼 보인다. 즉 노동자들의 협동조합이 기업의 소유주가 되어 마치 자본가처럼 노동자를 고용하거나 해고하고 있으며, 더욱이 기업의 수익은 사회 전체에게 돌아가야 하는데 노동자들의 협동조합만이 이익을 얻고 있다는 비판이다.

셋째 형태의 공동경영은 경영난에 빠진 기업에게 정부가 지원하면서 현재의 노동자를 계속 고용할 것과 그들에게 경영에 참여시킬 것을 요구한 결과로 생긴 것이다. 이리하여 노동조합이 제한적으로 경영에 참여하게 된 것으로써, 이런 형태가 공동경영의 대부분을 차지하고 있는데, 이것은 사실상 공동경영이라 부를 수도 없다.

어쨌든 차베스는 자본파업을 경험한 지금, 공장을 노동조합에게 맡기는 것은 위험하다는 생각과, 공장을 경영자나 기술자가 아니라 일반노동자들에게 맡기더라도 기술적으로는 문제가 없다는 생각을 동시에 가지게 된 것 같다. 이 두 가지 생각에 의거해 차베스는 노동조합의 경영참가나 자주관리를 꺼려하면서 공장소재지의 지역공동체가 공장을 관리할 것을 헌법개정안에서 제안하고 있는 것처럼 보인다. 헌법개정안에 따르면, 주민자치위원회가 국가기구의 제6부로 격상되고 몇 개의 주민자치위원회가 코뮌(Commune)을 형성해 이 코뮌이 지역사회를 총괄하면서 그 지역의 공장들도 관리 · 경영한다는 것이다. 이 제안은 너무나 획기적인 것이지만 '노동자에 의한 자주관리'가 아닌 것은 분명하다. 이렇게 되면 노동조합은 힘을 잃을 수밖에 없다. UNT의 최대 정파(C-CURA)는 "자유로운 생산자들의 연합"(마르크스가 새로운 사회를 묘사한 것)을 내세우면서 차베스의 정책에 반대하고 있다.

차베스 정부는 혁명을 장기에 걸쳐 성공적으로 완수하기 위해서는 거대한 정당이 필요하다는 점을 인식해 2007년 3월부터 '통합사회당'(PSUV)의 건설을 시작했다. 차베스가 만든 정당인 제5공화국 운동당(MVR)과 20여 개의 좌파정당들이 하나로 뭉치면서 등록당원 700만 명의 거대한 정당을 만들었다. 통합사회당의 강령을 확정하고 당원 전체의 투표에서 동의를 얻어 2008년 초에 창당을 완료했다. 베네수엘라공산당(PCV)을 비롯해 몇 개의 좌파 정당은 통합사회당에 참여하지 않았다.

끝으로 차베스 정부가 대외관계를 어떻게 견고하게 맺고 있는가를 살펴보자. 차베스 정부는 미국이 제안하는 남북아메리카 자유무역지대(FTAA)의 결성에 반대하는데, 왜냐하면 FTAA는 신자유주의적 자본주의 경제통합으로서 이익을 보는 측은 초국적기업과 국내의 엘리트들뿐이기 때문이다. 이리하여 차베스 정부는 라틴 아메리카의 여러 나라가 힘을 합쳐 빈곤과 실업 및 외채를 해결하는 방법을 찾기 위해 알바(ALBA, Bolivarian Alternative for the Americas)를 제안했으며, 쿠바·볼리비아·니카라과·에콰도르·도미니카·세인트 빈센트 그레나딘·앤티가 바부다 등이 여기에 참가했다. 특히 쿠바와의 관계에서는 국영석유회사(페데베사)가 배럴당 최소가격 27달러로 매일 5만 3,000배럴의 석유를 쿠바에 공급하고 있으며, 이것에 대한 보답으로 쿠바는 다수의 의사와 교사들을 베네수엘라의 병원과 학교에서 봉사하게 하고 있다. 또한 차베스 정부는 IMF와 세계은행의 제국주의적 간섭(예: 구조조정정책)을 배제하기 위해 2008년에 알바은행(Bank of ALBA)을 설립하여 남아메리카 나라들의 빈곤과 불평등을 제거하기 위한 사회투자—교육·문화·건강·식량·환경·에너지프로젝트—에 대부하려고 한다. 여기에 참가한 나라는 쿠바·볼리비아·에콰도르·아르헨티나·파라과이·브라질·우루과이·니카라과 등이다. 차베스 정부가 이런 이니시어티브를 취해 국제적 연대를 구축할 수 있는 것은 석유 가격의 상승과 이것에 따른 정부 세입의 증가 덕택이다.[14]

이런 국제적 연대를 통해 차베스 정부가 미국의 제국주의적 침략을 막아낼 수 있을 것인가? 현재까지 미국이 차베스 정부를 공격하지 않고 있는 이유는 대체로 다음과 같다. 미국이 이라크전쟁으로 정신이 없고, 차베스가 모든 정책을 헌법과 법률에 따라 민주주의적으로 실행하며, 차베스 정부가 거대한 빈민들의 열렬한 지지를 받고 있고, 미국은 석유 수입의 15%를 베네수엘라에 의존하며, 차베스와 비슷한 철학을 가진 대통령이 볼리비아와 에콰도르 및 니카라과에서 탄생했기 때문이다. 그러나 미국

14 1999년 2월 차베스가 대통령으로 취임할 때 석유 1배럴의 가격이 7달러이었는데, 2007년 9월에는 70달러로 상승했고 연말에는 100달러까지 올랐다.

정부가 군사쿠데타나 차베스의 암살이나 직접적인 군사적 침략을 포기했다고 말할 수는 없다. 사실상 미국 정부는 1973년 9월 피노체트 장군으로 하여금 쿠데타를 일으켜 칠레의 아옌데 정부를 전복시켰고, 1980년대 니카라과의 산디니스타 게릴라 정부를 무력으로 타도한 전력이 있기 때문이다. 특히 베네수엘라와 국경을 나누고 있는 콜롬비아는 미국 원조를 세계에서 다섯 번째로 많이 받는 나라이고, 수도 보고타에 있는 미국 대사관은 세계에서 제일 크며, 미국이 마약과의 전쟁을 벌인다고 그곳에 미국 특수부대나 용병들을 많이 주둔시키고 있기 때문이다.

22-4-5. 혁명의 전망

차베스 정부가 추진하는 볼리바르 혁명은 사회적 평등과 참여민주주의의 방향으로 큰 진전을 이루었다. 특히 주민의 대다수를 차지하는 빈민을 하나의 정치세력으로 각성시키면서 새로운 사회의 건설에 동참시켰다는 것이 가장 큰 성과다. 빈민들이 공동체 각 분야의 사업에 참여하면서 스스로의 능력을 함양하고 공동체를 개선하는 것은 새로운 사회가 '아래로부터' 탄생한다는 원리에 적합하다. 빈민을 기반으로 새로운 사회를 건설하는 것은 차베스 혁명의 '독창적인' 발상이라고 보아야 할 것이며, '21세기형 사회주의'라고 불러도 좋을 내용을 가지고 있는 것 같다.

그러나 생산을 직접적으로 담당하고 있는 노동계급에게 적극적인 역할을 하도록 허용하지 않는 것은 하나의 문제점인 것 같다. 물론 노동자들의 자주관리가 유고슬라비아의 경우처럼 노동자들의 이기주의, 기업의 이기주의, 지역 공동체의 이기주의를 낳으면서 국민경제 전체를 파탄에 빠뜨릴 가능성이 있다.[15] 그러나 이런 가능성은 전체 경제를 '지휘자'처럼

15 김수행 · 신정완 편(2007) 제3장과 제7장을 참조하라.

관리해야 하는 중앙정부의 능력, 전체 경제의 계획적 운영 여부에 크게 달려 있으며, 또한 모든 노동자들이 '주민자치위원회'의 서민들처럼 각 기업과 전체 경제의 운영에 적극적으로 참여함으로써 이기주의적 요소를 스스로 극복할 수 있을 것이다. 이것이 이른바 '참여계획경제'인데,[16] 차베스 정부는 이 문제에 대해 노동자들의 자주관리보다는 코뮌—여러 개의 주민자치위원회가 결합한 지역공동체—에 의한 관리를 구상하고 있는 것 같다. 사실상 차베스 정부는 노동자들의 임금 인상 요구나 파업을 탄압하기 때문에 노동자로부터 비판을 받고 있다. 차베스의 노동정책을 비판하던 치리노는 2007년 12월 28일 자기가 근무하던 국영석유회사(PDVSA)에서 부당하게 파면되었는데, 국내외의 항의에 부닥쳐 차베스 정부는 2008년 11월 18일 그를 다시 복직시켰다. 그리고 2010년 11월 14일에는 40개의 노동조합이 새로운 '전국노동자 전선'(National Independent Front for the Defense of Employment, Wages and Union)을 결성하여 정부가 노동조합의 단체협상권과 파업권을 존중할 것을 요구했으며, 첫 공식 활동으로 2011년 2월 5일에는 시위를 벌였다.

마지막이지만 가장 중요한 문제는 미국 정부의 제국주의적 간섭을 어떻게 저지할 것인가다. 미국의 노동자들과 제국주의 반대 세력, 인도주의적 양심 세력 등에게 차베스 혁명의 진실을 알려 국제적 연대를 맺는 과제, 그리고 세계 전체, 특히 라틴 아메리카 여러 나라가 미국의 개입을 저지하는 공동 전선을 형성하는 과제가 남아 있는 것 같다.

16 앞의 책, 제12장을 참조하라.

참고문헌

1. 김수행의 저작 목록

1968. 이현재·김수행 편역. 『경제발전론』. 서울대학교출판부.

1984ㄱ. 『마르크스/슘페터/케인즈』. 중앙일보사.

1984ㄴ. 「애덤 스미스와 중상주의·중농주의」. 변형윤·정윤형 편. 『경제학 대논쟁』. 매일경제신문사.

1985. 『현대정치경제학 입문』. 한울. (원저: Ben Fine & Laurence Harris. *Rereading Capital*. Macmillan. 1979)

1986ㄱ. 『경제변동론』. 비봉출판사.

1986ㄴ. 「바란」. 『정경문화』 1986년 신년호 별책부록. 『현대의 신사상가 75인』. 경향신문사.

1986ㄷ. 「1980년대 세계자본주의의 위기와 한국경제의 현 단계」. 서울대학교 대학신문사 편. 『한국경제 33과제의 인식』. 서울대학교출판부.

1986ㄹ. 「하일브로너의 『공황이론』」. 『신동아』 1986년 1월호 별책부록. 『100인 100권』. 동아일보사.

1988ㄱ. 『정치경제학원론』. 한길사.

1988ㄴ. 『『자본론』 연구 1』. 한길사.

1988ㄷ. 『가치와 공황: 일본의 마르크스주의 경제학』. 비봉출판사. (원저: Makoto Itoh. *Value and Crisis: Essays on Marxian Economics in Japan*. Pluto Press. 1980)

1989ㄱ. 『자본론』 I(상) (초판). 비봉출판사.

1989ㄴ. 『자본론』 I(하) (초판). 비봉출판사.

1989ㄷ. 『자본론』 II (초판). 비봉출판사.

1990ㄱ. 『자본론』 III(상) (초판). 비봉출판사.

1990ㄴ. 『자본론』 III(하) (초판). 비봉출판사.

1990ㄷ. 「로자 룩셈부르크의 과소소비설에 관하여」. 『경제논집』 29(4). 서울대학교 경제연구소.

1990ㄹ. 「마르크스」. 최장집 편. 『마르크스』. 고려대학교출판부.

1990ㅁ. S.H. Kim ed. *The Crisis of Marxism* (I). 새날원서시리즈. 새날.

1991ㄱ. 『자본론』 I(상) (제1개역판). 비봉출판사.

1991ㄴ. 『자본론』 I(하) (제1개역판). 비봉출판사.

1991ㄷ. 『정치경제학 에세이』. 새날.

1991ㄹ. Kim, Soo Haeng. *Theories of Economic Crises: A Critical Appraisal of Some Japanese and European Reformulations*. Ph.D. Thesis. University of London. 1982. 새날원서시리즈. 새날.

1991ㅁ. 「경제학이란 무엇인가」. 「정치경제학」. 한국사회경제학회 편. 『경제학개론』. 비봉출판사.

1991ㅂ. S.H. Kim ed. *The Crisis of Marxism* (II). 새날원서시리즈. 새날.

1992ㄱ. 『국부론』 (상). 동아출판사.

1992ㄴ. 『국부론』 (하). 동아출판사.

1993ㄱ. 「『자본론』은 왜 불완전한가」. 『이론』 4.

1993ㄴ. 『정치경제학 특강』. 새날.

1993ㄷ. 「한국사회를 어떻게 분석할 것인가」. 『사회비평』 9.

1993ㄹ. 『1945년 이후의 자본주의』. 동아출판사. (원저: Philip Armstrong, Andrew Glyn & John Harrison. *Capitalism Since 1945*. Basil Blackwell. 1991)

1994ㄱ. 김수행 · 김진엽 역. 『금융자본』. 새날. (원저: Rudolf Hilferding. *Das Finanzkapital: Eine Studie über die jüngste Entwicklung des Kapitalismus*. 1910)

1994ㄴ. 「경제개혁의 체제적 성격」. 『경제학연구』 42(1). 한국경제학회.

1994ㄷ. 「『국부론』과 『자본론』의 이론적 계승과 단절」. 『이론』 9.

1995ㄱ. 「독점이론에 대한 힐퍼딩의 공헌」. 『경제논집』 34(1).

1995ㄴ. 「영국 신보수주의의 경제적 귀결」. 『이론』 13.

1995ㄷ. 「〈들어라 양키들아〉로 처음 만난 마르크스」. 고은 외 지음. 『내 인생의 책들』. 한겨레신문사.

1996ㄱ. 「자본의 세계화 경향에 관한 일 고찰」. 『경제논집』 35(2/3).

1996ㄴ. 「자본의 세계화와 북한의 일국 사회주의 이론」. 『북한경제논총』 2. 북한

경제포럼.

1996ㄷ. 「『자본론』의 금화와 현재의 중앙은행권」. 『이론』 16.

1996ㄹ. 「마르크스」. 김우창 외 엮음. 『103인의 현대사상: 20세기를 움직인 사상의 모험가들』. 민음사.

1997. 「화폐의 기능: 남북한 비교」. 『북한경제논총』 3.

1998ㄱ. 『21세기 정치경제학』. 새날.

1998ㄴ. 편저: 『청년을 위한 경제학 강의』. 한겨레신문사.

1998ㄷ. 金秀行. 「恐慌」. 『マルクスカテゴリ-事典』. 青木書店.

1999ㄱ. Kim, Soohaeng & Bokhyun Cho. "The South Korean Economic Crisis: Contrasting Interpretations and an Alternative for Economic Reform." *Studies in Political Economy*, 60.

1999ㄴ. 김수행・조복현. 「한국의 경제공황과 아시아모델」. 『사회경제평론』 13. 한국사회경제학회.

1999ㄷ. 김수행・조복현. 「한국 경제공황의 새로운 해석과 경제개혁 방안」. 서울사회경제연구소 엮음. 『IMF관리 후 한국의 경제정책』.

2000ㄱ. 김수행・허우긍・김상균・양우진・남기곤. 「탈현대 한국경제」. 『사회경제평론』 15. 한국사회경제학회.

2000ㄴ. 「김대중 정부의 구조조정 비판」. 『경제논집』 39(3/4).

2000ㄷ. 「세계대공황」. 구본호・정운영 외 지음. 『20세기 경제: 100년을 읽는 22가지 keyword』. 중앙일보 이코노미스트.

2001ㄱ. 『자본론』 I(상) (제2개역판). 비봉출판사.

2001ㄴ. 『자본론』 I(하) (제2개역판). 비봉출판사.

2001ㄷ. 『알기 쉬운 정치경제학』(초판). 서울대학교출판부.

2001ㄹ. 김수행・이강국. 「최근 미국 신경제의 호황과 불황」. 『경제논집』 40(2/3).

2002ㄱ. 김수행・신정완 편. 『현대마르크스경제학의 쟁점들』. 서울대학교출판부.

2002ㄴ. 『『자본론』의 현대적 해석』(초판). 서울대학교출판부.

2002ㄷ. 「국민국가는 여전히 중요하다」. 『역사비평』 58. 역사연구회.

2002ㄹ. 김수행・장시복・정혁. 「1970년대 이후 장기불황과 자본의 대응」. 『경제논집』 41(3).

2002ㅁ. 「9.11 제1주년을 맞이하여」. 『진보평론』 14. 현장에서 미래를.

2002ㅂ. Kim, Soohaeng & Hyun Hyo Ahn. "The Peculiar 'Publicness' of Housing in South Korea." Gary A. Dymski & Dorene Isenberg eds. *Seeking Shelter in the Pacific Rim: Financial Globalization, Social Change, and the Housing Market* (M.E. Sharpe. 2002).

2003ㄱ. 김수행・안삼환・정병기・홍태영.『제3의 길과 신자유주의: 영국・독일・프랑스를 중심으로』. 서울대학교출판부.

2003ㄴ.『국부론』(상). 비봉출판사.

2003ㄷ.「개혁과제와 개혁철학에 관한 과거정부의 교훈」. 서울사회경제연구소 엮음,『참여정부의 경제개혁 과제』.

2004ㄱ.『자본론』II (제1개역판). 비봉출판사.

2004ㄴ.『자본론』III(상) (제1개역판). 비봉출판사.

2004ㄷ.『자본론』III(하) (제1개역판). 비봉출판사.

2004ㄹ.『『자본론』의 현대적 해석』(제1개정판). 서울대학교출판부.

2004ㅁ.『한국에서 마르크스주의 경제학의 도입과 전개과정』. 서울대학교출판부.

2004ㅂ.「『자본론』의 연구방법에 관한 일본의 논쟁」.『마르크스주의연구』1(2). 경상대학교 사회과학연구원.

2004ㅅ.「총선 결과를 진보운동의 새로운 계기로 활용하자」.『진보평론』20.

2005ㄱ.『알기 쉬운 정치경제학』(제1개정판). 서울대학교출판부.

2005ㄴ. 김수행・김공회.『한국의 좌파경제학자들』. 서울대학교출판부.

2005ㄷ.「1980년대 이후 미국 경제의 '금융화'」.『마르크스주의연구』2(1).

2005ㄹ.「마르크스의 이윤율 저하 경향의 법칙」.『경제논집』44(1).

2005ㅁ.「'더불어 사는 사회'의 현실적·경제적 타당성」.『아세아연구』48(4). 고려대학교 아세아문제연구소.

2005ㅂ. 김수행・박승호.「박정희체제의 경제적 성과에 관한 비판적 평가」.『마르크스주의 연구』2(2).

2006ㄱ. 김수행・정병기・홍태영.『제3의 길과 신자유주의: 영국・독일・프랑스를 중심으로』(제1개정판). 서울대학교출판부.

2006ㄴ.「이슬람과 경제발전」.「고소증으로 고생한 아내」. 서울대학교 교수산악회 편.『인더스 강을 따라 히말라야까지: 서울대교수 17인의 K2봉 트레킹』. 서울대학교출판부.

2006ㄷ.『자본주의 경제의 위기와 공황』. 서울대학교출판부.

2006ㄹ. 김수행 외 5인.『유럽의 제노포비아』. 문화과학사.

2006ㅁ.「우경화의 꽃이 만발하고 있다」.『진보평론』28.

2006ㅂ.「케인스주의에 대한 마르크스주의적 비판」.『마르크스주의연구』3(1).

2006ㅅ. 「현재의 장기불황과 마르크스의 공황론」. 『진보평론』 29.

2006ㅇ. 「『자본론』에서 볼 수 있는 자본주의 이후의 경제체제」. 『마르크스주의연구』 3(2).

2006ㅈ. 「사회주의와 화폐」. 『진보평론』 30.

2007ㄱ. Kim, Soohaeng & Seung-Ho Park, "A Critical Appraisal of the Park Chung Hee System." Martin Hart-Landsberg, Seongjin Jeong and Richard Westra, eds. *Marxist Perspectives on South Korea in the Global Economy* (Aldershot: Ashgate. 2007).

2007ㄴ. 김수행 · 박승호. 『박정희체제의 성립과 전개 및 몰락: 국제적 · 국내적 계급관계적 관점』. 서울대학교출판부.

2007ㄷ. 김수행 · 신정완 편. 『자본주의 이후의 새로운 사회』. 서울대학교출판부.

2007ㄹ. 「베네수엘라의 '21세기형 사회주의'?」. 『마르크스주의연구』 4(1).

2007ㅁ. 「나의 삶, 나의 학문」. 『사회경제평론』. 한국사회경제학회 29(2).

2007ㅂ. 「러시아혁명 제90주년을 맞으면서」. 『진보평론』 34.

2007ㅅ. 『국부론』(상)(하) (개역판). 비봉출판사.

2007ㅇ. 서평논문. 「고전적 마르크스주의의 옹호」. 『사회경제평론』 28.

2008ㄱ. 「그룬트리쎄의 공황론」. 『마르크스주의연구』 제5권 제1호.

2008ㄴ. 『알기 쉬운 정치경제학』(제2개정판). 서울대학교출판부.

2008ㄷ. 김수행 · 정상준 공역. 『고삐 풀린 자본주의: 1980년 이후』. 필맥. (원저: Andrew Glyn. *Capitalism Unleashed: Finance, Globalization and Welfare*. Oxford University Press. 2006)

2008ㄹ. 『『자본론』의 현대적 해석』(제2개정판). 서울대학교출판부.

2008ㅁ. 「영국 노동당 정부(1974-79년)의 신자유주의: 원인과 결과」. 『진보평론』 37호.

2008ㅂ. 『새로운 사회를 위한 경제이야기』. 한울출판사.

2008ㅅ. 「로자 룩셈부르크가 작성한 확대재생산표식의 문제점」. 『마르크스주의연구』 제5권 제4호.

2009ㄱ. 「공황이론의 확대와 심화에 노력하자」. 『진보평론』 39호.

2009ㄴ. 「케인스의 자본주의 분석과 경제정책 비판」. 『마르크스주의연구』 제6권 제2호.

2009ㄷ. Soo Haeng KIM, "Keynes' bourgeois socialism," in Jonathan P. Goldstein and Michael G. Hillard, eds. *Heterodox Macroeconomics: Keynes, Marx, and*

Globalization (Abingdon: Routledge. 2009).

2009ㄹ. 김수행 외 11명 공저. 『거꾸로, 희망이다. 혼돈의 시대, 한국의 지성 12인에게 길을 묻다』. (주)참언론 시사IN북.

2009ㅁ. 김수행 외 6명 공저. 『행복경제 디자인. 세상을 바꾸는 상상력』. (주)아리수에듀.

2009ㅂ. 『김수행, 자본론으로 한국경제를 말하다』. 시대의창.

2010ㄱ. 『청소년을 위한 국부론』. 두리미디어.

2010ㄴ. 『청소년을 위한 자본론』. 두리미디어.

2011ㄱ. 「세계 대공황과 새로운 사회」. 『진보평론』 47호.

2011ㄴ. 『알기 쉬운 정치경제학』(제3개정판). 서울대학교출판문화원.

2011ㄷ. 『『자본론』의 현대적 해석』(제2개정판 수정판). 서울대학교출판문화원.

2011ㄹ. 『세계대공황: 자본주의의 종말과 새로운 사회의 사이』. 돌베개.

2011ㅁ. 「'신자유주의적 국가독점자본주의'의 위기?」. 『마르크스주의연구』 제23호.

2011ㅂ. 김수행 · 김진엽 공역, 『금융자본론』. 비르투. (원저: Rudolf Hilferding. *Das Finanzkapital: Eine Studie über jüngste Entwicklung des Kapitalismus.* 1910)

2. 기타 저작 목록

『경향신문』 2010년 12월 12일자.

『세계일보』 2007년 9월 2일자.

신정완(2000). 『임노동자기금 논쟁과 스웨덴사회민주주의』. 여강.

_____(2007). 「스웨덴 사회주의」. 김수행 · 신정완 편(2007ㄷ).

『이데일리』 2010년 7월 15일자.

『이투데이』 2011년 1월 19일자.

이준구 · 이창용(2010). 『경제학원론』 제4판. 법문사.

한국개발연구원(2006). 외국자본과 한국경제 정책토론회. 2006년 1월 25일.

홍기빈(2004). 「현미경과 망원경」〈4〉 – 〈8〉 (http://www.pressian.com 2004.04.11-2004.05.28).

LG경제연구원(2007). 「체감실업률 지표로 본 최근 고용사정」. 2007년 7월 26일.

Chang, Ha-Joon (2002). *Kicking away the Ladder*. (형성백 옮김. 『사다리 걷어차기』.

부키. 2004)

Gott, Richard (2005). *Hugo Chávez and the Bolivarian Revolution*. Verso.

Grey, Barry (2007). "US stocks plunge on Federal Reserve rate cut announcement." http://www.wsws.org (2007.12.12).

Harnecker, Marta (2007). *Rebuilding the Left*. Zed Books.

________(2005). *Understanding the Venezuelan Revolution: Hugo Chávez talks to Marta Harnecker*. Monthly Review Press.

Heilbroner, R.L. (1978). *Beyond Boom and Crash*. Norton.

________(1993). *21st Century Capitalism*. Norton.

Lebowitz, Michael (2006). *Build It Now: Socialism for the Twenty-First Century*. Monthly Review Press.

Mészáros, István (1995). *Beyond Capital: Towards a Theory of Transition*. Merlin Press.

Miliband, Ralph (1994). *Socialism for a Sceptical Age*. (이남표 · 이영주 옮김. 『진보의 모색: 회의주의 시대의 사회주의』. 변증법. 2003)

North, David (2008). "Notes on the Political and Economic Crisis of the World Capitalist System and the Perspective and Tasks of the Socialist Equality Party." http://www.wsws.org (2008.01.07).

http://www.h21.hani.co.kr: 2001.02.07. 캘리포니아의 전력 비상사태.

____________________: 2005.03.29. 외국자본 규제와 재벌 규제.

____________________: 2007.08.14. 재벌의 비상장 계열사는 경영권 승계용.

http://www.pressian.com: 2005.03.29. 세계의 부자들과 조세피난처.

http://ecos.bok.or.kr: 한국은행경제통계시스템.

http://www.kosis.kr: 한국국가통계포털.

http://www.mofe.go.kr: 공정거래위원회.

http://www.molab.go.kr: 노동부.

http://www.mw.go.kr: 보건복지부.

http://www.nodong.org: 민주노총.

찾아보기

ㄴ

ㄷ

ㅇ

ㅊ

ㅋ

ㅌ

Abstract

An Introduction to Marxian Political Economy

Soo-Haeng Kim

This book intends to demonstrate to beginners the superiority of a Marxian political economy over the system of mainstream economics by explaining the reality of Korean and world economic issues. It deals with such phenomena as unemployment, financial crisis, fall of stock prices, social security systems, monopolistic conglomerates, trade unions, the 1974 world economic crisis, neo-liberalism, globalization of capital, the 1997 Korean economic crisis, the world economic crisis due to the sub-prime mortgage crisis in the USA, and the future of the President Lee Government. In explaining those phenomena, the book reveals that the capitalist development necessarily involves such moments paralyzing the self-adjusting market mechanism as capital-labour conflict, monopolization, the State's intervention into the economy and cyclical economic crises.

저자 소개

1942년생으로 서울대학교에서 경제학 학사와 석사 학위를 받고, 런던대학교에서 경제학 석사와 박사 학위를 받았다. 1989년 2월부터 2008년 2월까지 서울대학교 경제학부에서 마르크스경제학을 강의하다가 정년퇴임했다. 2008년 3월부터는 성공회대학교 사회과학부에서 석좌교수로 강의했고, 한국사회경제학회와 한국경제발전학회 회장을 역임했으며, 미국 매사추세츠 주립대학에서 1년간 방문교수로 지냈다.